Positive Stimmpflichten im Kapitalgesellschaftsrecht

Europäische Hochschulschriften

Publications Universitaires Européennes
European University Studies

Reihe II
Rechtswissenschaft

Série II Series II
Droit
Law

Bd./Vol. 3834

PETER LANG
Frankfurt am Main · Berlin · Bern · Bruxelles · New York · Oxford · Wien

Dirk Kunze

Positive Stimmpflichten im Kapitalgesellschaftsrecht

PETER LANG
Europäischer Verlag der Wissenschaften

Bibliografische Information Der Deutschen Bibliothek
Die Deutsche Bibliothek verzeichnet diese Publikation in der Deutschen Nationalbibliografie; detaillierte bibliografische Daten sind im Internet über <http://dnb.ddb.de> abrufbar.

Zugl.: Bonn, Univ., Diss., 2003

D 5
ISSN 0531-7312
ISBN 3-631-51857-9

www.peterlang.de

VORWORT

Die vorliegende Arbeit wurde im Sommersemester 2003 von der Rechts- und Staatswissenschaftlichen Fakultät der Rheinischen Friedrich-Wilhems-Universität Bonn als Dissertation angenommen. Gesetzgebung, Rechtsprechung und Literatur konnten bis Juli 2003 berücksichtigt werden.

Mein Dank gilt vor allem Herrn Prof. Dr. Ulrich Huber für die Betreuung der Arbeit. Er hat das Thema angeregt und mich bei der Erstellung der Arbeit als kritischer und motivierender Ansprechpartner unterstützt. Seine Denkanstöße haben mich ermutigt, auch unkonventionelle Ansätze im Rahmen der Treuepflichtdogmatik zu vertreten. Für die zügige Erstellung des Zweitgutachtens danke ich Herrn Prof. Dr. Karsten Schmidt.

Besonderen Dank schulde ich darüberhinaus Herrn Dr. Matthias Orthwein sowie meinem Bruder Herrn Ass. iur. Klaus-Peter Kunze, die die Mühsal des Korrekturlesens übernommen und mit ihren Hinweisen und Ratschlägen wertvolle Beiträge für das Gelingen der Arbeit geleistet haben.

Meinen Eltern danke ich für die finanzielle aber vor allem auch für die ideelle Unterstützung, ohne die es mir nicht möglich gewesen wäre, mein Studium zu absolvieren und im Anschluß hieran diese Arbeit zu erstellen.

Widmen möchte ich diese Arbeit meiner Lebensgefährtin Frau Ref. iur. Carolin Schulte, die mir eine liebevolle Partnerin ist.

Essen, im August 2003

INHALTSVERZEICHNIS

1. Teil: Einführung

A. Grundlagen der Problematik

I. Einleitung

Nach der gesetzlichen Regel bedürfen Gesellschafterbeschlüsse sowohl in der bürgerlich-rechtlichen Gesellschaft als auch in der Personenhandelsgesellschaft der Einstimmigkeit (§§ 709 I BGB, 119 HGB).[1] Beschlüsse kommen hiernach zustande, sobald alle Gesellschafter ihre Stimme abgegeben haben.[2] Verweigert auch nur ein Gesellschafter seine Stimme, wird kein Beschluß gefaßt. Ohne die Fassung dringend benötigter Beschlüsse ist die Gesellschaft langfristig aber nicht handlungsfähig. Aufgrund des Einstimmigkeitsprinzip hat also ein einzelner Gesellschafter einer Personengesellschaft ein erhebliches Obstruktionspotential in der Hand, indem er durch die Verweigerung seiner Zustimmung der Mehrheit seinen Willen aufzwingen kann. Dieser Gefahr läßt sich durch eine Pflicht des Gesellschafters, unter bestimmten Umständen für einen mehrheitlich gewollten Beschluß zu stimmen, begegnen. Dementsprechend nimmt die Frage, ob und gegebenenfalls unter welchen Voraussetzungen einem Gesellschafter eine positive Stimmpflicht obliegt, in der Rechtsprechung zum Personengesellschaftsrecht bereits seit langem einen erheblichen Raum ein.[3] Auch die Literatur zum Personengesellschaftsrecht setzt sich mit dieser Problematik schon seit geraumer Zeit auseinander.[4]

Demgegenüber ist eine solche Pflicht im Kapitalgesellschaftsrecht erst seit einigen Jahren Gegenstand intensiverer wissenschaftlicher Betrachtung. Dabei erfolgte bisher eine nähere Auseinandersetzung mit diesem Problem zumeist nur im Rahmen allgemeiner Arbeiten über die gesellschaftsrechtliche Treuepflicht.[5] Auch die höchstrichterliche Rechtsprechung hat - anders als im Personengesellschaftsrecht - bisher nur in wenigen Fällen darüber zu entscheiden

---

[1] Huber S. 39.

[2] vgl. Heymann-Emmerich § 119 Rz 4.

[3] BGHZ 30, 195 (202); BGHZ 44, 40 (41); BGHZ 64, 253 (257ff) m.w.N.; BGH NJW 1985, 974; BGH NJW 1974, 1656 (1657); BGH WM 1974, 831 (833); BGH WM 1961, 301; BGH WM 1967, 1099 (1101).

[4] Ulmer, in: GK-HGB § 105 Rz 244ff; Zöllner, Schranken S. 345 ff; Ganssmüller DB 1965, 1897; Hueck ZGR 1972, 244f; Fischer NJW 1954, 780.

[5] Nehls S. 88; Jilg S. 88; Beckerhoff S. 80; lediglich Nonn S. 67ff beschäftigt sich ausführlich mit diesem Problem.

gehabt, ob der Gesellschafter einer Kapitalgesellschaft verpflichtet sein kann, sein Stimmrecht in einer bestimmten Weise auszuüben.[6]

Als Grund für diese im Vergleich zum Personengesellschaftsrecht seltene Erörterung des Problems positiver Stimmpflichen wird vielfach angeführt, daß die praktische Bedeutung positiver Stimmpflichten im Kapitalgesellschaftsrecht wegen der hier bestehenden Geltung des Mehrheitsprinzips geringer sei,[7] während wegen des in § 119 HGB verankerten Einstimmigkeitsprinzips in der Personengesellschaft ein viel größerer Einigungsdruck der Gesellschafter bestehe und deshalb die Annahme positiver Stimmpflichten häufiger nahe liege.

Diese These erscheint auf den ersten Blick zutreffend. Tatsächlich werden entsprechend dem gesetzlichen Regelfall im Aktien- wie im GmbH-Recht Beschlüsse mit der Mehrheit der abgegebenen Stimmen gefaßt, so daß die Obstruktionsmöglichkeiten eines Gesellschafters, der nur über eine oder wenige Stimmen verfügt, viel geringer scheinen. Indes ändert dies aber nichts daran, daß positive Stimmpflichten im Kapitalgesellschaftsrecht ebenso relevant werden können wie im Personengesellschaftsrecht. Immer dann, wenn eine Minderheit der Gesellschafter über eine entsprechende Anzahl an Stimmen verfügt, mit der sie mehrheitlich gewollte Beschlüsse verhindern kann, hat sie eine Position, die der eines Personengesellschafters unter Geltung des Einstimmigkeitspinzips ähnlich ist, und bei der sich die Frage stellt, ob und ggf. unter welchen Umständen die Minderheit verpflichtet sein kann, für einen mehrheitlich gewollten Beschluß zu stimmen.

Anschaulich zeigt dies der Fall der Girmes-AG.[8] Dieses niederrheinische Textilunternehmen stand Ende der achtziger Jahre vor dem Konkurs. Der Vorstand handelte mit den Gläubigern der AG ein Sanierungskonzept aus, das u. a. eine Kapitalherabsetzung vorsah. Ein Kapitalherabsetzungsbeschluß ist eine Satzungsänderung.[9] Er erfordert gem. § 179 Abs. 2 AktG eine ¾-Mehrheit. Die überwiegende Mehrheit der Girmes-Aktionäre unterstützte das Sanierungskonzept des Vorstandes und stimmte in der Hauptversammlung für die entsprechenden Satzungsänderungen. Eine Minderheit von etwas mehr als 25 % verweigerte jedoch ihre Zustimmung. Die Sanierung scheiterte, was den Konkurs

---

[6] BGH WM 1987, 841; BGH WM 1986, 1348.

[7] Hachenburg-Ulmer § 53 Rz 70; Scholz-Priester § 53 Rz 37; Baumbach/Hueck-Zöllner § 53 Rz 47; Marsch-Barner ZHR 157, 180.

[8] BGH NJW 1995, 1739.

[9] Godin-Wilhelmi § 222 Anm. 4.

der Gesellschaft zur Folge hatte. Im Ergebnis verloren sowohl die Minderheitsgesellschafter als auch die Mehrheit der Aktionäre den gesamten Wert ihrer Aktien. Die Mehrheitsaktionäre verklagten daraufhin den federführenden Vertreter der Minderheitsaktionäre, der bei den Minderheitsaktionären erst die Initiative für die Ablehnung des von der Mehrheit unterstützten Konzepts geweckt hatte, auf Schadensersatz für den Wertverlust ihres Investments. Der BGH schloß dem Grunde nach eine Haftung des Aktionärsvertreters nicht aus, verwies die Sache jedoch zur weiteren Klärung an die Vorinstanz zurück. Hätte in der Situation des Girmes-Falls den Minderheitsgesellschaftern eine Pflicht zur Zustimmung zu dem Kapitalherabsetzungsbeschluß oblegen und hätten die Minderheitsaktionäre diese Pflicht erfüllt, wäre die Sanierung der Girmes-AG möglicherweise erfolgreich gewesen und die Gesellschaft gerettet worden.

Der Girmes-Fall zeigt aber auch, daß umgekehrt für die Mehrheitsgesellschafter einer Kapitalgesellschaft ebenso Stimmpflichten in Betracht kommen können. Im Falle der Girmes-AG etwa war es so, daß nach Ablehnung des ursprünglichen Sanierungskonzeptes ein alternatives Konzept von den Minderheitsaktionären zur Abstimmung gestellt wurde. Dieses sah gleichfalls eine - wenn auch weniger einschneidende - Kapitalherabsetzung vor. Dieses Konzept wurde seinerseits von der Mehrheit abgelehnt. Hier kann man sich ebenfalls fragen, ob nicht auch die Mehrheitsgesellschafter nach dem Scheitern des ursprünglichen Konzepts einer Pflicht zur Annahme des zweiten Sanierungskonzeptes unterlagen, um so gewissermaßen „zu retten, was noch zu retten war."

Zugleich wird damit klar, daß die Frage nach positiven Stimmpflichten nicht vom Einstimmigkeits- oder Mehrheitsprinzips abhängt. Relevanz kommt positiven Stimmpflichten vielmehr immer dann zu, wenn ein Gesellschafter unbeschadet seiner Beteiligung am Gesellschaftsvermögen in der Lage ist, durch die Ausübung seines Stimmrechts die Interessen seiner Mitgesellschafter oder der Gesellschaft zu beeinträchtigen. Das aber ist keine Frage des Abstimmungsprinzips.

Der Girmes-Fall zeigt darüber hinaus, daß mitunter ein praktisches Bedürfnis nach der Anerkennung positiver Stimmpflichten im Kapitalgesellschaftsrecht jedenfalls nicht ohne weiteres von der Hand zu weisen ist. Nicht alles, was praktisch wünschenswert ist, findet jedoch eine Grundlage im geltenden Recht und ist daher rechtlich zulässig. Dies gilt insbesondere, wenn das Recht grundsätzlich vom Gegenteil dessen ausgeht, was von der Praxis manchmal gewünscht wird. So gilt im Kapitalgesellschaftsrecht der Grundsatz der freien Stimmrechtsausübung.[10] Jeder Stimmberechtigte kann von seinem Stimmrecht nach Gutdünken Gebrauch machen.[11] Die Autonomie der Ausübung des Stimmrechts deckt dabei, wie dies allgemein für die Privatautonomie gilt, auch die törichte Entscheidung.[12] D. h., es ist dem Gesellschafter grundsätzlich nicht einmal verwehrt, für die Gesellschaft unzweckmäßige oder nachteilige Entscheidungen zu treffen.

Die mitunter praktisch wünschenswerte Annahme einer positiven Stimmpflicht läuft diesem Grundsatz zuwider. Es besteht ein Spannungsfeld zwischen dem Grundsatz freier Stimmrechtsausübung und der Annahme positiver Stimmpflichten. Die Untersuchung dieses Spannungsfeldes wird Gegenstand dieser Arbeit sein. Dabei soll insbesondere erörtert werden, ob sich aus dem von Rechtsprechung und Literatur entwickelten Rechtsinstitut der gesellschaftsrechtlichen Treuepflicht ein Ausgleich zwischen den beiden widerstreitenden Polen ableiten läßt. Damit beantwortet sich zugleich die Frage nach der grundsätzlichen Zulässigkeit positiver Stimmpflichten im Kapitalgesellschaftsrecht.

II. Gang der Untersuchung

Ausgangspunkt der Untersuchung wird zunächst der Begriff der positiven Stimmpflicht sein. Hierdurch soll Klarheit darüber gewonnen werden, wann überhaupt von einer echten, den Gesellschafter treffenden Stimmpflicht gesprochen werden kann und nicht lediglich eine Stimmrechtsbegrenzung in Form eines Verbotes einer bestimmten Stimmabgabe vorliegt. Im Anschluß daran werden beispielhaft einige Fallgruppen betrachtet, in denen Rechtsprechung und Literatur in der Vergangenheit positive Stimmpflichten im Kapitalgesellschaftsrecht bejaht haben.

Der zweite Teil der Arbeit beschäftigt sich mit der gesellschaftsrechtlichen Treuepflicht als Rechtsgrundlage positiver Stimmpflichten und beantwortet damit die Frage nach der rechtlichen Zulässigkeit solcher Stimmpflichten.

In einem dritten Teil wird versucht, aus den bis dahin gefundenen Ergebnissen allgemeine Bedingungen für die Annahme positiver Stimmpflichten zu entwickeln. Dabei wird das Hauptaugenmerk auf einer möglichst exakten Definition der Voraussetzungen positiver Stimmpflichten liegen.

---

[10] vgl. BGHZ 14, 25 (37); Meyer-Landrut/Miller/Niehus § 14 Rz 18; Marsch-Barner ZHR 157, 177; Claussen AG 1991, 16.

[11] Scholz-Schmidt (6. Aufl.) § 47 Rz 25.

[12] Flume, Juristische Person S. 212; Schöne WM 1992, 212.

Nach der Auffindung geeigneter Kriterien für die Annahme positiver Stimmpflichten werden im vierten Teil der Arbeit diese Kriterien auf konkrete Fälle, die sich an die von Rechtsprechung und Literatur anerkannten Fallgruppen anlehnen, angewandt. Hiermit soll die Geeignetheit der gefundenen Kriterien für die praktische Anwendung untersucht werden.
Der fünfte und letzte Teil schließlich erörtert die Rechtsfolgen im Falle der Nichtbeachtung positiver Stimmpflichten, wobei hierbei die prozessuale Durchsetzbarkeit solcher Pflichten im Vordergrund steht.

III. Begriffsbestimmung

Eine positive Stimmpflicht läßt sich auf unterschiedliche Weise definieren.

1. Positive Stimmpflichten als Pflicht überhaupt abzustimmen

Vom allgemeinen Sprachgebrauch ausgehend, könnte man unter positiver Stimmpflicht allein die Pflicht verstehen, überhaupt eine Stimme auf einer Gesellschafterversammlung abzugeben; unabhängig davon, wie der Gesellschafter im Einzelnen abstimmt. Für die Erfüllung dieser Pflicht würde es dann keine Rolle spielen, ob der verpflichtete Gesellschafter mit „Ja", „Nein" oder „Enthaltung" stimmt, so lange er nur überhaupt seine Stimme abgibt. Der Begriff der positiven Stimmpflichten wäre in diesem Fall als „Pflicht zur Stimmabgabe" definiert.

Ein solches Verständnis der positiven Stimmpflicht wird vereinzelt in der Literatur zu Grunde gelegt. So wird vertreten, daß ein Gesellschafter kraft der gesellschaftsrechtlichen Treuepflicht verpflichtet sein könne, an Abstimmungen teilzunehmen, um die im Interesse der Gesellschaft erforderliche Willensbildung in der Gesellschafterversammlung zu ermöglichen.[13]

Für eine in diesem Sinne verstandene Stimmpflicht gibt es jedoch juristisch gesehen keinen Grund. Die Annahme einer Rechtspflicht erscheint nur dann sinnvoll, wenn hierdurch Nachteile für andere oder die Allgemeinheit verhindert oder Vorteile für andere oder die Allgemeinheit begründet werden. Ist demgegenüber das Unterlassen eines Verhaltens in seiner Wirkung neutral, so besteht kein Grund, die Entscheidungsfreiheit des Individuums einzuschränken und jemanden zu einem Verhalten zu zwingen. Bezogen auf die Stimmrechtsausübung bedeutet dies: Wirkt sich die Nichtabgabe einer Stimme interessenneutral aus, so besteht kein Grund, jemanden für abstimmungspflichtig zu halten.

[13] Hachenburg-Ulmer § 53 Rz 72; Baumbach/Hueck-Hueck/Fastrich § 13 Rz 30.

Grundsätzlich gilt nun sowohl für die AG als auch für die GmbH gemäß § 133 Abs. 1 AktG bzw. § 47 Abs. 1 GmbHG, daß für die Beschlußfassung lediglich die Mehrheit der *abgegebenen* Stimmen erforderlich ist, d. h. der Beschlußantrag muß mindestens eine Ja-Stimme mehr als Nein-Stimmen erhalten.[14] In diesem Fall ist der Beschluß angenommen. Umgekehrt stellt aber auch das Überwiegen der Nein-Stimmen im Verhältnis zu den Ja-Stimmen, also die Ablehnung des Beschlußantrages nach h. M. einen Beschluß dar.[15] Entscheidend ist allein das Verhältnis von Ja- und Nein-Stimmen. Nimmt ein anwesender Gesellschafter an der Beschlußfassung demgegenüber nicht teil, werden seine Stimmen nicht mitgezählt.[16] Dies folgt daraus, daß der nicht abstimmende Gesellschafter, aus welchen Motiven auch immer, weder ein zustimmendes noch ein ablehnendes Votum abgeben will. Wer sich an einer Abstimmung nicht beteiligt, obgleich er bei derselben anwesend ist, gibt dadurch zu erkennen, daß er von seinem Stimmrecht keinen Gebrauch machen, sondern die Entscheidung den übrigen Beteiligten, welche bei der Abstimmung mitwirken, überlassen will.[17] Würde man diese Stimmen dennoch bei der Mehrheitsfindung berücksichtigen, so würde der objektive Erklärungswert dieses Abstimmungsverhaltens verfälscht. Die Nichtabgabe der Stimmen wirkt sich daher weder in positiver noch in negativer Weise auf den Beschluß aus und soll sich nach dem objektiven Erklärungswert des Abstimmungsverhaltens auch gar nicht anders auswirken. Das Verhalten des Gesellschafters bezüglich des Beschlusses ist vielmehr neutral. Für eine positive Stimmpflicht im Sinne einer Pflicht, überhaupt abzustimmen, besteht dann aber keine Notwendigkeit mehr.

Etwas anderes könnte sich freilich dann ergeben, wenn ohne die Abgabe einer bestimmten Mindestanzahl an Stimmen ein Beschluß - unabhängig, ob zustimmend oder ablehnend - gar nicht erst gefaßt werden kann, wenn also eine gewisse Anzahl abgegebener Stimmen Voraussetzung für die Beschlußfähigkeit der Gesellschafterversammlung ist. Zu denken ist hier an den Fall, daß beispielsweise für das Zustandekommen eines Beschlusses mindestens fünf von sieben möglichen Stimmen abgegeben werden müssen. Werden hier nur vier Stimmen abgegeben, kommt weder ein zustimmender noch ein ablehnender

[14] Baumbach/Hueck-Zöllner § 47 Rz 14; Nonn S. 70; Hachenburg-Hüffer § 47 Rz 14.

[15] RGZ 122, 102 (107); BGHZ 88, 320 (328); BGHZ 97, 28 (30); BGH NJW 1982, 1585; Baumbach/Hueck-Zöllner § 47 Rz 2; Hachenburg-Hüffer § 47 Rz 35; Rowedder-Koppensteiner § 47 Rz 5; Scholz-Schmidt § 45 Rz 31, 179; anders die Lehre vom Nichtbeschluß, vgl. Maier-Reimer FS Oppenhoff S. 198ff.

[16] Meyer-Landrut/Miller/Niehus § 47 Rz 3.

[17] so schon RGZ 20, 140 (144).

Beschluß zustande. In diesem Fall ist die Nichtabgabe der Stimme zwar nach ihrem äußeren Erklärungswert nach wie vor neutral. Faktisch führt sie aber dazu, daß der Beschlußantrag nicht beschieden und damit auch nicht angenommen wurde. Die Nichtabgabe wirkt dann wie eine Nein-Stimme. Sie wäre de facto nicht neutral; eine positive Stimmpflicht im Sinne einer Pflicht zur Stimmabgabe wäre zumindest theoretisch denkbar.

Weder das Aktiengesetz noch das GmbHG enthalten jedoch Regeln über die Beschlußfähigkeit. Zur Beschlußfassung ist somit gesetzlich eine Stimme erforderlich aber auch ausreichend.[18] Ein bestimmtes Quorum für die Beschlußfassung ist nicht nötig. Legt man daher den gesetzlichen Regelfall zu Grunde, besteht keine Veranlassung für die Annahme einer positiven Stimmpflicht im Sinne einer Pflicht zur Stimmabgabe.

Immerhin kann allerdings die Satzung Regelungen über die Beschlußfähigkeit enthalten, etwa in der Art, daß mindestens ein Viertel oder auch das gesamte Grundkapital in der Hauptversammlung vertreten sein muß.[19] In diesen Fällen ist die Mitwirkung zumindest eines Teils der Gesellschafter Voraussetzung dafür, daß der Beschluß - egal, ob zustimmend oder ablehnend - überhaupt gefaßt wird. Für diese Ausnahmefälle wird zum Teil eine positive Stimmpflicht im Sinne einer Pflicht zur Stimmabgabe in Betracht gezogen.[20] Gleichwohl ist es auch hier zweifelhaft, ob überhaupt Raum für eine solche eigenständige Pflicht zur Stimmabgabe ist. Nimmt man an, daß es eine eigenständige Pflicht zur Stimmabgabe geben kann, so muß man konsequenterweise auch davon ausgehen, daß es Situationen geben kann, in denen der Gesellschafter zwar zur Stimmabgabe verpflichtet ist, gleichzeitig aber nicht gezwungen werden darf, einen Beschluß auch anzunehmen. Nur dann macht die Annahme einer eigenständigen Pflicht zur Stimmabgabe, die sich auf den bloßen Akt des Abstimmens ungeachtet seines Inhalts beschränkt, Sinn.

Ein solcher Fall ist aber wohl nur theoretisch denkbar. Immer dann, wenn ein Gesellschafter verpflichtet ist, einen Beschluß nicht dadurch zu verhindern, daß er der Abstimmung fernbleibt, wird er normalerweise auch verpflichtet sein,

---

[18] RGZ 34, 110 (116); Godin-Wilhelmi §129 Anm. 2; Hachenburg-Hüffer § 47 Rz 5; Scholz-Schmidt § 48 Rz 41; Baumbach/Hueck-Zöllner § 48 Rz 2; Rowedder-Koppensteiner § 48 Rz 13; Mutze GmbHR 1970, 33f.

[19] Rowedder-Koppensteiner § 47 Rz 17; Meyer-Landrut/Miller/Niehus § 47 Rz 9; Zöllner, in: KK § 243 Rz 204; Eckardt, in: Geßler/Hefermehl/Eckardt/Kropff § 133 Rz 54; Godin-Wilhelmi § 129 Anm. 2.

[20] Zöllner, in: KK § 243 Rz 204.

den Beschluß durch ein positives Votum zu unterstützen. Dann aber besteht keine Notwendigkeit mehr für die Annahme einer eigenständigen positiven Stimmpflicht im Sinne einer Pflicht überhaupt abzustimmen.

2. Positive Stimmpflicht als Pflicht in einer bestimmten Weise abzustimmen

Die Begrenzung des Begriffs der positiven Stimmpflicht auf den Fall einer Pflicht zur Stimmabgabe schöpft den möglichen Bedeutungsgehalt dieses Begriffs aber nicht voll aus, wie die folgende Überlegung zeigt:
Das Stimmrecht ist die Befugnis des Mitgliedes zur Teilnahme an der Willensbildung des Verbandes.[21] Es ist damit die wichtigste, allein auf seiner Mitgliedschaft beruhende Möglichkeit des Gesellschafters, auf die Interessen der Gesellschaft Einfluß zu nehmen. Gleichzeitig kann der Gesellschafter durch die Stimmrechtsausübung auch zumindest mittelbar die Interessen seiner Mitgesellschafter beeinflussen, indem er durch die Stimmrechtsausübung die Zukunft der Gesellschaft und damit auch die Zukunft des im jeweiligen Mitgliedschaftsanteil verkörperten Vermögenswertes der Gesellschafter mitbestimmt. Dabei ist es sogar denkbar, daß eine Maßnahme, die für die Gesellschaft neutral oder sogar vorteilhaft ist, gleichwohl für einzelne Gesellschafter, insbesondere Minderheitsgesellschafter, nachteilig sein kann.[22] Entscheidend ist immer der Inhalt des jeweils zu fassenden Beschlusses.

Diese Möglichkeit, durch Einflußnahme die gesellschaftsbezogenen Interessen der Mitgesellschafter zu beeinträchtigen, verlangt als Gegengewicht die gesellschaftsrechtliche Pflicht, auf diese Interessen Rücksicht zu nehmen.[23] Denn die Ausübung des Stimmrechts ist wie alle Rechtsausübung an Treu und Glauben gebunden und unterliegt der Treuepflicht.[24] Die Treuepflicht setzt damit der Stimmrechtsausübung inhaltliche Grenzen und wirkt sich als Verbot illoyaler Stimmrechtsausübung aus.[25] Dabei meint der Begriff der „Grenzen der Stimm-

---

[21] Schmidt GesR § 21 II 1) a) (S. 605); Zöllner, Schranken, S. 11.
[22] Nehls S. 5.
[23] BGHZ 65, 15 (19).
[24] BGH ZIP 1995, 819 (821f); Zöllner, Schranken S. 335; Lutter/Hommelhoff § 47 Rz 26; Wiesner, in: Hdb des GesR, Bd. 4 § 18 Rz 17; Schmidt GesR § 21 II 3 a) (S. 613); Beckerhoff S. 47
[25] Schmidt GesR § 21 II 3) c) (S. 616); Baumbach/Hueck-Zöllner § 47 Rz 74; Zöllner, Schranken S. 288; Wiesner, in: Hdb des GesR, Bd. 4 § 17 Rz 18; Timm WM 1991, 483; allgemein zur Treuepflicht Henze BB 1996, 489; Beckerhoff S. 48f sowie die umfangreichen Nachweise bei Schmidt GesR § 20 IV (S. 588).

rechtsausübung“ zunächst einmal nur, daß dem Gesellschafter infolge seiner Treuebindung die Wahrnehmung *einer* - der treuwidrigen - Entscheidungsalternative verwehrt sein kann. Andere Entscheidungsalternativen, die nicht treuwidrig sind, stehen ihm nach wie vor offen. Der Gesellschafter darf also unter Umständen wegen seiner Treubindung nicht mit „Ja“, wohl aber mit „Nein“ oder „Enthaltung“ stimmen, ohne sich treuwidrig zu verhalten.

Umgekehrt ist es aber auch möglich, daß es dem Gesellschafter aufgrund seiner Treuepflicht nicht nur verboten ist, eine bestimmte Entscheidungsalternative zu wählen, sondern daß es für ihn nur eine nicht treuwidrige Entscheidungsalternative gibt. Er hat dann nicht mehr die Wahl zwischen „Ja“, „Nein“ oder „Enthaltung“, sondern handelt nur dann nicht treuwidrig, wenn er etwa mit „Ja“ stimmt. In diesem Fall verdichtet sich die Treuepflicht zur positiven Stimmpflicht des Gesellschafters.[26] Damit aber ist der Kern des Begriffs der positiven Stimmpflicht bestimmt: Positive Stimmpflicht meint keineswegs die Pflicht, überhaupt abzustimmen, sondern die Pflicht, in einer bestimmten Weise abzustimmen. Dem Gesellschafter ist also nicht das „Ob“ seiner Stimmabgabe vorgeschrieben, sondern der Inhalt seiner Stimmabgabe. Man kann den Begriff der positiven Stimmpflicht daher als Pflicht definieren, die besteht, wenn ein Gesellschafter entweder nur mit „Ja“, „Nein“ oder „Enthaltung“ abstimmen darf, also als Pflicht, in einer bestimmten Weise abzustimmen.

3. Keine Modifikation des Begriffs aufgrund anderer Rechtsgrundlage

Soeben wurde die Definition des Begriffs der positiven Stimmpflicht anhand der gesellschaftsrechtlichen Treuepflicht als Grundlage vorgenommen. Die Treuepflicht stellt jedoch nur eine von mehreren möglichen Rechtsgrundlagen zur Begründung von Rechtspflichten dar. Rechtspflichten können sich darüber hinaus auch aus vertraglichen und gesetzlichen Regelungen ergeben. Dies wirft die Frage auf, ob gegebenenfalls eine Modifikation des Begriffs der positiven Stimmpflicht vorzunehmen ist, wenn man versucht, eine solche Pflicht auf eine andere Rechtsgrundlage als die Treuepflicht zu stützen. Indes kann diese Frage relativ schnell beantwortet werden. Als mögliche vertragliche Grundlage kommen vor allem Stimmbindungsverträge in Betracht.[27] Sie werden mittlerweile

---

[26] BGH WM 1986, 1348 (1349); BGH WM 1987, 841 (842); Schmidt GesR § 21 II 3 c (S. 616); Scholz-Schmidt § 47 Rz 31; Hüffer AktG § 179 Rz 30; Zöllner, in: KK § 179 Rz 214; ders., Schranken S. 309; Beckerhoff S. 80.

[27] hierzu: Baumbach/Hueck-Zöllner § 47 Rz 77; Rowedder-Koppensteiner § 47 Rz 28f; Scholz-Schmidt § 47 Rz 35; Hachenburg-Hüffer § 47 Rz 65; Lutter/Hommelhoff § 47 Rz 5;

zu Recht als zulässig angesehen.[28] Durch solche Verträge verpflichten sich die Vertragsteile, die ihnen zustehenden Stimmrechte in der vertraglich festgelegten Weise auszuüben.[29] Manche Stimmverträge regeln dabei selbst abschließend, in welchem Sinne abzustimmen ist. Andere schreiben vor, daß das Stimmrecht nach Weisung eines Dritten auszuüben sei. Ein dritte Art von Stimmverträgen, die sog. Konsortialverträge, verpflichten alle Beteiligten in der Mitgliederversammlung des Verbandes jeweils geschlossen so zu stimmen, wie es vorher von ihnen mit Mehrheit beschlossen worden ist.[30] Allen Verträgen aber ist gemein, daß sie den Gesellschafter, der an einem solchen Vertrag beteiligt ist, verpflichten, sein Stimmrecht nicht mehr nach freiem Ermessen, sondern entsprechend den vertraglichen Vorgaben auszuüben. Dabei können die vertraglichen Regelungen mitunter so weit gehen, daß sie genaue Voraussetzungen festlegen, unter denen ein Gesellschafter einem Beschluß zustimmen muß. In der Sache enthält der Stimmbindungsvertrag dann eine positive Stimmpflicht, die derjenigen, die auf Treuepflichten basiert, gleichkommt. Aus diesem Grunde macht es für den Begriff der positiven Stimmpflicht keinen Unterschied, ob sich eine solche Pflicht aus einem Vertrag oder aus der gesellschaftsrechtlichen Treuepflicht ergibt, so daß eine Modifikation des Begriffs aufgrund einer anderen Rechtsgrundlage nicht angezeigt ist.

Nicht anders würde es sich schließlich bei gesetzlich normierten Stimmpflichten verhalten. Auch hier könnte eine gesetzliche Regelung entweder ausdrücklich oder implizit vorsehen, daß ein Gesellschafter in einer bestimmten Situation entweder nur mit „Ja“, mit „Nein“ oder mit „Enthaltung“ abstimmt, was ebenfalls einer auf der gesellschaftsrechtlichen Treuepflicht beruhenden Stimmpflicht im Sinne einer Pflicht zur Stimmabgabe in einer bestimmten Weise gleichkäme.

4. Positive Stimmpflichten als negative Formulierung einer Stimmrechtsbegrenzung?

Eine positive Stimmpflicht kommt also lediglich in Abstimmungssituationen in Betracht, in denen der abstimmende Gesellschafter nur eine Entscheidungsalternative hat. Im Falle von Stimmpflichten, die auf der Treuepflicht beruhen, heißt dies, daß nur eine Entscheidungsalternative gegeben ist, die nicht treu-

---

Overrath S. 1; Behrens FS 100 Jahre GmbHG S. 551ff; Zöllner ZHR 155, 169ff; Barz GmbHR 1968, 100f; Zutt ZHR 155, 190ff; Reuter ZGR 1978, 633ff.

[28] zum Streitstand vgl. Hachenburg-Hüffer § 47 Rz 73 m. w. N.

[29] Hüffer AktG § 133 Rz 25.

[30] Overrath S. 1.

widrig ist. In diesem Fall wirkt die Treuepflicht pflichtbegründend, indem sie dem Gesellschafter die Verpflichtung auferlegt, ein positives Tun in Form der Stimmabgabe in einer bestimmten Weise vorzunehmen. Eine Pflicht zu einem positivem Tun läßt sich nun aber immer auch negativ als Verbot alternativer Handlungsmöglichkeiten formulieren. So könnte man in der Verpflichtung eines Gesellschafters, bei einer Abstimmung mit „Ja" zu stimmen, zugleich auch das an den Gesellschafter gerichtete Verbot sehen, mit „Nein" und „Enthaltung" zu stimmen.

Die Treuepflicht hat hauptsächlich rechtsbegrenzende Funktion,[31] d. h., sie wirkt vornehmlich als Verbot, bestimmte Rechte wahrzunehmen. Kann man nun jede Pflicht zu einem positiven Tun zugleich auch als Verbot anderer Handlungsmöglichkeiten begreifen, so kann man auf den Gedanken kommen, daß sich alle Fälle positiver Stimmpflichten auch mittels der rechtsbegrenzenden Funktion der Treuepflicht lösen lassen. Die Verpflichtung zur Stimmabgabe in einer bestimmten Weise träfe dann den Gesellschafter nur als Verbot, die Interessen der Gesellschaft oder der Mitgesellschafter durch eine Enthaltung oder eine negative Abstimmung zu schädigen.[32] Der Begriff „positive Stimmpflicht" wäre entbehrlich.

Mit einer solchen Betrachtung ist indes nichts gewonnen. Im Gegenteil: Eine solche Argumentation schadet mehr, als sie nutzt. Sie schafft unnötig Verwirrung. Formuliert man positive Stimmpflichten als Verbot aller Entscheidungsalternativen mit Ausnahme einer einzigen, so suggeriert dies Handlungsmöglichkeiten, die in Wahrheit gar nicht bestehen. Wichtigstes Kennzeichen positiver Stimmpflichten ist es jedoch, daß sie nur dann vorliegen, wenn bei der Abstimmung keine andere, rechtlich zulässige Entscheidungsalternative eröffnet ist. Dieser Unterschied sollte nicht unnötig verwässert werden. Unter dem Begriff der positiven Stimmpflicht soll daher um der Klarheit willen die Verpflichtung des Gesellschafters zu einem positiven Tun, nämlich zu einer Stimmabgabe in einer bestimmten Weise, verstanden werden.

5. Ergebnis

Der Begriff der positiven Stimmpflichten im Kapitalgesellschaftsrecht umfaßt für den gesetzlichen Regelfall lediglich die Pflicht zur Stimmabgabe in einer bestimmten Weise.

---

[31] Wiedemann GesR § 8 II 3 (S. 431); Marsch-Barner ZHR 157, 179.

[32] vgl. Nehls S. 89, der in diese Richtung geht.

Für diese Definition spielt die Rechtsgrundlage der positiven Stimmpflicht keine Rolle.

B. Allgemein diskutierte Fälle positiver Stimmpflichten

In Rechtsprechung und Literatur werden mittlerweile in einer Reihe von Fällen positive Stimmpflichten diskutiert. Eine Betrachtung dieser Fälle bietet den Vorteil, daß sich aus ihnen möglicherweise Merkmale abstrahieren lassen, die charakteristisch für positive Stimmpflichten sind. Dies wiederum läßt Rückschlüsse auf die grundsätzliche Zulässigkeit sowie die Voraussetzungen positiver Stimmpflichten zu. Gleichzeitig wird hierdurch deutlich, wann konkret ein Bedürfnis nach der Annahme positiver Stimmpflichten besteht. Im Folgenden sollen daher einige dieser Fälle kurz dargestellt werden.
Die Schwierigkeit einer solchen Darstellung liegt allerdings darin, eine sinnvolle Auswahl der möglichen Fälle zu treffen. Theoretisch ist eine unbegrenzte Vielzahl möglicher Beschlußfassungen denkbar. Entsprechend ist auch eine unbegrenzte Vielzahl von Fällen positiver Stimmpflichten denkbar.[33] Prinzipiell kommt hierfür jeder Beschluß in Betracht, bei dem die oben angesprochene Gefahr der Beeinträchtigung von Interessen der Gesellschaft oder der Mitgesellschafter duch die Verweigerung einer bestimmten Stimmabgabe auftreten kann, so daß es angängig erscheint, die Freiheit der Stimmrechtsausübung des Gesellschafters zu beschränken.

So völlig uferlos, wie der Anwendungsbereich positiver Stimmpflichten auf den ersten Blick zu sein scheint, ist er bei näherer Betrachtung dann aber doch nicht, da in der weit überwiegenden Zahl möglicher Beschlußgegenstände positive Stimmpflichten offensichtlich ausscheiden. So wird niemand auf die Idee kommen, einem Kleinaktionär für die routinemäßige Festlegung, ob sich die Vergütung der Aufsichtsratsmandate auf 10.000 oder 15.000 Euro belaufen oder ob eine bestimmte Wirtschaftsprüfungsgesellschaft zum Abschlußprüfer bestimmt werden soll, eine positive Stimmpflicht auferlegen zu wollen. Für die Annahme einer stimmpflichtbegründenden Situation müssen vielmehr immer besondere Umstände hinzukommen.

I. Zustimmung zu Satzungsänderungen

Der am häufigsten diskutierte Fall in diesem Zusammenhang ist die Beschlußfassung über Satzungsänderungen. Gemeint ist damit die Frage, ob und ggf.

---

[33] vgl. nur die Beispiele bei Hachenburg-Hüffer § 47 Rz 194.

wann ein Gesellschafter verpflichtet sein kann, einer Änderung der Satzung zuzustimmen.

Die praktische Relevanz dieser Frage zeigte sich zunächst im Personengesellschaftsrecht. Bereits das Reichsgericht erkannte kurz nach dem Ersten Weltkrieg eine Rechtspflicht des Personengesellschafters zur Zustimmung zu Änderungen der vertraglichen Grundlagen der Gesellschaft an.[34] Nach dem Zweiten Weltkrieg mußte sich auch der BGH zunächst nur in Bezug auf das Personengesellschaftsrecht mit dieser Frage auseinandersetzen,[35] was die Literatur zu einer ähnlich zurückhaltenden Betrachtung veranlaßte.[36]

Erst in jüngerer Zeit kam die wissenschaftliche Diskussion über positive Stimmpflichten bei Beschlüssen über Änderungen des Organisationsstatuts der Gesellschaft auch im Kapitalgesellschaftsrecht in Gang.[37] Der Grund für diese verhältnismäßig späte Beachtung dürfte zum einen darin liegen, daß das GmbH-Recht grundsätzlich der Begründung von Gesellschafterpflichten gegen den Willen des Gesellschafters ablehnend gegenübersteht.[38] Gleiches gilt für die AG. In beiden Rechtsformen ist die Beteiligung eines Gesellschafters betont kapitalistisch. Mit der Einzahlung seiner Einlage hat der Gesellschafter seine wichtigste Pflicht erfüllt. Ihm darüber hinaus weitere persönliche Pflichten aufzuerlegen, widerspricht grundsätzlich der kapitalistischen Natur der GmbH bzw. der AG. Zum anderen wird als Rechtsgrundlage positiver Stimmpflichten in der Regel immer die gesellschaftsrechtliche Treuepflicht herangezogen.[39] Bis vor wenigen Jahren aber war ungeklärt, ob Treuepflichten im Kapitalgesellschaftsrecht überhaupt bestehen können. Erst mit der zunehmenden Bejahung ihrer Existenz auch in diesem Teil des Gesellschaftsrechts wuchs die Zahl derer, die auch positive Stimmpflichten im GmbH- und im Aktienrecht im Hinblick auf Satzungsänderungen grundsätzlich bejahten. Im Gefolge der GmbH-Novelle von 1980 und der damit verbundenen Notwendigkeit einer Anpassung des satzungsmäßigen Stammkapitals an die neuen gesetzlichen Vor-

---

[34] RGZ 162, 388 (396).

[35] BGH LM § 105 HGB Nr. 8; BGH LM § 109 HGB Nr. 8; BGH LM § 138 HGB Nr. 8; BGHZ 30, 195 (202); BGHZ 44, 40; BGHZ 64, 253 (257); BGH WM 1967, 1099 (1101); BGH WM 1973, 990 (991f).

[36] Hueck JR 1965, 387; Fischer NJW 1954, 780; Ganssmüller DB 1965, 1897f; ders. DB 1966, 1509; Westermann Rz 220.

[37] vgl. etwa Hueck ZGR 1972, 252; Schaudwet/Paul GmbHR 1970, 7.

[38] Westermann FS Hefermehl S. 228.

[39] Hüffer AktG § 179 Rz 30; Scholz-Schmidt § 47 Rz 31; Hachenburg-Ulmer § 53 Rz 70; Lutter/Hommelhoff § 14 Rz 19; Lutter ZHR 153, 468.

gaben des GmbHG wurde das Problem schließlich Gegenstand der Rechtsprechung des BGH.[40]

Heute wird die Frage, ob ein Gesellschafter einer Kapitalgesellschaft zur Mitwirkung an der Anpassung oder Änderung der Satzung verpflichtet ist, als praktisch wichtigster Anwendungsfall einer positiven Stimmpflicht gesehen.[41] Viele Autoren bejahen dabei prinzipiell eine solche Mitwirkungspflicht.[42] Uneinigkeit besteht allerdings über die Frage, für welche Art von Satzungsänderungsbeschlüssen positive Stimmpflichten angenommen werden können. Am ehesten bejaht werden Stimmpflichten bei Satzungsänderungsbeschlüssen, mit denen Kapitalmaßnahmen verfolgt werden, wobei hierbei wiederum die Fälle überwiegen, bei denen mit einer Kapitalmaßnahme die Sanierung einer Gesellschaft erstrebt wird, während bei allgemeinen Satzungsänderungsbeschlüssen Zurückhaltung geübt wird. Zum Teil werden aber auch für allgemeine Satzungsänderungsbeschlüsse positive Stimmpflichten bejaht.

1. Allgemeine Satzungsänderungen

Die Satzung bestimmt ihrer Natur gemäß die Grundlagen der Gesellschaft. Sie schafft damit eine Organisation, die grundsätzlich für alle gegenwärtigen und zukünftigen Mitglieder der Gesellschaft gleichermaßen verbindlich ist.[43] Gleichzeitig definiert sie über die Festlegung des Unternehmensgegenstandes die Handlungsmöglichkeiten der Gesellschaft. Diese Festlegung kann existentielle Auswirkungen auf die Gesellschaft haben. Der Unternehmensgegenstand ist entscheidend für die Befugnisse der Geschäftsführer im Innenverhältnis. So darf der Vorstand einer AG grundsätzlich nur solche Geschäfte tätigen, die durch den satzungsmäßigen Unternehmensgegenstand festgelegt sind.[44] Geschäfte, die sich im Laufe des Bestehens der Gesellschaft ergeben und die für die Gesellschaft zwar vorteilhaft sind, aber nicht dem Unternehmensgegenstand entsprechen, dürfen die Geschäftsführer grundsätzlich nicht vornehmen.

---

[40] BGH WM 1986, 1348; BGH WM 1987, 841.

[41] Schmidt GesR § 21 II (S. 616).

[42] Timm WM 1991, 483; Rowedder-Zimmermann § 53 Rz 58; Hachenburg-Ulmer § 53 Rz 70; ders. § 55 Rz 31; Scholz-Schmidt § 47 Rz 31; Scholz-Priester § 53 Rz 37; Baumbach/Hueck-Zöllner § 54 Rz 47; Lutter/Hommelhoff § 14 Rz 19; Hüffer AktG § 179 Rz 30; Säcker FS Lukes S. 552; a. A. Zöllner, in: KK § 179 Rz 214 vgl. aber auch § 243 Rz 205; Hefermehl/Bungeroth, in: Geßler/Hefermehl/Eckardt/Kropff § 180 Rz 197f; Hueck ZGR 1972, 253; Nehls S. 154.

[43] Scholz-Emmerich § 2 Rz 3; Rowedder-Rittner/Schmidt-Leithoff § 2 Rz 2.

[44] Säcker FS Lukes S. 547.

Damit steht die Geschäftsführung vor dem Dilemma entweder unter Verstoß gegen das Unternehmensinteresse auf solche Geschäfte zu verzichten oder aber den Unternehmensgegenstand zu überschreiten, dafür aber dem Unternehmenswohl zu dienen.[45] Dieses Beispiel zeigt, warum gerade im Hinblick auf Satzungsänderungen der Ruf nach positiven Stimmpflichten laut wird:[46] Oft kann es sich als notwendig erweisen, daß die häufig vor vielen Jahren oder gar Jahrzehnten geschaffene Satzung an die aktuellen Verhältnisse angepaßt werden muß, um die Gesellschaft handlungsfähig zu halten und damit die Zukunft des Unternehmens langfristig zu sichern.

Entsprechend werden positive Stimmpflichten zum Zwecke allgemeiner Änderungen des Gesellschaftsstatuts dann angenommen, wenn dies aufgrund veränderter Umstände oder der Schließung von Vertragslücken erforderlich, im Interesse der Gesellschaft dringend geboten und den Gesellschaftern die Änderung zumutbar ist.[47] Darüber hinaus soll eine stimmpflichtbegründende Situation vorliegen, wenn die wirtschaftliche Notwendigkeit einer Aufgabe des Geschäftsbetriebes oder der Zwang zum Ausscheiden eines Gesellschafters wegen drohender Insolvenz bestehe.[48] Schließlich soll einem Beschluß über die Erweiterung des Unternehmensgegenstandes dann die Zustimmung durch die Gesellschafter erteilt werden müssen, wenn die Erhaltung der Existenz und Funktionsfähigkeit des Unternehmens eine bestimmte Stimmabgabe erforderten.[49] Mitunter geht man sogar soweit, eine positive Stimmpflicht bei der Beschlußfassung über die Fortsetzung der Gesellschaft bzw. über die Heilung von Satzungsmängeln, die zur Auflösung der Gesellschaft führen würden, anzunehmen.[50] Einschränkungen werden allerdings dahingehend gemacht, daß bei Vorliegen einer der genannten Situationen positive Stimmpflichten dann ausgeschlossen sein sollen, wenn die Beschlüsse unmittelbar in den Kernbereich der Mitgliedschaft oder in Sonderrechte eingreifen.[51]

---

[45] Säcker FS Lukes S. 551.

[46] so etwa: Hüffer AktG § 179 Rz 30; Hachenburg-Ulmer § 53 Rz 70; § 55 Rz 31; Westermann FS Hefermehl S. 225; Jilg S. 88; Hennrichs AcP 195, 259.

[47] Scholz-Priester § 53 Rz 37; Lutter/Hommelhoff § 53 Rz 19.

[48] Westermann FS Hefermehl S. 230.

[49] Säcker FS Lukes S. 555.

[50] Scholz-Schmidt § 76 Rz 9; Baumbach/Hueck-Schulze-Osterloh § 77 Rz 7; Roth/Altmeppen § 76 Rz 7; Hachenburg-Hohner § 76 Rz 7; abl. Meyer-Landrut/Miller/Niehus § 76 Rz 5; Rowedder-Zimmermann § 76 Rz 8; Hüffer AktG § 276 Rz 2.

[51] Hachenburg-Ulmer § 53 Rz 71; Rowedder-Zimmermann § 53 Rz 58; Nonn S. 95.

Insgesamt kann man sagen, daß positive Stimmpflichten in Bezug auf allgemeine Satzungsänderungen eher zurückhaltend und nur bei Beschlüssen bejaht werden, die für das zukünftige Überleben der Gesellschaft unumgänglich sind.

2. Kapitalmaßnahmen insbesondere Sanierung der Gesellschaft

Praktisch wichtigster Fall positiver Stimmpflichten bei Satzungsänderungsbeschlüssen sind indes Beschlüsse über Kapitalerhöhungs- oder -herabsetzungsmaßnahmen. Dabei bekommt diese Frage eine besondere Brisanz, wenn die Gesellschaft in der Krise und damit sanierungsbedürftig ist. Dementsprechend häufig wird diese Fallgruppe auch in der Literatur diskutiert.[52]

Bejaht wird eine positive Stimmpflicht außerhalb von Krisen und anderen außergewöhnlichen Situationen etwa dann, wenn eine Kapitalerhöhung zur Erhaltung der Gesellschaft notwendig ist und durch die Erhöhung keine Nachteile für zustimmungsunwillige Gesellschafter eintreten, insbesondere sich für sie weder Haftungsrisiken noch eine Reduzierung der Gewinnquote ergeben.[53] Vereinzelt wird eine positive Stimmpflicht auch bei wiederholter Ablehnung eines Kapitalerhöhungsbeschlusses für möglich gehalten, wenn für eine solche Erhöhung ein dringendes Bedürfnis besteht, etwa um die Position der Gesellschaft im Markt durch Akquisitionen oder Geschäftsausweitungen zu erhalten.[54]

Vielfach werden positive Stimmpflichten bei Kapitalmaßnahmen aber nur in den beiden Ausnahmesituationen der Sanierung und der Anpassung des Mindestkapitals an gesetzliche Vorgaben angenommen.[55] Die Verengung auf diese beiden Fälle dürfte vor allem daher rühren, daß der BGH bisher nur in diesen Sonderfällen über positive Stimmpflichten zu entscheiden hatte.

Zum ersten Mal nahm der BGH 1986 und 1987 positive Stimmpflichten im Kapitalgesellschaftsrecht an. Die Übergangsbestimmungen der GmbH-Novelle[56] von 1980 sahen vor, daß Gesellschaften, die bis zum 31. Dezember 1985 ihr Stammkapital nicht von 25.000 auf 50.000 DM angehoben hatten, als auf-

---

[52] Schmidt ZIP 1980, 336; Scholz-Priester § 55 Rz 15; Lutter/Hommelhoff § 14 Rz 19; Lutter JZ 1995, 1053; ders. ZHR 153, 468; Häsemeyer ZHR 160, 116; eine positive Stimmpflicht in Sanierungsfällen lehnen ab: Meyer-Landrut/Miller/Niehus § 55 Rz 2; Rowedder-Zimmermann § 55 Rz 18.

[53] Hachenburg-Ulmer § 55 Rz 31.

[54] Marsch-Barner ZHR 157, 180.

[55] Scholz-Priester § 55 Rz 15; Roth/Altmeppen § 13 Rz 86.

[56] zur GmbH-Novelle: Timm, GmbHR 1980, 286ff.

gelöst galten. Nur durch eine rechtzeitige Kapitalerhöhung konnte dieses Schicksal abgewendet werden. Damit gab das Gesetz ungewollt Minderheitsgesellschaftern einer GmbH, die eine Sperrminorität besaßen, die Möglichkeit, durch Verweigerung ihrer Zustimmung zum notwendigen Kapitalerhöhungbeschluß die Auflösung der Gesellschaft herbeizuführen. Diese Möglichkeit stand allerdings in eklatantem Widerspruch zu den gesetzlichen Regeln über die Auflösung der GmbH, die eine Drei-Viertel-Mehrheit für einen Auflösungsbeschluß vorsehen. Den Minderheitsgesellschaftern war damit ein Instrument an die Hand gegeben, mit dem sie trotz des Widerstandes der Mehrheitsgesellschafter die Beendigung der Gesellschaft herbeiführen konnten, was wohl auch der Gesetzgeber bei der GmbH-Novelle nicht bedacht hatte.
In zwei Fällen, in denen Minderheitsgesellschafter tatsächlich ihre Zustimmung verweigert hatten, hat der BGH denn auch trotz ansonsten großer Zurückhaltung bei der Annahme positiver Stimmpflichten die Minderheitsgesellschafter für verpflichtet gehalten, dem Kapitalerhöhungsbeschluß zuzustimmen.[57] Nach Ansicht des Gerichts ergebe sich eine Zustimmungspflicht des Gesellschafters, wenn sich aufgrund der Satzungsänderung für den zustimmungsunwilligen Gesellschafter keinerlei Nachteile gegenüber dem Rechtszustande ergäben, wie er vor dem Inkrafttreten der GmbH-Novelle bestanden habe. Der Gesellschafterbeschluß diene unter diesen Umständen lediglich der Anpassung des Gesellschaftsvertrages an die neue Rechtslage und verändere nicht die Geschäftsgrundlage der GmbH.[58] In der Literatur ist die Entscheidung dieser beiden konkreten Fälle auf breite Zustimmung gestoßen und sie stellen heute einen der wenigen nahezu unumstrittenen Fälle positiver Stimmpflichten dar.[59]

Den zweiten Sonderfall, in dem positive Stimmpflichten auch bei Satzungsänderungsbeschlüssen angenommen werden, bilden im Zusammenhang mit Sanierungen erforderliche Kapitalmaßnahmen. Eine solche sanierende Kapitalmaßnahme stand auch im Mittelpunkt des Girmes-Falls, der dem BGH 1995 zur Entscheidung vorlag, und bei dem das Gericht erstmals die Gelegenheit gehabt hätte, über positive Stimmpflichten auch im Aktienrecht zu entscheiden. Erstaunlicherweise hat der BGH diese Frage jedoch ausdrücklich offengelassen.[60] Statt dessen beschränkte er sich auf das Urteil, daß es einem Aktionär

[57] BGH WM 1986, 1348; BGH WM 1987, 841.
[58] BGH WM 1986, 1348 (1349).
[59] Scholz-Priester § 55 Rz 15; Scholz-Schmidt § 47 Rz 31; Hachenburg-Ulmer § 53 Rz 70; ders. § 55 Rz 30; Winter S. 176.
[60] BGH ZIP 1995, 819 (824).

nicht erlaubt sei, eine sinnvolle und mehrheitlich angestrebte Sanierung der Gesellschaft aus eigennützigen Gründen zu verhindern.[61] Ob der Aktionär positiv zur Unterstützung der Sanierung verpflichtet sei, entschied das Gericht nicht.
In der Literatur wird hierzu eindeutiger Stellung bezogen. So wird vereinzelt vertreten, daß eine Pflicht zur Zustimmung zu kapitaländernden Beschlüssen bereits zu bejahen sei, wenn diese Maßnahmen für den Erhalt der Gesellschaft tatsächlich notwendig seien.[62] Überwiegend werden die Voraussetzungen für positive Stimmpflichten jedoch enger gezogen. So soll ein Kapitalerhöhungsbeschluß in Sanierungsfällen dann einer positiven Stimmpflicht unterliegen, wenn - wie bei der Kapitalherabsetzung zum Verlustausgleich - damit keine materielle Last für die widersprechenden Gesellschafter verbunden ist.[63] Konkret bedeutet dies, daß den Gesellschaftern in Sanierungssituationen Kapitalerhöhungen gegen ihren Willen nur angesonnen werden können, solange hiermit keine Nachschußpflichten verbunden sind.[64] Daher soll eine positive Stimmpflicht jedenfalls dann in Betracht kommen, wenn durch die Kapitalmaßnahme lediglich bilanziell der Nachvollzug der bereits eingetretenen Verluste bei gleichmäßiger Verteilung auf alle Anteile erfolgt.[65] Zum Teil wird auch formuliert, daß ein Gesellschafter in einer Sanierungssituation seine Zustimmung nur versagen dürfe, wenn er hierfür schutzwerte Gründe anführen könne. Solche könnten lediglich in einer schonenderen Sanierung liegen, die genauso aussichtsreich sei.[66] Einigkeit besteht hingegen darüber, daß eine Pflicht zur Zustimmung zu einer Kapitalerhöhung nicht gleichzeitig eine Pflicht der Gesellschafter zur Übernahme neuer Einlagen begründet.[67]

II. Zustimmung zu Geschäftsführungsmaßnahmen

Die zweite wichtige Fallgruppe, in der positive Stimmpflichten angenommen werden, sind Beschlüsse, mit denen die Gesellschafter ihre Zustimmung zu bestimmten Maßnahmen der Geschäftsführung erteilen sollen.[68]

---

[61] BGHZ ZIP 1995, 819.
[62] Marsch-Barner ZHR 157, 180.
[63] Lutter ZHR 153, 468; Nehls S. 90; enger Schmidt § 37 V 1 a bb (S. 1168), der nur Einräumung eines Bezugsrechts fordert.
[64] Scholz-Schmidt § 47 Rz 31.
[65] Nonn S. 100.
[66] Timm WM 1991, 485; Henze ZHR 162, 192; Schöne WM 1992, 212; Schmidt ZGR 1982, 525; ders. GesR § 5 IV a (S. 141); Lutter ZHR 153, 468; Nonn S. 99.
[67] Schmidt GesR § 37 V (S. 1168).
[68] OLG Hamm GmbHR 1992, 612; Hachenburg-Hüffer § 47 Rz 194 u. Rz 7; Baumbach/Hueck-Zöllner § 47 Rz 76a; Schmidt GesR § 21 II 3c) (S. 616); Nehls S. 89; Nonn S. 94.

Vor allem für die AG mutet die Bejahung von Zustimmungspflichten bei Geschäftsführungsmaßnahmen auf den ersten Blick etwas überraschend an. Sowohl in der AG wie auch in der GmbH stehen die Geschäftsführungsbefugnisse grundsätzlich dem Vorstand bzw. den Geschäftsführern eigenverantwortlich zu. Die Gesellschafter können keine Geschäfte für die Gesellschaft führen. Während aber bei der GmbH die Gesellschafter immerhin durch Weisungen die gesetzlichen Befugnisse der Geschäftsführer einschränken[69] oder bestimmte Maßnahmen des Tagesgeschäftes und damit der Geschäftsführung ausdrücklich an die Zustimmung der Gesellschafter binden können,[70] fehlen für die AG vergleichbare Regelungen. Weisungen des Aufsichtsrates braucht der Vorstand ebensowenig zu befolgen wie Weisungen der Hauptversammlung.[71] Die Satzung kann den Vorstand - anders als bei der GmbH - nicht einmal verpflichten, bestimmte Maßnahmen der Hauptversammlung vorzulegen.[72] Dementsprechend besteht grundsätzlich keine Zustimmungsbefugnis der Aktionäre und damit noch viel weniger eine Zustimmungspflicht zu Maßnahmen der Geschäftsführung.

Allerdings kann gem. § 119 Abs. 2 AktG der Vorstand der Hauptversammlung Geschäftsführungsangelegenheiten vorlegen, über die die Hauptversammlung Beschluß fassen soll. Entscheidet er sich für eine solche Vorlage, unterliegt er den Weisungen der Hauptversammlung.[73] In diesem Fall besteht auch eine Zustimmungsbefugnis und damit zumindest die theoretische Möglichkeit einer Zustimmungspflicht. Neben der Vorschrift des § 119 Abs. 2 AktG hat die Rechtsprechung darüber hinaus ungeschriebene Zustimmungsbefugnisse der Aktionäre für solche Maßnahmen der Geschäftsführung entwickelt, die tief in die Mitgliedschaftsrechte und die Vermögensinteressen der Gesellschafter eingreifen.[74] Zustimmungspflichten zu Maßnahmen der Geschäftsführung sind also bei näherer Betrachtung sowohl für die AG als auch für die GmbH zumindest denkbar.

In der Literatur werden solche Zustimmungspflichten in Erwägung gezogen, wenn die Satzung vor der Durchführung von Geschäften, die für die Gesell-

---

[69] Rowedder-Koppensteiner § 37 Rz 26.
[70] Scholz-Schneider § 37 Rz 20.
[71] Mertens, in: KK § 76 Rz 42.
[72] Eckardt, in: Geßler/Hefermehl/Eckardt/Kropff § 119 Rz 17.
[73] Mertens, in KK § 76 Rz 42.
[74] vgl. BGHZ 83, 122, (138) (Holzmüller), zur Kritik an diesem Urteil Beusch FS Werner S. 1; Martens ZHR 147, 380; Rehbinder ZGR 1983, 98; Werner ZHR 147, 433f; Westermann ZGR 1984, 352.

schaft besonders wichtig sind, einen Gesellschafterbeschluß mit qualifizierter Mehrheit vorsehe. Die Frage einer Stimmpflicht könne ferner bei Abstimmungen praktisch werden, in denen der Mehrheitsgesellschafter vom Stimmrecht ausgeschlossen sei und die Minderheit die Zustimmung zu einer im Gesellschaftsinteresse liegenden Maßnahme (etwa dem Abschluß eines Rechtsgeschäftes) aus gesellschaftsfremden Gründen verweigere.[75] Auch bei Weisungsbeschlüssen, mit denen die Unfähigkeit eines Geschäftsführers bei Interessenkollisionen überwunden werden solle (z. B. bei der Geltendmachung von Ansprüchen in verbundenen Unternehmen) könne eine positive Stimmpflicht in Betracht kommen. Allerdings hänge eine positive Stimmpflicht im Bereich der Geschäftsführung immer davon ab, ob die Maßnahme mit Rücksicht auf das Gesellschaftsverhältnis dringend geboten und den Gesellschaftern zumutbar sei.[76]

Insgesamt entstünden sowohl bei der AG als auch bei der GmbH Zustimmungspflichten zu Geschäftsführungsmaßnahmen immer dann, wenn die Blokkade der begehrten Maßnahme objektiv zur Verfolgung eigensüchtiger gesellschaftsfremder Sonderinteressen geeignet sei. Darüber hinaus kämen positive Stimmpflichten in Betracht, wenn - erstens - die Geschäftsführungsmaßnahme zur Sicherung des Bestandes der Gesellschaft oder der Erhaltung ihrer Wettbewerbsfähigkeit und Ertragskraft dringend erforderlich sei und - zweitens - deren voraussichtlicher Nutzen mögliche Risiken eindeutig überwiege.[77]

III. Zustimmung zu Beschlüssen über sonstige Gesellschaftsangelegenheiten

Eine dritte Fallgruppe schließlich, in der positive Stimmpflichten angenommen werden, bilden Beschlüsse über sonstige Gesellschaftsangelegenheiten. Was unter den Begriff der sonstigen Gesellschaftsangelegenheit fällt, kann aufgrund der Vielzahl möglicher Beschlußinhalte positiv nicht definiert werden. Statt dessen läßt sich nur eine Negativabgrenzung treffen. Sonstige Gesellschaftsangelegenheiten liegen danach immer dann vor, wenn weder Geschäftsführungsmaßnahmen noch Satzungsänderungen oder sonstige strukturändernde Beschlüsse betroffen sind.[78]

---

[75] Winter S. 94; Hachenburg-Hüffer § 47 Rz 7.
[76] Scholz-Schmidt § 47 Rz 31.
[77] Nonn S. 94 unter Bezugnahme auf Winter S. 173.
[78] Nonn S. 96.

So vielfältig der Inhalt solcher Beschlüsse sein kann, so vielfältig sind auch die in der Literatur genannten Fälle, in denen für diese Fallgruppe positive Stimmpflichten in Betracht kommen sollen. Die Darstellung muß sich daher auf die Fälle beschränken, die am häufigsten angeführt werden. Oft genanntes Beispiel in diesem Zusammenhang sind Beschlußfassungen über Sanktionen gegen einen Gesellschafter oder Geschäftsführer oder der Ausschluß eines Gesellschafters aus der Gesellschaft, wenn hierfür ein wichtiger Grund besteht und das Unterlassen der Sanktion den Bestand der Gesellschaft nachhaltig gefährdet.[79] Umgekehrt soll auch eine Pflicht zur Bestellung eines objektiv geeigneten Geschäftsführers bestehen, wenn sonst die Gesellschaft funktionsunfähig wäre.[80]

Daneben bilden Zustimmungserfordernisse im Rahmen von Unternehmensübernahmen einen praktisch sehr wichtigen Bereich. Nach §§ 13 Abs. 1, 50 Abs. 1 S. 1, 65 Abs. 1 S. 1 UmwG bedarf ein Vertrag, der eine Verschmelzung einer GmbH mit einer AG vorsieht, der Zustimmung mindestens eines Dreiviertels der Hauptversammlung bzw. Gesellschafterversammlung von AG und GmbH. Hierdurch gewinnt eine Minderheit wie bei Satzungsänderungen ein beachtliches Einflußpotential auf die mitgliedschaftlichen Belange der Mehrheit. Ebenso wie bei Satzungsänderungen wird dementsprechend auch für Verschmelzungsverträge eine Zustimmungspflicht der Minderheit angenommen.[81]

Auch im Zusammenhang mit den finanziellen Angelegenheiten der Gesellschaft werden mitunter positive Stimmpflichten erwogen. So soll der Gesellschafter gegenüber der GmbH und den Mitgesellschaftern eine Pflicht zur Mitwirkung an bestimmten Entscheidungen wie Feststellung des Jahresabschlusses oder Liquidation, bei nicht behebbaren finanziellen Schwierigkeiten haben.[82]

IV. Gemeinsamkeiten der Fallgruppen

Nachdem nunmehr einige Fälle erörtert worden sind, in denen Literatur und Rechtsprechung das Bestehen positiver Stimmpflichten zumindest erwägen, soll nunmehr analysiert werden, welche Gemeinsamkeiten diese Fälle aufweisen. Hieraus lassen sich dann gegebenenfalls abstrakte Merkmale positiver Stimmpflichten gewinnen.

---

[79] Scholz-Schmidt § 47 Rz 31; Baumbach/Hueck-Zöllner § 47 Rz 76a; Rowedder-Koppensteiner § 47 Rz 20; Zöllner, Schranken S. 346; Winter S. 177.
[80] Scholz-Schmidt § 47 Rz 31.
[81] Hachenburg-Hüffer § 47 Rz 194, 175; abl. Rowedder-Zimmermann § 53 Rz 58.
[82] Lutter/Hommelhoff § 14 Rz 19.

1. Ausnahmecharakter positiver Stimmpflichten

Durchweg bei allen Fallgruppen findet sich die Betonung, daß die Annahme positiver Stimmpflichten nur absoluten Ausnahmecharakter haben soll. So wird formuliert, Stimmpflichten seien nur in „Sonderfällen“[83] anzunehmen, Stimmpflichten seien nur „ganz seltene Ausnahmen“[84] und nur „unter Umständen“[85] begründbar. Diese Zurückhaltung bei der Annahme positiver Stimmpflichten ist vor dem Hintergrund der Privatautonomie nicht weiter erstaunlich, ja sogar dringend geboten.

Denn die Freiheit zur Stimmrechtsausübung ist Ausfluß des Grundsatzes der Privatautonomie, der im gesamten Privatrecht und damit auch im Gesellschaftsrecht gilt. Er ist grundgesetzlich abgesichert in Art. 2 I GG.[86] und bedeutet die Anerkennung der „Selbstherrlichkeit“ des einzelnen in der schöpferischen Gestaltung der Rechtsverhältnisse.[87] Eine positive Stimmpflicht liegt diesem Grundsatz jedoch quer, indem sie das Rechtssubjekt zu einem Verhalten zwingt. Gleichwohl besteht hierfür eine Notwendigkeit. Denn eine auf dem Grundwert individueller Selbstbestimmung beruhende Ordnung kann nur funktionieren, wenn jeder Teilnehmer im rechtsgeschäftlichen Verkehr die erforderliche Freiheit zur Wahrnehmung seiner Interessen hat, wobei die Freiheit des einen aber nicht unbegrenzt ist, sondern in der Freiheit des anderen seine Grenzen findet.[88] Der Grundsatz der Privatautonomie kann demnach eingeschränkt werden, wenn es andernfalls zu einem unlösbaren und nicht hinnehmbaren Konflikt zwischen den Freiheitsrechten eines Rechtssubjektes und den Freiheitsrechten der anderen Rechtssubjekten käme.

Allerdings ist hierbei zu berücksichtigen, daß die Privatautonomie an sich ein Rechtswert ist, der keiner weiteren rechtspolitischen Legitimation bedarf. Der Legitimation bedürftig ist vielmehr ihre Einschränkung.[89] Die Einschränkung der Privatautonomie ist daher nur ausnahmsweise und unter besonderen Umständen zulässig. Diese Erkenntnis ist entscheidend für die Annahme positiver Stimmpflichten. Da positive Stimmpflichten eine Ausnahme vom Grundsatz der Privatautonomie darstellen, bedeutet dies, daß sie immer nur dort angenommen werden können, wo besondere, außergewöhnliche Umstände vorlie-

---

[83] Zöllner, in: KK § 243 Rz 204.
[84] Jilg S. 88; Roth/Altmeppen § 47 Rz 38; Nehls S. 88.
[85] Timm WM 1991, 483; Schmidt GesR § 21 II 3c) (S. 616).
[86] BVerfGE 72, 155 (170); BVerfGE 73, 261 (270).
[87] Flume, Allgemeiner Teil, § 1 5) (S. 6).
[88] Soergel-Hefermehl Vor § 116 Rz 4a.
[89] Huber FS Raisch S. 115.

gen, die eine Ausnahme vom Regelfall der freien Stimmrechtsausübung zu rechtfertigen vermögen.

2. Bestands- oder Zukunftserheblichkeit des Beschlusses

Weiterhin ist allen Fallgruppen gemein, daß sie Situationen bzw. durch sie intendierte Beschlüsse zum Gegenstand haben, die tiefgreifende Auswirkungen auf die Zukunft oder den Bestand der Gesellschaft haben. Am deutlichsten zeigt sich dies in den Sanierungsfällen. Aber auch sonst können z. B. Satzungsänderungen die zukünftigen Chancen einer Gesellschaft am Markt nachhaltig beeinflussen, indem etwa durch eine Kapitalerhöhung der Gesellschaft zusätzliches Eigenkapital zugeführt wird. Darüber hinaus kann auch die Bestellung oder Abberufung der Geschäftsführer wesentlich zum Erfolg der Gesellschaft beitragen. Die GmbH kann nur durch ihr geschäftsführendes Organ, den Geschäftsführern, tätig werden.[90] Die Geschäftsführer haben in dieser Position unmittelbar die Zukunft der Gesellschaft in der Hand. Ihre Leistung, ihre Eignung und ihr Geschick in diesem Amt entscheiden darüber, ob die Gesellschaft wirtschaftlich gedeihen und Erträge erwirtschaften kann oder ob sie Verluste macht. Damit wirkt sich die gekonnte Auswahl der Geschäftsführer bzw. deren Abberufung durch die Gesellschafter als maßgeblicher Faktor für die Zukunft der Gesellschaft aus. Daß auch Sanktionen gegen die Geschäftsführer die Zukunft der Gesellschaft beeinflussen können, liegt vor diesem Hintergrund auf der Hand. Für den Bestand der Gesellschaft kann daneben die Frage über den Ausschluß eines oder mehrerer Gesellschafter aus der Gesellschaft relevant sein.

Die Zukunfts- oder Bestandserheblichkeit für die Gesellschaft zeigt sich schließlich auch bei den oben[91] diskutierten Zustimmungsbeschlüssen zu Geschäftsführungsmaßnahmen. Für die AG ist dies wegen § 119 Abs. 2 AktG schon deshalb offenkundig, da der Vorstand der Hauptversammlung Maßnahmen der Geschäftsführung nur dann zur Zustimmung vorlegen wird, wenn sie bedeutende Auswirkungen auf die AG haben. Dies entspricht auch den vom BGH entwickelten Grundsätzen zur Vorlagepflicht des Vorstandes bei Geschäftsführungsmaßnahmen von besonderer Bedeutung.[92] Lediglich bei der GmbH könnte man daran zweifeln, daß positive Stimmpflichten bei Beschlüssen über Geschäftsführungsmaßnahmen nur dann in Frage kommen, wenn die-

[90] Sudhoff S. 226.
[91] siehe oben B. II.
[92] vgl. BGHZ 83, 122 (131).

se Maßnahmen zukunfts- oder bestandserheblich sind, da hier die Gesellschafter grundsätzlich über jede Geschäftsführungsmaßnahme entscheiden können, wenn sie dies wünschen. Normalerweise werden die Gesellschafter aber bei unbedeutenden Geschäftsführungsmaßnahmen den Aufwand einer Gesellschafterversammlung scheuen, so daß sie nur für die Gesellschaft wesentliche Geschäftsführungsmaßnahmen als zustimmungspflichtig einstufen werden.

Festzuhalten bleibt daher, daß positive Stimmpflichten nur für solche Beschlüsse angenommen werden, deren Nichtfassung zu tiefgreifenden und den Bestand oder die Zukunft der Gesellschaft gefährdenden Folgen führen können, so daß aus diesem Grund positive Stimmpflichten geboten erscheinen.

3. Rechtsmißbräuchliches Verhalten

Ein drittes Charakteristikum der genannten Fallgruppen liegt in der Annahme positiver Stimmpflichten als Antwort auf ein rechtsmißbräuchliches Verhalten. So wird eine positive Stimmpflicht dann bejaht, wenn „damit für den Aktionär keine materielle Last verbunden ist“[93], wenn ein Beschluß mit „keinerlei nachteiligen Auswirkungen für den abstimmenden Aktionär verbunden ist“[94] oder wenn durch den Beschluß „keine Nachteile für den zustimmungsunwilligen Gesellschafter eintreten“.[95] Diese Formeln besagen nichts anderes, als daß eine positive Stimmpflicht immer dann in Betracht kommt, wenn sich die Pflicht zur Abstimmung für den Gesellschafter nicht als Belastung seiner Interessen auswirkt. Der zustimmungsunwillige Gesellschafter soll also immer dann zur Zustimmung verpflichtet sein, wenn er für die Verweigerung seiner Zustimmung keine irgendwie gearteten schutzwerten Gründe geltend machen kann. Die Ausübung eines Rechtes aber ist mißbräuchlich, wenn ihr kein schutzwürdiges Eigeninteresse zugrunde liegt.[96] Positive Stimmpflichten kommen folglich auch dann zum Tragen, wenn der Widerspruch gegen einen Beschluß den Charakter einer mißbräuchlichen Ausübung des Stimmrechts erhält.[97]

4. Abstraktion und Schlußfolgerungen aus den Fallgruppen

Damit stellt sich die Frage, welche abstrakten Merkmale sich aus den genannten Fallgruppen ziehen lassen.

---

[93] Lutter ZHR 153, 468.
[94] Nehls S. 90.
[95] Hachenburg-Ulmer § 55 Rz 31; BGH WM 1986, 1348.
[96] Palandt-Heinrichs § 242 Rz 50; Jauernig-Vollkommer § 242 Rz 37.
[97] Lutter ZHR 153, 468.

Relativ leicht fällt eine entsprechende Folgerung für die beiden ersten Merkmale. Eine positive Stimmpflicht kommt nur ausnahmsweise und unter außergewöhnlichen Umständen in Betracht.
Nur wenn ein besonderer Grund für einen Beschluß vorliegt, ist es gerechtfertigt, vom Grundsatz der freien Stimmrechtsausübung abzuweichen. Mit anderen Worten: Der Beschluß muß im Interesse der Gesellschaft oder der Gesellschafter dringend geboten sein. Noch deutlicher zeigt sich dies beim zweiten Merkmal, wonach positive Stimmpflichten nur für Beschlüsse in Betracht kommen, die für den Bestand oder die Zukunft der Gesellschaft erheblich sind, was ebenfalls nichts anderes bedeutet, als daß ein Beschluß im Interesse der Gesellschaft dringend geboten ist. Entsprechend definieren sowohl Rechtsprechung[98] als auch Literatur[99] vor allem für Satzungsänderungen, daß Voraussetzung positiver Stimmpflichten das dringende Bedürfnis der Gesellschaft nach einem bestimmten Beschluß sei.

In die von Literatur und Rechtsprechung aufgestellten abstrakten Definitionen der Voraussetzungen positiver Stimmpflicht nicht eingeflossen ist demgegenüber das dritte Merkmal. Dies mag daran liegen, daß hiermit im Grunde eine Selbstverständlichkeit ausgesprochen ist. Daß die mißbräuchliche Verweigerung einer Stimme zugleich eine unzulässige Rechtsausübung darstellt, auf die gegebenenfalls mit einer entsprechenden gegenteiligen Pflicht reagiert werden muß, bedarf in der Tat keiner weiteren Erwähnung.

---

[98] BGH LM § 105 HGB Nr. 8; BGH NJW 1961, 724 (725); BGH WM 1965, 744, BGH WM 1985, 195 (196); BGH WM 1986, 1348 (1349); BGHZ 64, 253 (258).
[99] Hüffer AktG § 179 Rz 30; Lutter/Hommelhoff § 53 Rz 32; Hachenburg-Ulmer § 53 Rz 70; Scholz-Schmidt § 76 Rz 9; ders. § 47 Rz 31; Scholz-Priester § 53 Rz 37; Hueck ZGR 1972, 244f; Beckerhoff S. 80f; einschränkend Winter S. 173.

2. Teil: Die Treuepflicht als Rechtsgrundlage positiver Stimmpflichten

Soweit positive Stimmpflichten bisher Gegenstand der wissenschaftlichen Diskussion waren, standen zumeist die praktischen Ergebnisse im Vordergrund, d. h., die Frage, in welchen Situationen positive Stimmpflichten konkret angenommen werden können, in welchen Situationen sie abzulehnen sind, gegenüber wem solche Pflichten bestehen, wie Verstöße gegen diese Pflichten zu sanktionieren sind usw. So sehr die Rechtswissenschaft jedoch darum bemüht sein muß, praxisgerechte Erkenntnisse zu vermitteln, so sehr muß sie auch darum bemüht sein, ihre Erkenntnisse stringent und systematisch stimmig zu begründen.[100] Wer sich mit positiven Stimmpflichten beschäftigt, kommt daher nicht umhin, auch die möglichen Rechtsgrundlagen solcher Pflichten zu untersuchen.

Als Grundlage für die Annahme positiver Stimmpflichten wird häufig auf die gesellschaftsrechtliche Treuepflicht verwiesen.[101] Sie ist allerdings nicht die einzige mögliche Rechtsgrundlage positiver Stimmpflichten. Die Privatautonomie berechtigt den einzelnen, Rechte und Pflichten zu begründen, zu ändern oder aufzuheben, also im Rahmen der Rechtsordnung eigenverantwortlich rechtsverbindliche Regelungen zu treffen.[102] Kraft der Privatautonomie können sich die Gesellschafter daher auch vertraglich in Stimmbindungsvereinbarungen zu einer bestimmten Stimmrechtsausübung verpflichten. Indes ist die Problematik um die Zulässigkeit und Ausgestaltung von Stimmpflichten in Stimmbindungsvereinbarungen im Einzelnen vielschichtig und kompliziert. Ihre Behandlung an dieser Stelle wäre zwar reizvoll, würde den Rahmen dieser Arbeit jedoch sprengen. Dies gilt besonders, als daß sich diese Arbeit in erster Linie den auf der Mitgliedschaft in der Gesellschaft beruhenden Stimmpflichten widmet. Auf Stimmpflichten kraft Stimmbindungsvereinbarungen kann daher hier nicht weiter eingegangen werden. Insoweit bleibt nur der Verweis auf die hierzu erschienene umfangreiche Literatur.[103]

---

[100] Hennrichs AcP 195, 223.

[101] so etwa BGHZ 98, 276 (278f); BGH NJW 1987, 3192; Lutter ZHR 1989, 446 (468); Zöllner, in KK § 179 Rz 213f; Lutter/Hommelhoff § 14 Rz 19; Roth/Altmeppen § 47 Rz 44; Winter S. 167; Jilg S. 88.

[102] Palandt-Heinrichs Überbl. v. § 104 Rz 1; Jauernig-Jauernig § 305 Rz 1.

[103] Baumbach/Hueck-Zöllner § 47 Rz 77; Rowedder-Koppensteiner § 47 Rz 28; Scholz-Schmidt § 47 Rz 35; Hachenburg-Hüffer § 47 Rz 65; Lutter/Hommelhoff § 47 Rz 5; Behrens FS 100 Jahre GmbHG S. 551ff; Zöllner ZHR 155, 169ff; Schröder ZGR 1978, 579; Barz GmbHR 1968, 100f; Zutt ZHR 155, 190ff; Reuter ZGR 1978, 633ff; Overrath S. 1ff.

Darüber hinaus lassen sich positive Stimmpflichten zumindest theoretisch auch ausdrücklich in gesetzlichen Normen bestimmen. Der Gesetzgeber hat auf solche Regelungen jedoch verzichtet, so daß eine Untersuchung der Rechtsgrundlagen positiver Stimmpflichten unter diesem Gesichtspunkt ebenfalls nicht weiter verfolgt werden soll. Statt dessen soll an dieser Stelle allein die Treuepflicht als Rechtsgrundlage positiver Stimmpflichten beleuchtet werden.
Als erstes stellt sich dabei naturgemäß die Frage, welchen Sinn und Zweck die Treuepflicht hat, worin also ihre Bedeutung für das Gesellschaftsrecht liegt. Hieraus läßt sich dann ableiten, inwieweit die Treuepflicht grundsätzlich als Grundlage einer positiven Stimmpflicht in Frage kommt.

A. Grundsätzliche Erwägungen zur Treuepflicht

Im Mittelpunkt einer jeden Gesellschaft steht der von den Gesellschaftern mit der Gesellschaft verfolgte gemeinsame Zweck. Diese Zweckorientierung ist das Charakteristikum aller privatrechtlichen Verbände.[104] Gleichzeitig bewirkt die gemeinsame Zweckdefinition eine grundsätzliche Gleichrichtung der Interessen der Gesellschafter, die auf die Erreichung dieses Zwecks gerichtet ist. In concreto, insbesondere bei Festlegung der einzelnen Maßnahmen zur Zweckverfolgung, können die Interessen der Gesellschafter jedoch vielfältig konfligieren.[105]

Diese Interessenkonflikte sollen grundsätzlich Satzung und Gesetz regeln und dadurch lösen. Die Besonderheit des Verbandes besteht jedoch im Gegensatz zu anderen Tatbeständen des Rechtsverkehrs und insbesondere zu den Austauschverträgen darin, daß mit ihnen nur ein rechtliches Grundverhältnis geschaffen wird, mitnichten aber die Gesamtheit der künftigen rechtlichen Situationen im einzelnen schon geregelt wäre oder auch nur geregelt werden könnte; denn der Verband ist „nach vorne offen".[106] Bei der Gründung der Gesellschaft ist nicht genau bestimmbar, wie sich die Gesellschaft über die Jahre und Jahrzehnte entwickeln wird. Entsprechend ist auch bei Feststellung der Satzung nicht absehbar, welche vielfältigen Interessenkonflikte im Laufe des Bestehens der Gesellschaft auftauchen können. Die Satzung kann daher - entgegen dem Postulat einer Konfliktlösung mittels Satzung - nicht sämtliche Interessenkonflikte, die während des Bestandes der Gesellschaft auftreten können, regeln und lösen.

---

[104] Lutter AcP 180, 90.
[105] Lutter AcP 180, 93.
[106] Lutter AcP 180, 92.

Ebensowenig kann das Gesetz als abstraktes Normengebilde als ein ausreichender, den jeweiligen Besonderheiten einer Gesellschaft Rechnung tragender Konfliktlösungsmechanismus dienen. Denn das Gesetz kann in einem nach vorne offenen Rechtsverhältnis keine exakten Pflichten formulieren.[107] Der Versuch, den Regelungsbedarf innerhalb der Gesellschaft durch einzelne Rechtssätze zu erschöpfen, müßte deshalb fehlschlagen.[108] Auch der an sich naheliegende Verweis auf das Mehrheitsprinzip als ausreichendem Konfliktlösungsinstrument führt nicht weiter: Verläßt man sich zur Lösung von Interessenkonflikten allein auf das Mehrheitsprinzip, droht schnell eine mit dem Grundsatz von Treu und Glauben nicht mehr in Einklang zu bringende Benachteiligung der Minderheit durch die Mehrheit. Umgekehrt läßt sich aber auch gerade bei Interessenkonflikten oftmals keine von allen Gesellschafter gleichermaßen getragene Konsenslösung finden. Die Lösung von innergesellschaftlichen Interessenkollisionen muß somit mit Hilfe eines anderen Instrumentes erfolgen. Ein solches innergesellschaftliches Konfliktlösungsinstrument ist die gesellschaftsrechtliche Treuepflicht.

I. Die Bedeutung der Treuepflicht im Personengesellschaftsrecht

Diese Bedeutung der Treuepflicht als Instrument zur Lösung von innergesellschaftlichen Interessenkonflikten zeigt sich besonders deutlich im Personengesellschaftsrecht. Zum einen kann hier jeder Gesellschafter Geschäftsführungsbefugnis haben.[109] Auch ist für jede Änderung der Grundlagen der Gesellschaft die Zustimmung aller Gesellschafter nötig.[110] Hierdurch kann jeder Gesellschafter seine persönlichen, mit den Interessen der übrigen Gesellschafter nicht immer übereinstimmenden Interessen eher durchzusetzen als bei der Kapitalgesellschaft, da er das Handeln der Gesellschaft bei der Personengesellschaft unmittelbar beeinflussen kann. Zum anderen gilt in der Personengesellschaft das Einstimmigkeitsprinzip.[111] Bei einer größeren Zahl von Gesellschaftern kann dieses Prinzip schnell zur Blockade der Gesellschaft führen, weil es erfahrungsgemäß von einer bestimmten Grenze ab unmöglich ist, die Zustimmung aller Gesellschafter zu irgendeiner Maßnahme zu erreichen.[112] Die Folge ist, daß Interessenkonflikte hier mit größerer Schärfe ausgetragen werden kön-

---

[107] Lutter ZHR 162, 166.
[108] Hüffer FS Steindorff S. 69.
[109] Baumbach/Hopt § 114 Rz 4.
[110] Baumbach/Hopt § 114 Rz 3.
[111] Ebenroth/Boujong/Joost/Goette § 119 Rz 44.
[112] Heymann-Emmerich § 119 Rz 1.

nen als in der Kapitalgesellschaft, bei der unterschiedliche Interessenlagen unter den Gesellschaftern häufig deshalb nicht offenbar werden, weil die Mehrheit die Minderheit schlicht überstimmen kann. Entsprechend häufiger treten im Personengesellschaftsrecht Interessenkonflikte nach außen hervor, für die weder Gesetz noch Gesellschaftsvertrag eine Regelung vorsehen und die daher nur mit Hilfe der Treuepflicht gelöst werden können. Diese Überlegungen werden bestätigt durch die Rechtsprechung sowohl des Reichsgerichts als auch des BGH zur Treuepflicht im Personengesellschaftsrecht.

1. Rechtsprechung des Reichsgerichts zur Treuepflicht

Bereits in einer der ersten Entscheidungen des Reichsgerichts zur Treuepflicht trat ein solcher, auf einer Blockadehaltung beruhender Interessenkonflikt zu Tage.[113] In jenem Fall hatten Kläger und Beklagter eine Gesellschaft bürgerlichen Rechts gegründet, um ein Fabrikunternehmen zu erwerben und dieses in eine noch zu gründende GmbH einzubringen. Während der Kläger dieses Interesse an einer gemeinsamen Gründung der GmbH tatsächlich verfolgte, bestand das Interesse des Beklagten an seiner Mitgliedschaft in der Gesellschaft bürgerlichen Rechts lediglich in der Realisierung eines mit dem Unternehmenserwerb verbundenen, ihm persönlich zu Gute kommenden Provisionsanspruchs. Entsprechend strich der Beklagte nach dem Erwerb des Unternehmens zwar seine Provision ein, verweigerte aber seine Mitwirkung an der Gründung der GmbH. Der Kläger begehrte daraufhin von dem Beklagten Schadensersatz in Höhe des Provisionsanspruchs. Das Reichsgericht gab diesem Begehren statt und löste den zu Tage getretenen Interessenkonflikt im Wesentlichen im Sinne des Klägers, indem es urteilte, daß es die Treuepflicht einem Gesellschafter verbiete, unter Verheimlichung vor dem anderen sich einen besonderen Sondervorteil, einen Schnitt zu verschaffen. Der Provisonsanspruch stehe daher nicht dem Beklagten, sondern der Gesellschaft zu.[114] Auch in späteren Entscheidungen zog das Reichsgericht die Treuepflicht immer wieder heran, um widerstreitende Interessen zum Ausgleich zu bringen.[115] Dabei sah das Reichsgericht den Anwendungsbereich der Treuepflicht nicht nur für die Lösung von Interessenkonflikten als eröffnet an, die auf der Blockadehaltung eines Gesellschafters gegenüber der Mehrheit beruhen, sondern auch für den umgekehrten Fall der „Blockade" der Mehrheit gegenüber einer von der Min-

[113] RG JW 1913, 29 (30).
[114] RG JW 1913, 29 (30).
[115] RGZ 128, 1 (16); RGZ 142, 212 (216f); RG JW 1935, 1773; RGZ 169, 153 (156); RGZ 171, 51.

derheit gewollten Entscheidung. So lag einer Entscheidung aus dem Jahre 1940 ein Fall zu Grunde, bei dem ein Gesellschafter einer aus sechs Familienmitgliedern bestehenden Gesellschaft bürgerlichen Rechts den Ausschluß eines anderen Gesellschafters anstrebte, nachdem dieser ihn durch einen Messerstich lebensgefährlich verletzt hatte. Diesem Antrag verweigerten die übrigen Gesellschafter jedoch ihre Zustimmung. Das Reichsgericht nahm hier an, daß die Ablehnung des Ausschlußantrages treuwidrig war und es deshalb den Gesellschaftern verwehrt sei, aus diesem treuwidrigen Verhalten nunmehr gegenüber dem ausschlußwilligen Gesellschafter Vorteile zu ziehen. Stattdessen seien die Gesellschafter verpflichtet gewesen, am Ausschluß des Gesellschafters, der den Messerstich geführt hatte, mitzuwirken.[116]
Anhand der letztgenannten Entscheidung läßt sich die Funktion der Treuepflicht als innergesellschaftliches Konfliktlösungsinstrument noch weiter konkretisieren. Die Treuepflicht dient hiernach nicht der Lösung irgendwelcher Interessenkonflikte in der Gesellschaft. Vielmehr lassen sich mit ihr auch solche Konflikte lösen, die dadurch hervortreten, daß ein Gesellschafter ein ihm zustehendes Recht formal im Einklang mit dem Gesetz ausübt, obwohl materiell diese Rechtsausübung einen Mißbrauch des ausgeübten Rechtes beinhaltet. Die Treuepflicht stellt sich insofern auch als Verbot rechtsmißbräuchlichen Verhaltens dar.[117]

2. Rechtsprechung des BGH zur Treuepflicht

Diese Erkenntnis zieht sich wie ein roter Faden auch durch die Rechtsprechung des BGH zur Treuepflicht im Personengesellschaftsrecht. Eine Auswahl einiger Entscheidungen mag dies zeigen.

In einem Fall aus dem Jahre 1965 etwa standen sich das Interesse des geschäftsführenden Gesellschafters einer OHG an einer Erhöhung seiner Geschäftsführervergütung und das Interesse des anderen Gesellschafters, möglichst viel Geld in der Gesellschaft zu halten, gegenüber. Der eine Gesellschafter nutzte - formal im Einklang mit dem Gesetz - sein Stimmrecht dazu, dem geschäftsführenden Gesellschafter die Erhöhung seiner Geschäftsführervergütung zu verweigern, worin der BGH im konkreten Fall zwar keinen Mißbrauch sah, was aber grundsätzlich den Tatbestand der Treuwidrigkeit erfüllen könne.[118]

---

[116] RGZ 162, 388 (394).
[117] vgl. BGH LM § 142 HGB Nr. 10.
[118] BGHZ 44, 40 (41).

Häufig kam es in der Vergangenheit auch dadurch zu treuepflichtrelevanten Interessenkonflikten, daß ein Teil der Gesellschafter die Gesellschaft auflösen wollte und sich einer oder mehrere Gesellschafter diesem Willen widersetzten. So entschied der BGH 1959, daß ein Gesellschafter aufgrund der Treuepflicht seine Zustimmung zu von den anderen Gesellschaftern gewollten Maßnahmen, die zur Geschäftsaufgabe führen, dann nicht verweigern dürfe, wenn die wirtschaftliche Lage der Gesellschaft unhaltbar geworden und eine objektive Notwendigkeit zur Geschäftsaufgabe bestehe.[119] Der umgekehrte Fall lag einer Entscheidung aus dem Jahre 1984 zugrunde, als einige Kommanditisten einer Publikums-KG trotz des damit einhergehenden wirtschaftlichen Zusammenbruchs der Gesellschaft und entgegen der ¾-Mehrheit der übrigen Gesellschafter nicht auf die Auszahlung der jährlichen Zinsen für ihre geleistete Kommanditeinlage verzichten wollten.[120] Auch hier zeigen sich deutlich die widerstreitenden Interessenlagen zwischen Mehrheit und Minderheit und auch hier wurde dieser Interessenkonflikt dadurch akut, daß die die Auszahlung fordernden Kommanditisten auf ihrem gesellschaftsvertraglich verbrieften Auszahlungsrecht auch unter Inkaufnahme des Zusammenbruchs der Gesellschaft bestanden. Der BGH hat dieser Forderung nach Auszahlung indes eine Absage erteilt und die Kommanditisten aufgrund der Treuepflicht für verpflichtet gehalten, der Aussetzung der Verzinsung zuzustimmen.[121]

Das Interesse an der Fortführung der Gesellschaft und das Interesse an der Liquidation eines einzelnen Gesellschafters standen auch in einem Fall, den der BGH 1985 zu entscheiden hatte, in Konflikt miteinander.[122] Die Gesellschafter einer OHG beschlossen mangels ausdrücklicher gesellschaftsvertraglicher Fortsetzungsklausel nach dem Tod eines Gesellschafters die Fortsetzung der Gesellschaft. Eine Gesellschafterin widersetzte sich dem jedoch und verlangte - wiederum formal im Einklang mit dem Gesetz - Liquidation, die eine Zerschlagung des Unternehmens und der Unternehmenswerte ohne Aussicht auf einen angemessenen Liquidationsüberschuß zur Folge gehabt hätte. Der BGH hielt diesen Widerstand der Gesellschafterin jedoch für treuwidrig und entschied, daß die Treuepflicht das Ausscheiden der an der Fortsetzung nicht interessierten Gesellschafterin gebiete.[123]

[119] BGH NJW 1960, 434f.
[120] BGH NJW 1985, 974.
[121] BGH NJW 1985, 974 (975).
[122] BGH BB 1986, 421.
[123] BGH BB 1986, 421f.

Ein Fall aus jüngerer Zeit, bei dem ein Interessenkonflikt durch das Bestehen auf einer formalen Rechtsposition akut wurde und in dem der BGH die Treuepflicht zur Lösung dieses Interessenkonfliktes heranzog, lag einem Urteil vom 24.05.1993 zu Grunde.[124] Der Gesellschaftsvertrag einer OHG aus dem Jahre 1964 sah für den Fall des Ausscheidens eines Gesellschafters vor, daß der Gesellschafter für seinen Anteil an der Gesellschaft lediglich den Buchwert seines Anteils als Abfindung erhalten sollte. Stille Reserven und der Goodwill waren nicht zu berücksichtigen. Gerade diese Posten aber trugen maßgeblich zum zehnfach höheren Verkehrswert der Gesellschaft bei. Als ein Gesellschafter aus dem Verband ausschied und für sich den Verkehrswert seines Anteils als Abfindung reklamierte, pochten die übrigen Gesellschafter auf die gesellschaftsvertraglich vereinbarte Buchwertklausel. Der Interessenkonflikt wurde offenbar. Der BGH entschied zu Gunsten des ausscheidenden Gesellschafters. Ein im Laufe der Zeit eingetretenes, außergewöhnlich weitgehendes Auseinanderfallen von vereinbartem und tatsächlichem Anteilswert könne aufgrund der Treuepflicht dazu führen, daß einem Gesellschafter ein Festhalten an der vertraglichen Klausel nicht zugemutet werden könne.[125]

II. Die Bedeutung der Treuepflicht im Kapitalgesellschaftsrecht

Die Bedeutung der Treuepflicht als Instrument zur Lösung innergesellschaftlicher, durch rechtsmißbräuchliches Verhalten hervortretender Interessenkonflikte ist indes nicht auf das Personengesellschaftsrecht beschränkt. Betrachtet man eine Auswahl der Fälle zum Kapitalgesellschaftsrecht, in denen die Rechtsprechung die Treuepflicht herangezogen hat, so kommt man zum gleichen Ergebnis. Dabei ist freilich zu berücksichtigen, daß sich die Treuepflicht zum GmbH-Recht und Aktienrecht in unterschiedlicher Schnelligkeit entwickelt hat, was eine getrennte Betrachtung sinnvoll erscheinen läßt. An der Kernaussage, die sich aus dieser Betrachtung ziehen läßt, ändert dies freilich nichts.

1. Rechtsprechung zur Treuepflicht im GmbH-Recht

Während die Rechtsprechung im Aktienrecht bereits im Jahre 1934 von der Existenz von Treuepflichten im Kapitalgesellschaftsrecht ausging,[126] zog sie die gesellschaftsrechtliche Treuepflicht als Grundlage für die Entscheidung eines Falles aus dem GmbH-Recht erst nach dem Zweiten Weltkrieg, nämlich im

---

[124] BGH NJW 1993, 2101.
[125] BGH NJW 1993, 2101 (2102).
[126] RGZ 146, 71 (76); RGZ 146, 385 (395).

Jahre 1953, heran.[127] Dieser Entscheidung lag ein Sachverhalt zugrunde, bei dem ein Gesellschafter an einer GmbH mit 60.000 DM beteiligt war, während die übrigen Gesellschafter zusammen insgesamt 30.000 DM des Stammkapitals hielten. Trotz ihres geringen Kapitalanteils erstrebten die Minderheitsgesellschafter den Ausschluß des Mehrheitsgesellschafters aus wichtigem Grunde. Der Mehrheitsgesellschafter widersetzte sich dem. Gleichwohl entschied der BGH, daß ein Ausschließungsrecht aus der GmbH kraft der Treuepflicht bestünde, denn als einzige Alternative zum Ausschluß bestünde die Möglichkeit der Auflösung der Gesellschaft mit dem Verlust von Arbeitsplätzen, dem Betrieb der Gesellschaft und der Firma. Derart weitreichende Folgen seien aber nicht gerechtfertigt, wenn der wichtige Grund für die Ausschließung des Gesellschafters in der Person des Gesellschafters und nicht in den Verhältnissen der Gesellschaft liege.[128] Bereits aus dieser ersten Entscheidung läßt sich entnehmen, daß die Treuepflicht auch im Kapitalgesellschaftsrecht dort vom BGH angewandt wurde, wo die Interessen eines Gesellschafters (hier des Mehrheitsgesellschafters) aufgrund des Beharrens auf einer formalen Rechtsposition mit den Interessen der Gesellschaft bzw. der Gesamtheit der Gesellschafter (am Fortbestand der Gesellschaft) in Konflikt gerieten. Die Bedeutung der Treuepflicht ist mit derjenigen im Personengesellschaftsrecht insoweit identisch. Entsprechend hat der BGH auch in späteren Entscheidungen, bei denen es um den Ausschluß eines Gesellschafters ging, die Treuepflicht zur Lösung des hiermit zusammenhängenden Interessenkonfliktes herangezogen.[129]

Allerdings hat der BGH den Bedeutungsgehalt der Treuepflicht im GmbH-Recht nicht nur auf die Lösung von Konflikten im Zusammenhang mit dem Ausschluß eines Gesellschafters beschränkt. Vielmehr hat er die Treuepflicht auch zur Lösung sonstiger Mehrheits-/Minderheitskonflikte herangezogen.[130] So war Hauptstreitpunkt der ITT-Entscheidung aus dem Jahre 1975 die Zahlung einer Konzernumlage, zu der der Mehrheitsgesellschafter einer GmbH die Geschäftsführer der GmbH gegen den erklärten Willen und die Interessen der Minderheitsgesellschafter der Gesellschaft veranlaßt hatte. Es standen sich somit das Interesse des Mehrheitsgesellschafter an der Durchsetzung der Konzernumlage und das Interesse des Minderheitsgesellschafters am Verbleib des hierfür erforderlichen Betrages, insgesamt 1,7 Mio. DM allein im Jahre 1970,

---

[127] BGHZ 9, 157.
[128] BGHZ 9, 157 (163).
[129] BGHZ 16, 317 (322); BGHZ 80, 346 (349); BGH NJW 1985, 1901.
[130] BGHZ 65, 15.

in der Gesellschaft gegenüber. Der BGH hielt die Festsetzung dieser Konzernumlage für treuwidrig.[131] Es fällt auf, daß auch dieser Entscheidung ein Interessenkonflikt zwischen den Gesellschaftern zugrunde lag, die erst durch die Ausübung der dem Mehrheitsgesellschafter zustehenden Rechtsmacht und die damit verbundene Beeinträchtigung der Interessen der Minderheit offenbar wurde - ein weiterer Beleg für die Richtigkeit der oben aufgestellten These von der allgemeinen Bedeutung der Treuepflicht.

Ein weiteres Beispiel, das diese These stützt, liegt den Entscheidungen des BGH im Gefolge der GmbH-Novelle von 1980 zugrunde.[132] Bestätigt wird diese These zudem auch durch eine Entscheidung des BGH aus dem Jahre 1993, der ein ähnlicher Mehrheits-/Minderheitsinteressenkonflikt wie im ITT-Fall zu Grunde lag und den der BGH ebenfalls mittels der Treuepflicht löste:[133] Ein mit 51 % an einer GmbH beteiligter Gesellschafter berief per Gesellschafterbeschluß seinen nur mit 49 % beteiligten Bruder nach 20jähriger Tätigkeit als Geschäftsführer der GmbH ab, obwohl dieser sich keine gravierenden Fehler bei seiner Tätigkeit hatte zu schulden kommen lassen. Hierdurch entzog er seinem Bruder die Lebensgrundlage. Der BGH urteilte, daß die Abberufungsentscheidung von dem Bestreben des Mehrheitsgesellschafters zeuge, die ihm zugewachsene Mehrheitsmacht ohne Rücksicht auf die berechtigten Belange seines Mitgesellschafters und deswegen treuwidrig einzusetzen.[134]

2. Rechtsprechung zur Treuepflicht im Aktienrecht

Im Aktienrecht ergibt sich ebenfalls kein anderes Bild über die Bedeutung der Treuepflicht. In der ersten Entscheidung, in der das Reichsgericht ausdrücklich vom Bestehen der Treuepflicht ausging und die Treuepflicht zur Lösung des Falls heranzog, war Ausgangspunkt des Streits ebenfalls ein Interessenkonflikt zwischen Gesellschaft und Gesellschaftern, der auf dem formal zulässigen Beharren auf einer Rechtsposition beruhte:[135] In einer Aktiengesellschaft wurde der Aufsichtsrat der Gesellschaft aus Vertretern der Mehrheitsgesellschafter gebildet. Nachdem der Aufsichtsrat seinen Überwachungspflichten nicht ausreichend nachgekommen war, beantragte ein Minderheitsaktionär die Einrichtung einer Untersuchungskommission um Regreßansprüche gegen den Auf-

[131] BGHZ 65, 15 (21).
[132] siehe oben 1. Teil B. I. 2.
[133] BGH DStR 1994, 214.
[134] BGH DStR 1994, 214 (216).
[135] RGZ 146, 71.

sichtsrat zu prüfen, was die Mehrheitsgesellschafter jedoch ablehnten. Hier urteilte das Gericht zu Gunsten der Minderheitsaktionäre und entschied, daß die Mehrheitsaktionäre bei der Beschlußfassung aufgrund ihrer Treuepflicht zur Gesellschaft nicht hätten mitstimmen und den Beschluß ablehnen dürfen.[136]

Auch in anderen Fällen, die der aktienrechtlichen Rechtsprechung des BGH zur Treuepflicht zu Grunde lagen, stand im Mittelpunkt des Streits immer ein aufgrund der Ausübung besonderer Rechtsmacht im konkreten Fall hervortretender Interessenkonflikt. So war Dreh- und Angelpunkt der Linotype-Entscheidung ebenfalls ein Mehrheits-/Minderheitskonflikt, indem der Mehrheitsaktionär - formal im Einklang mit der Satzung - unter Ausnutzung seiner Mehrheitsmacht die Auflösung der Gesellschaft anstrebte, um nach der Auflösung die Betriebsmittel der Gesellschaft in das eigene Vermögen einzugliedern, während sich die Minderheit diesem Ansinnen widersetzte. Das Gericht entschied auch hier zu Gunsten der Minderheitsgesellschafter und nahm die Anfechtbarkeit des Hauptversammlungsbeschlusses an.[137]

Nicht anders lagen die Dinge in der Girmes-Entscheidung, wenn auch diesmal mit umgekehrten Vorzeichen.[138] Auch hier stellte sich die Frage nach der Anwendung der Treuepflicht nur deshalb, weil die Minderheit von ihrer ihr formal uneingeschränkt zustehenden Rechtsmacht in Form der Sperrminorität Gebrauch machte und hierdurch den Konflikt zwischen dem von der Mehrheit der Aktionäre getragenen 5:2-Sanierungskonzept und dem von der Minderheit unterstützten 5:3-Sanierungskonzept offenbar werden ließ.

Die Funktion der Treuepflicht als Mittel zur Lösung von Mehrheits-/ Minderheitskonkflikten betonte der BGH schließlich in jüngster Zeit noch einmal in der Hilgers-Entscheidung.[139] Dieser Entscheidung lag der Fall zu Grunde, daß der Mehrheitsgesellschafter einer AG das Grundkapital der Gesellschaft zunächst von 6.930.000 DM auf Null herabsetzen und dann wieder auf 115.500 DM heraufsetzen wollte, ohne den Nennwert der Aktien von 50 auf 5 DM zu reduzieren, was zur Folge hatte, daß eine Reihe von Kleinaktionären trotz Einräumung eines Bezugsrecht wegen ihres nur geringen Aktienbesitzes nicht mehr die neu ausgegebenen Aktien beziehen konnten und aus der Gesellschaft ausscheiden mußten. Der BGH urteilte hier, daß es die Treuepflicht dem

[136] RGZ 146, 71 (76).
[137] BGHZ 103, 184 (193).
[138] siehe oben 1. Teil A. I.
[139] BGH ZIP 1999, 1444.

Mehrheitsaktionär im Falle der Herabsetzung des Grundkapitals auf Null gebiete, möglichst vielen Aktionären den Verbleib in der Gesellschaft zu eröffnen, indem der Nennwert der neuen Aktien auf den gesetzlichen Mindestbetrag festgelegt wird und so unverhältnismäßig hohe Spitzen vermieden werden.[140]

Insgesamt läßt sich hiernach feststellen, daß die Bedeutung der Treuepflicht sowohl im Personen- wie im Kapitalgesellschaftsrecht darin besteht, ein Instrument zu bieten, um Interessenkonflikte, die durch die Ausübung einer formal uneingeschränkt bestehenden Rechtsposition entstehen oder zumindest offenbar werden, zu lösen.

III. Abstrakte Funktionsbegründung der Treuepflicht

Diese anhand der Betrachtung konkreter Fälle gefundene Funktion der Treuepflicht läßt sich auch aus grundsätzlichen, abstrakten Erwägungen zum Verhältnis der Gesellschafter untereinander und zur Gesellschaft ableiten.

Sowohl die Gesellschafter einer Personen- wie die einer Kapitalgesellschaft stehen aufgrund ihrer Mitgliedschaft in der Gesellschaft in einer besonderen Beziehung zueinander und zur Gesellschaft.[141] Dies zeigt sich daran, daß ihnen die Mitgliedschaft in der Gesellschaft in höherem Maße die Möglichkeit eröffnet, auf die Interessen ihrer Mitgesellschafter Einfluß zu nehmen als dies im außergesellschaftlichen Rechtsverkehr der Fall wäre. Denn mit seiner Mitgliedschaft unterwirft sich der Gesellschafter dem gemeinsamen Zweck und der zur Erreichung dieses Zwecks erforderlichen gemeinsamen Willensbildung, die im Interesse der Gesamtheit der Gesellschafter zu einer Interessenbeeinträchtigung des einzelnen Gesellschafters führen kann.

Diese Möglichkeit der Beeinträchtigung fremder Interessen hat Auswirkungen auf das Verhältnis der Gesellschafter zur Gesellschaft und zu den Mitgesellschaftern. Das Zusammenwirken der Gesellschafter in der Gesellschaft kann langfristig fruchtbar nur funktionieren, wenn eine andauernde Loyalität zwischen den Gesellschaftern untereinander und im Verhältnis zur Gesellschaft besteht.[142] Nur wenn die Gesellschafter davon ausgehen können, daß mit ihren Interessen loyal und nicht rechtsmißbräuchlich umgegangen wird, werden sie auf Dauer in der Gesellschaft Mitglied bleiben wollen. Die Zusammenarbeit zu einem gemeinsamen Zweck verlangt daher die Loyalität jedes Einzelnen nach

---

[140] BGH ZIP 1999, 1444.
[141] Baumbach/Hueck-Hueck/Fastrich § 13 Rz 20.
[142] Raiser ZHR 151, 422; Schmidt GesR § 20 IV (S. 588).

Maßgabe seiner Befugnisse und seines Einflusses.[143] Ohne ein Mindestmaß an Loyalität ist letztlich die Erreichung des Gesellschaftszwecks gefährdet.[144]

Diese Loyalität wird durch die gesellschaftsrechtliche Treuepflicht bestimmt. Sie sorgt dafür, daß kein Mißbrauch mit den Instrumenten des Gesellschaftsrechts zu Lasten der Gesellschaft getrieben wird. Gleichzeitig gewährleistet sie eine Mindestloyalität der Gesellschafter untereinander[145] und dient insbesondere der Kontrolle der vom Gesetz oder durch Gesellschaftsvertrag geschaffenen Einwirkungsmöglichkeiten der Mehrheit auf die Position der Minderheit.[146] Aufgrund der Treuepflicht ist die Mehrheit verpflichtet, auf die Interessen der Minderheit Rücksicht zu nehmen.[147] Sie tritt damit vor allem im Kapitalgesellschaftsrecht als Schutzinstrument der Minderheitsgesellschafter in Erscheinung.[148]

Daß ein solcher Minderheitenschutz mittels eines ungeschriebenen Instituts wie der Treuepflicht notwendig ist, ergibt sich daraus, daß die vom Gesetz vorgesehenen Individualrechte oftmals nicht ausreichen, um den einzelnen Gesellschafter hinreichend vor einer Majorisierung durch die Mehrheit zu schützen oder solche Individualrechte gar nicht bestehen. So hatte im Fall „ITT“[149] der Minderheitsgesellschafter keine Möglichkeit, sich der Mehrheitsentscheidung zu widersetzen. Ähnlich sah es im Fall Linotype,[150] in der bereits geschilderten Entscheidung aus dem Jahre 1993[151] sowie im Fall Hilgers[152] aus. In allen diesen Fällen konnten sich die Minderheitsgesellschafter zwar auf der Gesellschafterversammlung Gehör verschaffen. Verhindern konnten sie die jeweiligen Mehrheitsbeschlüsse mangels weitergehender Individualrechte jedoch nicht.

Vor allem bei Aktiengesellschaften mit breiter Anteilseignerstreuung kommt hinzu, daß die Kapitalanleger im Hinblick auf ihre geringfügige Beteiligungsquote oftmals überhaupt nicht in der Lage sind, ihre Informations- und Kon-

---

[143] Lutter AcP 180, 110
[144] BGH DStR 1994, 214 (216).
[145] Lutter ZHR 162, 166f.
[146] Hennrichs AcP 195, 237.
[147] Huber GS Knobbe Keuk S. 208.
[148] Schmidt GesR § 20 IV 3 (S. 594).
[149] BGHZ 65, 15.
[150] BGHZ 103, 184.
[151] siehe oben 2. Teil A. II. 1; BGH DStR 1994, 214.
[152] BGH ZIP 1999, 1444.

trollrechte wirksam auszuüben.[153] Neben einer festen Mehrheit sind einzelne oder mehrere Minderheitsgesellschafter nur Mitläufer, da sie nie damit rechnen können, auf die Verbandspolitik einzuwirken.[154] Es besteht daher die Gefahr einer fortwährenden Ungleichbehandlung der Minderheitsgesellschafter. Das Gesetz sieht hierfür keine Lösung vor, so daß nur der Rückgriff auf ein ungeschriebenes Institut wie die Treuepflicht bleibt.

Die Treuepflicht ist aber keineswegs nur ein Instrument des Minderheitenschutzes.[155] Auch die Minderheit kann die Mehrheit in ihren Interessen beeinträchtigen. Dies zeigt sich besonders deutlich im Personengesellschaftsrecht, wo der einzelne Gesellschafter durch die Verweigerung seiner Zustimmung von einer breiten Mehrheit getragene Beschlüsse verhindern kann. Erinnert sei hier nur noch einmal an die bereits dargestellten Auflösungsbeschlüsse.[156] Aber auch im Kapitalgesellschaftsrecht kann die Minderheit die Interessen der Mehrheit mitunter erheblich beeinträchtigen. Zwar verfügen Minderheitsgesellschafter für sich genommen oft nur über geringen Einfluß in der Gesellschaft. Sie können aber durch Bündelung ihrer Stimmen auf die Unternehmenspolitik in treuwidriger und schadensbegründender Weise Einfluß nehmen, soweit Unternehmensentscheidungen aufgrund gesetzlich verankerter Sperrminoritäten qualifizierte Mehrheiten erfordern.[157] Dann hat die Minderheit eine der Mehrheit vergleichbare Einflußposition, die sie zum Schaden der Mehrheit mißbrauchen kann. Auch für diesen Mehrheits-/Minderheitskonflikt sieht das Gesetz keine Lösung vor, so daß als Ausweg die Treuepflicht herangezogen werden muß. Die Treuepflicht dient damit auch der Disziplinierung der Minderheit im Verhältnis zur Mehrheit.[158]

Insgesamt hat die Treuepflicht also das Ziel, die Gesellschafter im offenen, normenlosen Gelände in ihrem Vertrauen auf die Mitgesellschafter und deren Loyalität bei der Zielverfolgung und in ihrem wechselseitigen Verhältnis zueinander ebenso zu schützen wie deren Einwirkungsmacht auf die eigene Mitgliedschaft zu begrenzen.[159]

---

[153] Wiedemann BB 1975, 1595.
[154] Wiedemann GesR § 8 I 3 b) (S. 418); Winter S. 81.
[155] Schmidt GesR § 20 IV 3 (S. 594).
[156] siehe oben 2. Teil A. I. 2.
[157] Henssler DZWiR 1995, 431.
[158] so in BGH ZIP 1995, 819.
[159] Lutter ZHR 162, 167.

IV. Die Bedeutung der Treuepflicht als Grundlage positiver Stimmpflichten

Bei der Ausübung des Stimmrechts zeigt sich diese Funktion der Treuepflicht in besonderer Weise.

Grundsätzlich sind die Gesellschafter bei der Ausübung ihres Stimmrechts frei. Dies gilt sowohl für Personengesellschaften als auch für Kapitalgesellschaften.[160] Jeder Gesellschafter kann sein Stimmrecht entsprechend seinen eigenen Vorstellungen und Präferenzen ausüben und wird dies normalerweise auch tun. Die grundsätzlich freie Stimmrechtsausübung kann jedoch zu Konflikten führen, wenn die Gesellschafter mit der Ausübung ihres Stimmrechts jeweils ganz unterschiedliche und sich häufig widersprechende Zielsetzungen verfolgen. Konflikte bei der Stimmrechtsausübung sind daher vorprogrammiert.
Diese Konflikte lassen sich nicht mittels starrer Regeln lösen. Während bei der einen Gesellschaft infolge hoher Eigenkapitalreserven eine größtmögliche Gewinnausschüttung sinnvoll sein kann, kann sie bei einer anderen, sanierungsbedürftigen Gesellschaft das baldige Ende noch beschleunigen.[161] Ein „Einfrieren" aller denkbaren Interessenkonflikte in feste und unausweichliche Regeln wäre wirtschaftlicher Betätigung, die einen Spielraum des Ermessens braucht, somit abträglich.[162] Als Korrektiv solcher fallabhängigen Interessenkonflikte kommt statt dessen der elastische Grundsatz der Treuebindung der Gesellschafter[163] in Betracht. Die Treuepflicht bietet als flexibel handhabbares Kontrollinstrument das ideale Pendant zum ebenfalls flexibel handhabbaren Stimmrecht. Sie ermöglicht so Lösungen, die einerseits dem Bedürfnis nach größtmöglicher Entscheidungsfreiheit des Gesellschafters Rechnung tragen, andererseits aber auch die zwischen Gesellschaft und Gesellschaftern geschuldete Mindestloyalität garantieren. Entsprechend bestimmt der Treuegedanke die Ausübung der gesellschaftsrechtlich begründeten Befugnisse der Gesellschafter und insbesondere die Ausübung des Stimmrechts.[164]

Dabei wirkt die Treuepflicht zumeist als Verbot illoyaler Rechtsausübung.[165] D. h., sie verbietet als Abstimmungsschranke dem Gesellschafter bestimmte, den anderen Gesellschaftern gegenüber illoyale Abstimmungsalternativen, beläßt

---

[160] Vogel S. 88.
[161] Zu Letzterem vgl. BGH NJW 1985, 974.
[162] Zöllner, Schranken S. 287.
[163] Schmidt, ZGR 1982, 525.
[164] BGH DStR 1994, 214 (216); BGH AG 1992, 58 (59).
[165] vgl. Baumbach/Hueck-Hueck/Fastrich § 13 Rz 22.

ihm aber andere. Mitunter kann die Treuepflicht die Abstimmungsfreiheit des Gesellschafters aber auch so stark verengen, daß der Gesellschafter nur eine nicht treuwidrige Abstimmungsmöglichkeit hat, während alle anderen Abstimmungsalternativen illoyal sind. Die Treuepflicht kann sich so zur positiven Stimmpflicht verdichten.[166] Die Bejahung positiver Stimmpflichten aufgrund von Treuepflichten ergibt sich daher als logische Folge der Bejahung von Treuepflichten im allgemeinen.

Im folgenden sollen die dogmatischen Grundlagen der Treuepflicht untersucht werden. Hierzu werden zunächst der Begriff und die Bezugspunkte der Treuepflicht bestimmt. Dann folgt eine Auseinandersetzung mit möglichen Einwänden gegen die Existenz der Treuepflicht. Im Anschluß hieran schließlich wird untersucht, wie sich Treuepflichten im GmbH- und Aktienrecht begründen lassen. Zwar wird in neuester Zeit geltend gemacht, daß die Tatsache einer Treuepflicht heute keiner besonderen Erörterung und insbesondere keiner Begründung mehr bedürfe.[167] Doch nur wenn man sich die dogmatischen Grundlagen eines Rechtsinstituts vor Augen hält, gewinnt man auch Klarheit über die Frage, welchen Sinn und welche Wertungen dieses Institut in sich trägt. Dies wiederum aber ist Voraussetzung für die Konkretisierung dieses Instituts und damit für seine einwandfreie Anwendung auf praktische Fälle.

V. Begriff der Treuepflicht

Untersucht man die Treuepflicht näher, so stößt man sehr schnell auf eine Reihe von Schwierigkeiten im Zusammenhang mit diesem Institut. Dies beginnt bereits mit der richtigen Begriffswahl.

1. Terminologie

Bedauerlicherweise wird der Begriff der „Treuepflicht“ trotz der lange währenden Diskussion über sie nicht einheitlich gehandhabt.[168] Zum Teil wird bereits der Begriff der „Treuepflicht“ für ein die Loyalität der Gesellschafter bestimmendes Institut abgelehnt. So wird vorgebracht, daß es sich bei diesem Begriff um eine „sachlich unangebrachte Anknüpfung an den Vorstellungsgehalt feudal ständischer Sozial- und Moralvorstellungen, die den Anschein erweckt, daß es sich bei ihm um eine grundlegende Abweichung des Gesell-

---

[166] Schmidt GesR § 21 II 3c (S. 616).
[167] Lutter ZHR 162, 166.
[168] Beckerhoff S. 22; ähnlich Hennrichs AcP 195, 225.

schafts- vom allgemeinen Vertragsrecht" handeln soll,[169] zum Teil wird der Begriff als „ideologisch vorbelastet" beanstandet.[170] Aus diesem Grunde solle daher statt von „Treuepflicht" von „Rücksichts- oder Loyalitätspflichten" gesprochen werden.[171]
Diese Kritik mag durchaus einiges für sich haben, ändert jedoch nichts daran, daß sich mittlerweile der Begriff „Treuepflicht" allgemein eingebürgert hat. Es trägt daher nicht zur Verständlichkeit der ohnehin schon schwierigen Diskussion bei, die Terminologie ohne Not zu verändern. Auch der teilweise gemachte Einwand, daß der Begriff der Treuepflicht nur für personale Gemeinschaften, die ihre Mitglieder „personenhaft umgreifen", passe,[172] was bei Kapitalgesellschaften nicht der Fall sei, so daß man aus diesem Grunde von „Loyalitätspflichten" sprechen müsse, überzeugt nicht. Wie bereits angedeutet, gelten die Überlegungen zur Treuepflicht in vielfacher Hinsicht, insbesondere was die Funktion der Treuepflicht angeht, sowohl im Personen- wie im Kapitalgesellschaftsrecht in gleicher Weise. Daher ist nicht einzusehen, warum man hier unterschiedliche Begriffe wählen sollte. Demnach soll hier nicht nach „Loyalitätspflichten" und „Treuepflichten" differenziert werden, sondern die Bezeichnung „Treuepflicht" einheitlich für jenes Rechtsinstitut verwendet werden, das sich als Grenze und Kontrollinstrument der Stimmrechtsmacht des Gesellschafters präsentiert.

2. Definition

Damit stellt sich die Frage, wie der Begriff der Treuepflicht genauer zu definieren und damit von anderen Rechtsinstituten abzugrenzen ist. Die eindeutige Definition einer Generalklausel fällt allerdings naturgemäß schwer.

Im Anschluß an die Rechtsprechung des Reichsgerichts[173] wurde und wird zum Teil folgende Definition versucht: Die Treuepflicht bezeichne die Pflicht der Gesellschafter, das Gesellschaftsinteresse wahrzunehmen, sowie negativ alles zu unterlassen, was dieses Interesse schädigt.[174] Diese Begriffsbestimmung wird jedoch zu Recht als zu eng angesehen.[175] So weit man die Treuepflicht auf ein bloßes Schädigungsverbot und Interessenwahrungsgebot reduzieren will,

---

[169] Kübler S. 48.
[170] Wiedemann GesR § 8 II. 3. a) (S. 432).
[171] Wiedemann GesR § 8 II. 3. a) (S. 432).
[172] Wiedemann GesR § 8 II. 3. a) (S. 432).
[173] RG JW 1935, 1773.
[174] Hueck, OHG S. 192; Baumbach/Hopt § 109 Rz 23; ähnlich Hüffer FS Steindorff S. 69.
[175] so schon Fischer, in: GK-HGB § 105 Anm. 31a (3. Aufl.).

wird nicht deutlich, worin der Unterschied zwischen der gesellschaftsrechtlichen Treuepflicht und den allgemeinen vertraglichen Pflichtenbindungen liegt. Die Pflicht, das in einem Vertrag von allen Beteiligten vorausgesetzte Interesse zu fördern und Schädigungen des gemeinsamen Interesses der Vertragspartner an der Durchführung des Vertrages zu unterlassen, ist selbstverständlich für jeden Vertrag, egal, ob es sich hierbei um einen Austauschvertrag in Form eines Kaufvertrages oder um die langjährige Mitgliedschaft in einer Gesellschaft handelt. Daß aber Unterschiede zwischen den allgemeinen vertraglichen Bindungen und der Treuepflicht bestehen, wird schon daran deutlich, daß die Treuepflicht von den Gesellschaftern ein viel stärkeres und dauerhafteres Maß an Loyalität verlangt, als dies zwischen den Partnern eines Austauschvertrages besteht. Eine solche Definition taugt daher nicht als Abgrenzungskriterium.

Demgegenüber versuchen andere Autoren die Treuepflicht als gesteigerte Rücksichts- und Loyalitätspflicht zu begreifen, die eine Pflicht, die Gesellschaftsinteressen zu fördern, beinhaltet. Wie bei jedem Schuldverhältnis, so bestünden auch innerhalb von Gesellschaften allgemeine Rücksichtnahme- und Loyalitätspflichten, deren Grundlage der Grundsatz von Treu und Glauben, § 242 BGB, sei.[176] Im Gesellschaftsrecht finde sich in § 705 BGB eine gesellschaftsrechtsspezifische Steigerung dieser zunächst recht allgemeinen Loyalitätspflicht, wonach die Mitglieder einer Gesellschaft das Wohl der Gesellschaft zu fördern hätten. Diese über den allgemeinen Rahmen des § 242 BGB hinaus verdichtete Förderpflicht werde üblicherweise als gesellschaftsrechtliche Treuepflicht bezeichnet.[177]

Gegen diese Definition wird eingewandt, daß es keine über den Rahmen des § 242 hinausgehende gesteigerte Pflichtenbindung gebe.[178] Es erscheine wenig zweckmäßig, die Konkretisierung der Treuebindung zu im Einzelfall „gesteigerten" Treupflichten zum Begriffsmerkmal der „gesellschaftsrechtlichen Treupflicht" zu erheben, denn hiernach könne die Frage, ob einen Gesellschafter eine „gesellschaftsrechtliche Treuepflicht" treffe, stets nur nach Maßgabe der Umstände und erst *am Ende* der erforderlichen Interessenabwägung beantwortet werden. Statt dessen erscheine eine Begriffsbildung zweckmäßiger, wonach die „gesellschaftsrechtliche Treuepflicht" lediglich die *besondere gesell-*

[176] Beckerhoff S. 22; Immenga FS 100 Jahre GmbHG S. 192.
[177] Timm WM 1991, 482; Lutter ZHR 153, 452; Schmidt GesR § 20 IV S. 588; Schnorbus Jus 1998, 878.
[178] Hennrichs AcP 195, 227f.

schaftsrechtliche Bezeichnung für die *allgemeine* Rücksichtnahme- und Loyalitätspflicht der Partner einer rechtlichen Sonderverbindung sei.[179]

Diese Kritik verkennt jedoch die Eigenschaft der Treuepflicht. Sie erweckt den Eindruck, daß die Treuepflicht lediglich ein Anwendungsfall der allgemeinen vertraglichen Loyalitätspflichten sei. Diese Überlegung wird aber nicht dem eigenständigen Charakter der Treuepflicht gerecht. Die Treuepflicht geht weit über das Maß an Loyalität hinaus, was sich die Partner einer gewöhnlichen vertraglichen Beziehung schulden. Wer eine Wohnung anmietet, darf in der Öffentlichkeit ohne weiteres über sein innervertragliches Verhältnis zu seinem Vermieter sprechen, soweit er sich nicht verleumderisch oder beleidigend äußert. Anders muß sich jedoch ein Gesellschafter gegenüber seiner Gesellschaft verhalten. Ihm ist es aufgrund der Treuepflicht verboten, vertrauliche, gesellschaftsinterne Informationen in der Öffentlichkeit preiszugeben oder kreditschädigende Äußerungen über die Gesellschaft zu machen.[180]

Die bisher dargestellten Definitionsversuche verkennen schließlich noch einen weiteren Punkt. Sie beschränken sich lediglich auf die Treuepflicht zwischen Gesellschaft und Gesellschaftern. Die Gesellschafter einer Korporation sind auch angehalten, sich untereinander loyal zu verhalten. Dies folgt bereits daraus, daß jeden Partner einer vertraglichen oder vertragsähnlichen Beziehung die Pflicht trifft, zumindest während des Bestehens dieser Beziehung eine Schädigung der anderen Partner zu unterlassen. Demnach dürfte folgende Definition die Treuepflicht am ehesten charakterisieren: Treuepflichten bezeichnen die über die normalen vertraglichen Beziehungen hinausgehenden, spezifisch mit der Mitgliedschaft in einem Verband zusammenhängenden gesteigerten Rücksichts- und Förderpflichten der Gesellschafter gegenüber der Gesellschaft aber auch untereinander. Gleichwohl bleibt auch diese Definition wegen der Natur der Treuepflicht als Generalklausel ungenau.

VI. Bezugspunkte der Treuepflicht im Kapitalgesellschaftsrecht

Bisher wurde im Rahmen dieser Arbeit nicht näher danach differenziert, zwischen wem Treuepflichten bestehen können. Eine solche Differenzierung nach den Bezugspunkten der Treuepflicht ist indes von erheblicher Bedeutung, da hiervon abhängt, gegen wen sich die Treuepflichtbindung richtet und wer ihre Einhaltung einzufordern vermag. In Betracht kommt insoweit, daß Treue-

---

[179] Hennrichs AcP 195, 228.

[180] Baumbach/Hueck-Hueck/Fastrich § 13 Rz 29.

pflichten nur im Verhältnis der Gesellschafter untereinander, nur im Verhältnis der Gesellschaft zu den Gesellschaftern oder sowohl zwischen Gesellschaftern und Gesellschaft als auch unter den Gesellschaftern untereinander bestehen.

1. Die Gesellschafter als Bezugspunkte der Treuepflicht

Oben[181] wurde ausführlich dargelegt, daß die Funktion der Treuepflicht in der Lösung von innergesellschaftlichen Interessenkonflikten liegt. Die Annahme von Treuepflichten kommt hiernach nur dort in Betracht, wo solche Interessenkonflikte auftreten können. Dies bedeutet, daß eine Treuepflicht der Gesellschafter untereinander aus funktionellen Erwägungen nur dann denkbar ist, wenn es auch zu Interessenkonflikten zwischen den Gesellschaftern kommen kann. Umgekehrt scheidet eine Treuepflicht unter den Gesellschaften dann aus, wenn solche Interessenkonflikte nicht möglich sind. Entsprechend könnten dann auch die Gesellschafter untereinander nicht Bezugspunkte einer Treuepflichtbindung sein.

Indes können gerade im Verhältnis der Gesellschafter untereinander solche Konflikte schnell entstehen, was damit zusammenhängt, daß die Gesellschafter einer Gesellschaft oftmals grundverschieden sind. Vor allem bei der AG ist der Aktionär „keine einheitliche Kategorie". Man unterscheidet den Großaktionär, den Kleinaktionär, den Unternehmeraktionär, den Spekulationsaktionär, den an der Verwaltung uninteressierten, nur eine Kapitalanlage suchenden und den an der Verwaltung interessierten Aktionär.[182] In der Personengesellschaft und der GmbH sind solche Unterschiede zwar häufig nicht ganz so augenfällig; den unternehmerisch tätigen und den lediglich kapitalmäßig beteiligten Gesellschafter gibt es aber auch hier.
So verschieden die Gesellschafter sein können, so verschieden können auch ihre Interessen sein, die sie mit ihrer Mitgliedschaft verfolgen. In der Aktiengesellschaft etwa kann man die Interessen der Aktionäre und deren Divergenz dadurch verdeutlichen, daß man nach der Motivation des Aktienerwerbs des Aktionärs fragt.[183] Manche Aktionäre haben lediglich ein Dividendeninteresse, andere ein bloßes Kursinteresse. Der Unternehmergroßaktionär wird demgegenüber seine Beteiligung erwerben, um Kontroll- und Einflußmöglichkeiten im Interesse seiner unternehmerischen Absichten zu erhalten.[184]

---

[181] siehe oben 2. Teil A.I-III.
[182] Fechner S. 104.
[183] Raisch S. 349.
[184] Raisch S. 349.

Dabei ist es durchaus zulässig, daß nicht alle Gesellschafter mit ihrer Mitgliedschaft in der Gesellschaft die gleichen Ziele verfolgen. Insbesondere müssen sie nicht eine Beteiligung am Gewinn des Unternehmens erstreben.[185] Etwas derartiges folgt nicht aus dem Wesen der Gesellschaft.[186] Entscheidend ist vielmehr allein, daß die Gesellschafter beim Betrieb des Unternehmens in sinnvoller Weise zusammenwirken; hierin liegt der gemeinsame Zweck unabhängig von der Beteiligung am Geschäftsergebnis.[187]
Soweit sich die unterschiedlichen Interessen der Mitglieder mit den übrigen Interessenbereichen decken, entstehen keine Probleme.[188] Es liegt jedoch auf der Hand, daß sich die Einzelinteressen der Gesellschafter, die diese mit ihrer Mitgliedschaft verfolgen oft auch widersprechen oder zumindest teilweise gegenläufig sind. In diesem Fall muß das Recht u. U. eingreifen, um dem schutzwürdigen Interesse zum Siege zu verhelfen.[189] Hierfür kommt die gesellschaftsrechtliche Treuepflicht der Gesellschafter untereinander in Betracht. Wegen der grundsätzlich existierenden Möglichkeit von Interessenkonflikten unter den Gesellschaftern bestehen daher jedenfalls aus funktionellen Erwägungen heraus keine Bedenken gegen die Annahme von Treuepflichten der Gesellschafter untereinander.[190] Die Gesellschafter untereinander können demnach in ihrem Verhältnis zueinander Bezugspunkte der Treuepflicht sein.

2. Die Gesellschaft als Bezugspunkt der Treuepflicht

In Literatur und Rechtsprechung herrscht seit geraumer Zeit Einigkeit darüber, daß sowohl in der Personen- wie in der Kapitalgesellschaft zwischen der Gesellschaft und den Gesellschaftern eine Treuepflichtbindung bestehen soll,[191] Bezugspunkt der Treuepflicht also auch die Gesellschaft ist.[192] Hierbei soll die-

---

185 Huber S. 298, Hueck, OHG S. 3.
186 Hueck, OHG S. 3.
187 Huber S. 298.
188 Zöllner, Schranken S. 31.
189 Zöllner, Schranken S. 31.
190 Hiervon zu unterschieden ist die Frage, ob rechtsdogmatische Schwierigkeiten im Hinblick auf die Bejahung von Rechtsbeziehungen zwischen den Gesellschaftern bei der Annahme von Treuepflichten bestehen. Dazu im Einzelnen siehe unten 2. Teil B.III 4.b) sowie C.II.4.b).
191 RGZ 171, 51 (54); BGH LM § 138 HGB Nr. 8; BGHZ 65, 15 (18); BGHZ 9, 157 (163); BGHZ 103, 184 (194); BGH NJW 1994, 3096 (3095); MüKo-Ulmer § 705 Rz 186; Hachenburg-Hüffer § 47 Rz 71; Winter S. 86; Lutter ZHR 162, 177; ders. ZHR 153, 452; Timm WM 1991, 482; Raiser ZHR 151, 435; Hennrichs AcP 195, 242; Nirk/Reuter/Bächle Rz 590; Hüffer FS Steindorff S. 65; Jilg S. 130.
192 Nehls S. 5.

se Treuepflichtbindung sowohl das Verhältnis der Gesellschafter zu ihrer Gesellschaft als auch umgekehrt das Verhältnis der Gesellschaft zu ihren Gesellschaftern prägen.[193]

a) Das Gesellschaftsinteresse als Bedingung für die Treuepflicht zur Gesellschaft

Indes überrascht diese Einmütigkeit bei der Annahme von Treuepflichten zwischen Gesellschaft und Gesellschaftern. Denn die Erkenntnis, daß die Treuepflicht ihre Funktion als Instrument zur Lösung von Interessenkonflikten findet, hat, wie bereits erwähnt, eine zwingende logische Konsequenz: Eine Treuepflicht der Gesellschafter zur Gesellschaft und umgekehrt kommt nur in Betracht, wenn es auch zu entsprechenden Interessenkonflikten zwischen der Gesellschaft und den Gesellschaftern kommen kann. Sind hingegen keine Konflikte zwischen den Interessen der Gesellschaft und denen ihrer Gesellschafter denkbar, so kann die Gesellschaft nicht Bezugspunkt einer Treuepflichtbindung sein.

Dies wirft naturgemäß zunächst einmal die Frage auf, ob es überhaupt ein eigenständiges Gesellschaftsinteresse gibt und worin dieses Interesse der Gesellschaft, das mit den Interessen der Gesellschafter in Konflikt geraten kann, ggf. besteht. Diese Frage ist nicht so leicht zu beantworten, wie dies angesichts der einhelligen Bejahung der Treuepflicht der Gesellschafter zur Gesellschaft zu sein scheint.

b) Definition des Gesellschaftsinteresses

Denn die Definition dessen, was das Gesellschaftsinteresse ist, bereitet erhebliche Schwierigkeiten. Immerhin: Sowohl das Aktiengesetz als auch das GmbHG setzen in unterschiedlichen Formulierungen ein Gesellschaftsinteresse voraus. § 49 II GmbHG etwa verlangt die Berufung der Gesellschafterversammlung, „wenn es im Interesse der Gesellschaft erforderlich erscheint." Gemäß § 121 I AktG ist die Hauptversammlung u. a. dann einzuberufen, „wenn das Wohl der Gesellschaft es erfordert." Nach § 131 III Nr. 1 AktG darf der Vorstand in der Hauptversammlung die von einem Aktionär geforderte Auskunft verweigern, wenn ihre Erteilung der Gesellschaft „einen nicht unerheblichen Nachteil zuzufügen droht."

[193] BGHZ 14, 25 (38); BGH DStR 1994, 214 (215); BGH NJW 1994, 3096 (3095).

Ob dieses Gesellschaftsinteresse aber eigenständig ist und worin dieses Interesse besteht, sagt das Gesetz nicht und muß durch Auslegung ermittelt werden.

aa) Fehlende Identität von Gesellschaftsinteresse und Unternehmensinteresse

Nach dem Wortlaut des § 49 GmbHG und der ähnlich klingenden Formulierung in § 121 AktG ist der Begriff des Gesellschaftsinteresses nicht identisch mit den Individualinteressen der Gesellschafter, denn die Vorschrift spricht ausschließlich von den Interessen der Gesellschaft und nicht von den Gesellschafterinteressen. Auch läßt die Formulierung eines „Interesses der Gesellschaft" vermuten, daß es sich bei diesem Gesellschaftsinteresse um ein eigenständiges, von den Interessen der Gesellschafter gänzlich unabhängiges Eigeninteresse der Gesellschaft handelt. Ein solches Eigeninteresse begegnet uns auch in Gestalt des Unternehmensinteresses.[194] Dies wirft die Frage auf, ob Gesellschafts- und Unternehmensinteresse identisch sind.

Eine solche Identität von Gesellschafts- und Unternehmensinteresse ist indes zu verneinen. Während das Gesellschaftsinteresse an die Gesellschaft als solche anknüpft, nimmt das Unternehmensinteresse das Unternehmen in Bezug. Das Unternehmensinteresse stellt auf das „Unternehmen" ab, ungeachtet seiner personenmäßigen Zuordnung, ob es sich um das Unternehmen eines Einzelkaufmanns, einer Personengesellschaft oder einer juristischen Person handelt.[195] Ist aber Bezugspunkt des Unternehmensinteresses das Unternehmen an sich und nicht die Gesellschaft, die dieses Unternehmen betreibt, so ergibt sich hieraus, daß Gesellschaftsinteresse und Unternehmensinteresse nicht identisch sind. Denn das Unternehmen kann ohne die geringste Benachteiligung erhalten bleiben, obwohl der Verband sich auflöst oder schwer geschädigt wird, man denke etwa an die Übernahme des Betriebs einer Tochtergesellschaft durch die Muttergesellschaft unter Eingliederung des Unternehmens als rechtlich unselbständigen Zweigbetrieb, während der Verband zur reinen „Besitzgesellschaft" umgewandelt wird.[196] Dasselbe gilt auch umgekehrt: Es gibt zahlreiche Fälle, in denen das Unternehmen zu Grunde geht, während die Gesellschaft erhalten bleibt.[197] Das Unternehmensinteresse kann also durch Auflösung des Unter-

---

[194] Zum Unternehmensinteresse: Raisch FS Hefermehl S. 347; Raiser FS Schmidt S. 101; Jürgenmeyer S. 1ff; Zöllner, Schranken S. 20.
[195] Flume, Juristische Person § 2 VII 3 (S. 57).
[196] Zöllner, Schranken S. 20f.
[197] Raiser FS Schmidt S. 111.

nehmens obsolet werden, ohne zugleich die Gesellschaft und damit das Gesellschaftsinteresse zu berühren und umgekehrt. Dies aber bedingt zugleich, daß Unternehmensinteresse und Gesellschaftsinteresse nicht identisch sind. Entsprechend unterscheidet auch der BGH in seiner Rechtsprechung zwischen Unternehmens- und Gesellschaftsinteresse. Im Bayer-Urteil[198] sowie in anderen Entscheidungen[199] verweist der BGH auf das Interesse des Unternehmens während an anderer Stelle das Gesellschaftsinteresse bei allen Gesellschaftsformen als Orientierungspunkt rechtlicher Überlegungen erscheint.[200]

bb) Abhängigkeit des Gesellschaftsinteresses von den Interessen der Gesellschafter

Ist damit geklärt, daß Gesellschafts- und Unternehmensinteressen nicht identisch sind, so ist nach wie vor die Frage unbeantwortet, ob es ein eigenständiges, von den Interessen der Gesellschafter unabhängiges Eigeninteresse der Gesellschaft gibt. Immerhin liegt im Hinblick auf die Objektivierung der Satzungsgrundlage infolge Handelsregistereintragung, aber auch im Hinblick auf die Existenz zwingender Kapitalerhaltungsvorschriften, die der Dispositionsbefugnis auch der Gesellschaftergesamtheit Schranken setzen, die Anerkennung eines losgelösten Gesellschaftsinteresses der juristischen Person näher als bei den Personengesellschaften.[201]

(1) Annahme eines Eigeninteresses aufgrund Verselbständigung der Gesellschaft

Ein eigenständiges Gesellschaftsinteresse ließe sich nur bejahen, wenn die Gesellschaft selber Träger eines solchen Interesse sein könnte. Folgt man der von Otto von Gierke für das Verbandsrecht entwickelten „Theorie der realen Verbandspersönlichkeit“[202], die von der „Wesenhaftigkeit der Gemeinschaften“ ausgeht,[203] so läßt sich in der Tat eine eigene Interessenpersönlichkeit der Gesellschaft bejahen.[204] In neuerer Zeit wird zudem die Eigenständigkeit eines Gesellschaftsinteresses der GmbH mit der rechtlichen Verselbständigung der

---

[198] BGHZ 64, 325 (329).

[199] BGHZ 83, 106ff; BGHZ 129, 121 (144ff); BGHZ 149, 151 (153).

[200] BGHZ 14, 25 (38); BGHZ 36, 130; BGHZ 39, 319 (325); BGHZ 46 291 (294); BGHZ 51, 209 (216); BGHZ 53, 71 (73); BGHZ 56, 97 (101).

[201] Winter S. 195.

[202] v. Gierke S. 13.

[203] v. Gierke S. 14.

[204] Jürgenmeyer S. 141.

GmbH als juristischer Person begründet.[205] So lasse sich die Haftungstrennung zwischen Gesellschaft und Gesellschafter, wie sie in § 13 Abs. 2 GmbHG angelegt sei, nur theoretisch rechtfertigen und praktisch durchhalten, wenn die Gesellschafter die Selbständigkeit des Haftungsträgers GmbH achteten und beachteten. Dieses Interesse der GmbH auf Respektierung als juristische Person sei das Eigeninteresse der GmbH.[206] Das Gesellschaftsinteresse ließe sich hiernach tatsächlich von den konkreten Interessen der Mitglieder und ihrer Gesamtheit abstrahieren.

(2) Kritik

Gegen die Anerkennung eines eigenständigen, von den Gesellschaftern unabhängiges Gesellschaftsinteresses sprechen allerdings zwei Gründe.

Der erste Grund ergibt sich aus der Dispositionsmöglichkeit der Gesellschafter über die Gesellschaft. Im Gesellschaftsrecht steht die Gemeinsamkeit der Interessenwahrung im Vordergrund.[207] Es geht um die Verwirklichung eines gemeinsamen Zwecks.[208] Die Gesellschafter schließen sich nur deshalb zu einer Gesellschaft zusammen, weil sie auf diesem Wege einen gemeinsamen Zweck zu erreichen versuchen. Die Gesellschaft besteht hiernach nicht um ihrer selbstwillen, sondern allein im Interesse der Gesellschafter, die mit ihrer Mitgliedschaft gemeinschaftlich bestimmte Ziele verfolgen. Dem Verband „an sich" kommt kein zu schützender Wert zu.[209] So wie die Gesellschafter eine Gesellschaft aus freien Stücken gründen können, so können sie sie auch wieder auflösen. Der Auflösungsbeschluß bedarf keiner besonderen Rechtfertigung, er trägt seine Rechtfertigung in sich.[210] Die Gesellschaft ist damit in ihrem Bestand von dem Willen und den Interessen der Gesellschafter abhängig. Der Verband selbst lebt nur in und durch seine Mitglieder, sie sind das Substrat, auf dem seine Existenz beruht und von dem er sich nicht völlig loslösen kann.[211] Die Folge ist, daß auch das Gesellschaftsinteresse von dem Willen und den Interessen der Gesellschafter abhängig ist. Denn die von den Gesellschaf-

---

[205] Priester ZGR 1993, 520; Wilhelm S. 335f; für ein Eigeninteresse lediglich der abhängigen GmbH: Ulmer ZHR 148, 419; in BGH ZIP 2001, 1874 bejaht der BGH ebenfalls ein Eigeninteresse der abhängigen Konzern-GmbH läßt aber offen, was er hierunter versteht.

[206] Priester ZGR 1993, 520.

[207] Grunewald 1. A. Rz 5.

[208] Lutter AcP 180, 90; Huber S. 298.

[209] Zöllner, Schranken S. 20.

[210] BGH 76, 352 (353); BGHZ 103, 184 (189); Baumbach/Hueck-Schulze-Osterloh § 60 Rz 18.

[211] Zöllner, Schranken S. 20.

tern gewollte Gründung und Auflösung der Gesellschaft führt zugleich zur Entstehung und Beseitigung des Gesellschaftsinteresses. Es gibt demnach kein eigenständiges, von den Interessen der Gesellschafter unabhängiges Gesellschaftsinteresse.

Darüber hinaus zeigt das Beispiel der Einmann-Gesellschaft die Unhaltbarkeit der Annahme eines eigenständigen Gesellschaftsinteresses. Bei der Einmann-Gesellschaft fällt die Willensbildung der Gesellschaft mit der des Gesellschafters zusammen.[212] Der Alleingesellschafter ist Herr im eigenen Hause.[213] Sein Wille ist identisch mit dem der Gesellschaft. Die Folge ist, daß sich ungeachtet der rechtlichen Selbständigkeit der Gesellschaft die Interessen der Gesellschaft subjektiv stets mit dem Interesse des Gesellschafters decken.[214] Denn wenn die Gesellschaft keinen anderen Willen bilden kann als den ihres Gesellschafters, dann kann sie auch kein eigenes von ihrem Gesellschafter unabhängiges Interesse als Bedingung eines solchen Willens entwickeln. In der Einmann-Gesellschaft gibt es daher kein Eigeninteresse der Gesellschaft. Nicht grundsätzlich anders liegen die Dinge bei Mehrpersonen-Gesellschaften. Jedenfalls dort, wo sich alle Gesellschafter einig sind, ist die Situation mit derjenigen in der Einpersonen-Gesellschaft identisch. Auch hier erfolgt die Willensbildung der Gesellschaft einstimmig, so daß man auch hier eine Identität von Gesellschaftsinteresse und Gesellschafterinteresse annehmen muß. Denn ein Gesellschaftsinteresse gegenüber dem einheitlichen Willen aller Mitglieder durchzusetzen, hieße in Wahrheit, außerhalb des Verbandes liegenden Interessen gegen seine Mitglieder zum Sieg zu verhelfen.[215]

cc) Das Gesellschaftsinteresse als abgeleitetes Gemeinschaftsinteresse

Ein eigenständiges, von den Interessen der Gesellschafter unabhängiges Gesellschaftsinteresse besteht also nicht. Gleichwohl setzt das Gesetz in § 49 II GmbHG ein Gesellschaftsinteresse voraus. Worin besteht nun dieses Interesse?

Ausgangspunkt für die Bestimmung des Gesellschaftsinteresses müssen die Interessen der Gesellschafter sein. Denn die Gesellschaft ist Organisation von Individualinteressen aus gemeinsamer Zweckverfolgungsabsicht.[216]

---

[212] BGHZ 56, 97 (101)

[213] Schmidt GesR § 40 III 2 a) (S. 1247).

[214] BGHZ 56, 97 (101); Lutter ZIP 1985, 1428.

[215] Zöllner, Schranken S. 20.

[216] Weipert, in: Hdb des GesR, Bd. 1 § 6 Rz 37.

Jeder Gesellschafter verfolgt nun mit seiner Mitgliedschaft in der Gesellschaft ein bestimmtes Motiv, ein bestimmtes Individualinteresse. Hätte er dieses Individualinteresse nicht, wäre er nicht Mitglied in der Gesellschaft. Dieses Individualinteresse liegt oftmals in dem Bestreben mit Hilfe der Mitgliedschaft Einkünfte zu erzielen. Das Individualinteresse eines Gesellschafters kann aber auch nicht-finanziell oder nur mittelbar finanziell ausgestaltet sein. Man denke etwa an den Fall, daß ein Geschäftsmann sich an einer dem Gemeinwohl dienenden Gesellschaft beteiligt, weil er sich davon eine Erhöhung seines Umsatzes verspricht.[217] Um dieses Individualinteresse zu verwirklichen, wird der Gesellschafter Mitglied des Verbandes. Dies schließt nicht aus, daß der Gesellschafter sein Individualinteresse (etwa die Erzielung von Einkünften) auch auf anderem Wege erreichen kann, jedoch erscheint dem Gesellschafter - aus welchen Gründen auch immer - die Verfolgung seines Individualinteresses mittels der Mitgliedschaft in einem Verband als geeigneter Weg, weshalb er Mitglied der Gesellschaft wird.

Tun sich nun mehrere Gesellschafter, die alle ein bestimmtes Individualinteresse mittels der Mitgliedschaft in einem Verband verfolgen, in einer Gesellschaft zusammen, so haben sie auch alle ein gemeinsames Interesse daran, daß die Gesellschaft besteht und funktioniert. Denn nur in diesem Fall können die Gesellschafter ihre mit der Mitgliedschaft bezweckten jeweiligen Einzelinteressen erreichen. Die gemeinschaftliche Zielverfolgung ist conditio sine qua non für die organisierte Verfolgung der Interessen eines jeden einzelnen an und in der Gesellschaft.[218] Durch die - auf der Verfolgung der Einzelinteressen beruhende - gemeinsame Verbindung in der Gesellschaft entsteht ein übergeordnetes Gemeinschaftsinteresse der Gesellschafter daran, daß die Gesellschaft besteht und funktioniert. Denn nur, wenn die Gesellschaft besteht und ihren Geschäften nachgehen kann, können die Gesellschafter ihre mit der Mitgliedschaft in dem Verband verfolgten jeweiligen Einzelinteressen erreichen.

Dieses Gemeinschaftsinteresse stimmt dabei keineswegs mit der Summe der Interessen der Mitglieder überein.[219] Während diese heterogen und untereinander widersprüchlich sein können, ist das Gemeinschaftsinteresse homogen und wird von allen Gesellschaftern getragen. In diesem aus der gemeinsamen Verfolgung von Einzelinteressen abgeleiteten Gemeinschaftsinteresse ist das eigentliche Gesellschaftsinteresse zu sehen. Das Gesellschaftsinteresse ist also

[217] Ballerstedt Jus 1963, 255.
[218] vgl. Weipert, in: Hdb des GesR Bd. 1 § 6 Rz 37.
[219] Jürgenmeyer S. 141.

kein selbständiges Eigeninteresse der Gesellschaft an sich selbst. Vielmehr muß das Verbandsinteresse aus den privatautonomen Mitgliedsinteressen abgeleitet werden.[220] Das Gesellschaftsinteresse ist damit eine Metapher.[221] Es ist mit dem Mitgliedergesamtinteresse identisch[222] und stellt richtig verstanden nur eine Hilfsvorstellung dar, unter der diejenigen Einzelinteressen der Mitglieder zusammengefaßt und herausgehoben werden, zu deren Verfolgung die Personenvereinigung gegründet wurde.[223]

c) Folgerungen für die Annahme einer Treuepflicht zur Gesellschaft

Besteht demnach kein selbständiges, von den Einzelinteressen der Verbandsmitglieder unabhängiges Gesellschaftsinteresse, so könnte man behaupten, daß es auch keine Interessenkonflikte zwischen dem Gesellschaftsinteresse und den Interessen der Gesellschafter geben kann. Denn wenn das Gesellschaftsinteresse sich aus den Einzelinteressen der Gesellschafter ableitet, dann könnte es auch keine Interessenkonflikte zwischen den Einzelinteressen der Gesellschafter und dem Gesellschaftsinteresse geben. Entsprechend müßte man eine Treuepflicht der Gesellschafter zur Gesellschaft verneinen und könnte bestenfalls von einer Treuepflicht der Gesellschafter untereinander ausgehen.[224] In diese Richtung geht anscheinend auch die ITT-Entscheidung des BGH.[225] Obwohl der Mehrheitsgesellschafter eine für die GmbH nachteilige Maßnahme veranlaßt hatte, hatte der BGH in dieser Entscheidung auf einen Verstoß des Mehrheitsgesellschafters gegen die seinen Mitgesellschaftern geschuldete Treuepflicht abgestellt.[226]

Eine solche Betrachtungsweise berücksichtigt indes nicht, daß das Gesellschaftsinteresse - verstanden als abgeleitetes Gemeinschaftsinteresse - qualitativ etwas anderes ist, als die Summe der Einzelinteressen der Gesellschafter. Insofern wird das Gemeinschaftsinteresse zwar aus den Einzelinteressen abgeleitet. Es hat aber neben den Einzelinteressen eine eigenständige Bedeutung. Während die jeweiligen Einzelinteressen sich widersprechen können, geht das Gemeinschaftsinteresse wegen der gemeinsamen Zweckverfolgungsabsicht notwendig in eine Richtung.

---

220 Ensch S. 35.
221 Lutter ZHR 162, 183
222 Winter S. 66.
223 Zöllner, Schranken S. 20
224 so tatsächlich Verhoeven Rz 159.
225 BGHZ 65, 15.
226 BGHZ 65, 15 (18f).

Andererseits läßt sich das Gemeinschaftsinteresse aber auch nicht - wie oben erwähnt[227] - als selbständiges Eigeninteresse der Gesellschaft „an sich selbst" begreifen. Herren der Gesellschaft sind die Gesellschafter, so daß das Verbandsinteresse nicht von dem ihrigen zu trennen ist.[228] Deshalb läßt sich auch eine von den Interessen der Gesellschafter gänzlich unabhängige Treuepflicht zwischen Gesellschaft und Gesellschaftern nicht annehmen.
Die Wahrheit liegt vielmehr in der Mitte. Die Einzelinteressen der Gesellschafter werden hin zu einem gemeinsamen Interesse kanalisiert, das dann als das der Gesellschaft aus dem innergesellschaftlichen Bereich nach außen in Erscheinung tritt.[229] Diesem Gemeinschaftsinteresse kommt insofern Eigenständigkeit zu, als es von den Einzelinteressen der Gesellschafter losgelöst ist. Es ist aber andererseits insofern von diesen abhängig, als es ohne diese Individualinteressen nicht existieren würde.

Zwischen einem so verstandenen Gesellschaftsinteresse und den Einzelinteressen der Gesellschafter kann es Interessenkonflikte geben. So sichert die Verkürzung des Anspruchs auf Gewinnausschüttung die Möglichkeit der Selbstfinanzierung, und auch die Veränderung der Beteiligungsverhältnisse durch die Ausgabe neuer Geschäftsanteile kann korporativen Kapitalbedürfnissen dienen. Die Belange der Gesellschaft und der einzelnen Gesellschafter entsprechen sich in diesem Bereich jedoch nicht.[230] Da demnach ein Konfliktpotential zwischen den Interessen der Gesellschafter und dem Gesellschaftsinteresse - verstanden als Gemeinschaftsinteresse - besteht, kommt auch zwischen der Gesellschaft und den Gesellschaftern eine Treuepflicht in Betracht. Die Gesellschaft, als diejenige, die das Gesellschaftsinteresse wahrnimmt, kann demnach auch Bezugspunkt der Treuepflicht sein.

VII. Die Zulässigkeit der Treuepflicht als Generalklausel

Bei der Treuepflicht handelt es sich um eine Generalklausel, die im Wege richterlicher Rechtsfortbildung entwickelt und nunmehr gewohnheitsrechtlich etabliert ist.[231] Sie besitzt dabei die Besonderheit, daß sie ein aus einer Vielzahl von Einzelfällen heraus gebildetes Abstraktum ist, das seinerseits wiederum kraft seiner Abstraktheit zur Entscheidung von Einzelfällen taugt. Dieses Cha-

---

[227] siehe oben 2. Teil A. VI. 2. b) bb) (2).
[228] Verhoeven Rz 159.
[229] Verhoeven Rz 159.
[230] Immenga FS 100 Jahre GmbHG S. 193.
[231] Henze ZHR 162, 191; Lutter ZHR 162, 166; Beckerhoff S. 23.

rakteristikum der Treuepflicht läßt sich am besten mit den Worten von *Walter Stimpel* beschreiben: „Wir haben hier einen Fall, in dem sich durch eine Reihe von Einzelentscheidungen allmählich eine Generalklausel entwickelt hat, die nun ihrerseits von Fall zu Fall der Konkretisierung bedarf."[232] Der konkrete Einzelfall bestimmt den Inhalt der abstrakten Generalklausel, die wiederum den konkreten Einzelfall bestimmt. Der Treuepflicht kommt damit ein ganz besonderer Platz im System des deutschen Gesellschaftsrecht zu.
Gleichwohl unterliegt sie den denselben Kritikpunkten, denen alle Generalklauseln unterliegen. Man muß zwar nicht so weit gehen, wie Hedemann, der meint, Generalklauseln würden zur „Verweichlichung des Denkens und zu Rechtsunsicherheit und Willkür führen.[233] Auch wenn einer Generalklausel immer ein gewisses Maß an Rechtsunsicherheit innewohnt, bewirkt doch die verfassungsmäßige Bindung des Richters an das Gesetz, daß sich dieses Maß an Unsicherheit in tolerablen Grenzen bewegt. Einem gesteigerten Rechtfertigungszwang unterliegt die Treuepflicht - wie jede ungeschriebene Generalklausel - dennoch. Denn gegen sie läßt sich - wiederum wie gegen jede Generalklausel - einwenden, Generalklauseln seien wegen der damit verbundenen Rechtsunsicherheit prinzipiell unzulässig bzw. das geschriebene Recht halte bereits eine Lösung bereit, so daß ein Rückgriff auf eine Generalklausel entbehrlich sei.

1. Generelle Zulässigkeit von Generalklauseln

Die Notwendigkeit von Generalklauseln in einem Rechtssystem läßt sich indes trotz solcher Bedenken kaum bestreiten.[234] Das Leben ist zu vielschichtig, als daß es sich in einen vorgefertigten Kanon bestimmter Vorschriften pressen läßt. Gerade die Treuepflicht verdankt ihre kaum zu überschätzende Bedeutung der Tatsache, daß der Normbedarf der Gesellschaftsrechtspraxis vom Gesetzgeber nicht gedeckt wird und wegen der Vielgestaltigkeit der Verhältnisse auch nicht gedeckt werden kann.[235] Für die Rechtsfindung und Rechtsfortbildung kann auf Generalklauseln daher nicht verzichtet werden.[236] Daß damit ein gewisses Maß an Rechtsunsicherheit verbunden ist, muß demgegenüber hingenommen werden. Zudem wird durch die richterliche und wissenschaftliche

---

[232] Stimpel/Pehle S. 18; ähnlich Stimpel 25 Jahre BGH, S. 19; kritisch hierzu Flume ZIP 1996, 164.
[233] Hedemann S. 56ff.
[234] Fillmann S. 22.
[235] Hüffer FS Steindorff S. 59.
[236] Erman-Werner § 242 Rz 42.

Ausfüllung von Generalklauseln sowie der Gesetzesbindung des Richters diesem Einwand die Spitze genommen.

2. Notwendigkeit der Treuepflicht mangels besonderer gesetzlicher Regelungen

Auch der zweite, gegen die Treuepflicht als Generalklausel erhobene Einwand, sie sei schlicht überflüssig, da die gesetzlichen Vorschriften bereits ein hinreichendes Instrumentarium zur Behandlung der vielfach mittels der Treuepflicht gelösten Fälle böten, trägt im Ergebnis nicht. Dies zeigt die nähere Untersuchung der hierfür in Betracht kommenden Vorschriften.

Eine solche, die Treuepflicht überlagernde, gesetzliche Vorschrift könnte etwa § 243 Abs. 2 AktG sein. Diese Vorschrift ist analog auch auf die GmbH anwendbar.[237] § 243 Abs. 2 AktG erfaßt indes nur solche Fälle mißbräuchlicher Stimmrechtsausübung, mit denen der Abstimmende Sondervorteile zu erlangen versucht. Ein mißbräuchliches Stimmverhalten kann jedoch auch vorliegen, ohne daß der Gesellschafter hiermit Sondervorteile erstrebt. Beispielsweise kann ein Gesellschafter allein in der Absicht, seine Mitgesellschafter zu schädigen, einen Beschluß fassen ohne hiermit einen Sondervorteil zu verfolgen. Solche Mißbrauchsfälle werden nicht durch § 243 Abs. 2 AktG, sondern nur durch die Treuepflicht erfaßt. Die Norm vermag damit den Anwendungsbereich der Treuepflicht nicht erschöpfend abzudecken.

Ebensowenig können die §§ 138 und 826 BGB die Treuepflicht ersetzen. § 138 BGB ist in seiner Rechtsfolge zu unflexibel, als daß diese Vorschrift in allen Fällen eine interessengerechte Lösung ermöglicht. Zum Teil ist zwar die angeordnete Nichtigkeitsfolge einer Maßnahme durchaus sinnvoll, zum Teil - und diese Fälle werden gerade im Bereich der Stimmrechtsausübung relevant - verlangt die Situation aber auch die Annahme anderer Rechtsfolgen, so daß § 138 BGB schnell an seine Grenzen stößt. § 826 BGB erfaßt nur die vorsätzliche Schädigung, d. h., erforderlich ist das Bewußtsein, daß das Handeln den schädlichen Erfolg haben wird.[238] Treuwidrig kann ein Verhalten aber schon dann sein, wenn dies dem Gesellschafter gar nicht bewußt ist. Beide Normen haben danach ebenfalls nur Segmente des Anwendungsbereichs der Treuepflicht zum Gegenstand.

---

[237] Rowedder-Koppensteiner § 47 Rz 125.

[238] Palandt-Thomas § 826 Rz 10.

Schließlich könnte man darüber nachdenken, ob nicht schon bereits der Grundsatz von Treu und Glauben i.S.d. § 242 BGB den Anwendungsbereich der Treuepflicht hinreichend abdeckt, so daß der Treuepflicht zumindest für die Fälle des Stimmrechtsmißbrauchs neben diesem Grundsatz kein eigener Anwendungsbereich mehr zukommt. Aufgeworfen ist damit die umstrittene Frage, ob der Treuepflicht überhaupt eine eigenständige Bedeutung neben § 242 BGB zukommt oder ob die Treuepflicht nur ein Anwendungsfall des § 242 BGB ist.

Zum Teil wird die Berechtigung der Treuepflicht neben § 242 BGB gänzlich geleugnet, da die Anforderungen aus der Treuepflicht auf der einen und aus Treu und Glauben auf der anderen Seite nicht unterschiedlich zu sein bräuchten.[239] Die Treuepflicht finde ihre positivrechtliche Grundlage in § 242 BGB und unterscheide sich von dessen Geboten nicht prinzipiell, sondern bedingt durch die Besonderheiten des Gesellschaftsverhältnisses, lediglich in der Intensität.[240] Die Voraussetzungen für einen Verstoß gegen § 242 BGB sollen demnach nicht anders sein, als diejenigen für einen Treuepflichtverstoß, so daß die Sonderfunktion der Treuepflicht überflüssig sei.
Daran ist richtig, daß der Gesellschafter bei seiner Stimmrechtsausübung jedenfalls auch an den Grundsatz von Treu und Glauben gebunden ist.[241] Die Treuepflicht ist indes qualitativ etwas anderes als die in § 242 BGB niedergelegte Pflicht, geschuldete Leistungen nach Treu und Glauben zu erfüllen.[242] Während § 242 BGB von den Parteien lediglich verlangt, den Zweck einer Leistungsbeziehung nicht zu gefährden sowie die Rechtsgüter der anderen Vertragspartei nicht zu schädigen, geht die Treuepflicht weiter. Von den Gesellschaftern verlangt sie, in Ausübung ihrer mitgliedschaftlichen Befugnisse diejenigen Handlungen vorzunehmen, die der Förderung des Gesellschaftszwecks dienen und zuwiderlaufende Maßnahmen zu unterlassen sowie gleichzeitig auf die mitgliedschaftlichen Interessen anderer Gesellschafter angemessen Rücksicht zu nehmen.[243] Solche Förder- und Rücksichtnahmepflichten verlangt der Grundsatz von Treu und Glauben nicht. Eine eigenständige Bedeutung der Treuepflicht neben § 242 BGB kann daher nicht abgestritten werden.

---

239 Schmiedel ZHR 134, 182; ähnlich MüKo-Roth § 242 Rz 166, der keinen „prinzipiellen Unterschied" der Treuepflicht von den Geboten des § 242 sieht.
240 MüKo-Roth § 242 Rz 166.
241 Zöllner, Schranken S. 336.
242 Raiser ZHR 151, 423; Kollhosser FS Westermann S. 277 für die Personengesellschaft.
243 Hüffer FS Steindorff S. 69.

Auch der BGH nimmt nunmehr offenbar eine eigenständige Bedeutung der gesellschaftsrechtlichen Treuepflicht an. So urteilt das Gericht in der Linotype-Entscheidung ausdrücklich, daß auch im Aktienrecht eine über die allgemeinen Rechtsgrundsätze der §§ 226, 242 und 826 BGB hinausgehende Bindung der Aktionäre untereinander bestünde.[244] Diese Formulierung kann nur so verstanden werden, daß die Aktionäre einer AG neben einer Bindung aus § 242 BGB außerdem einer gesonderten Treuepflichtbindung unterliegen.

Schließlich könnte man noch auf § 705 BGB als einschlägige Norm für die ansonsten durch die Treuepflicht gelösten Konflikte verweisen. Hiergegen sprechen indes zwei Gründe. Zum einen ist zweifelhaft, ob sich diese Vorschrift auch auf das Kapitalgesellschaftsrecht übertragen läßt. Immerhin fehlen sowohl im GmbHG als auch im Aktiengesetz entsprechende Verweisungsnormen.[245] Zum anderen fordert diese Norm nur eine Förderung des Gesellschaftsinteresses. Ein an die Gesellschafter gerichtetes Verbot, die Mitgesellschafter nicht zu schädigen, läßt sich der Vorschrift indes nicht entnehmen. Die Pflicht, den gemeinsamen Zweck zu fördern, kann dem Wortlaut nach nicht so weit verstanden werden, die Individualinteressen der übrigen Gesellschafter nicht zu beeinträchtigen.[246] Daß hierfür aber ein unabweisbares Bedürfnis besteht, haben nicht zuletzt die Fälle Linotype und Girmes gezeigt.

Es bleibt damit festzuhalten, daß die Treuepflicht nicht durch gesetzliche Regelungen ersetzbar ist. Dies soll allerdings nicht heißen, daß sich nicht auch gesetzliche Normen finden lassen, in denen das Institut der Treuepflicht seine Ausprägung gefunden hat. Keine dieser Normen hat allerdings einen hinreichend großen Anwendungsbereich, um die Existenz des Instituts „Treuepflicht“ generell in Frage zu stellen.

B. Begründung der Treuepflicht im GmbH-Recht

Während sich die Literatur schon seit geraumer Zeit mit der Treuepflicht im Personengesellschaftsrecht beschäftigt[247] und die Treuepflicht für das Recht der Personengesellschaften bereits vor dem Zweiten Weltkrieg Gegenstand der höchstrichterlichen Rechtsprechung war,[248] wurde die Problematik für das Ka-

---

[244] BGH ZIP 1988, 301 (305).
[245] anders als im HGB, wo über §§ 161 Abs. 2, 105 Abs. 3 ins BGB verwiesen wird.
[246] noch weitergehender Beckerhoff S. 42 m. w. N.
[247] Hueck, Treuegedanke 3f; ders. FS Hübner S. 72ff; Fechner S. 1ff.
[248] RG JW 1913, 29 Nr. 17; RG JW 1913, 429 (430); RG JW 1935, 1773; RGZ 142, 212 (216); 162, 388 (394).

pitalgesellschaftsrecht erst in neuerer Zeit und hier zunächst erst nur für die GmbH relevant.

I. Entwicklung der Treuepflicht im GmbH-Recht

Zwar erstreckte sich die wissenschaftliche Diskussion über die Treuepflicht schon früh auf sämtliche Verbandsformen. Im Kapitalgesellschaftsrecht konnte sich die Treuepflicht aber zunächst nicht durchsetzen.[249] Statt dessen wurde der Schutz der GmbH-Gesellschafter zuerst nur durch eine Kontrolle des Mehrheitsgesellschafters an Hand des Sittengebotes verwirklicht.[250] Erst im Jahre 1953 verhalf der BGH der Treuepflicht auch im GmbH-Recht zum Durchbruch als er aus der Treuepflicht das weder im Gesetz noch im Gesellschaftsvertrag vorgesehene Recht ableitete, einen untragbar gewordenen Gesellschafter aus der Gesellschaft auszuschließen.[251]

Allerdings wandte der BGH die Treuepflicht zunächst nicht uneingeschränkt auf alle Erscheinungsformen der GmbH an. Vielmehr beschränkte er bis in die siebziger Jahre hinein die Anwendbarkeit dieses Rechtsinstituts ausschließlich auf die personalistische GmbH, also auf die GmbH, die ihrer inneren Struktur nach einer Personengesellschaft weitgehend entspricht. Der Grund hierfür bestand darin, daß die Rechtsprechung zur Begründung der Treuepflicht im Kapitalgesellschaftsrecht zunächst ausschließlich auf die Erkenntnisse zum Personengesellschaftsrecht aufbaute.

Für das Personengesellschaftsrecht hatte schon das Reichsgericht angenommen, daß ein personales Gemeinschaftsverhältnis, eine enge persönliche Verbundenheit der Gesellschafter in Form eines „gegenseitigen Vertrauensverhältnisses" der Gesellschafter Voraussetzung für die Annahme von Treuepflichen sei.[252] Aus dieser engen persönlichen Verbundenheit sollte das Vertrauen der Gesellschafter untereinander resultieren, das seinerseits wiederum die Gesellschafter zur Rücksichtnahme verpflichtete.

Diesen Ansatz übertrug der BGH auf das GmbH-Recht und sah den Grund für die Annahme von Treuepflichten im GmbH-Recht ebenfalls in der engen, der Personengesellschaft ähnlichen Verbundenheit der Gesellschafter zueinander.[253] Eine GmbH mußte nach dieser Diktion in ihrer Struktur mit einer Perso-

---

[249] Nonn S. 6 m. w. N.
[250] RGZ 122, 159 (165).
[251] BGHZ 9, 157 (163).
[252] RGZ 171, 51 (54).
[253] BGHZ 9, 157 (163).

nengesellschaft vergleichbar sein, um auf sie die Treuepflicht anwenden zu können.

Die Beschränkung der Treuepflicht auf die personalistische GmbH ist jedoch höchst fragwürdig. Entsprechend kann sie heute nach anfänglicher Bejahung[254] in der Literatur als überwunden gelten.[255] Zum einen ist die Unterscheidung zwischen personalistischer und kapitalistischer GmbH praktisch kaum zu treffen. Nicht zufällig ist nie ein Fall aufgetreten, in dem der BGH die Anwendbarkeit der Treuepflicht wegen der kapitalistischen Struktur der Gesellschaft verneint hat. Zum anderen ist davon auszugehen, daß auch in kapitalistischen Gesellschaften Konflikte und Streitigkeiten auftreten können, zu deren Bewältigung eine gesellschaftsrechtliche Generalklausel erforderlich ist.[256]

Eine Abkehr von dieser auf die personalistische GmbH bezogenen Rechtsprechung deutete sich mit der ITT-Entscheidung[257] von 1975 an. Hier stützte der BGH die Anwendung der Treuepflicht zwar wiederum darauf, daß die inneren Verhältnisse in der GmbH auf eine deutliche Nähe zu den Personengesellschaften angelegt sein könnten.[258] Gleichzeitig urteilte das Gericht aber auch, daß die für eine Gesellschaftermehrheit bestehende Möglichkeit, durch Einflußnahme auf die Geschäftsführung die gesellschaftsbezogenen Interessen der Mitgesellschafter zu beeinträchtigen, als Gegengewicht die gesellschaftsrechtliche Pflicht, auf diese Interessen Rücksicht zu nehmen, verlange.[259] Grundlage für die Annahme von Treuepflichten war damit nicht mehr allein ein persönliches Vertrauensverhältnis der Gesellschafter untereinander, sondern auch die Möglichkeit, fremde Interessen beeinflussen zu können, die zum Ausgleich die Anerkennung der Treuepflicht forderte. Eine solche Einflußmöglichkeit kann sowohl bei einer kapitalistischen wie auch bei einer personalistischen GmbH bestehen. Der BGH hatte sich damit die Möglichkeit eröffnet, die Treuepflicht auf jede Erscheinungsform der GmbH unabhängig von ihrer inneren Struktur anzuwenden. Gleichwohl verfolgte der BGH diesen Weg zunächst nicht weiter. Stattdessen rückte er in den achtziger Jahren in seinen Urteilen zur Stamm-

---

[254] so noch Hachenburg-Schilling § 14 Rz 23 (7. Aufl.).

[255] Scholz-Winter § 14 Rz 50; Hachenburg-Raiser § 14 Rz 53; Baumbach/Hueck-Hueck/Fastrich § 13 Rz 23; Schmidt GesR § 20 IV d (S. 593).

[256] Raiser ZHR 151, 432.

[257] BGH 65, 15.

[258] BGHZ 65, 15 (18).

[259] BGHZ 65, 15 (18f).

kapitalerhöhung noch einmal die personalistische Struktur der GmbH als Grundlage für die Treuepflicht in den Vordergrund.[260]

Erst in der Girmes-Entscheidung von 1995 betonte der BGH abermals, daß der Kern des Treuepflichtgedankens im Kapitalgesellschaftsrecht darin bestehe, daß dem Maß des Einflusses des Gesellschafters das Maß seiner Verantwortung mit der sich daraus ergebenden Pflicht zur Rücksichtnahme auf die Interessen der Gesellschaft und die gesellschaftsbezogenen Belange der Mitgesellschafter entspreche.[261] Damit hat sich der BGH zwar nicht ausdrücklich von der Unterscheidung zwischen personalistischer und kapitalistischer GmbH verabschiedet. In Anbetracht dieser jüngsten Rechtsprechung zur AG, die das Paradebeispiel für die kapitalistische Struktur einer Gesellschaft ist, und der Tatsache, daß der BGH in der Girmes-Entscheidung ausdrücklich vom „Kern des Treuepflichtgedankens im gesamten Kapitalgesellschaftsrecht" spricht, kann man aber davon ausgehen, daß der BGH auch für die GmbH nicht mehr an seiner ursprünglichen Auffassung festhalten dürfte. Als gesicherte Erkenntnis kann mithin gelten, daß die Treuepflicht als rechtsformübergreifendes Verbandsprinzip[262] auch für die GmbH uneingeschränkt anwendbar ist.

II. Ablehnung der Treuepflicht im Kapitalgesellschaftsrecht durch Flume

Lediglich von *Flume* werden auch in neuerer Zeit noch Treuepflichten im Kapitalgesellschaftsrecht aus prinzipiellen Erwägungen abgelehnt.[263]

Dabei stützt *Flume* seine Ablehnung vor allem auf rechtspolitische Erwägungen. Es sei festzustellen, daß mit der Berufung auf die Treuepflicht-Lehre für die rechtliche Beurteilung des Verhaltens und insbesondere der Stimmrechtsausübung des Mehrheitsgesellschafters einer GmbH oder AG kein Beitrag geleistet werde.[264] Im allgemeinen reichten die Schranken für die Ausübung des Mitgliedschaftsrechts, insbesondere das grundsätzliche Verdikt gegenüber der Erlangung von Sondervorteilen und die Schadensersatzpflicht des Mitglieds gegenüber der juristischen Person aus, damit die anderen Mitglieder vor Schaden insbesondere die Minderheitsbeteiligten vor einer Schädigung durch den Mehrheitsbeteiligten bewahrt blieben.[265]

[260] BGH WM 1986, 1349; BGH WM 1987, 842; vgl. auch OLG Hamm GmbHR 1992, 612.
[261] BGH WM 1995, 884.
[262] Henze ZHR 162, 186.
[263] Flume ZIP 1996, 161ff.
[264] Flume ZIP 1996, 164.
[265] ähnlich schon Fechner S. 98ff.

Auch im Verhältnis zur Gesellschaft sei nach *Flume* eine besondere Treuepflichtbindung als Schranke der Rechtsausübungsmacht verzichtbar. Die Ausübung des Stimmrechts müsse immer auf das Gesellschaftsinteresse gerichtet sein.[266] Wenn auch das Mitglied aus der Sicht seines Eigeninteresses autonom an der Herstellung des Willens für die juristische Person mitzuwirken befugt sei, so dürfe es doch nicht anstatt des Interesses der Gesellschaft sein Eigeninteresse verfolgen. Daraus, daß das Mitglied als Teil der Mitgliederversammlung als eines Organs der juristischen Person an der Herstellung des Willens für die juristische Person mitwirke, folge, daß es sein Stimmrecht rechtmäßig nur ausübe, wenn die Stimmabgabe auf das Gesellschaftsinteresse gerichtet sei. Sehe man die Ausübung des Stimmrechts in dieser Weise von der juristischen Person her und von der Einfügung des Mitgliedes in das Organ der Mitgliederversammlung, so bedürfe es zur Begrenzung der Stimmrechtsmacht nicht der Berufung auf Treuebindungen gegenüber der juristischen Person oder gegenüber anderen Mitgliedern.[267] Die Beschränkung der rechtmäßigen Stimmabgabe auf die Verfolgung des Gesellschaftsinteresses ergebe sich schlechthin aus der Mitgliedschaft.[268] Die konkrete Begründung aus der Rechtsfigur der Mitgliedschaft dürfe dabei eine größere Sicherheit des Urteils verbürgen als die Argumentation mit der Treuepflicht-Formel als einer Leerformel.[269]

Flume ist zuzugeben, daß in der Tat viele Fälle eines treuwidrigen Abstimmungsverhalten zugleich ein Verfolgen von Sondervorteilen beinhalten. Die gesetzlichen Vorschriften machen hier die Annahme der Treuepflicht entbehrlich. Der Anwendungsbereich der Treuepflicht geht jedoch über denjenigen des § 243 Abs. 2 AktG, wie oben bereits erwähnt,[270] weit hinaus. Die Treuepflicht ermöglicht grundsätzlich nicht nur eine Sanktion im Falle der Verfolgung gesellschaftsfremder Sondervorteile, sondern erfaßt darüber hinaus auch eine Ermessensüberschreitung i. S. der Durchsetzung einer objektiv nicht zur Förderung des Gesellschaftszwecks geeigneten Maßnahme.[271] Eine solche Maßnahme muß aber nicht zwangsläufig auch das Erstreben eines persönlichen Sondervorteils bedingen.

Hinzukommt noch ein zweites: Subjektiv setzt § 243 Abs. 2 S. 1 AktG voraus, daß der Aktionär den Sondervorteil zu erlangen versucht, worin ein auf den

[266] Flume ZIP 1996, 164.
[267] Flume, Juristische Person § 7 II (S. 212).
[268] Flume ZIP 1996, 164f.
[269] Flume ZIP 1996, 165.
[270] siehe oben 2. Teil A. VII. 2.
[271] Beckerhoff S. 28.

Erwerb des Sondervorteils beschränktes Vorsatzerfordernis liegt.[272] Solche subjektiven Erfordernisse werden aber gar nicht vorliegen, wenn ein Gesellschafter aus Gleichgültigkeit eine Treuepflichtverletzung begeht, was unter Kleinaktionären im Glauben mangelnder Einflußmöglichkeiten durchaus vorkommen kann.

Bedenken unterliegt schließlich auch die Überlegung *Flumes*, wonach der Gesellschafter das Stimmrecht immer und nur im Interesse der Gesellschaft ausüben dürfe, so daß das Verfolgen von Eigeninteressen die Rechtswidrigkeit des Beschlusses bedinge. In der Konsequenz führt diese Betrachtung dazu, daß die Gesellschaft den Mitgliedern die Stimmabgabe diktiert und nicht umgekehrt. Dies aber widerspricht dem Grundsatz der Privatautonomie. Die Gesellschaft besteht nicht zum Selbstzweck, sondern im Interesse der Gesellschafter. Dies ergibt sich daraus, daß die Gesellschaft keinen allgemeinen Bestandsschutz gegenüber Maßnahmen ihrer Gesellschafter genießt. Diese sind vielmehr in der Lage, den Gesellschaftszweck jederzeit und ohne Vorliegen sachlicher Rechtfertigungsgründe zu beenden und die Auflösung der Gesellschaft zu beschließen.[273] Die Gesellschaft ist insofern den Interessen der Gesellschafter unterworfen und nicht umgekehrt. Wenn aber die Gesellschaft im Interesse der Gesellschafter besteht, so müssen die Gesellschafter mit ihrer Stimmrechtsausübung auch eigene Interessen verfolgen können. Andernfalls bestünde die Gesellschaft gerade nicht in ihrem Interesse. Die Gesellschafter müssen daher auch Beschlüsse fassen können, die nicht im Interesse der Gesellschaft liegen. Sind sich etwa alle Gesellschafter einig, aus konzernstrategischen Erwägungen wesentliche lukrative Geschäftstätigkeiten der Gesellschaft einzustellen, so liegt dies nicht im Interesse der auf Gewinnerzielung ausgerichteten Gesellschaft. Gleichwohl können die Gesellschafter diesen Beschluß ohne weiteres fassen. Mit den Überlegungen *Flumes* ist ein solche Ergebnis indes nicht zu vereinbaren, was die Problematik dieser Kritik offenbar werden läßt.

III. Ableitung der Treuepflicht

Auch wenn heute die Existenz von Treuepflichten im Kapitalgesellschaftsrecht anerkannt ist, so bedeutet dies nicht, daß auf die Herleitung der Treuepflicht aus dem Gesetzeszusammenhang verzichtet werden kann. Im folgenden soll daher die Begründung der Treuepflicht im GmbH-Recht näher untersucht werden. Dabei unterscheidet die Untersuchung nach dem Grund für die Annahme

---

[272] Hüffer AktG § 243 Rz 34; Zöllner, in: KK § 243 Rz 223.
[273] BGH ZIP 1995, 819 (824).

von Treuepflichten, deren gesetzlichen Grundlagen sowie dem Nachweis von Rechtsbeziehungen innerhalb der Gesellschaft, an die Treuepflichten anknüpfen können.

1. Begriffsdefinitionen

Bei der Erörterung der Ableitung der Treuepflicht werden die hierbei verwendeten Begriffe nicht immer einheitlich gehandhabt.[274] Es erscheint daher zweckmäßig, zunächst zu definieren, was unter den Begriffen „Geltungsgrund", „gesetzliche Grundlagen" sowie „Rechtsbeziehungen der Beteiligten" zu verstehen ist.

a) Geltungsgrund

Gesetze werden vom Volkssouverän gemacht, deren Erlaß im pflichtgemäßen Ermessen des Gesetzgebers steht.[275] Wenn der Gesetzgeber glaubt, auf einem bestimmten Gebiet tätig werden zu müssen, dann kann er dies im Rahmen der Verfassung tun. Die Notwendigkeit einer Regelung muß er nicht nachweisen.

Bei ungeschriebenen Rechtsinstituten liegen die Dinge anders. Hier werden Rechtssätze nicht durch die Gesetzgebungsorgane und damit durch das Volk gesetzt, sondern vor allem durch richterliche Rechtsfortbildung und Gewohnheitsrecht.[276] Diese Art der Rechtsetzung ist zwar zulässig.[277] Sie bedarf aber immer einer besonderen Rechtfertigung. Durch die Gerichte darf nur dann im Wege richterlicher Rechtsfortbildung neues Recht geschaffen werden, wenn hierfür ein unabweisbares Bedürfnis, also ein besonderer Grund, besteht. Andernfalls bestünde die Gefahr, daß der Schwerpunkt der Rechtsetzungskompetenz von der Legislative auf die Judikative verlagert würde, was mit dem Gewaltenteilungsprinzip unvereinbar wäre. Ein solcher Grund für die Schaffung von Richterrecht kann sich aus übergeordneten rechtsethischen oder rechtspolitischen Zielsetzungen ergeben. Bei der Treuepflicht handelt es sich um ein ungeschriebenes Rechtsinstitut. Die Forderung nach ihrer Anerkennung

---

[274] vgl. etwa Hüffer FS Steindorff S. 61, der unter der Überschrift „Geltungsgrund" die „rechtliche Grundlage" der Treuepflicht diskutiert oder Nonn S. 4, der zwar als den „Geltungsgrund" der Treuepflicht Gewohnheitsrecht, richterliche Rechtsfortbildung und Gemeinschaftsethik erörtert, der Sache nach aber damit ebenfalls die rechtlichen Grundlagen der Treuepflicht meint.

[275] Schmidt-Bleibtreu/Klein Vor Art. 70 Rz 988.

[276] Zur Stellung dieser Rechtsquellen im Verfassungsgefüge: Ossenbühl § 61 Rz 35ff.

[277] BVerfGE 57, 134f; BVerfGE 61, 149ff.

ergibt sich aus allgemeinen Rechtsprinzipien und Grundentscheidungen der Rechtsordnung. Diese Gesichtspunkte, die die Rechtfertigung der Treuepflicht bewirken, werden im folgenden als Geltungsgrund der Treuepflicht bezeichnet.[278] In der Sache nichts anderes meinen die Autoren, die nicht vom Geltungsgrund, sondern vom rechtsfunktionellen Anknüpfungspunkt der Treuepflicht sprechen.[279] Der Einheitlichkeit halber soll hier jedoch nur der Begriff des Geltungsgrundes verwendet werden.

b) Gesetzliche Grundlagen

Bei der Treuepflicht handelt es um ein ungeschriebenes Rechtsinstitut, das im Zuge richterlicher Rechtsfortbildung entstanden ist.[280] Richterliche Rechtsfortbildung ist einerseits die Auslegung eines Gesetzes als solches. Darüber hinaus umfaßt die richterliche Rechtsfortbildung aber auch die Fortsetzung der Gesetzesauslegung.[281] Gem. Art. 20 Abs. 3 GG ist der Richter hierbei beständig an Gesetz und Recht gebunden. Richterliche Rechtsfortbildung losgelöst von gesetzlichen Anknüpfungspunkten ist folglich nicht mehr mit der Verfassung vereinbar und damit unzulässig. Schon aus diesem Grunde ist für die Ableitung der Treuepflicht zu untersuchen, ob sich für dieses Institut eine Rechtsgrundlage im Gesetz finden läßt.

Die Notwendigkeit, gesetzliche Anknüpfungspunkte für ungeschriebene Rechtsinstitute zu ergründen, ergibt sich darüber hinaus aus methodischen Erwägungen. Für die Entwicklung und Anwendung eines ungeschriebenen Rechtsinstituts ist es hilfreich, wenn es sich an gesetzlichen Normen festmachen läßt. Zum einen kann dann darauf verwiesen werden, daß der Gesetzgeber die Notwendigkeit dieses Instituts zumindest angedeutet und damit in groben Zügen anerkannt hat. Zum anderen lassen die gesetzlichen Grundlagen aber auch Rückschlüsse auf die Anwendung des Instituts zu. Sind die hinter einer gesetzlichen Norm stehenden Wertungen bekannt, so lassen sich hieraus wertvolle Hinweise auf die hinter dem aus dieser Rechtsnorm abgeleiteten Institut stehenden Wertungen gewinnen.

Unter dem Begriff der „gesetzlichen Grundlagen“ sollen daher im folgenden Normen verstanden werden, aus denen sich die Treuepflicht entweder unmit-

---

278 Nehls S. 14.
279 so etwa Schmidt GesR § 20 IV 1 b) (S. 588); Nodoushani S. 52; Kort ZIP 1990, 295.
280 Raiser ZHR 151, 423; Hüffer FS Steindorff S. 73.
281 vgl. Larenz S. 367.

telbar ableiten läßt oder die zumindest Hinweise auf das Bestehen oder die Auslegung der Treuepflicht liefern.

c) Rechtsbeziehungen der Beteiligten

Die Treuepflicht hat das Ziel, die Gesellschafter in ihrem Vertrauen auf die Mitgesellschafter und deren Loyalität ebenso zu schützen wie deren Einwirkungsmöglichkeit auf die eigene Mitgliedschaft zu begrenzen.[282] Die Möglichkeit, auf die Interessen der Mitgesellschafter oder der Gesellschaft Einfluß zu nehmen oder deren Vertrauen zu enttäuschen, setzt notwendig die Mitgliedschaft in der Gesellschaft voraus. Andernfalls stünden sich die Gesellschaft und die Gesellschafter in einem Verhältnis wie jedermann gegenüber. Dann aber wäre kein Raum für eine besondere über das allgemeine „Jedermann-Verhältnis" hinausgehende Pflichtenbindung. Erst die mit der Mitgliedschaft verbundene Befugnis, Entscheidungen mit grundsätzlicher Wirksamkeit für andere Verbandsmitglieder zu treffen, hebt das Verhältnis der Gesellschafter untereinander von dem allgemeinen „Jedermann-Pflichtverhältnis" des Deliktsrechts ab.[283] Voraussetzung für die Annahme der Treuepflicht ist dann aber, daß eine Person in einer besonderen Rechtsbeziehung zu anderen Personen steht und auf die Interessen dieser Personen Einfluß nehmen kann. Mit dem Begriff der „Rechtsbeziehungen der Beteiligten" ist daher die Frage nach den besonderen rechtlichen Beziehungen der Gesellschafter untereinander aber auch im Verhältnis zur Gesellschaft aufgeworfen, die es gerechtfertigt erscheinen lassen, von einem Gesellschafter oder der Gesellschaft im Verhältnis zu den Mitgesellschaftern oder der Gesellschaft mehr zu verlangen, als das, was dem Gesellschafter oder der Gesellschaft gegenüber jedermann obliegt.

2. Geltungsgrund der Treuepflicht

Oben wurde bereits angedeutet, daß der Geltungsgrund der Treuepflicht im Personengesellschaftsrecht lange Zeit in einem besonderen Vertrauensverhältnis bzw. besonderen Näheverhältnis der Gesellschafter untereinander gesehen und auch auf das GmbH-Recht übertragen wurde.

Die Berufung auf ein wie auch immer geartetes Vertrauensverhältnis reicht aber infolge der inneren Struktur vieler GmbHs nicht als einziger Geltungsgrund der Treuepflicht aus. Zwar sind in der Tat viele GmbHs strukturiert wie Personengesellschaften. Mindestens ebenso häufig tritt in der Praxis die

---

[282] Lutter ZHR 162, 167.

[283] Lutter AcP 180, 126f; Hennrichs AcP 195, 238; Winter S. 69.

Rechtsform der GmbH aber auch als reine Kapitalanlagegesellschaft auf, bei denen nicht die Persönlichkeiten der Gesellschafter, sondern allein ihre Kapitalanlage im Vordergrund steht. Solche kapitalistisch strukturierte GmbHs zeichnen sich durch einen größeren, nur durch den Anteilsbesitz an einem Unternehmen verbundenen Gesellschafterkreis aus.[284] Dies hat Auswirkungen auf das Verhältnis der Gesellschafter untereinander. Bei der personalistischen Gesellschaft kennen sich die Gesellschafter gut und sind insbesondere mit ihren persönlichen Fähigkeiten gegenseitig vertraut.[285] Bei einer kapitalistischen GmbH steht demgegenüber die kapitalmäßige Beteiligung der Gesellschafter im Vordergrund. Zwar haben sich auch die Gesellschafter einer kapitalistischen GmbH zur Erreichung des gemeinsamen Zwecks der Gesellschaft zusammengetan. Zum Teil kennen sich die Gesellschafter aber untereinander nicht einmal richtig. Auch ist die Gesellschaft normalerweise nicht auf eine den Personengesellschaften vergleichbare gemeinsame Zusammenarbeit der Gesellschafter in der Gesellschaft angelegt. Die Geschäfte führen hier nicht die Gesellschafter persönlich und gemeinsam. Stattdessen sind für den gesamten Tätigkeitsbereich der Gesellschaft die bestellten Geschäftsführer zuständig.[286] Daher fehlt jedenfalls bei der kapitalistischen GmbH ein den Personengesellschaften vergleichbares enges Vertrauensband unter den Gesellschaftern

Andererseits wäre es ein merkwürdiges Ergebnis, wenn Treuepflichten nur für Personengesellschaften und ihnen vergleichbar strukturierte GmbHs bestünden. Dies gilt um so mehr, als gerade in Kapitalgesellschaften wegen des fehlenden Vertrauens der Gesellschafter untereinander die Gefahr eines Mißbrauchs einer beherrschenden Position noch viel größer ist. Es muß daher noch ein anderer Geltungsgrund für die Treuepflicht im Kapitalgesellschaftsrecht bestehen.

Selbst für Austauschverträge, die lediglich auf den einmaligen Austausch von Leistung und Gegenleistung gerichtet sind, ist anerkannt, daß sich im Rahmen der Durchführung des Vertrages ungeschriebene Pflichten ergeben, wonach auf die Rechtsgüter des anderen Teils, auf die im Rahmen der Vertragsdurchführung erhöhte Einwirkungsmöglichkeiten bestehen, gesteigerte Rücksicht zu nehmen ist.[287] Bestehen aber sogar bei einem solchen Vertrag Rücksichtspflichten der Parteien untereinander, dann muß dies erst recht für Dauerrechtsverhältnisse wie einer Verbandsmitgliedschaft gelten. Hier hat jeder Gesell-

---

[284] Schmidt GesR § 33 III (S. 991).
[285] Immenga, Kapitalgesellschaft S. 15.
[286] Sudhoff S. 226.
[287] Winter S. 17; MüKo-Roth § 241 Rz 92.

schafter durch die langfristige Bindung an die Gesellschaft und damit auch an die Mitgesellschafter eine noch viel intensivere Möglichkeit der Interessenbeeinträchtigung als dies die Parteien eines Austauschvertrages zueinander haben.

Die Möglichkeit der Beeinflussung fremder Interessen begründet demnach zugleich die Pflicht, diese Interessen nicht mehr als unbedingt nötig zu beeinträchtigen und bei allen Entscheidungen Rücksicht auf die Interessen zu nehmen. Gerade weil jemand die Möglichkeit hat, kraft der ihm eingeräumten Rechtsmacht fremde Interessen zu beeinträchtigen, ist er zugleich auch verpflichtet, auf diese Interessen Rücksicht zu nehmen. In der Pflicht zur gesteigerten Rücksichtnahme auf die Interessen des Verbandes und der Mitgesellschafter ist also das Korrelat des Eingriffsmechanismus zu sehen, der darin besteht, daß jede Stimmrechtsausübung auch diese Interessenbereiche mitgestaltet.[288] Oder anders formuliert: Die Treuepflicht basiert auf der Korrelation von Rechtsmacht und Verantwortung. Schlagwortartig kann man damit den Zweck der Treuepflicht als Einwirkungskontrolle charakterisieren.[289] Dementsprechend wird der Geltungsgrund der Treuepflicht im GmbH-Recht vor allem in neuerer Zeit in den besonderen Einwirkungsmöglichkeiten eines Gesellschafters auf die Interessen der Gesellschaft und seiner Mitgesellschafter gesehen.[290] Dem ist auch zuzustimmen. Anders als die Beschränkung des Geltungsgrundes auf ein häufig nicht existierendes Vertrauensverhältnis, erlaubt die Annahme, wonach die Treuepflicht ihren Geltungsgrund in den besonderen Einflußmöglichkeiten der Gesellschafter findet, eine Anwendung der Treuepflicht auf alle Erscheinungsformen der GmbH.

3. Gesetzliche Grundlagen der Treuepflicht

Besteht damit Klarheit über den Geltungsgrund der Treuepflicht, so soll nun untersucht werden, welche Normen sich als Grundlage für eine Ableitung der Treuepflicht eignen bzw. in welchen gesetzlichen Normen die Treuepflicht Ausdruck gefunden hat.

Die Erörterung der gesetzlichen Grundlagen der Treuepflicht im GmbH-Recht nimmt in der Literatur keinen breiten Raum ein. Dies dürfte darauf zurückzuführen sein, daß die Treuepflicht im GmbH-Recht stark in Anlehnung an die

---

[288] Zöllner, Schranken S. 342.
[289] Hüffer FS Steindorff S. 74.
[290] Lutter/Hommelhoff § 14 Rz 18; Nehls S. 24.

Treuepflicht im Personengesellschaftsrecht entwickelt wurde und sich somit eine GmbH-spezifische Diskussion ihrer Herleitung aus dem Gesetz nicht aufdrängte.[291] Aus welchen Normen sich die Treuepflicht im GmbH-Recht ableiten läßt, ist bereits seit ihrer Entwicklung umstritten. Zwei Vorschriften bieten sich prima facie an: Die allgemeine Bestimmung des § 242 BGB oder die besondere gesellschaftsrechtliche Förderpflicht des § 705 BGB.[292] In Anbetracht der mittlerweile weitgehenden Anerkennung der Treuepflicht sollte die Bedeutung dieser Streitfrage allerdings nicht überschätzt werden.[293]

a) § 242 BGB als gesetzliche Grundlage

Nach Ansicht der Vertreter der Auffassung, die § 242 BGB als Grundlage heranziehen, handelt es sich bei der Treuepflicht um eine allgemeine Verhaltenspflicht, die die Rechts- und Pflichtenstellung des Gesellschafters bestimmt, die ihre positivrechtliche Grundlage in § 242 BGB finde und sich von dessen anderen Geboten nicht prinzipiell, sondern lediglich in der Intensität unterscheide.[294] Die Treuepflicht wird hiernach nicht als eigenständige Pflicht, sondern lediglich als besonders intensive Ausprägung des allgemeinen Grundsatzes von Treu und Glauben verstanden. Folgerichtig muß sich dann auch die gesetzliche Grundlage der Treuepflicht aus § 242 BGB ergeben.

b) § 705 BGB als gesetzliche Grundlage

Demgegenüber stützen die Vertreter, die § 705 BGB als gesetzliche Grundlage der Treuepflicht sehen, ihre Ansicht vor allem darauf, daß die Treuepflicht nicht besonderer Tatbestand des allgemeinen Grundsatzes von Treu und Glauben, sondern selbständiger Inhalt des Schuldverhältnisses sei. § 242 BGB bestimme nur, auf welche Art und Weise eine (schon) geschuldete Leistung zu erbringen sei; zweifelhaft sei aber, wie positive Handlungspflichten der Gesellschafter - und eine solche sei die Treuepflicht - durch § 242 BGB begründet werden sollen. Demgegenüber würden die spezifisch gesellschaftsrechtlichen Gesichtspunkte der Treuepflicht eher berücksichtigt, wenn man die Treuepflicht als Hauptpflicht i. S. einer aus § 705 BGB sich ergebenden mitgliedschaftlichen Förderpflicht verstehe.[295] Die Pflicht zur Loyalität und Rücksichtnahme gegenüber der Gesellschaft gehe somit über den allgemeinen Grundsatz

---

[291] Nehls S. 24.
[292] Hennrichs AcP 195, 228.
[293] Winter S. 13.
[294] Hennrichs AcP 195, 234; MüKo-Roth § 242 Rz 166; Palandt-Heinrichs § 242 Rz 23.
[295] Soergel-Hadding § 705 Rz 58 (11. Aufl.).

von Treu und Glauben hinaus, so daß Rechtsgrund dieser besonderen Treuepflicht nicht § 242 BGB, sondern die Förderpflicht des § 705 BGB sei.[296]

c) Differenzierender Ansatz

Daneben werden auch Ansätze vertreten, die eine differenzierende Betrachtungsweise zu Grunde legen. Soweit aus der Treuepflicht besondere Verhaltenspflichten der Gesellschafter abgeleitet würden, legitimierten sie sich aus der Förderpflicht des § 705 BGB, zur Begründung inhaltlicher Schranken bei der Ausübung von Gesellschafterrechten bedürfe es dagegen des Rückgriffs auf § 242 BGB.[297] Die vertraglich übernommene Förderpflicht des Gesellschafters beschränke sich nicht auf die Leistung der vermögenswerten Beiträge, sondern beinhalte eine dauernde Verpflichtung des Gesellschafters, sein Handeln am gemeinsamen Zweck auszurichten und dessen Verwirklichung zu fördern, wofür § 705 BGB der sachnähere Anknüpfungspunkt sei. Demgegenüber biete § 242 BGB als Grundlage für die Treuepflicht in ihrer Funktion als Rechtsausübungsschranke den Vorteil, daß sie eine flexible Abstufung des Pflichtinhalts ermögliche.[298]

d) Kritik

Alle drei zur Diskussion gestellten Ansätze sind Bedenken ausgesetzt, die es geraten erscheinen lassen, die skizzierten Meinungen abzulehnen.

Anerkannt ist mittlerweile, daß die Treuepflicht nicht nur im Verhältnis der Gesellschafter zur Gesellschaft, sondern auch im Verhältnis der Gesellschafter untereinander besteht. § 705 BGB verpflichtet die Gesellschafter seinem Wortlaut nach aber nur zur Förderung des Gesellschaftszwecks. Die Vorschrift wirkt also nur im Verhältnis zur Gesellschaft aber nicht im Verhältnis der Gesellschafter untereinander. Wie sich dennoch aus dieser Norm eine Pflicht zumindest auch zum Schutz der Interessen der übrigen Gesellschafter entnehmen lassen soll, ist nur schwer nachvollziehbar. Im übrigen fehlt in der GmbH ein Gesellschaftsvertrag i. S. d. § 705 BGB[299] und anders als ein Gesellschaftsvertrag i. S. d. § 705 BGB vermittelt die Satzung keine vertraglichen Gesell-

---

[296] Marsch-Barner ZHR 157, 173; Lutter AcP 1980, 103 Fn 93.

[297] Häuser S. 176.

[298] Winter S. 14.

[299] Flume, Juristische Person S. 269; Landgrebe GmbHR 1967, 229; Maatz GmbHR 1974, 125; a. A. Hoffmann GmbHR 1963, 63.

schaftsbeziehungen zwischen den Gesellschaftern.[300] Auch dies spricht für die Unanwendbarkeit des § 705 BGB im Kapitalgesellschaftsrecht.

Allerdings kann auch nicht dem Ansatz, der in der Vorschrift des § 242 BGB die gesetzliche Grundlage der Treuepflicht sieht, gefolgt werden. Würde man § 242 BGB als Grundlage der Treuepflicht begreifen, müßte diese Norm ihrerseits (Treue-) pflichtbegründend wirken können. Eine diesbezügliche Analyse der Vorschrift führt jedoch zum gegenteiligen Ergebnis. Dies ergibt sich bereits aus dem Wortlaut des § 242 BGB, wonach der Schuldner einer Leistung diese so zu bewirken hat, wie es Treu und Glauben mit Rücksicht auf die Verkehrssitte erfordern. Ihrem Wortlaut nach bestimmt die Vorschrift damit, wie der Schuldner zu leisten hat.[301] Sie begründet keine Pflichten, sondern sagt nur etwas über die Modalitäten aus, wie der Schuldner eine ihm bereits aus anderen Rechtsgründen obliegende schuldrechtliche Pflicht zu erfüllen hat und setzt für ihre Anwendung damit eine bereits bestehende Pflicht voraus. Auch die Systematik des Gesetzes spricht gegen einen pflichtbegründenden Charakter der Norm. § 242 BGB findet sich im Buch über das „Recht der Schuldverhältnisse" und hierbei innerhalb des Abschnitts „Inhalt der Schuldverhältnisse", was bedingt, daß die Anwendung der Vorschrift ein bereits bestehendes Schuldverhältnis voraussetzt und dieses lediglich konkretisiert.
Zuzugeben ist allerdings, daß § 242 BGB über das Schuldrecht hinaus einen weiten Anwendungsbereich besitzt. Die Vorschrift gilt auch außerhalb des Schuldrechts überall dort, wo bestimmte Rechtsbeziehungen zwischen Personen in Frage stehen und verbietet insbesondere auch eine mißbräuchliche Rechtsausübung.[302] Gleichwohl ändert auch dieser weite Anwendungsbereich der Norm nichts an dem bereits gefundenen Ergebnis. Die Anwendung der Vorschrift setzt immer das Bestehen einer rechtlichen Sonderverbindung voraus.[303] § 242 BGB gibt damit nur den Maßstab vor, wie die durch eine Sonderverbindung begründeten Rechte und Pflichten auszuüben sind, begründet aber diese Pflichten nicht selber. Zwar kommt der Norm dann insoweit doch ein pflichtbegründender Charakter zu, indem sie bezüglich der Art und Weise der Erfüllung der Leistungspflicht im Sinne des § 242 BGB Pflichten festlegt. Die Leistungspflicht selber begründet die Vorschrift jedoch nicht. Die Treuepflicht findet also ihre Grundlage nicht etwa in § 242 BGB. Vielmehr handelt es sich

---

300 Ivens GmbHR 1988, 250; Kübler § 17 IV (S. 238).
301 Erman-Werner § 242 Rz 1.
302 Hueck, Treuegedanke S. 10.
303 Soergel-Teichmann § 242 Rz 31; Palandt-Heinrichs § 242 Rz 6.

bei der Treuepflicht um eine Leistungspflicht, die lediglich von § 242 BGB konkretisiert wird.
Diese Schlußfolgerung gilt allerdings nur, wenn es sich bei der Treuepflicht tatsächlich um eine eigenständige Pflicht neben § 242 BGB handelt, was indes zu bejahen ist. Denn die Treuepflicht beinhaltet eine sehr viel weitergehende Pflichtenbindung, als der allgemeine Grundsatz von Treu und Glauben und ist damit qualitativ etwas anderes.[304] Der Grundsatz von Treu und Glauben gebietet es einem Vertragschließenden lediglich, den Vertragszweck nicht zu gefährden, den Vertrag zu erfüllen und seine Schuld zu bezahlen, also vertragstreu zu sein.[305] Anders sieht es beim Gesellschafter aus. Die Treuepflicht verlangt von ihm positiven Einsatz und unter Umständen die Wahrnehmung der Interessen der anderen Beteiligten. Das geht weit über das hinaus, was Treu und Glauben bei gewöhnlichen Vertragsverhältnissen vorschreiben. Dort erschöpft sich die Leistungspflicht des Schuldners im allgemeinen in der ordnungsmäßigen, nämlich Treu und Glauben entsprechenden Erbringung der vertraglich vereinbarten Weise, hier dagegen besteht von vorneherein und grundsätzlich die Verpflichtung, sich für bestimmte Interessen einzusetzen.[306] Handelt es sich somit bei der Treuepflicht um eine eigenständige neben § 242 BGB existierende Pflichtenbindung, so bedeutet dies zugleich, daß § 242 BGB auch nicht gesetzliche Grundlage der Treuepflicht sein kann.

Stellen hiernach weder § 242 noch § 705 BGB die gesetzliche Grundlage der Treuepflicht dar, so ergibt sich hieraus zwangsläufig, daß auch ein hinsichtlich der gesetzlichen Grundlage der Treuepflicht zwischen §§ 242 und 705 BGB differenzierender Ansatz nicht weiterführen kann. Läßt sich die Treuepflicht nicht einmal allein an § 242 BGB festmachen, so hilft eine Differenzierung noch weniger.

e) Gesamtschau der gesetzlichen Vorschriften als Anknüpfungspunkt

Auch wenn sich die Treuepflicht hiernach weder auf § 242 noch auf § 705 BGB stützen läßt, muß im Hinblick auf die verfassungsrechtliche Bindung des die Treuepflicht anwendenden Richters an Recht und Gesetz gleichwohl die Frage beantwortet werden, welche gesetzliche Legitimationsbasis sich für die Treuepflicht finden läßt. Ausdrücklich hat der Gesetzgeber die Treuepflicht weder im GmbHG noch im BGB geregelt. Indes enthält das GmbHG eine Rei-

[304] vgl. Lutter AcP 180, 103; Raiser ZHR 151, 423.
[305] Hueck, Treuegedanke S. 6.
[306] Hueck, Treuegedanke S. 16.

he von Vorschriften, in denen wesentliche Grundgedanken der Treuepflicht Ausdruck gefunden haben. Dies sind die §§ 50 Abs. 1, 51a, 53 Abs. 2 sowie 60 Abs. 1 Nr. 2 GmbHG.

aa) § 50 Abs. 1 GmbHG

Gem. § 49 Abs. 1 GmbHG berufen grundsätzlich die Geschäftsführer die Gesellschafterversammlungen ein. Bestellt werden die Geschäftsführer gem. § 46 Nr. 5 GmbHG durch die Gesellschafterversammlung, wobei die einfache Mehrheit ausreicht.[307] Die Geschäftsführer sind damit in erster Linie vom Vertrauen der Mehrheitsgesellschafter abhängig, die auf diesem Wege Einfluß auf die Geschäftsführung und hierdurch nicht zuletzt auch auf den Zeitpunkt der Einberufung der Gesellschafterversammlungen nehmen können. Die Gesellschafterversammlungen sind ein wesentliches Instrument für die Minderheit zur Artikulation ihrer Interessen. Sind nun allein die Geschäftsführer für die Einberufung der Gesellschafterversammlung verantwortlich und sind die Geschäftsführer wiederum vom Zuspruch durch die Mehrheit abhängig, so besteht die Gefahr, daß die Mehrheit mittels ihrer Einflußmöglichkeiten auf die Geschäftsführer Gesellschafterversammlungen nur zu den gesetzlich zwingend vorgesehenen Anlässen einberufen läßt, eine Einberufung aus anderen Gründen aber verhindert. Der Minderheit wäre in diesem Fall eine ihrer wichtigsten Einflußmöglichkeiten genommen. Dieser Gefahr begegnet § 50 Abs. 1 GmbHG. Der Zweck des § 50 Abs. 1 GmbHG besteht darin, den Interessen der Minderheit wenigstens in der Form Rechnung tragen zu können, daß ihre Interessen in der Gesellschafterversammlung präsentiert werden können.[308] Die Vorschrift hat also nicht nur einen verfahrensrechtlichen sondern auch einen materiell-rechtlichen Gehalt: Sie will eine Nichtberücksichtigung der Interessen der Minderheit infolge fehlender Artikulationsmöglichkeiten und eine damit einhergehende Majorisierung der Minderheit verhindern. Genau diese Zielsetzung verfolgt aber auch die Treuepflicht: Die Treuepflicht soll verhindern, daß es zu einer stetigen Majorisierung der Minderheitsinteressen durch den Mehrheitswillen kommt und deshalb eine gebührende Berücksichtigung der Minderheitsinteressen in der Gesellschaft nicht mehr gewährleistet ist. Insofern spiegelt § 50 Abs. 1 GmbHG eine der wichtigsten Grundideen der Treuepflicht wider und stellt sich daher als eine Norm dar, in der einer der wichtigsten Grundgedanken der Treuepflicht seinen gesetzlichen Ausdruck gefunden hat.

---

[307] Rowedder-Koppensteiner § 35 Rz 73.

[308] Rowedder-Koppensteiner § 50 Rz 5.

bb) § 53 Abs. 2 GmbHG und § 60 Abs. 1 Nr. 2 GmbHG

Ganz ähnlich liegen die Dinge bei den Sperrminoritätenregelungen der §§ 53 Abs. 2 und 60 Abs. 1 Nr. 2 GmbHG.

Grundsätzlich gilt für Kapitalgesellschaften bei der Beschlußfassung das Mehrheitsprinzip.[309] Bei Satzungsänderungsbeschlüssen kann aber dieses Mehrheitsprinzip besonders gravierende Folgen für die Rechte der Minderheit haben. Man denke nur etwa an die satzungsmäßige und damit dauerhafte Beschneidung von Stimm- und Gewinnbezugsrechten der Minderheit durch die Mehrheit. Um in diesem sensiblen Bereich einen Mißbrauch von Mehrheitsmacht weitgehend zu unterbinden, macht § 53 Abs. 1 GmbHG Beschlüsse über Satzungsänderungen von einer Drei-Viertel-Mehrheit abhängig. Hierdurch will das Gesetz sicherstellen, daß die Interessen der Minderheit bei Satzungsänderungsbeschlüssen hinreichend berücksichtigt werden und ihre Stellung nicht durch einen einfachen Mehrheitsbeschluß beeinträchtigt werden kann. Entsprechend können die Anforderungen an die Mehrheit im Gesellschaftsvertrag nicht abgeschwächt, sondern nur verschärft werden.[310] Der für das Innenverhältnis der GmbH geltende Grundsatz der Vertragsfreiheit findet insoweit eine starre Schranke Schranke zum Schutze der Minderheit.[311]

Aus demselben Grund sieht § 60 Abs. 1 Nr. 2 GmbHG für die Auflösung der Gesellschaft eine Drei-Viertel-Mehrheit vor. Auch hier soll die Minderheit vor einer Beeinträchtigung ihrer mitgliedschaftlichen Rechte durch die Auflösung der Gesellschaft geschützt werden. Sowohl § 53 Abs. 2 als auch § 60 Abs. 1 Nr. 2 GmbHG haben also nicht nur einen verfahrensrechtlichen, sondern auch einen materiell-rechtlichen Gehalt, indem sie dem Schutz der Minderheit in der Gesellschaft dienen und sicherstellen sollen, daß die Minderheitsinteressen nicht durch die Mehrheit majorisiert werden. Gleichzeitig findet damit aber auch der Gedanke des Minderheitenschutzes, der für Anwendungsbereich, Inhalt und Umfang der Treuepflicht ebenfalls von zentraler Bedeutung ist, einen weiteren gesetzlichen Niederschlag.

cc) § 51a GmbHG

Eine vierte Norm, die ebenfalls dem Minderheitenschutz dient, und die allein deswegen schon einen Anwendungsfall der Treuepflicht regelt, ist § 51a Abs. 1 GmbHG. Nach dieser Norm kann sich jeder Gesellschafter jederzeit über die

---

[309] Scholz-Schmidt § 47 Rz 3; Lutter/Hommelhoff § 47 Rz 3; Hüffer AktG § 133 Rz 11.

[310] Lutter/Hommelhoff § 53 Rz 13.

[311] Hachenburg-Ulmer § 53 Rz 3.

Verhältnisse der Gesellschaft informieren. Auch dieses Informationsrecht ist ein wichtiges Instrument des Minderheitenschutzes,[312] denn es erlaubt dem Minderheitsgesellschafter sich jederzeit über das Schicksal seiner Gesellschaft zu informieren und insbesondere Einflußnahmen durch die Mehrheit aufzudekken.

dd) Schlußfolgerung

Die §§ 50 Abs. 1, 51a, 53 Abs. 2 sowie 60 Abs. 1 Nr. 2 GmbHG spiegeln Grundgedanken und Grundideen der Treuepflicht wider und regeln einzelne Teilbereiche der Gesellschaftstätigkeit, die andernfalls dem Anwendungsbereich der Treuepflicht unterfielen. Wegen dieser nur teilweisen Regelung von Voraussetzungen und Anwendungsfeldern der Treuepflicht können sie nicht alleinige Grundlage der Treuepflicht sein. Ihre Einfügung in das Gesetz kann aber als Beleg dafür gewertet werden, daß der Gesetzgeber das Prinzip der Treuepflicht grundsätzlich anerkannt und gebilligt und lediglich wegen der Vielgestaltigkeit der Treuepflicht auf eine konkrete Regelung dieses Instituts verzichtet hat. Die Treuepflicht im GmbH-Recht beruht also nicht auf einer konkreten Vorschrift als Grundlage, aus der sich sämtliche Voraussetzungen und Rechtsfolgen der Treuepflicht entnehmen lassen. Eine Gesamtschau der unterschiedlichen Regelungen im Gesetz belegt jedoch, daß die Idee der Treuepflicht ihren Niederschlag im Gesetz gefunden hat und also vom Gesetzgeber gebilligt und anerkannt wird. Mehr ist im Hinblick auf die verfassungsmäßige Bindung des Richters auch nicht erforderlich.

4. Rechtsbeziehungen

Zu den schwierigsten dogmatischen Problemen der Treuepflicht des GmbH-Gesellschafters zählt der Nachweis konkreter rechtlicher Beziehungen, die Anknüpfungspunkt der Treuepflicht sein können.[313] Dies resultiert letzten Endes aus der Ausgestaltung der GmbH als juristischer Person und ihrer damit verbundenen Anerkennung als von ihren Mitgliedern rechtlich losgelöstes Zuordnungssubjekt von Rechten und Pflichten.[314] Während die Personengesellschaft ein „Personenverband" ist, deren Verbund auf dem Gesellschaftsvertrag beruht, ist die körperschaftliche juristische Person „Verbandsperson", an welcher

---

[312] Roth/Altmeppen § 51a Rz 3.
[313] Nehls S. 24.
[314] Winter S. 42.

die Mitglieder lediglich teilhaben.[315] Die Mitglieder „tragen" jedoch diese Verbandsperson in Gestalt der körperschaftlich organisierten, juristischen Person nicht in vergleichbarer Weise wie bei der Personengesellschaft.

Steht damit nicht der Gesellschaftsvertrag als verbindendes Band im Vordergrund, so fällt es um so schwerer, Rechtsbeziehungen der Gesellschafter untereinander aber auch im Verhältnis zur Gesellschaft nachzuweisen. Der Nachweis solcher Rechtsbeziehungen ist aber für die Begründung der Treuepflicht unumgänglich. Denn die Treuepflicht geht in ihrer Wirkung weit über das hinaus, was im Rechtsverkehr gegenüber jedermann geschuldet ist. Die Treuepflicht verlangt von den Gesellschaftern mehr als nur die Beachtung des allgemeinen, deliktsrechtlichen Schädigungsverbotes. Die Gesellschafter sind kraft der Treuepflicht zu besonderer Loyalität verpflichtet.[316] Diese Pflicht besteht untereinander, aber auch im Verhältnis zur Gesellschaft. Gegenüber Dritten besteht sie gerade nicht. Erst das Bestehen einer besonderen rechtlichen Beziehung der Gesellschafter untereinander aber auch zur Gesellschaft bewirkt daher, daß eine Treuepflichtbindung zu stande kommt. Der Nachweis von Rechtsbeziehungen der Treuepflichtgebundenen untereinander ist daher eine der wichtigsten Voraussetzungen für die Annahme der Treuepflicht. Ohne eine solche Rechtsbeziehung stehen sich die Gesellschafter wie jedermann gegenüber, so daß es auch keine besonderen Rücksichts- und Loyalitätspflichten geben kann.

Im folgenden soll daher untersucht werden, ob und ggf. welche Rechtsbeziehungen zwischen den Gesellschaftern und der Gesellschaft bestehen. Wegen der unterschiedlichen Ausprägung der Treuepflicht der Gesellschafter zur Gesellschaft und zu den Mitgesellschaftern, empfiehlt es sich hierbei, zwischen den Rechtsbeziehungen der Gesellschafter zur Gesellschaft und den Rechtsbeziehungen der Gesellschafter untereinander zu unterscheiden.

a) Rechtsbeziehungen zur Gesellschaft

Einigkeit besteht darüber, daß in der GmbH eine Rechtsbeziehung zwischen den Mitgliedern und der Gesellschaft als juristischer Person existiert.[317] Allerdings ist die Begründung für diese Rechtsbeziehung nicht immer klar. Zum Teil verzichtet man gänzlich auf sie und das Bestehen einer Rechtsbeziehung wird

---

[315] Flume, Juristische Person S. 259.
[316] vgl. Lutter/Hommelhoff § 14 Rz 21; Baumbach/Hueck-Hueck/Fastrich § 13 Rz 29.
[317] Winter S. 63ff; Flume, Juristische Person S. 269.

einfach nur behauptet.[318] Gewöhnlich wird aber die Satzung als Grundlage einer Rechtsbeziehung zwischen Gesellschaft und Gesellschaftern gesehen.[319]

Diese Annahme liegt nahe. Bei Personengesellschaften liegt der Gesellschaft ein individuell ausgehandelter Gesellschaftsvertrag zugrunde.[320] Dieser Gesellschaftsvertrag bindet als schuldrechtliche Vereinbarung alle Gesellschafter untereinander aber auch gegenüber der Gesellschaft. Damit begründet er gleichzeitig entsprechende Rechtsbeziehungen.[321] Die Satzung ist dem Gesellschaftsvertrag nicht unähnlich, so daß sich der Gedanke aufdrängt, die zu den Personengesellschaften entwickelten Überlegungen auf die GmbH zu übertragen. Bei näherer Betrachtung liegen die Dinge indes nicht so einfach. Ein wesentlicher Unterschied zwischen der Satzung einer GmbH und dem Gesellschaftsvertrag einer Personengesellschaft liegt darin, daß sich die Satzung mit der Handelsregistereintragung gegenüber den Gründern verselbständigt.[322] Bei der Gründung ist die Satzung zwar zunächst ein von den Gründern geschlossener Vertrag. Mit der Entstehung des Vereins erlangt sie aber ein unabhängiges, rechtliches Eigenleben, wird zur körperschaftlichen Verfassung des Vereins und objektiviert das rechtliche Wollen des Vereins als der Zusammenfassung seiner Mitglieder.[323] Fortan gilt sie als die von der Persönlichkeit seiner Mitglieder losgelöste Verfassung des Eigenlebens des Vereins und damit als eine nicht auf Vereinbarung beruhende Verfügung.[324] Nach der Eintragung ist sie nicht mehr Gesellschaftsvertrag im herkömmlichen Sinne, sondern Quelle objektiven Rechts.[325] Sie kann daher zwar die ausdrücklich in der Satzung bezeichneten Rechtsbeziehungen vermitteln. Darüber hinausgehende, allgemeine Rechtsbeziehungen vermag sie indes nicht zu begründen. Dies würde voraussetzen, daß die Gesellschafter an diesem Statut wie an einem Gesellschaftsvertrag beteiligt wären, was aber infolge der Verselbständigung gerade nicht der Fall ist. Zwar könnte man argumentieren, daß die Funktion der Satzung als Gesellschaftsvertrag der Gründer auch nach der Eintragung bis zur Liquidation

---

[318] Nehls S. 25.
[319] Hüffer FS Steindorff S. 66; Winter S. 63.
[320] Huber ZGR 1980, 179.
[321] Nehls S. 22; MüKo-Ulmer § 705 Rz 182; Winter S. 15; Hüffer FS Steindorff S. 65; Nonn S. 19.
[322] Ulmer FS Werner S. 912; Lutter/Hommelhoff § 2 Rz 10.
[323] BGHZ 47, 172 (179).
[324] RGZ 165, 140 (143).
[325] Ulmer FS Werner S. 912.

der Gesellschaft erhalten bliebe.[326] Dieses Argument kann aber nicht erklären, warum die Satzung ihre vertragliche Funktion auch bei einem späteren Zusammenfallen aller Geschäftsanteile in einer Person behalten soll. In diesem Fall liegt mangels Vertragspartnern gerade kein Vertrag mehr vor. Die Satzung kann daher nicht die Grundlage für die Annahme von Rechtsbeziehungen der Gesellschafter zur Gesellschaft sein.

Indes schließt das Unvermögen der Satzung, Rechtsbeziehungen der Gesellschafter zur Gesellschaft zu begründen, die Annahme von Treuepflichten nicht aus. Die Rechtsstellung der Gesellschafter zu ihrer Gesellschaft unterscheidet sich von jener zu beliebigen Dritten dadurch, daß die Gesellschafter Mitglieder einer Korporation sind. Aufgrund ihrer Mitgliedschaft besitzen sie im Hinblick auf die Gesellschaft Rechte und Pflichten, die sonst niemandem zustehen. So haben nur die Gesellschafter das Gewinnentnahmerecht gem. § 29 Abs. 1 GmbHG, das Auskunftsrecht gem. § 51 a Abs. 1 GmbHG oder die Pflicht zur Feststellung des Jahresabschlusses gem. § 42 a Abs. 2 GmbHG. Hält man sich vor Augen, warum diese Rechte und Pflichten gerade den Gesellschaftern und niemandem sonst zustehen, so stellt man fest, daß es allein die Mitgliedschaft ist, die die Annahme dieser Rechte und Pflichten für die Gesellschafter begründet.

Die Mitgliedschaft einer Person in einem Verband ist ein Rechtsverhältnis.[327] Um ein Rechtsverhältnis handelt es sich deshalb, weil mit der Mitgliedschaft bestimmte Rechtspositionen untrennbar verbunden sind.[328] Die Mitgliedschaft ist aber auch der Grund dafür, daß der Gesellschafter durch die Ausübung seines Stimmrechts in besonderer Weise Einfluß auf das Schicksal der Gesellschaft nehmen kann. Die Mitgliedschaft gewährt demnach die Einflußmöglichkeiten, deren Begrenzung durch die Treuepflicht bestimmt wird. Gleichzeitig begründet sie eine rechtliche Sonderbeziehung zwischen Gesellschaft und Gesellschafter. Damit aber eignet sie sich als Grundlage für die Begründung von Treuepflichten zwischen Gesellschaft und Gesellschafter. Eines zweifelhaften Rückgriffs auf die Satzung bedarf es nicht mehr. Es bleibt daher festzuhalten, daß die Rechtsbeziehungen zur Gesellschaft nicht auf der Satzung, sondern auf der Mitgliedschaft in der Gesellschaft gründen.

---

[326] in diesem Sinne Hachenburg-Ulmer § 2 Rz 4.

[327] Lutter AcP 180, 97; Soergel-Hadding § 38 Rz 3; Meyer-Landrut/Miller/Niehus § 14 Rz 16; v. Tuhr § 38.

[328] Huber S. 1.

b) Rechtsbeziehungen der Gesellschafter untereinander

Schwieriger gestaltet sich der Nachweis von Rechtsbeziehungen der GmbH-Gesellschafter untereinander. In der ITT-Entscheidung hat der BGH diese Frage ausdrücklich offengelassen und lediglich das Bestehen von Treuepflichten bejaht.[329] Der Grund für diese Begründungsschwierigkeiten liegt wiederum in der Selbständigkeit der juristischen Person und der Verselbständigung ihrer Satzung. Bei der GmbH sind die Gesellschafter an der juristischen Person beteiligt. Sie sind aber nicht wie bei der Personengesellschaft Träger einer Gesamthandsgemeinschaft, die durch die Gesamthand miteinander verbunden sind. Die juristische Person als Zurechnungssubjekt aller rechtlichen Beziehungen scheint damit jede direkte Verbindung zwischen den Gesellschaftern zu zerschneiden.[330]

aa) Ablehnung jeglicher Rechtsbeziehungen

Dementsprechend verneint auch eine Ansicht das Bestehen von Rechtsbeziehungen der Gesellschafter einer Kapitalgesellschaft untereinander,[331] was insbesondere *Flume* dazu veranlaßt, Treuepflichten der Gesellschafter einer GmbH oder AG untereinander komplett für ausgeschlossen zu halten.[332] Bei der körperschaftlichen juristischen Person seien die Mitglieder nur als wesentlichem Moment der Verbandsperson zugehörig, während bei der Personengesellschaft die Mitglieder der Verband selbst seien. Die Gesamthandspersonengesellschaft existiere in den Personen der Mitglieder auf der Grundlage des zwischen ihnen bestehenden gesellschaftsvertraglichen Rechtsverhältnisses. Die Mitgliedschaft in der juristischen Person dagegen bestehe in einem Rechtsverhältnis des Mitglieds zur juristischen Person, und die Mitgliedschaft begründe kein unmittelbares Rechtsverhältnis zwischen den Mitgliedern der juristischen Person.[333]

Dieser strukturelle Unterschied zwischen Personen- und Kapitalgesellschaft zeige sich in vielfältiger Weise. Während etwa für die Mitgliedschaft in einer juristischen Person hinsichtlich der die Mitgliedschaft betreffenden Fragen nur die juristische Person zuständig sei, seien bei der Gesamthandspersonengesellschaft die Mitglieder selbst und nicht die Personengruppe als solche für die

[329] BGHZ 65, 15 (18).
[330] Immenga, Kapitalgesellschaft S. 271.
[331] Flume, Juristische Person S. 258ff, MüKo-Reuter § 38 Rz 1,5.
[332] Flume, Juristische Person S. 270; ders. ZIP 1996, 161ff.
[333] Flume, Juristische Person S. 259.

Fragen der Mitgliedschaft zuständig.[334] Gerechtfertigt sei dieser Unterschied durch die verschiedenen Formen des Mitgliedschaftserwerbs. Die für den „Vertragsverband“ charakteristische Koordination individueller Interessen stempele den Mitgliedschaftserwerb dort zu einem Austausch von Versprechen, die Interessen der Partner im Rahmen des Verbandzwecks zu achten und zu fördern. Die für den „Satzungsverband“ charakteristische Dominanz einer überindividuellen Leitidee hingegen mache den Erwerb der einzelnen Mitgliedschaft zu einer Anschlußerklärung des Bewerbers, die vom externen Repräsentanten des Vereins, dem Vorstand, angenommen werde.[335]

bb) Bejahung von Rechtsbeziehungen

Demgegenüber bejaht die mittlerweile h. M. das Bestehen von Rechtsbeziehungen unter den Gesellschaftern.[336] Streit besteht allerdings über die rechtssystematische Begründung dieser Rechtsbeziehungen.

(1) BGB-Innengesellschaft

Zum Teil wird angenommen, daß sich Rechtsbeziehungen der Gesellschafter jedenfalls für eine personalistische GmbH aus einer zwischen den GmbH-Gesellschaftern vereinbarten BGB-Innengesellschaft ergäben.[337] Finde sich ein Kreis von Personen zusammen, um die Gründung einer GmbH zu beschließen, bildeten sie im Vorgründungsstadium eine BGB-Gesellschaft, deren Zweck die Gründung der Kapitalgesellschaft sei. Nach dem Entstehen der GmbH könne die Vor-Gründungsgesellschaft aufgelöst werden, da der Zweck der Gesellschaft - nämlich die Gründung der GmbH - endige. Anders sei es aber, soweit die Gründung einer personalistischen GmbH geplant sei. Hier vereinbarten die Gesellschafter bereits bei Vereinbarung der GmbH-Gründung, ohne daß dies unmittelbar in der Satzung seinen Niederschlag finden müsse, in der GmbH vertrauensvoll zusammenzuwirken und den Gegenstand des Unternehmens zu fördern.[338] Diese BGB-Gesellschaft werde nicht durch die Eintragung der GmbH in das Handelsregister aufgelöst. Zwar entfalle der bisherige Zweck der

---

[334] Flume, Juristische Person S. 262; zur Geltendmachung von Streitigkeiten über die Mitgliedschaft allgemein Huber S.16ff.

[335] MüKo-Reuter § 38 Rz 2.

[336] Lutter AcP 180, 127; Baumbach/Hueck-Zöllner Anh § 47 Rz 52; Hachenburg-Raiser § 13 Rz 7; Hüffer FS Steindorff S. 67; Schmidt GesR § 20 IV 1 b) (S. 589); Hoffmann GmbHR 1963, 63; Winter S. 69; Verhoeven Rz 204.

[337] Verhoeven Rz 204; Hoffmann GmbHR 1963, 63; dieser Ansatz wird von Verhoeven i. ü. auch für die AG fruchtbar gemacht.

[338] Verhoeven Rz 204.

Gesellschaft. An seine Stelle trete jetzt aber die Verpflichtung der Gesellschafter, den in der Satzung festgelegten Gegenstand der Gesellschaft zu fördern.[339] Die Abrede der personalen Tätigkeitsgemeinschaft bleibe daher bestehen und setze sich kontinuierlich fort. Die GmbH-Gesellschafter seien weiterhin durch das Band der BGB-Gesellschaft verbunden. Dem entspringe die Treuepflicht.[340]

Sowohl im Ergebnis wie in der Begründung kann dieser Ansatz nicht überzeugen. Die Konstruktion der BGB-Innengesellschaft als Grundlage von Rechtsbeziehungen der Gesellschafter vermag nicht zu erklären, warum Treuepflichten auch nach dem Ableben eines GmbH-Gesellschafters weiter bestehen können. Gem. § 15 Abs. 1 GmbHG sind die Geschäftsanteile vererblich. Mit dem Erbfall geht bei der GmbH demnach die Mitgliedschaft grundsätzlich mit dem Inhalt auf den Erben über, wie sie beim Erblasser bestand.[341] Der Erbe wird ipso iure Gesellschafter. Die Stellung des Erblassers in einer BGB-Gesellschaft ist demgegenüber nicht vererblich. Beim Tode eines Gesellschafters wird eine BGB-Gesellschaft statt dessen gem. § 727 Abs. 1 BGB grundsätzlich aufgelöst, so daß auch eine Rechtsbeziehung, die aufgrund einer BGB-Gesellschaft zwischen dem Erblasser und den anderen GmbH-Gesellschaftern bestand, nicht übergehen kann. Dieser Ansatz führt somit zu dem schwer nachvollziehbaren Ergebnis, daß beim Tod eines GmbH-Gesellschafters die verbleibenden Gesellschafter wegen der Auflösung der Gesellschaft einander nicht mehr treuepflichtig wären.[342] [343]

(2) Weitergeltung der Gründungsrechtsbeziehungen

In eine ähnliche Richtung geht der Ansatz, wonach die Rechtsbeziehungen der Gesellschafter aus der Gründungsphase die Eintragung der Gesellschaft überdauern sollen.[344] Mit Abschluß des Gesellschaftsvertrages sei eine Vorgesellschaft entstanden, deren Organisation durch diesen Vertrag und die bereits jetzt anwendbaren Teile des GmbH-Rechts bestimmt werde. Mit der Eintragung verselbständige sich zwar die Gesellschaft gegenüber ihren Gründern.[345]

---

[339] Hoffmann GmbHR 1963, 63.

[340] Verhoeven Rz 204.

[341] Baumbach/Hueck-Hueck/Fastrich § 15 Rz 10.

[342] Nehls S. 59.

[343] Die gleichen Bedenken gegen diesen Ansatz gelten i. ü. auch für die Aktiengesellschaft, so daß auf eine gesonderte Darstellung dieses Ansatzes dort verzichtet wird.

[344] Hachenburg-Raiser § 13 Rz 7; Hoffmann GmbHR 1963, 63.

[345] Hachenburg-Ulmer § 2 Rz 4.

Die bürgerlich-rechtliche Gesellschaft der Gründer der GmbH werde durch die Eintragung der GmbH aber nicht aufgelöst.[346] Die Eintragung und die Entstehung der juristischen Person bewirkten vielmehr, daß die Aktivposition der Treuebindung von der Vor-GmbH auf die juristische Person übergingen. Daß Treuebindungen zwischen den Gesellschaftern durch die Eintragung und Entstehung der GmbH untergehen sollen, sei tragfähig nicht begründbar.[347] Dementsprechend kämen auch die Beziehungen der Gesellschafter untereinander nicht in Wegfall, sondern bestimmten sich nach wie vor nach dem Gesellschaftsvertrag.[348]

Auch dieser Ansatz unterliegt ähnlichen Bedenken wie der Versuch, Rechtsbeziehungen der Gesellschafter als BGB-Innengesellschaft zu begreifen. Die GmbH entsteht als solche erst durch die Eintragung ins Handelsregister.[349] Dementsprechend besteht der „Hauptzweck" der Vorgesellschaft darin, die Eintragung der Gesellschaft herbeizuführen und so die Gründung zu vollenden.[350] Das Ziel, das die Gesellschafter mit ihrem Zusammenschluß verfolgen, ist daher bis zur Eintragung der Gesellschaft auf etwas anderes gerichtet, als nach der Eintragung. Demgemäß haben auch ihre Rechtsbeziehungen bis zur Eintragung eine andere Qualität als danach. So ergibt der Gründungszweck in mancher Hinsicht engere Bindungen in der Vorgesellschaft als in der GmbH.[351] Beispielhaft seien hier die von den Mitgründern einklagbaren Gründerpflichten genannt, wie etwa die der Leistung von Mindesteinzahlungen (§ 7 Abs. 2 GmbHG), die nach der Eintragung der GmbH nicht mehr bestehen. Ändert sich aber die Qualität der Rechtsbeziehungen der Gesellschafter durch die Eintragung, so widerspricht dies der Behauptung, daß die Rechtsbeziehungen aus der Gründungsphase die Eintragung überdauern. Dementsprechend werden mit der konstitutiv wirkenden Eintragung der GmbH im Handelsregister auch die Rechtsbeziehungen der Gründer untereinander gegenstandslos.[352] Diese Bedenken machen deutlich: Auch dieser Ansatz kann nicht überzeugend erklären, worin etwaige Rechtsbeziehungen zwischen den Gesellschaftern liegen

[346] Hoffmann GmbHR 1963, 63.
[347] Hüffer FS Steindorff S. 67.
[348] Hachenburg-Ulmer § 2 Rz 4.
[349] Baumbach/Hueck-Hueck/Fastrich § 11 Rz 2.
[350] Rowedder-Rittner/Schmidt-Leithoff § 11 Rz 36; RGZ 83, 370 (373); RGZ 105, 228 (229); BGH NJW 1963, 859.
[351] Baumbach/Hueck-Hueck/Fastrich § 11 Rz 8.
[352] Maatz GmbHR 1974, 125.

(3) Deliktsrechtlicher Ansatz

Einen grundsätzlich anderen Herleitungsversuch der Treuepflicht unternimmt *Mertens*. Er versucht nicht etwa, die Treuepflicht über das Bestehen von Rechtsbeziehungen der Gesellschafter zu begründen. Statt dessen leitet er die Existenz von Treuepflichten sowohl im Verhältnis zur Gesellschaft als auch im Verhältnis der Gesellschafter untereinander einheitlich aus dem Deliktsrecht ab.[353]

Dabei geht er davon aus, daß die Mitgliedschaft als „sonstiges Recht" im Sinne des § 823 Abs. 1 BGB geschützt ist.[354] Allerdings beschränkt er den Schutz der Mitgliedschaft nicht nur auf den rechtlichen Bestand dieses Rechts. Eine solche Beschränkung sei mit dem allgemeinen Deliktsrecht nicht vereinbar. Der Bestand eines absoluten Rechtes werde durch den deliktischen Eingriff oft gar nicht angetastet, sondern das dadurch dem Rechtsinhaber zugeordnete Vermögenssubstrat, sei es als Herrschaftsmacht und Einflußspielraum, sei es als Wertzuweisung. Für eine Verletzung eines absoluten Rechts müsse daher lediglich der Zuweisungsgehalt des Rechts selbst, nicht nur sein Wert durch den Eingriff betroffen sein. Mit dieser Maßgabe aber könne man jede Verkürzung der in dem Recht zusammengefaßten Herrschafts-, Teilhabe- und Vermögensfunktionen als deliktischen Eingriff in die Mitgliedschaft ansehen, die einen Schadensersatz- oder Unterlassungsanspruch nach sich ziehen könne.[355]

Diesem deliktsrechtlichen Ansatz steht entgegen, daß er nicht überzeugend zu begründen vermag, warum es sich bei der Treuepflicht um eine spezifisch zwischen den Gesellschaftern bestehende Pflicht handelt.[356] Leitet man die Treuepflicht aus dem Verbot des § 823 BGB ab, die Mitgliedschaft als „sonstiges Recht" zu beeinträchtigen, so richtet sich diese Treuepflicht notwendig gegen jedermann, denn das Deliktsrecht setzt gerade keine besonderen Rechtsbeziehungen voraus. Charakteristikum der Treuepflicht ist es aber, daß sie sich nur auf die Mitglieder eines Verbandes bzw. auf den Verband selbst erstreckt. Damit vermag der deliktsrechtliche Ansatz die Treuepflicht in ihrem herkömmlichen Verständnis nicht zu erklären.

---

[353] Mertens AcP 1978, 243; Mertens FS R. Fischer S. 468f.

[354] h. M., vgl. BGH NJW 1990, 2877; Palandt-Thomas § 823 Rz 27.

[355] Mertens FS R. Fischer S. 469.

[356] Dementsprechend gibt Mertens (FS R. Fischer S. 471) auch selber zu, das es bei seinem Ansatz nicht um das Innenverhältnis der Gesellschafter, sondern um die grundsätzlich jedermann treffende Pflicht, das Mitgliedschaftsrecht des Gesellschafters zu respektieren geht.

(4) Sonderrechtsbeziehung als Folge eines qualifizierten Kontakts bzw. der Mitgliedschaft

Nach einer vierten Ansicht schließlich ergebe sich eine Sonderrechtsbeziehung zwischen den Gesellschaftern als Folge eines qualifizierten oder sozialen Kontaktes[357] bzw. der Mitgliedschaft im Verband.[358] Zum Teil wird beides auch nicht klar getrennt.[359]

Als Begründung wird für diesen Ansatz angeführt, daß das Stimmrecht des Gesellschafters in der GmbH die Befugnis vermittele, an der Willensbildung für die juristische Person mitzuwirken. Mit dieser Befugnis verbinde sich nicht nur die Einwirkungsmöglichkeit auf das von sämtlichen Gesellschaftern aufgebrachte, der gemeinsamen Zweckverfolgung gewidmete Gesellschaftsvermögen. Vielmehr eröffneten insbesondere die Befugnis zur Satzungsänderung sowie die Entscheidungskompetenz in sonstigen innergesellschaftlichen Angelegenheiten den unmittelbaren Eingriff in mitgliedschaftliche Befugnisse der Mitgesellschafter. Durch die Einräumung dieser Einwirkungsmöglichkeit werde - ähnlich wie beim Institut der c.i.c - ein qualifizierter Kontakt zwischen den dem innergesellschaftlichen Entscheidungssystem unterworfenen Personen erzeugt.[360] Die Gesellschafter stünden sich demnach nicht wie beliebige Dritte gegenüber, sondern befänden sich untereinander in einer rechtlichen Sonderverbindung, die Rücksichtspflichten auferlege.[361]

Dieser Begründungsansatz ist jedoch Bedenken unterworfen, wenn er auch im Ergebnis zutrifft. Die Übertragung der zur Begründung der culpa in contrahendo entwickelten Überlegungen auf die Verhältnisse in einer Kapitalgesellschaft ist schon deshalb problematisch, weil die culpa in contrahendo überwiegend als ein Fall der Vertrauenshaftung angesehen wird. Gerade im Gesellschaftsrecht stellt sich die Gewährung persönlichen Vertrauens der Gesellschafter untereinander häufig jedoch als bloße Fiktion dar.[362] Bei Kapitalgesellschaften mit ausnehmend kapitalistischer Struktur treten die Gesellschafter kaum in einen qualifizierten Kontakt zueinander, da sie sich - anders als dies die culpa in contrahendo voraussetzt - zumeist nicht einmal kennen, geschweige denn, einander vertrauen. Die Begründung von Rechtsbeziehungen der Gesellschafter

---

357 Winter S. 69; für die AG Hennrichs AcP 195, 221 (242f); Fillmann S. 90; Nehls S. 62.
358 Beckerhoff S. 38f; Schmidt GesR § 20 IV 1 b) (S. 589).
359 Lutter AcP 180, 126.
360 Winter S. 69.
361 Baumbach/Hueck-Zöllner Anh § 47 Rz 52.
362 Beckerhoff S. 38.

untereinander auf der Basis der culpa in contrahendo ist daher jedenfalls für die GmbH mit kapitalistischer Struktur mit der Rechtswirklichkeit unvereinbar und deshalb abzulehnen.

Aber auch der Versuch, Rechtsbeziehungen der Gesellschafter untereinander allein aus der Mitgliedschaft herzuleiten, kann nicht überzeugen. Grundsätzlich stehen sich Gesellschafter und Gesellschaft unabhängig gegenüber und erst die Mitgliedschaft begründet das Band zwischen beiden Rechtssubjekten, das dazu führt, daß Rechte und Pflichten entstehen. Man könnte daher auch sagen, die Mitgliedschaft in einer juristischen Person sei in Wahrheit die Mitgliedschaft nicht „in", sondern die Beteiligung „an" der juristischen Person.[363] Die Gesellschafter sind demgegenüber nicht durch dieses Band unmittelbar verbunden. Die Gesellschafter sind Mitglied in der Gesellschaft, in dem sie an dieser beteiligt sind. An ihren Mitgesellschaftern sind die Gesellschafter aber nicht beteiligt. Es besteht demnach kein dem Verhältnis Gesellschaft-Gesellschafter vergleichbares Verhältnis einer Mitgliedschaft eines Rechtssubjektes in einem anderem. Die Mitgliedschaft kann eben nur zwischen der juristischen Person und dem Gesellschafter bestehen. Fehlt damit aber ein mitgliedschaftliches Band zwischen den Gesellschaftern, so lassen sich hieraus auch keine Rechtsbeziehungen entwickeln. Die Mitgliedschaft in einer GmbH schafft keine rechtlichen Bindungen der Gesellschafter untereinander.[364]

(5) Eigener Ansatz

Grundsätzlich zutreffend ist, daß zwischen den Gesellschaftern einer GmbH eine Sonderrechtsbeziehung besteht. Diese Sonderrechtsbeziehung läßt sich aber nicht auf der Basis eines qualifizierten Kontakts oder der Mitgliedschaft begründen. Ihre Begründung muß anders erfolgen.

Die privaten Verbände und kooperativen Vertragsverhältnisse sind Zweckgebilde.[365] Dies gilt im Grundsatz sowohl für die Personen- als auch für die Kapitalgesellschaft. § 1 GmbHG bestimmt, zu welchen Zwecken eine GmbH errichtet werden darf. Danach kann eine GmbH zu jedem beliebigen Zweck gegründet werden, sofern er nur mit dem Gesetz vereinbar ist.[366] An den Zweck der Gesellschaft sind alle Organe, auch die Gesellschafterversammlung gebun-

[363] Flume, Juristische Person § 8 I (S. 258).
[364] Maatz GmbHR 1974, 125.
[365] Schmidt GesR § 4 I 1) (S. 59).
[366] Baumbach/Hueck-Hueck/Fastrich § 1 Rz 6; Lutter/Hommelhoff § 1 Rz 1.

den.[367] Die Bindung der Gesellschafter einer GmbH beschränkt sich nicht allein auf eine Bindung an diesen Zweck im Sinne einer Pflicht, diesem Zweck nicht zuwiderzuhandeln. Wenn mehrere Personen eine GmbH gründen bzw. ihr beitreten, so tun sie dies nicht ohne Grund. Sie hoffen regelmäßig, durch gemeinschaftliches Zusammenwirken den in der Satzung definierten Gesellschaftszweck einfacher und schneller erreichen zu können, als in Alleinregie. Entscheidendes Motiv für die Mitgliedschaft in der Gesellschaft ist also die Erreichung des Gesellschaftszwecks. Der Gesellschaftszweck wird so zum gemeinsam von den Gesellschaftern verfolgten Zweck.[368] Damit dieser gemeinsam verfolgte Zweck effektiv erreicht werden kann, ist es erforderlich, daß alle Gesellschafter gleichermaßen an der Erreichung des Gesellschaftszwecks bestmöglich mitwirken. Aus diesem Grunde verpflichten sich die Gesellschafter einer GmbH mit der Gründung bzw. später mit dem Beitritt gegenseitig zur Erreichung des Gesellschaftszwecks. Zwar treffen wir die GmbH in den unterschiedlichsten Erscheinungsformen, sowohl im gewerblichen wie nichtgewerblichen Bereich oder bei der Durchführung immaterieller oder öffentlicher Aufgaben.[369] Immer aber besteht wegen der gemeinsamen Zielsetzung der Gesellschaft die gegenüber den anderen Gesellschaftern abgegebene Verpflichtung, den Gesellschaftszweck zu fördern.

Durch die gemeinsame Zweckverfolgung in der GmbH geben die Gesellschafter gleichzeitig aber auch ihren Mitgesellschaftern die Möglichkeit, ihre Interessen in einer Weise zu beeinträchtigen, die beliebigen Dritte nicht offensteht. Während bei rein deliktischen Berührungen die Einwirkungsmöglichkeiten der Beteiligten auf ein rein tatsächliches, d. h. nicht verbindendes Miteinander zurückzuführen sind, stehen die Rechtskreise der Parteien bei einer gemeinsamen Zweckverfolgung nicht mehr neutral nebeneinander. Vielmehr bedeutet die gemeinsame Zweckverfolgung zugleich eine verbindende Rechtskreisöffnung und zwingt zur Aufgabe des bisherigen Nebeneinanders.[370] Die gemeinsame Verpflichtung jedes Gesellschafters, an der Erreichung des Gesellschaftszwecks mitzuwirken, führt also dazu, daß die Gesellschafter nicht mehr unverbunden nebeneinander stehen, sondern sich - anders als im Verhältnis zu Dritten - in einer besonderen Beziehung zueinander gegenüberstehen. Diese Beziehung basiert auf der gegenseitigen Verpflichtung, den Gesellschaftszweck zu

[367] Lutter/Hommelhoff § 1 Rz 13.
[368] vgl. Rowedder-Rittner/Schmidt-Leithoff § 1 Rz 5.
[369] vgl. Sudhoff S. 7.
[370] Beckerhoff S. 38f.

fördern. Es handelt sich hierbei also um eine Beziehung, die Rechte und Pflichten begründet, mithin um eine Rechtsbeziehung.

IV. Ergebnis:

Die Erörterung der Treuepflicht im GmbH-Recht hat gezeigt, daß die Treuepflicht ihre rechtsethische und rechtspolitische Begründung in der Einwirkungskontrolle von Stimmrechtsmacht findet. Die Korrelation von Rechtsmacht und Verantwortung ist somit der Geltungsgrund der Treuepflicht. Obschon die Treuepflicht damit ihre Rechtfertigung in der allgemeinen Zivilrechtsordnung findet, basiert sie weder auf § 242 BGB noch auf § 705 BGB als konkreter rechtlicher Grundlage. Allerdings stellen die §§ 50 Abs. 1, 51a, 53 Abs. 2 sowie 60 Abs. 1 Nr. 2 GmbHG GmbHG Ausprägungen der Treuepflicht dar, so daß davon ausgegangen werden kann, daß der Gesetzgeber das Institut der Treuepflicht grundsätzlich billigt und anerkennt.

Darüberhinaus wurde deutlich, daß sowohl im Verhältnis zwischen den Gesellschaftern als auch im Verhältnis zwischen Gesellschaft und Gesellschaftern eine engere Beziehung als gegenüber Dritten besteht. Bei dieser Beziehung handelt sich um eine Sonderrechtsbeziehung. Das Bestehen dieser Sonderrechtsbeziehung führt zugleich zu besonderen Loyalitäts- und Rücksichtspflichten, also zu Treuepflichtbindungen. Mithin bewirken die Sonderrechtsbeziehungen zwischen Gesellschaft und Gesellschaftern sowie die Bejahung eines Geltungsgrundes die Begründung von Treuepflichten im GmbH-Recht.

C. Begründung der Treuepflichten im Aktienrecht

Bestehen damit innerhalb der GmbH Treuepflichten, so leitet dies zu der Frage über, ob auch in der Aktiengesellschaft Treuepflichten existieren können. Soweit eine Aktiengesellschaft eine der GmbH vergleichbare Binnenstruktur aufweist, liegt eine solche Annahme nahe, da hier ähnliche Interessenlagen bestehen und Aktiengesellschaft und GmbH sich von ihrer Grundstruktur als Kapitalgesellschaft nicht so grundlegend unterscheiden.[371] Eine der GmbH vergleichbare Struktur mit wenigen Gesellschaftern entspricht jedoch nicht dem gesetzgeberischen Leitbild der AG. Der gesetzliche Idealtypus der Aktiengesellschaft baut nicht auf der Person des einzelnen Gesellschafters, seinen Fähigkeiten, seiner Beziehung zur Gesellschaft und zu den Mitgesellschaftern auf. Die Anteilseigner erfüllen statt dessen in der Regel nur die Funktion der

---

[371] Zu den verschiedenen Erscheinungsformen der personalistischen Aktiengesellschaft Friedewald S. 10 ff.

Kapitalgeber und sind in der Publikumsgesellschaft beliebig austauschbar.[372] Das Verhältnis der Gesellschafter einer AG ist daher normalerweise von Anonymität gekennzeichnet. Dem entspricht, daß das Aktienrecht dem Aktionär ein Recht auf Desinteresse zugesteht.[373] Da es aussichtslos ist, sich als Laie in einem Anlegerkreis von mehreren hundert oder tausend Mitgliedern Gehör zu verschaffen, ist dieses Desinteresse legitim.[374] Insbesondere der Kleinaktionär darf daher getrost seine Aktien im Depot ruhen und Hauptversammlungen ohne seine Beteiligung vorüberziehen lassen.[375] Wenn es aber das Aktienrecht zuläßt ist, daß ein Aktionär sich um seine Gesellschafterstellung und die Belange der AG nicht kümmert, dann ist es zumindest zweifelhaft, ob dem Aktionär überhaupt eine Treuepflicht im Sinne einer gesteigerten Verantwortung und Rücksichtnahmepflicht für die Gesellschaft obliegen kann.

Die Möglichkeit, auf die aktive Teilnahme am Gesellschaftsleben zu verzichten, bedingt jedoch nicht zwangsläufig, daß generell keine Treuebindungen der Aktionäre bestehen. Zwar mag ein Aktionär, der sich nicht um die Belange der AG kümmert, keinen Treuebindungen unterliegen. Soweit aber ein Aktionär sich zur Teilnahme an Hauptversammlungen entscheidet und von seinen Mitgliedschaftsrechten Gebrauch macht, ist seine Stellung nicht grundlegend anders als diejenige eines GmbH-Gesellschafters: Der Aktionär kann auf die Belange der Gesellschaft und die Interessen seiner Mitaktionäre Einfluß nehmen und sie gegebenenfalls schädigen. Er ist dann auch wie jeder Gesellschafter verpflichtet, das Gesellschaftsinteresse zu achten.[376] Damit kann aber in gleichen Maße wie bei der GmbH die Notwendigkeit bestehen, zum Schutze der Gesellschaft und der Mitaktionäre die Rechtsmacht eines Aktionärs durch Treuepflichtbindungen zu begrenzen. Das Recht zum Desinteresse und die Anonymität in der Aktiengesellschaft reichen daher als Argument nicht aus, um die Treuepflicht in der AG zu verneinen.

I. Entwicklung der Treuepflicht im Aktienrecht

Während im Personengesellschaftsrecht Treuepflichten der Gesellschafter schon seit langer Zeit anerkannt sind, sind Überlegungen zur Treuepflicht im Aktienrecht noch relativ jung. Vor allem die Rechtsprechung versuchte bis zur

[372] Friedewald S. 3.
[373] Wiedemann BB 1975, 1595; Nonn S. 21.
[374] Wiedemann BB 1975, 1595.
[375] Henssler DZWiR 1995, 431.
[376] Henssler DZWiR 1995, 431.

Victoria-Entscheidung einen Minderheitenschutz in der AG allein mit Hilfe des Sittenwidrigkeitsurteils des § 138 BGB zu verwirklichen. Zwar berief sich auch in der Victoria-Entscheidung[377] das Reichsgericht noch nicht auf die Treuepflicht. Es zeigte jedoch wichtige Gesichtspunkte auf, die in der Diskussion der aktienrechtlichen Treuepflicht noch heute eine entscheidende Rolle spielen: So wurde der Gedanke eingeführt, daß die Möglichkeit der Mehrheit, auch über mitgliedschaftliche Rechte der Minderheit verfügen zu können, zu gesteigerten Rücksichtspflichten führe. Außerdem stellte das Reichsgericht fest, daß Maßnahmen, die zur Beeinträchtigung von Rechten der Minderheit führen, darauf zu prüfen sind, ob der gleiche Erfolg nicht auch mit einem insoweit milderen Mittel erreicht werden kann.

Anerkannt wurde die Treuepflicht im Aktienrecht durch die Rechtsprechung schließlich 1934.[378] Allerdings beschränkte das Reichsgericht die Treuepflicht zunächst nur auf das Verhältnis des Aktionärs zur Gesellschaft. Eine Erstrekkung auf das Verhältnis der Aktionäre untereinander wurde unter Verweis auf die kapitalistische Struktur der Aktiengesellschaft ausdrücklich verneint.[379] Die Literatur folgte überwiegend der Ansicht der Rechtsprechung in Bezug auf Treuepflichten der Aktionäre zur AG.[380] Streit herrschte demgegenüber über die Existenz von Treuepflichten der Gesellschafter untereinander. So wurde eine entsprechende Treuebindung von einigen Autoren bejaht,[381] von anderen hingegen strikt verneint.[382] Bis zum Ende des zweiten Weltkrieges konnte sich indes keine Meinung als herrschend durchsetzen.

Der BGH ging nach 1945 noch einen Schritt weiter als es das Reichsgericht getan hatte und bejahte 1953 prinzipiell Treuepflichten der Aktionäre. Er unterschied auch nicht nach Treuepflichten der Aktionäre untereinander und Treuepflichten im Verhältnis zur Gesellschaft.[383] Er urteilte lediglich, daß „die Treuepflicht der Gesellschafter einer GmbH größer und stärker als die Treuepflicht der Aktionäre ist, da die Beziehungen der Gesellschafter einer Gesell-

[377] RGZ 132, 149 (160).
[378] RGZ 146, 71 (76); RGZ 146, 385 (395).
[379] RGZ 158, 249 (254).
[380] Fechner, S. 77; Lehman FS Hedemann S. 408; Bergman ZHR 105, 9; Dorphalen ZHR 102, 16ff; Hesse S . 23f.
[381] Hesse S. 24f; Lehmann FS Hedemann S. 408; Lifschütz JW 1929, 610; Theis S. 122.
[382] Ritter JW 1934, 3029.
[383] BGHZ 14, 26 (38).

schaft mit beschränkter Haftung untereinander und zur Gesellschaft in der Regel enger sind als dies bei der Aktiengesellschaft der Fall ist."[384]
In Bezug auf die Treuepflicht der Aktionäre untereinander machte das Gericht jedoch wenig später eine Kehrtwende und verneinte Rechtsbeziehungen zwischen den einzelnen Gesellschaftern. Diese Ablehnung der Treuepflicht der Aktionäre untereinander bestätigte der BGH nochmals ausdrücklich in der Audi/NSU-Entscheidung aus dem Jahre 1976, indem er feststellte, daß eine über die allgemeinen Grundsätze der §§ 226, 242, 826 BGB hinausgehende Treuepflicht der Aktionäre nicht bestünde.[385]

Erst mit der Linotype-Entscheidung[386] von 1988 besann sich der BGH auf seine ursprüngliche Anerkennung von Treuepflichten auch zwischen den Aktionären. Er begründete dies in Anlehnung an seine Rechtsprechung zum GmbH-Recht nunmehr damit, daß auch das Verhältnis der Mitglieder einer Korporation untereinander den Charakter einer Sonderverbindung haben könne und daß die für die Gesellschaftermehrheit bestehende Möglichkeit, durch Einflußnahme auf die Geschäftsführung die gesellschaftsbezogenen Interessen der Mitgesellschafter zu beeinträchtigen, als Gegengewicht die gesellschaftsrechtliche Pflicht verlange, auf diese Interessen Rücksicht zu nehmen. Ferner könne nicht verkannt werden, daß auch eine Aktiengesellschaft ähnlich einer GmbH organisatorisch ausgestaltet sein und daher einer Personengesellschaft nahekommen könne.[387] Allerdings schränkte der BGH seinen Standpunkt dahingehend ein, daß die Gesellschafterpflichten eines Kleinaktionärs in der Regel nicht von der gesellschaftsrechtlichen Treuepflicht bestimmt würden.[388] Das Gericht begrenzte also die Treuepflicht der Gesellschafter untereinander zunächst nur auf das Verhältnis Mehrheits- zu Minderheitsaktionär, ließ den umgekehrten Fall aber offen.

Diese Frage gewann jedoch durch die in den achtziger und neunziger Jahren zunehmende Zahl von „räuberischen Anfechtungklagen",[389] bei denen ein Aktionär sich sein Anfechtungsrecht von der Gesellschaft für teures Geld abkaufen läßt, stark an Bedeutung. Klarheit über die Treuepflicht des Minderheits-

---

[384] BGHZ 14, 26 (38).
[385] BGH JZ 1976, 561.
[386] BGHZ 103, 184.
[387] BGHZ 103, 194f.
[388] BGHZ 103, 195.
[389] Hierzu ausführlich Slabschi S. 13 und 96ff.

oder Kleinaktionärs brachte die Girmes-Entscheidung[390] von 1995. Wie bereits in der Linotype-Entscheidung, so ging auch hier der BGH davon aus, daß dem Maß des Einflusses des Gesellschafters das Maß seiner Verantwortung mit der sich daraus ergebenden Pflicht zur Rücksichtnahme auf die Interessen der Gesellschaft und die gesellschaftsbezogenen Belange der Mitgesellschafter entspreche. Zwar sei die Möglichkeit des Kleinaktionärs zur Einflußnahme in der Regel recht gering. Soweit er aber in eine Einflußposition gelange, deren Ausübung im Hinblick auf die gesellschaftsbezogenen Belange der Mitgesellschafter einer Kontrolle bedürfe, könne auch der Minderheitsaktionär die aus dieser Position folgenden Rechte nur in den Grenzen der ihm obliegenden Treuepflicht geltend machen.[391]

Festzuhalten bleibt damit, daß die Rechtsprechung des BGH mittlerweile die gesellschaftsrechtliche Treuepflicht der Aktionäre sowohl im Verhältnis zur AG als auch im Verhältnis der Gesellschafter untereinander voll anerkennt.

II. Ableitung der Treuepflicht

Ähnlich schwer tat sich die Literatur bei der Annahme von Treuepflichten im Aktienrecht. Hier herrschte und herrscht nach wie vor Streit, ob Treuepflichten im Verhältnis des Aktionärs zur AG und solche im Verhältnis der Aktionäre untereinander bestehen. Während die erste Frage seit der Girmes-Entscheidung mittlerweile als zu Gunsten der Treuepflicht entschieden gelten kann,[392] ist das Bild in Bezug auf die Treuepflichten der Gesellschafter untereinander nach wie vor uneinheitlich.[393]

1. Grundsätzliche Kritik an der Treuepflicht im Aktienrecht

Vor allem ein Teil des älteren Schrifttums verneint die Existenz der Treuepflicht im Aktienrecht mit beachtlichen Argumenten.[394]

Zum einen wird auf die kapitalistische Struktur der Aktiengesellschaft verwiesen. Diese beschränke den Beitrag des Aktionärs zur Erreichung des Gesell-

---

[390] BGH ZIP 1995, 819.

[391] BGH ZIP 1995, 822.

[392] ablehnend noch Flume ZIP 1996, 165.

[393] zum Meinungsstand: Lutter ZHR 162, 168; ablehnend: MüKo-Reuter § 34 Rz 18f.

[394] Baumbach/Hueck AktG Vor § 54 Rz 11; Hefermehl/Bungeroth, in: Geßler/Hefermehl/Eckardt/Kropff Vor § 53a Rz 19, 22; MüKo-Reuter § 34 Rz 20; Martens, in: Rechtsdogmatik und Rechtspolitik S. 256 ff; Meyer-Landrut FS Schilling S. 239; Hueck ZGR 1972, 249; Schmiedel ZHR 134, 182f.

schaftszwecks in aller Regel auf die Leistung der Einlage. Im übrigen sei der Aktionär nicht verpflichtet, sich um das Wohl der Gesellschaft zu kümmern.[395] Personen, die Aktien erwürben, wollten zudem nicht mit ihren Mitaktionären in irgendwelche Rechtsbeziehungen treten. Ebensowenig hätten sie die Absicht, eine Treuepflicht gegenüber der Gesellschaft einzugehen, sondern behielten sich ganz selbstverständlich vor, durch Verkauf ihrer Aktien aus der Gesellschaft wieder auszuscheiden.[396] Schließlich seien sich die Aktionäre, namentlich die Kleinaktionäre, einander überhaupt nicht bekannt, so daß es eine reine Illusion wäre, hier von Treuebeziehungen zu sprechen.[397]
Zum anderen wird gegen die Anerkennung von Treuepflichten im Aktienrecht der Charakter des Aktiengesetzes angeführt. Das Aktiengesetz schweige gerade zur Existenz von Treuepflichten der Aktionäre. Dem Aktiengesetz fehle es somit an der zur Anerkennung der Treuepflicht erforderlichen Rechtsgrundlage. Die Treuepflicht diene als rechtspolitische Allzweckwaffe, um mehr oder weniger beliebige Ergebnisse zu produzieren. Diese Beliebigkeit stehe in einem eindeutigen Widerspruch zur gesetzlichen Konzeption des Aktienrechts, die auf abschließende und umfassende Konfliktregelung angelegt sei.[398]

Beide Argumentationslinien sind jedoch nicht geeignet, die Existenz von Treubindungen überzeugend abzulehnen. Die Tatsache, daß sich die Aktionäre einer AG untereinander nicht kennen, reicht als Begründung zur Ablehnung von Treuepflichten nicht aus. Mögen die Gesellschafter untereinander auch anonym bleiben, so ändert dies doch nichts daran, daß die Aktionäre aufgrund ihrer Mitgliedschaft objektiv in einer engeren Beziehung zueinander stehen, als im Verhältnis zu Dritten, und daß diese engere Beziehung besondere Loyalitäts- und Rücksichtspflichten verlangt, um ein gedeihliches Zusammenwirken in der Gesellschaft zu erreichen. Wegen dieses objektiven Befundes kommt es auch nicht darauf an, daß die Aktionäre mit dem Erwerb von Anteilen keinerlei Treuebindungen eingehen wollen. Die gesellschaftsrechtliche Treuepflicht ist eine vom Willen der Parteien unabhängige Rechtsgrundlage.[399] Die subjektiven Vorstellungen der Aktionäre sind daher insoweit unbeachtlich.[400] Nicht überzeugen kann auch die Behauptung, daß die Aktionäre außer zur Leistung ihrer Einlage gegenüber der Gesellschaft zu nichts verpflichtet sein sollen. Bereits

---

395 Hefermehl/Bungeroth, in: Geßler/Hefermehl/Eckardt/Kropff Vor § 53a Rz 19.
396 Godin/Wilhelmi § 1 Anm. 5.
397 Baumbach/Hueck AktG Vor 54 Rz 11.
398 Martens, in: Rechtsdogmatik und Rechtspolitk S. 266.
399 Zöllner, Anpassung S. 36.
400 Nehls S. 33.

aus dem allgemeinen Schädigungsverbot folgt, daß die Aktionäre die Interessen ihrer AG nicht schädigen dürfen und daher weiteren Pflichten als ihrer Einlagepflicht unterliegen, so daß sich dieses Argument damit selbst erledigt.

Auch die zweite Argumentationslinie vermag nicht durchgreifend eine Ablehnung der Treuepflicht zu begründen. Sicherlich ist zuzugeben, daß die Entwicklung und Anwendung eines nicht im Gesetz geregelten Rechtsinstituts einen höheren Begründungsaufwand erfordert als die bloße Anwendung einer konkret-gesetzlichen Regelung. Die Jurisprudenz hat sich jedoch nie in der bloßen Anwendung konkret geregelter Institute erschöpft. Denn immer schon hat man anderkannt, daß auch ein noch so sorgsam bedachtes Gesetz nicht für jeden Fall eine Lösung enthalten kann, mit anderen Worten, daß jedes Gesetz unvermeidbar „lückenhaft" ist und diese Lücken durch die Entwickung ungeschriebener Rechtsinstitute beseitigt werden müssen. Die Kompetenz der Gerichte zur Ausfüllung von Gesetzeslücken ist daher zur Recht seit langem anerkannt.[401] Die Tatsache, daß ein Gesetz keine ausdrückliche Rechtsgrundlage für ein bestimmtes Rechtsinstitut wie die Treuepflicht enthält, kann somit nicht als Argument gegen die Unzulässigkeit dieses Rechtsinstituts herangezogen werden, es sei denn, man wollte sich gegen jedwede Form richterlicher Rechtsfortbildung wenden, was sich aber aus rechtspraktischen Gründen verbietet.

Hieran ändert auch der besondere Charakter des Aktiengesetzes nichts. § 23 Abs. 5 AktG stellt zwar klar, daß das Aktiengesetz prinzipiell zwingendes Recht enthält.[402] Zwingend sind die Vorschriften des Aktiengesetzes aber nur, wenn die in ihnen enthaltenen Regelungen auch abschließend sind. Abschließend sind die Regelungen nur für diejenigen Fälle, die überhaupt in den Regelungsbereich einer aktienrechtlichen Norm fallen. Wo aber ein mit der Aktiengesellschaft in Zusammenhang stehender Fall überhaupt nicht vom Regelungsbereich einer Norm des Aktiengesestzes erfaßt wird, kann das Gesetz auch keine abschließende Regelung für diesen Fall enthalten. Dann bleibt zur Lösung des Falls nur die Entwicklung ungeschriebener Rechtsinstitute. Wegen der Vielgestaltigkeit, in der Aktiengesellschaften in der Praxis auftreten, ist auch eine Vielzahl von Fällen denkbar, die zwar einer rechtlichen Lösung bedürfen, für die das Aktiengesetz aber nicht einmal ansatzweise eine Regelung vorsieht, die aber natürlich auch nicht einfach offengelassen werden können. Die Anerkennung der Treuepflicht ist daher oft die einzige Möglichkeit, der

---

[401] Larenz S. 367.
[402] Huber FS Coing S. 166.

Vielgestalt der denkbaren und ihrem Anwendungsbereich unterfallenden Konflikte Herr zu werden.[403]

2. Geltungsgrund

Wie schon bei der GmbH so gilt auch für die AG, daß Treuepflichten im Aktienrecht nur angenommen werden können, wenn hierfür ein Geltungsgrund besteht. Nur in diesem Fall rechtfertigt sich vor dem Hintergrund der Privatautonomie die Bejahung eines gesetzlich nicht ausdrücklich vorgesehenen, die Rechte der Aktionäre gleichwohl beschränkenden Rechtsinstituts.

a) Persönliches Vertrauensverhältnis als Geltungsgrund

Ähnlich wie bei der GmbH zog vor allem das ältere Schrifttum aber auch die Rechtsprechung zunächst die für die Personenverbände entwickelten Grundsätze der Treuepflicht und damit auch deren Geltungsgrund heran und übertrug sie auf die Aktiengesellschaft. So urteilte der BGH noch in der Linotype-Entscheidung, daß auch eine Aktiengesellschaft ähnlich einer GmbH organisatorisch ausgestaltet sein und daher einer Personengesellschaft nahe kommen könne.[404] Aufgrund dieser personalistischen Struktur würden personenrechtliche Beziehungen zwischen den Aktionären begründet, deren Basis ein persönliches Vertrauensverhältnis zwischen den Gesellschaftern sei.[405] Der Geltungsgrund der aktienrechtlichen Treuepflicht wurde somit zunächst auch für die AG in einem besonderen Vertrauensverhältnis der Gesellschafter untereinander gesehen.

Die Annahme eines Vertrauensverhältnisses als Geltungsgrund der Treuepflicht im Aktienrecht stößt jedoch auf massive Bedenken. Auch wenn sich die Aktionäre einander nicht völlig beziehungslos gegenüberstehen, so besteht doch gewöhnlich ebensowenig ein echtes, den Personengesellschaften vergleichbares Vertrauensverhältnis der Aktionäre untereinander. Die Anteilseigner einer AG erfüllen in der Regel nur die Funktion der Kapitalgeber.[406] Die Aktiengesellschaft dient somit vornehmlich der Mittelbeschaffung für ein Unternehmen an den Finanzmärkten. Dies führt aber gleichzeitig dazu, daß sich auch die Aktionäre einander nur selten kennen. Warum hier trotzdem ein Vertrauenverhältnis der Gesellschafter bestehen soll, ist kaum begründbar. Der

[403] Beckerhoff S. 26.
[404] BGHZ 103, 184 (195).
[405] Bergmann ZHR 105, 10; Lifschütz JW 1929, 610.
[406] Friedewald S. 3.

personenrechtliche Einschlag tritt bei der Aktiengesellschaft stark zurück.[407] Die mit der Stellung als Investor/Aktiensparer verbundene, nach außen erkennbare besondere Interessenhaltung überlagert die personenrechtlichen Gemeinschaftsbindungen.[408] Ein Vertrauensverhältnis der Gesellschafter kommt dementsprechend auch als Geltungsgrund der Treuepflicht der Aktionäre nicht in Betracht.[409]

b) Korrelation von Rechtsmacht und Verantwortung

In der Girmes-Entscheidung hat der BGH diese Begründung als Geltungsgrund der Treuepflicht zutreffenderweise fallen lassen und den bereits für die GmbH entwickelten Ansatz, der den Geltungsgrund der Treuepflicht in der Korrelation von Rechtsmacht und Verantwortung sieht, aufgenommen.[410] Auch in der Literatur wird dieser Gedanke heute vielfach und - zu Recht - als der Geltungsgrund der Treuepflicht im Aktienrecht angesehen.[411] Dabei hat insbesondere *Zöllner* diesen Gedanken schon vor vielen Jahren überzeugend dargelegt: Die Rechtsordnung gehe grundsätzlich davon aus, daß derjenige, der von einem Recht Gebrauch mache, niemanden schädige. Diese Auffassung sei aber nur tragbar, wo die formalen Grenzen eines Rechts den materiellen Gehalt für die weit überwiegende Mehrzahl der Ausübungsfälle zutreffend wiederzugeben vermögen, wie das den Regelfall bei den gewöhnlichen Schuldverhältnissen bilde. Ganz anders aber lägen die Dinge da, wo die Interesseneinwirkung eine laufende und wechselnde sei und sich unter stetig sich wandelnden Umständen vollziehe, mit anderen Worten, wo die Rechtsordnung also gezwungen sei, dem Rechtsinhaber einen weiten Spielraum des Ermessens einzuräumen, um die sachgerechte Verwirklichung des Zwecks dieses Rechtsverhältnisses zu ermöglichen. Hier ergebe sich aus dem Wesen der Sache eine verstärkte Pflicht zur Rücksicht auf die gemeinschaftlichen Belange und die mit der Beteiligung an dem Rechtsverhältnis notwendigerweise verknüpften Interessen der Partner.[412]

---

[407] RGZ 158, 248 (254).

[408] Henssler DZWiR 1995, 431

[409] Nehls S. 33; Wiedemann JZ 1989, 448.

[410] BGH ZIP 1995, 819 (821); BGH ZIP 1999, 1444 (1445); bereits in BGHZ 103, 184 (194) hatte das Gericht die Annahme von Treuepflichten auf die Korrelation von Rechtsmacht und Verantwortung gestützt, jedoch daneben auf ein Vertrauensverhältnis abgestellt.

[411] Wiedemann GesR § 8 II. 3. a) (S. 432); ders. JZ 1976, 393; Zöllner, in: KK § 243 Rz 190; Lutter ZHR 153, 452f; ders. ZHR 162, 167; Beckerhoff S. 31; Nehls S. 36.

[412] Zöllner, Schranken, S. 343.

Macht kann und darf demnach nicht ohne Verantwortung ausgeübt werden. Dieser Grundsatz zieht sich durch alle Bereiche des Rechts, das Strafrecht, das Öffentliche Recht und das Zivilrecht.[413] Die Gefahr einer verantwortungslosen Machtausübung durch Beeinträchtigung der Interessen der Gesellschaft oder der Mitgesellschafter besteht im Aktienrecht in gleicher Weise wie im GmbH-Recht. Während im Personengesellschaftsrecht wegen des Einstimmigkeitsprinzips immer die Kompromißfindung im Vordergrund steht, erlaubt das Kapitalgesellschaftsrecht infolge des Mehrheitsprinzips eine viel leichtere Beeinträchtigung fremder Interessen, da hier Entscheidungen auch gegen den Willen eines Teils der Gesellschafter durchgesetzt werden können. Dieser erleichterten Beeinträchtigungsmöglichkeit muß ein erhöhtes Maß an Rücksichtnahme gegenüberstehen. Die Korrelation von Rechtsmacht und Verantwortung kann daher auch für das Aktienrecht als maßgeblicher Geltungsgrund der Treuepflicht herangezogen werden.

3. Gesetzliche Grundlage der Treuepflicht

In Bezug auf die gesetzliche Grundlage der aktienrechtlichen Treuepflicht werden in der Literatur unterschiedliche Auffassungen[414] vertreten, die ähnlich wie bei der GmbH zumeist um die §§ 242 und 705 BGB kreisen. Demgegenüber hat es der BGH bisher unterlassen, zur Frage der gesetzlichen Grundlage der Treuepflicht im Aktienrecht Stellung zu nehmen.[415]

a) Die Förderpflicht aus § 705 BGB als Grundlage

Ein Teil der Literatur sieht die Grundlage der aktienrechtlichen Treuepflicht genau wie bei der GmbH in der bürgerlich-rechtlichen Vorschrift des § 705 BGB. Diese Vorschrift enthalte eine Grundaussage für das gesamte Recht der privaten Verbände.[416] Es unterliege keinem Zweifel, daß nach ihrer Stellung im System des Gesellschaftsrechts auch die Aktiengesellschaft eine Gemeinschaft zur Erreichung eines bestimmten gemeinsamen Zwecks sei. Dementsprechend müsse auch eine Bindung der Mitglieder dieser Gemeinschaft an diesen gemeinsamen Zweck bestehen. Es sei daher davon auszugehen, daß eine im Grundsatz für alle privaten Zweckverbände geltende Förderpflicht in § 705

---

[413] Jilg S. 47; Hennrichs AcP 195, 239.
[414] Lutter AcP 180, 102; ders ZHR 153, 454; Timm WM 1991, 482; Hennrichs AcP 195, 228ff; Schmiedel ZHR 134, 181ff, Henn S. 17f; Nehls S. 39; Nonn S. 17f; Häuser S. 178ff.
[415] Henze BB 1996, 491.
[416] Lutter AcP 180, 102; ders. ZHR 153, 454; Timm WM 1991, 482.

BGB nur beispielhaft für die Gesellschaft bürgerlichen Rechtes normiert wurde.[417]

Gegen diesen Ansatz spricht jedoch, daß für das Kapitalgesellschaftsrecht und insbesondere für das Aktienrecht - anders als für das Personengesellschaftsrecht - eine Norm, die auf den § 705 BGB verweist, fehlt. Dies legt den Schluß nahe, daß diese Vorschrift für das gesamte Kapitalgesellschaftsrecht gerade nicht gilt. Darüber hinaus spricht gegen diesen Ansatz auch der rechtstatsächliche Befund. Wenn behauptet wird, die Aktionäre einer AG verpflichteten sich zur Förderung des gemeinsamen Zwecks der Gesellschaft, so dürfte dies zumindest für reine Anlageaktionäre eine realitätsferne Fiktion sein. Solchen Aktionäre ist der Zweck der Gesellschaft vollkommen gleichgültig. Vielmehr wollen sie mit ihrem Investment allein Kurssteigerungen erreichen, ohne Rücksicht darauf, ob es sich hierbei um Wertpapieranleihen oder um verbriefte Mitgliedschaftsrechte in einer Aktiengesellschaft handelt. Von einer selbstgewählten Förderpflicht der Gesellschafter, wie sie § 705 BGB vorsieht, kann bei diesen Aktionären keine Rede sein. Für die Anwendung des § 705 BGB ist daher zumindest bei diesen Aktionären kein Raum. Da aber wegen der Einheitlichkeit der Mitgliedschaft in der AG nicht ein Teil der Aktionäre an § 705 BGB gebunden sein kann, ein anderer Teil indes nicht, scheidet § 705 BGB insgesamt als Rechtsgrundlage der Treuepflicht aus.

b) Differenzierender Ansatz

Zum Teil wird auch - ebenfalls wie im GmbH-Recht - ein differenzierender Ansatz zwischen § 705 und § 242 BGB gewählt.[418] Soweit aus der Treuepflicht besondere Verhaltenspflichten der Gesellschafter abgeleitet würden, legitimierten sie sich aus der Förderpflicht des § 705 BGB; als eine Schranke für die Ausübung von Gesellschafterrechten, sei dieser Gedanke aber abzulehnen, statt dessen verbleibe die Rückgriffsmöglichkeit auf § 242 BGB.[419]

Dieser Ansatz vermag aber wie schon für das GmbH-Recht auch nicht für das Aktienrecht zu überzeugen. Zum einen sprechen gegen ihn die bereits oben geäußerten Bedenken hinsichtlich der Anwendbarkeit des § 705 BGB im Kapitalgesellschaftsrecht und insbesondere im Aktienrecht. Doch selbst wenn § 705 BGB auch auf Aktiengesellschaften Anwendung fände, führte dieser Ansatz

[417] Nehls S. 39.
[418] Häuser S. 178ff; Nonn S. 17f.
[419] Häuser S. 182.

nicht weiter. Treuepflichten haben einen vielschichtigen Anwendungsbereich. Die Treuepflicht kann sich im einen Fall in passiven, d. h. Unterlassungs- und Loyalitätspflichten erschöpfen, aber auch bei anders gelagerten Gelegenheiten die Pflicht zur aktiven Mitwirkung beinhalten.[420] Wann eine Handlungs- und wann eine Unterlassungspflicht vorliegt, läßt sich indes nicht immer sauber trennen. Man nehme etwa den Fall, daß ein Mehrheitsaktionär eine Kapitalerhöhung beschließt, wobei mit Ausnahme seiner selbst für alle Aktionäre das Bezugsrecht ausgeschlossen sein soll. Für diesen Bezugsrechtsausschluß besteht kein wichtiger Grund. Unbestreitbar ist, daß ein solcher Beschluß treuwidrig ist. Nicht klar ist jedoch, worin konkret die Treuepflichtverletzung liegt. Hat der Mehrheitsaktionär die positive Pflicht, nur solche Kapitalerhöhungsbeschlüsse zu fassen, bei denen das Bezugsrecht grundsätzlich jedem Aktionär zusteht, es sei denn, es besteht für den Ausschluß ein wichtiger Grund oder besteht für ihn lediglich eine Unterlassungspflicht grundlos ungleichbehandelnde Kapitalerhöhungsbeschlüsse zu fassen? Auch wegen dieser Abgrenzungsschwierigkeiten ist der oben aufgezeigte Ansatz als Grundlage der Treuepflicht ungeeignet.

c) § 242 BGB als Grundlage

Die extreme Gegenansicht betrachtet allein § 242 BGB als Grundlage der Treuepflicht im Aktienrecht.[421] Der in § 242 BGB kodifizierte Grundsatz von Treu und Glauben begründe für sämtliche rechtliche Sonderverbindungen Rücksichtnahme- und Loyalitätspflichten. Für die Aktionäre, die durch die gemeinsame Zugehörigkeit zu einer Aktiengesellschaft zueinander in einer gesellschaftsrechtlichen Sonderverbindung stünden, folge daher aus diesem Grundsatz die Pflicht, auf die mitgliedschaftlichen Interessen der anderen Aktionäre Rücksicht zu nehmen. In diesem Sinne sei die Treuepflicht gegenüber den Mitaktionären als gesellschaftsrechtsspezifische Ausprägung des § 242 BGB anzusehen.[422]

Diesem Ansatz kann jedoch aus den gleichen Gründen wie sie bereits oben[423] bei der GmbH genannt wurden, nicht zugestimmt werden. Entsprechend kann hierauf verwiesen werden.

---

[420] Beckerhoff S. 22; Hüffer AktG § 53a Rz 16.

[421] MüKo-Roth § 242 Rz 166; Staudinger-Keßler Vor § 705 Rz 41f; Hennrichs AcP 195, 228ff; Schmiedel ZHR 134, 181ff; Henn S. 17f.

[422] Nehls S. 50.

[423] siehe oben 2. Teil B. III. 3. d).

d) Gesamtschau der gesetzlichen Vorschriften als Anknüpfungspunkt

Lassen sich damit bei der Aktiengesellschaft weder § 242 noch § 705 BGB als gesetzliche Grundlage der Treuepflicht heranziehen, so stellt sich gleichwohl im Hinblick auf die verfassungsmäßige Bindung des Richters an das Gesetz das Problem, welche gesetzlichen Anknüpfungspunkte für die Treuepflicht in Betracht kommen. Anhand dessen beurteilt sich nämlich zugleich die Frage nach der Rechtfertigung der Treuepflicht als zulässiger Rechtsfortbildung.[424] Hierbei gilt auch für das Aktienrecht, daß der Treuegedanke nicht im Aktiengesetz ausdrücklich genannt ist.[425] Ähnlich wie bei der GmbH enthält das Aktiengesetz jedoch eine Reihe von Vorschriften, in denen wesentliche Grundgedanken der Treuepflicht zum Ausdruck kommen. Dies legt es nahe hier ebenfalls den gesetzlichen Anknüpfungspunkt der Treuepflicht nicht in einer bestimmten Norm, sondern im Zusammenspiel mehrerer Normen, die alle jeweils nur Teilbereiche der Treuepflicht regeln, zu suchen.

aa) § 254 Abs. 1 AktG

Zu den Vorschriften, die Ansätze des Treuepflichtgedankens widerspiegeln, gehört § 254 Abs. 1 AktG. Hiernach kann ein Beschluß über die Verwendung des Bilanzgewinns angefochten werden, wenn die Hauptversammlung aus dem Bilanzgewinn Beträge in Gewinnrücklagen einstellt oder als Gewinn vorträgt, obwohl die Einstellung oder der Gewinnvortrag aus kaufmännischen Erwägungen heraus nicht notwendig ist und dadurch an die Aktionäre kein Gewinn von mind. 4% des Grundkapitals verteilt werden kann. Der Regelungszweck dieser Vorschrift liegt im Schutz der Minderheit vor einer Aushungerungspolitik der Mehrheit. Gemeint ist der Fall, daß ein oder mehrere Großaktionäre einer Thesaurierung des Gewinns auch dann den Vorzug geben, wenn sie nach der Lage der Gesellschaft nicht gerechtfertigt ist, und dem Renditeinteresse der Minderheitsaktionäre auch nicht durch eine Kapitalerhöhung aus Gesellschaftsmitteln Rechnung tragen.[426] Es handelt sich somit bei § 254 Abs. 1 AktG um eine Vorschrift, die einen Mißbrauch der Mehrheitsmacht verhindern soll. Bereits mehrfach wurde darauf hingewiesen, daß ein wichtiger Anwendungsbereich der Treuepflicht der Minderheitenschutz ist. Entsprechend stellt sich § 254 Abs. 1 AktG als eine gesetzliche Ausprägung des Treuepflichtgedankens dar.[427]

---

[424] Nehls S. 15.

[425] Claussen AG 1991, 16.

[426] Hüffer, in: MüKo z. AktG § 254 Rz 2; Hüffer AktG § 254 Rz 1.

[427] Nehls S. 51.

bb) § 243 Abs. 2 AktG

Obwohl gerade im Aktienrecht dem Schutz der Minderheit vor der Mehrheitsmacht eine ganz besondere Bedeutung zukommt, finden sich hier nicht nur Vorschriften, die sich allein wegen dieses Minderheitenschutzes als Ausprägung des Treuepflichtgedankens präsentieren. Vielmehr enthält das Aktiengesetz mit § 243 Abs. 2 AktG eine Norm, in der noch ein weiteres, wesentliches Schutzziel der Treuepflicht seine gesetzlich geregelte Berücksichtigung gefunden hat.

Gemäß § 243 Abs. 2 AktG kann eine Anfechtung darauf gestützt werden, daß ein Aktionär mit der Ausübung seines Stimmrechts für sich oder einen Dritten Sondervorteile zum Schaden der Gesellschaft oder der anderen Aktionäre zu erlangen versucht und der Beschluß zur Erreichung dieses Zwecks geeignet ist. Die Vorschrift soll damit verhindern, daß ein Aktionär durch die Ausübung seines Stimmrechts Vorteile erzielt, die den anderen Aktionären oder der Gesellschaft nicht zu gute kommen. Sie schützt somit die Aktionäre vor einer mißbräuchlichen, weil allein eigensüchtig motivierten Stimmrechtsausübung einzelner Aktionäre.
Das Verbot mißbräuchlicher Stimmrechtsausübung wurde bereits mehrfach als wichtigster Anwendungsbereich der Treuepflicht herausgestellt. Damit ist die Vorschrift des § 243 Abs. 2 AktG ein Paradebeispiel für die legislatorische Berücksichtigung des Treuepflichtgedankens und stellt ebenfalls eine gesetzliche Ausprägung der Treuepflicht im Aktienrecht dar.[428]

cc) § 255 Abs. 2 AktG

Eine Norm, die sowohl den Minderheitenschutz berücksichtigt als auch ein Verbot rechtsmißbräuchlicher Stimmrechtsausübung enthält und die sich deshalb in besonderer Weise als Ausdruck der Treuepflicht darstellt, ist § 255 Abs. 2 AktG. Diese Vorschrift gibt den Aktionären ein Anfechtungsrecht für den Fall, daß bei einer effektiven Kapitalerhöhung unter gleichzeitigem teilweisem Ausschluß des Bezugsrechts, der Ausgabebetrag oder der Mindestbetrag, unter dem die neuen Aktien nicht ausgegeben werden sollen, unangemessen niedrig ist. Hierdurch sollen die Aktionäre vor einer „Verwässerung" ihres Anteilsbesitzes geschützt werden. Eine solche Verwässerung tritt zwangsläufig ein, wenn neue Aktien geschaffen und ausgegeben werden, ohne daß die dafür

---

[428] Lutter ZHR 153, 454; Hennrichs AcP 195, 261; Henze FS Kellermann S. 147; Hüffer FS Steindorff S. 72; Schmidt GesR § 28 I (S. 808); Nehls S. 49; Kübler S. 179; Beckerhoff S. 44; Dreher ZHR 157, 153.

geleisteten Einlagen dem Wert der Mitgliedschaft entsprechen.[429] Ein Kapitalerhöhungsbeschluß, der einen solchen Effekt erzielt, und den unter normalen Umständen nur die Mehrheit fassen kann, wendet den bezugsberechtigten Aktionären oder Dritten unzulässigerweise Sondervorteile zu. Insofern ist auch § 255 Abs. 2 AktG Ausdruck des Schutzes der Minderheit vor einem rechtsmißbräuchlichen Verhalten der Mehrheit und damit Ausprägung der Treuepflicht.[430]

dd) § 117 Abs. 1 AktG

Als eine weitere gesetzliche Ausprägung des Treuepflichtgedankens im Aktienrecht könnte sich schließlich die Norm des § 117 Abs. 1 AktG darstellen. Durch diese Vorschrift wird zum einen die Gesellschaft vor Schädigungen durch eine rechtswidrige Beeinflussung von Verwaltungsmitgliedern und leitenden Angestellten geschützt.[431] Die Beeinflussung der Verwaltungsmitglieder und leitenden Angestellten kann dabei auf persönlichen Beziehungen wie etwa Verwandtschaft oder Bekanntschaft aber auch sachlichen Beziehungen wie etwa Machtstellung als Kreditgeber, Lieferant oder Abnehmer beruhen.[432] Darüber hinaus schützt die Vorschrift gemäß ihrem Wortlaut aber auch die Aktionäre vor einseitiger Einflußnahme auf die Gesellschaftsorgane. Die Norm beschränkt sich aber nicht nur auf ein Verbot der Einflußnahme. Vielmehr stellt die einseitige Beeinflussung zum Schaden der Gesellschaft oder der anderen Aktionären auch einen Mißbrauch von Rechtsmacht dar, da den Gesellschaftern ihr Einfluß nicht zu Schädigungszwecken eingeräumt ist. Gerade den Mißbrauch von Rechtsmacht aber will auch die Treuepflicht verhindern. Die Vorschrift des § 117 Abs. 1 AktG ist daher als ein Anwendungsfall der verletzten Treuepflicht gegenüber der AG wie gegenüber dem Mitaktionär zu verstehen.[433] Denn anders formuliert enthält die Norm ein Verbot, die Gesellschaft und ihre Aktionäre zu schädigen, kurz sich treuwidrig zu verhalten.[434]

Vielfach wird allerdings unter Berufung auf die Rechtsnatur des § 117 Abs. 1 AktG der Charakter der Norm als Ausprägung der Treuepflicht verneint. § 117 AktG sei Tatbestand des Deliktsrechts, was sich zum einen aus dem Wortlaut

---

[429] Hüffer, in: MüKo z. AktG § 255 Rz 2; Hüffer AktG § 255 Rz 2; Nehls S. 51.
[430] Nehls S. 51; Beckerhoff S. 46.
[431] Mertens, in: KK § 117 Rz 11.
[432] Mertens, in: KK § 117 Rz 12.
[433] Fillmann S. 105.
[434] Lutter ZHR 153, 456; Becker ZGR 1986, 401.

der Norm ergebe, wonach auch Nichtaktionäre hafteten.[435] Darüber hinaus ergebe sich die deliktsrechtliche Natur dieser Norm aus der Entstehungsgeschichte der Vorschrift. Schon die Aktienrechtskommission des 34. Deutschen Juristentags habe 1928 die von ihr vorgeschlagene Generalklausel - obwohl diese an die Ausübung des Stimmrechts anknüpfte und dementsprechend eine Haftung nur der Aktionäre vorsah - als deliktische Rechtsnorm erklärt.[436] Als Konsequenz dieser deliktischen Natur der Norm ergebe sich, daß sie nicht Ausprägung der Treuepflicht sein könne. Die mitgliedschaftliche Treuepflicht beruhe auf Sonderrechtsbeziehungen des Aktionärs zu seiner Gesellschaft und seinen Mitgesellschaftern. Normen des Deliktsrechts richteten sich dagegen an jedermann, da sie das Bestehen einer rechtlichen Beziehung zwischen Schädiger und Geschädigtem nicht voraussetzten. Folglich sei § 117 AktG als Tatbestand deliktsrechtlicher Natur kein Anwendungsfall der Treuepflicht des Aktionärs.[437]

Zuzugeben ist dieser Argumentation, daß deliktische Normen keine vertraglichen oder vertragsähnlichen Rechtsbeziehungen zu begründen vermögen. Solche Rechtsbeziehungen sind aber Voraussetzung für die Annahme von Treuepflichten. Eine Ableitung der Treuepflicht allein aus der Vorschrift des § 117 Abs. 1 AktG ist dementsprechend nicht möglich. Dies schließt es aber nicht aus, diese Norm als Ausprägung der aktienrechtlichen Treuepflicht anzusehen, d. h. als einer Norm, die wesentliche Aussagen der Treuepflicht in sich vereinigt. Der Vorschrift liegt derselbe Rechtsgedanke zu Grunde wie der aktienrechtlichen Treuepflicht. Sie richtet sich - wenn auch nicht ausschließlich - an die Aktionäre einer Gesellschaft und verbietet ihnen den Mißbrauch des Stimmrechts. Sie enthält damit Kernaussagen, die sich auch der Treuepflicht entnehmen lassen. Zwar bindet die Vorschrift nicht nur Aktionäre, sondern auch Dritte und erweitert so ihren personellen Anwendungsbereich. Dies führt aber nicht dazu, daß in der Norm nicht zugleich ein Ausdruck der Treuepflicht gesehen werden kann. § 117 AktG läßt sich so begreifen, daß diese Norm zum einen das allgemeine, an jedermann gerichtete und dem Deliktsrecht eigene Schädigungsverbot beinhaltet. Zum anderen ist sie aber auch Ausdruck der besonderen Pflichtenbindung des Aktionärs. Wollte man dies anders begreifen,

---

[435] BGH NJW 1992, 3167 (3172); BGH ZIP 1995, 819 (828); Hüffer AktG § 117 Rz 2; Kropff, in: Geßler/Hefermehl/Eckardt/Kropff § 117 Rz 5; Mertens, in: KK § 117 Rz 10; Beckerhoff S. 43.
[436] Nehls S. 43.
[437] Beckerhoff S. 43; Mertens, in: KK § 117 Rz 10; Nehls S. 43.

käme man zu dem seltsamen Ergebnis, daß ein Verhalten eines Aktionärs, das den Tatbestand des § 117 Abs. 1 AktG erfüllt, zwar mißbräuchlich aber nicht treuwidrig wäre. Der Aktionär wäre dann zwar grundsätzlich treuepflichtgebunden, im Bereich der Anwendungsfälle des § 117 Abs. 1 AktG aber nicht. Es bleibt also dabei: Auch § 117 Abs. 1 AktG stellt eine Ausprägung der aktienrechtlichen Treuepflicht dar.

ee) Schlußfolgerung

Insgesamt bleibt hiernach festzustellen, daß auch das Aktiengesetz eine ganze Reihe von Vorschriften enthält, in denen wesentliche Grundgedanken und Grundideen der Treuepflicht ihren Niederschlag im Gesetz gefunden haben. Allen Vorschriften ist zudem gemein, daß sie das zentrale Rechtsprinzip der Treuepflicht widerspiegeln, nämlich die Korrelation von Rechtsmacht und Verantwortung. Sie gehen allesamt davon aus, daß ein gesteigerter Einfluß eine gesteigerte Pflichtenbindung und Ausübungskontrolle begründet.[438] Damit aber wird klar, daß der Gesetzgeber das zentrale Prinzip der Treuepflicht und also auch das Institut der Treuepflicht im Aktienrecht ebenfalls grundsätzlich billigt und anerkennt. Auch für die Aktiengesellschaft läßt sich somit festhalten, daß die Treuepflicht nicht etwa in einer bestimmten Norm des Aktiengesetzes in ihren einzelnen Voraussetzungen geregelt ist und in dieser Norm ihre gesetzliche Grundlage findet. Vielmehr kann sich die Treuepflicht auf eine Reihe von Rechtsgedanken und Vorschriften stützen.[439] Hierin sind ihre gesetzliche Grundlagen zu sehen und hierin ist ihre Legitimation als Institut richterlicher Rechtsfortbildung zu finden.

4. Rechtsbeziehungen der Gesellschafter

Wie bei der GmbH so ist auch für die Aktiengesellschaft der Nachweis konkreter rechtlicher Beziehungen der Gesellschafter untereinander aber auch im Verhältnis zur Gesellschaft schwierig. Der Grund für diese Schwierigkeiten liegt wie schon bei der GmbH darin, daß in der Aktiengesellschaft kein Gesellschaftsvertrag im Sinne des § 705 BGB existiert, aufgrund dessen sich Rechtsbeziehungen relativ leicht begründen lassen. Die Ordnung innerhalb der AG basiert ebenso wie diejenige der GmbH auf der Satzung, die wie jene einen selbständigen Charakter hat. Die Tatsache, daß die Personengesellschaft ein „Personenverband" ist, deren Verbund auf dem Gesellschaftsvertrag beruht,

---

[438] Dreher ZHR 157, 155.

[439] Hüffer FS Steindorff S. 72.

während die körperschaftliche juristische Person „Verbandsperson“ ist, an welcher die Mitglieder teilhaben,[440] gilt auch für die AG. Auf den Nachweis konkreter Rechtsbeziehungen kann aber für die Ableitung der Treuepflicht nicht verzichtet werden. Zu diesem Zweck erscheint es wie schon bei der anderen bedeutenden Form der Kapitalgesellschaft, der GmbH, mit Blick auf die unterschiedlichen Verhältnisse der Aktionäre untereinander und zu ihrer Aktiengesellschaft ratsam, eine Trennung zwischen Rechtsbeziehungen zur AG und solchen der Aktionäre untereinander vorzunehmen.

a) Rechtsbeziehungen zur Gesellschaft

Unbestritten besteht zwischen dem Aktionär und der Aktiengesellschaft ein besonderes mitgliedschaftliches Rechtsverhältnis.[441] Wie dieses Rechtsverhältnis systematisch einzuordnen ist, ist allerdings streitig.

Zum Teil wird die Satzung als Basis dieses Rechtsverhältnisses zwischen Aktionär und AG gesehen, die damit zugleich die Basis für die Treuepflicht der Aktionäre gegenüber ihrer Gesellschaft sein soll.[442] Die Satzung der juristischen Person sei zwar Organisationsvertrag.[443] Denn sie regele die Organisation der Gesellschaft, also die Einrichtung und Zuweisung von Zuständigkeiten für ein rechtlich verselbständigtes Sondervermögen, wodurch sie anders als Schuldverträge objektives nicht nur für die Gründergesellschafter verbindliches Recht schaffe. Dieser Charakter der Satzung stehe aber der Annahme nicht entgegen, daß die Satzung zugleich die Grundlage für die mit der Mitgliedschaft verbundenen subjektiven Rechte und Pflichten darstelle.[444] Weil die Gesellschafter die Gesellschaft wollten, erstrecke sich ihr Konsens notwendig auch auf die Begründung von Mitgliedschaften und damit auf Treuebindungen gegenüber der Gesellschaft.[445] Gegen diese Annahme sprechen allerdings die schon bei der GmbH in diesem Zusammenhang geäußerten Bedenken im Hinblick auf die Selbständigkeit der Satzung. Ebenso wie bei der GmbH würde die Vermittlung von Rechtsbeziehungen der Gesellschafter durch die Satzung voraussetzen, daß die Gesellschafter an diesem Statut wie an einem Gesellschafts-

---

[440] Flume, Juristische Person S. 259.

[441] Fillmann S. 59; Flume, Juristische Person S. 258; Lutter ZHR 153, 452; ders. AcP 180, 97ff, ders. JZ 1976, 226; Schmidt GesR § 19 III (S. 552); Beckerhoff S. 33; Nehls S. 53.

[442] Beckerhoff S. 33; Henze BB 1996, 492; Hüffer FS Steindorff S. 67; ders. § 53a AktG Rz 15.

[443] Würdinger § 10 I 1 b) (S. 39).

[444] Paschke FS Serick S. 315f.

[445] Hüffer FS Steindorff S. 66.

vertrag beteiligt wären, was aber infolge des Statutcharakters der Satzung gerade nicht der Fall ist.

Gleichwohl ist auch für die AG die Annahme von Rechtsbeziehungen der Gesellschafter und damit die Möglichkeit des Bestehens von Treuepflichten nicht ausgeschlossen. Bereits oben wurde das Bestehen eines Rechtsverhältnisses der Gesellschafter untereinander nicht in Frage gestellt, sondern nur dessen Ableitung aus der Satzung.[446] Eine Ableitung aus anderen Grundlagen schließt dies nicht aus. Als solche Grundlage kommt hier abermals die Mitgliedschaft in der Gesellschaft in Betracht. Der Aktionär ist Teilhaber der AG. Diese Teilhabe des Aktionärs am Unternehmen ist rechtlich in der Mitgliedschaft bei der AG begründet.[447] Bereits für die GmbH wurde festgestellt, daß die Mitgliedschaft in der GmbH ein Rechtsverhältnis ist.[448] Nicht anders verhält es sich auch für die Mitgliedschaft in der AG, so daß die dort bereits angestellten Überlegungen zu den Rechtsbeziehungen zwischen Gesellschaft und Gesellschafter auch auf die AG übertragbar sind. Die Mitgliedschaft begründet somit eine Rechtsbeziehung zwischen Aktionär und AG und bildet die Basis der Treuepflicht der Aktionäre zur ihrer Gesellschaft.

b) Rechtsbeziehungen der Gesellschafter untereinander

Daß ein Aktionär auch Treuepflichten gegenüber seinen Mitaktionären unterliegen kann, ist keine Selbstverständlichkeit. Denn die Aktiengesellschaft galt lange Zeit als eine Rechtsform, in der lediglich Rechtsbeziehungen im Vertikalverhältnis von Aktionär zur Gesellschaft, nicht aber auf horizontaler Ebene zwischen den Gesellschaftern vorstellbar waren.[449]

aa) Ablehnende Ansicht

Der Grund hierfür wurde und wird zum Teil auch heute noch in der körperschaftlichen Struktur der AG gesehen. Dementsprechend wurde lange Zeit eine Treuepflicht unter den Aktionären als Folge des Fehlens von Rechtsbeziehungen zwischen den Aktionären abgelehnt.[450]

---

[446] siehe oben 2. Teil B. III 4 a).
[447] Fechner S. 70.
[448] siehe oben 2. Teil B. III. 4 a).
[449] Dreher ZHR 157, 151.
[450] Bungeroth, in: Geßler/Hefermehl/Eckardt/Kropff Vor § 53a Rz 23; Godin-Wilhelmi § 1 Anm. 3; Meyer-Landrut, in: GK-AktG § 1 Anm. 34 (3. Aufl.); Hueck, Treuegedanke S. 14 ; ders. Baumbach/Hueck AktG § 1 Rz 3; Flume, Juristische Person S. 268ff; Ballerstedt S. 155.

Das Fehlen von Rechtsbeziehungen ergebe sich daraus, daß die AG als rein kapitalistisch organisierte Gesellschaftsform im Gegensatz zu den Personengesellschaften nicht auf ein persönliches Zusammenwirken der Gesellschafter angelegt sei. Angesichts ihrer rechtlich durchgebildeten, von der Person der jeweiligen Gesellschafter unabhängigen und durch die Satzung wegen § 23 Abs. 5 AktG kaum veränderbaren Organisationsstruktur sei bei ihr anders als bei der GmbH auch kein Spielraum für die Einfügung personalistischer Elemente vorhanden.[451] Ebenso fehle es in der Aktiengesellschaft an einem die Aktionäre untereinander bzw. gegenseitig verpflichtenden Gesellschaftsvertrag.[452] Allein die Körperschaft sei daher Zurechnungspunkt aller rechtlichen Beziehungen.[453] Gesellschafterliche Rechtsbeziehungen der Mitglieder bestünden nicht.[454]

Diese Ansicht beruht auf einem überkommenen Verständnis des Geltungsgrundes der Treuepflicht, indem sie allein versucht, die zum Personengesellschaftsrecht entwickelten Begründungansätze der Treuepflicht auf die Kapitalgesellschaften zu übertragen. Zwar ist das Verhältnis unter den Aktionären einer Aktiengesellschaft zugegebenermaßen nicht auf ein entsprechendes persönliches Zusammenwirken der Gesellschafter zugeschnitten wie dies bei den Personengesellschaften der Fall ist. Ein vergleichbares Vertrauensverhältnis der Aktionäre untereinander besteht nicht. Ein solches Vertrauensverhältnis ist nach heutigem Verständnis der Treuepflicht aber auch nicht mehr als Geltungsgrund der Treuepflicht erforderlich.[455] Ebensowenig müssen damit aber auch die Verhältnisse unter den Gesellschaftern auf persönliche Zusammenarbeit ausgerichtet oder von personenrechtlichen Elementen geprägt sein. Das Fehlen von Rechtsbeziehungen läßt sich also mit dem Verweis auf im Vergleich zu den Personengesellschaften fehlende Bedingungen nicht begründen.

bb) Satzung

Die überwiegende Auffassung bejaht dementsprechend Rechtsbeziehungen der Gesellschafter untereinander.[456] Allerdings besteht hierbei heftiger Streit über die Begründung dieser Rechtsbeziehungen.

---

[451] Bungeroth, in: Geßler/Hefermehl/Eckardt/Kropff Vor § 53 a Rz 22.

[452] Altmeppen NJW 1995, 1750, ähnlich auch Baumbach/Hueck AktG Vor § 54 Rz 11, wonach ein Treueband der Aktionäre untereinander fehlt.

[453] Immenga, Kapitalgesellschaft S. 271.

[454] Bungeroth, in: Geßler/Hefermehl/Eckardt/Kropff Vor § 53 a Rz 22.

[455] siehe oben 2. Teil C. II. 2. b).

[456] BGHZ 103, 184 (195); Zöllner, in: KK § 243 Rz 195; Schmidt GesR § 19 III (S. 552); Lutter AcP 180, 123ff; Nirk/Reuter/Bächle Rz 591.

Zum Teil werden diese Rechtsbeziehungen wiederum als Folge des Bestehens der Satzung bzw. der durch sie vermittelten Mitgliedschaft gesehen.[457] Da Entstehungsgrundlage der Mitgliedschaft der Organisationsvertrag sei und die Treuebindung unter den Aktionären als Ausfluß der mitgliedschaftlichen Beteiligung angesehen werden müsse, sei die aus dem Organisationsvertrag hervorgegangene Satzung notwendigerweise Entstehungsgrund für die Treuepflicht unter den Aktionären.[458] Dieses Argument kann aber schon deshalb nicht überzeugen, da die Satzung günstigstenfalls die Mitgliedschaft in der Aktiengesellschaft vermitteln kann, indem sie Rechte und Pflichten zwischen Gesellschaft und Gesellschaft begründet. Rechte und Pflichten zwischen den Aktionären begründet sie grundsätzlich aber nicht. Sie entfaltet somit keine unmittelbaren Wirkungen zwischen den Gesellschaftern und kann daher auch nicht als Grundlage einer Rechtsbeziehung der Aktionäre herangezogen werden.

Teilweise wird auch als Begründung wie bei der GmbH mit der Weitergeltung der Gründungsrechtsbeziehungen aus der Zeit der Vor-AG argumentiert.[459] Gegen diese Begründung sprechen jedoch die bereits schon oben zur GmbH ausführlich geäußerten Bedenken im Hinblick auf den unterschiedlichen Gesellschaftszweck der Vor-GmbH und der GmbH entsprechend.[460]

cc) Besonderes Schuldverhältnis

Fehrensen wählt zur Begründung von Rechtsbeziehungen zwischen den Aktionären einen rein aktienrechtlichen Ansatz.[461] Aus der Rechtsnatur der Aktiengesellschaft als juristischer Person sei grundsätzlich die Doktrin abzuleiten, daß zwischen den Aktionären keine Rechtsbeziehungen bestünden. Eine Ausnahme von dieser Regel sei aber im Verhältnis des Großaktionärs zu den Kleinaktionären gegeben, wenn der Großaktionär aufgrund seiner Stellung einen beherrschenden Einfluß, d. h., faktische Organfunktion ausübe. In diesem Fall bestünde ein besonderes Schuldverhältnis des Großaktionärs gegenüber dem Kleinaktionär, das eine Rechtsbeziehung darstelle. Gleichzeitig bestehe eine Treuepflicht zwischen dem Großaktionär und den Kleinaktionären. Hierbei handele es sich um eine Ausdehnung der den Großaktionär beziehungswei-

---

[457] Hüffer FS Steindorff S. 67; Henze BB 1996, 492; Jilg S. 60; Nonn S. 20.
[458] Henze BB 1996, 492.
[459] Hüffer FS Steindorff S. 67.
[460] siehe oben 2. Teil B. III. 4. b) bb) (2).
[461] Fehrensen S. 119f.

se „Unternehmensaktionär“ im Verhältnis zur Gesellschaft treffenden Treuepflicht.[462]

Auch diesem Ansatz kann nicht beigetreten werden. Geltungsgrund der Treuepflicht ist die Einflußmöglichkeit auf die Interessen der Gesellschaft bzw. der Mitgesellschafter. Diese Einflußmöglichkeit besteht häufig aber nicht nur im Verhältnis des Großaktionärs zum Kleinaktionär. Auch umgekehrt kann der Kleinaktionär bei bestimmten Maßnahmen beherrschenden Einfluß auf die AG ausüben. Man denke nur an den Umtausch von Vorzugsaktien in Stammaktien, die aus Gründen der Perfomance der Aktie am Kapitalmarkt für die AG überaus nützlich sein kann, die ohne die Zustimmung der jeweiligen Vorzugsaktionäre aber nicht zulässig ist. Diese Einflußmöglichkeit erfordert auch für den Kleinaktionär die Begrenzung seiner Stimmrechtsmacht durch die Treuepflicht. Die Treuepflicht ist daher grundsätzlich für alle, damit auch für Kleinaktionäre, zu fordern.[463] Für eine solche Treuepflicht bietet der Ansatz von *Fehrensen* indes keine Erklärung.

dd) Sonderverbindung

Eine dritte Ansicht schließlich vertritt den Standpunkt, daß zwischen den Mitgliedern einer juristischen Person zwar keine schuldvertraglichen Bindungen bestünden, wohl aber die gemeinsame Zugehörigkeit zu einem Verband Sonderrechtsbeziehungen vermittele, die Grundlage einer entsprechenden Treuepflicht sein könnten.[464]

Ähnlich wie schon bei der GmbH, so besteht indes innerhalb dieser Meinung Streit darüber, welcher Art diese Sonderverbindung ist. *Fechner* spricht in diesem Zusammenhang von einer Beziehung eigener Art, für die das geltende Recht keinen Namen bereithält.[465] Einigkeit besteht lediglich darin, daß die Aktionäre sich nicht wie beliebige Dritte gegenüberstehen, sondern sich in einem engeren Verhältnis zueinander befinden, das es rechtfertigt, von Rechtsbeziehungen der Beteiligten untereinander auszugehen, und daß dieses enge Verhältnis nicht auf vertraglichen Beziehungen beruht.

---

[462] Fehrensen S. 119f.
[463] Nehls S. 60; Beckerhoff S. 37.
[464] BGHZ 103, 184 (195); Zöllner, Schranken S. 350; ders., in: KK § 243 Rz 195; Lutter AcP 180, 126; Dreher ZHR 157, 154; Kort ZIP 1990, 295; Schmidt GesR § 20 IV 1 b) (S. 589); Winter S. 67ff; Beckerhoff S. 37; Nehls S. 62; Nirk/Reuter/Bächle Rz 591.
[465] Fechner S. 88.

(1) Die vertretenen Erklärungsversuche

Zum Teil wird versucht, diese Rechtsbeziehung wiederum aus einer Parallele zum Rechtsinstitut der culpa in contrahendo herzuleiten, wobei sich der hierfür erforderliche qualifizierte Kontakt zwischen den Aktionären aus den erhöhten Einwirkungsmöglichkeiten auf die Interessen der Mitgesellschafter ergeben solle. Weil das Gesellschaftsverhältnis erhöhte Einwirkungsmöglichkeiten auch im Verhältnis der Aktionäre untereinander begründe, bestehe auch zwischen den Aktionären eine gegenüber dem deliktischen „Jedermann-Verhältnis" qualifizierte „rechtliche Sonderverbindung".[466] Insbesondere die mit der Mitgliedschaft verbundene Befugnis, Entscheidungen mit grundsätzlicher Wirksamkeit für andere Verbandsmitglieder zu treffen, erzeuge daher einen qualifizierten Kontakt zwischen den dem innergesellschaftlichen Entscheidungssystem unterworfenen Personen,[467] was eine Parallelbetrachtung zum Rechtsinstitut der culpa in contrahendo rechtfertige.

Zum Teil wird aber auch versucht, ein Sonderrechtsverhältnis in Anlehnung zum Vertrag mit Schutzwirkung zu Gunsten Dritter zu entwickeln.[468] Die treuepflichtrelevanten Verhältnisse in einer juristischen Person könnten mit denen eines Vertrages mit Schutzwirkung zu Gunsten Dritter verglichen werden. Gläubiger eines solchen Vertrages sei die Aktiengesellschaft, Schuldner der aus der Treuepflicht jeweils verpflichtete Aktionär, Dritter die zu schützenden Aktionäre. Die „vertragliche Schutzpflicht" im Hauptverhältnis, an der der Dritte, also der Mitaktionär teilhaben solle, sei in der Treuepflicht des Aktionärs zur Aktiengesellschaft zu sehen. Dabei ergebe sich die für die Annahme eines Vertrages mit Schutzwirkung erforderliche Vertragsnähe des Dritten daraus, daß die Mitglieder gewissermaßen „naturgegeben" zur Aktiengesellschaft gehörten und deshalb in den „Gefahrenbereich" des Rechtsverhältnisses zwischen dieser und dem Aktionär mit einbezogen seien. Auch das sog. Gläubigerinteresse sei gegeben. Die Aktiengesellschaft als Gläubigerin eines Vertrages mit Schutzwirkung habe im Hinblick auf eine erfolgreiche, gemeinsame Zweckverfolgung ein Interesse an der Wahrung der mitgliedschaftlichen Sphäre der Aktionäre. Schließlich sei auch das Merkmal der Erkennbarkeit des Kreises der geschützten Dritten gegeben. Beim Erwerb von Aktien sei es für den neuen Aktionär erkennbar, daß die übrigen Mitglieder dieser Gesellschaft

---

[466] Henrrichs AcP 195, 242; Wiedemann JZ 1989,448; Paschke FS Serick S. 320; Fillmann S. 90.

[467] Winter S. 69.

[468] Nehls S. 62 ff.

in den Schutz des zwischen ihm und der AG entstehenden Rechtsverhältnisses einbezogen seien. Somit liege bei der Mitgliedschaft in einer Aktiengesellschaft eine Situation vor, die der eines Vertrages bzw. eines Rechtsverhältnisses mit Schutzwirkung für Dritte entspreche.[469]

Ein dritter Erklärungsversuch einer Sonderrechtsbeziehung stützt sich auf die aus der Mitgliedschaft folgende Zweckförderungspflicht der Aktionäre, wonach der gemeinsame Wille und die verfolgte Zielsetzung die für eine Sonderverbindung positive Zuordnung schafften.[470]

(2) Kritik

Die oben erörterten Versuche, eine Sonderrechtsbeziehung der Aktionäre untereinander zu begründen und zu erklären, können nicht in Gänze überzeugen. Zwar ist durchaus vom Bestehen einer Sonderrechtsbeziehung der Gesellschafter untereinander auszugehen. Ob eine solche Sonderrechtsbeziehung in Parallele zur culpa in contrahendo, zum Vertrag mit Schutzwirkung zu Gunsten Dritter oder aufgrund einer gemeinsamen Zweckförderungspflicht zu sehen ist, erscheint allerdings zweifelhaft.

Der Ansatz, der die Sonderrechtsbeziehung mittels des Instituts der culpa in contrahendo zu erklären versucht, ist auch hier den bereits oben zur GmbH geäußerten Bedenken ausgesetzt.[471] Dabei gilt dieser Einwand für die AG noch viel stärker als für die GmbH. Kaum ein Aktionär kennt einmal seine Mitaktionäre, geschweige denn, daß er ihnen vertraut. Im Gegenteil, oft ist das Verhältnis der Aktionäre von deutlichem Mißtrauen untereinander geprägt. Ein gutes Beispiel aus jüngerer Zeit ist in diesem Zusammenhang der Sachsenmilch-Fall,[472] wo es nur deshalb überhaupt zur Anfechtung des Hauptversammlungsbeschlusses kam, weil die Minderheitsaktionäre fürchteten, daß der geplante Kapitalschnitt im Verhältnis 750:1 nur erfolgen sollte, um die Beteiligungsquote des Mehrheitsaktionärs zu Lasten der Minderheitsaktionäre zu verbessern. Auch wenn der BGH glaubte, diesen Fall nicht unter dem Aspekt der Treuepflichtverletzung lösen zu können,[473] wird dennoch deutlich, daß es hier gerade an einem Vertrauen der Aktionäre untereinander fehlte, so daß sich hieraus auch keine entsprechende Sonderbeziehung ableiten läßt.

---

[469] Nehls S. 63 f.
[470] Beckerhoff S. 39 im Anschluß an Lutter AcP 180, 126.
[471] siehe oben 2. Teil B. III. 4. b) bb) (4).
[472] OLG Dresden ZIP 1996, 1780.
[473] BGH ZIP 98, 692.

Nicht überzeugen kann auch der Ansatz, der die Sonderrechtsbeziehung in Parallele zu einem Vertrag mit Schutzwirkung zu Gunsten Dritter begründet. Ihm steht entgegen, daß die Voraussetzungen, die für einen Vertrag mit Schutzwirkung zu Gunsten Dritter erforderlich sind, in einer Aktiengesellschaft entweder gar nicht oder nur in höchst zweifelhafter Form vorliegen.

So bereitet bereits die Anerkennung der erforderlichen Gläubigernähe Probleme. Eine solche liegt nach der früheren Rechtsprechung vor, wenn der Gläubiger für das „Wohl und Wehe" des Dritten verantwortlich ist, wie dies etwa für die Beziehung der Eltern für ihre Kinder oder des Arbeitgebers für seine Arbeitnehmer anerkannt ist.[474] Von einem vergleichbaren, auf Fürsorgeerwägungen basierenden „Wohl- und Weheverhältnis" wird man aber zwischen der Aktiengesellschaft und ihren Aktionären kaum sprechen können. Doch selbst wenn man mit der neueren Rechtsprechung Gläubigernähe dahingehend versteht, daß „der Gläubiger ein besonderes Interesse an der Einbeziehung des Dritten in den Schutzbereich des Vertrages hat",[475] bestehen im Hinblick auf die Aktiengesellschaft jedenfalls starke Zweifel an einem entsprechenden Einbeziehungsinteresse der Gesellschaft. Das Schicksal ihrer Aktionäre dürfte der Aktiengesellschaft regelmäßig gleichgültig sein, da die Verbindung zwischen der Gesellschaft und ihren Aktionären eine rein kapitalische und keine personenrechtliche ist.

Vollends scheitert dieser Erklärungsversuch aber am Erkennbarkeitserfordernis des Vertrages mit Schutzwirkung zu Gunsten Dritter. Dieses Merkmal wird gefordert, weil dem Schuldner nur unter dieser Voraussetzung das Haftungsrisiko aus einem Vertrag mit Schutzwirkung zugemutet werden kann. Insbesondere muß es dem Schuldner möglich sein, das Risiko zu kalkulieren und ggf. zu versichern.[476] In einer Aktiengesellschaft, deren Anteile sich womöglich weitest gehend in Streubesitz befinden, ist es für einen Aktionär kaum möglich abzuschätzen, wieviele Mitgesellschafter ihn im Falle einer Treuepflichtverletzung haftbar machen können. Die Schäden können sich hier je nach Größe des Unternehmens und Anzahl der Mitaktionäre schnell auf Millionenbeträge summieren. Mithin kann ein Aktionär sein Haftungsrisiko überhaupt nicht kalkulieren, da der aus einem Vertrag mit Schutzwirkung geschützte Personenkreis für ihn nicht erkennbar ist.

---

474 BGHZ 51, 91 (96); BGH NJW 1970, 38 (40).

475 Palandt-Heinrichs § 328 Rz 17.

476 BGH NJW 1968, 1929 (1931); Soergel-Hadding Anh § 328 Rz 17; Staudinger-Jagmann § 328ff Rz 105.

Nicht überzeugen kann schließlich auch die Überlegung, wonach die Gesellschafter untereinander aufgrund einer gemeinsamen Zweckförderungspflicht verbunden sein sollen. Anders als bei der GmbH fehlt es in der Aktiengesellschaft normalerweise an einem Willen der Aktionäre, den Gesellschaftszweck durch gemeinschaftliches Zusammenwirken zu fördern. Wer Aktien erwirbt, tut dies zu seinem eigenen Nutzen, nicht um zusammen mit anderen Aktionären, die er meistens gar nicht kennt und an denen er kein Interesse hat, einen gemeinsamen Zweck zu fördern.[477] Zwar ist auch der Aktionär an den Gesellschaftszweck gebunden. Diese Bindung rührt aber - anders als bei der GmbH - nicht daher, weil der Aktionär sich den anderen Aktionären gegenüber zur Verfolgung des gemeinsamen Zwecks verpflichtet, sondern weil er die Mitgliedschaft in der AG erwirbt und damit den Gesellschaftszweck der AG als für sich verbindlich anerkennt. Eine unmittelbare Verbindung des Aktionärs zur Beachtung der Zweckbindung kann daher nur gegenüber der AG bestehen, nicht aber gegenüber den Aktionären.[478] Die Aktionäre bilden keine der Personengesellschaft vergleichbare Gemeinschaft zur Erreichung eines gemeinsamen Zwecks. Folglich kann auch der durch die Mitgliedschaft in der AG bedingte gemeinsame Zweck keine rechtliche Sonderverbindung zwischen den Aktionären schaffen.[479]

(3) Eigener Ansatz

Damit bleibt die Frage offen, wie sich Rechtsbeziehungen zwischen den Aktionären auf andere Weise begründen lassen.

(a) Die Notwendigkeit einer situationsabhängigen Begründung von Rechtsbeziehungen

Eine große Schwierigkeit besteht hierbei darin, daß die Aktiengesellschaft in ganz unterschiedlichen Erscheinungsformen verbreitet ist. So kann die Aktiengesellschaft als reine, personalistische Familien-AG mit einem überschaubaren Gesellschafterkreis von vielleicht dreißig Aktionären auftreten. Von der gesetzlichen Grundkonzeption her ist die AG allerdings als Publikumsgesellschaft angelegt, also als Gesellschaft, die einem breiten Anlegerkreis offen steht.[480]

---

[477] Horrwitz JW 1930, 2645.
[478] Ross S. 76.
[479] Ross S. 77.
[480] Grunewald 2. C. Rz 3.

Dieses Bild der Aktiengesellschaft als anonymer Massenkorporation mit tausenden von Gesellschaftern ist auch in der Praxis das verbreitetste. Die inneren Verhältnisse und Strukturen in der AG lassen sich demnach nur schwer auf eine allgemeine Formel bringen. Man ist sogar geneigt zu sagen, daß jede Aktiengesellschaft aufgrund der jeweiligen Mehrheitsverhältnisse und den darauf beruhenden Machtstrukturen, eine eigene, singuläre Organisationsstruktur aufweist.[481]

Diese unterschiedlichen Organisationsstrukturen innerhalb der AG haben Auswirkungen auf die Begründung von Rechtsbeziehungen unter den Aktionären. Lassen sich in der personalistischen AG vielleicht noch Rechtsbeziehungen in Anlehnung an das Personengesellschaftsrecht oder das GmbH-Recht entwikkeln, so scheidet dieser Ansatz in der Publikums-AG aus. Die Mitgliedschaft in der AG ist vielseitig und dementsprechend vielschichtig sind auch die Rechtsbeziehungen. Solche vielschichtigen Rechtsbeziehungen zu abstrahieren und in allgemeine Regeln zu fassen, hat stets den Nachteil, daß ein neuer Fall, den man nicht bedacht hatte, wieder „nicht eingeordnet werden kann".[482] Der Versuch, Rechtsbeziehungen unter den Aktionären im Wege einer Generalisierung einheitlich für alle Typen der Aktiengesellschaft zu entwickeln, ist daher regelmäßig zum Scheitern verurteilt.

Will man dennoch Rechtsbeziehungen und eine darauf aufbauende Treuepflicht unter den Aktionären begründen, so muß man anders ansetzen. Lassen sich Rechtsbeziehungen nicht pauschal für jede tatsächliche Erscheinungsform der AG entwickeln, so führt dies zu dem Gedanken, Rechtsbeziehungen situationsabhängig, gewissermaßen fallabhängig, zu begründen. Diese Betrachtungsweise bietet den Vorzug, daß sie die jeweiligen besonderen Verhältnisse einer bestimmten Situation berücksichtigt und für diese Situation allgemeingültige Ergebnisse zu liefern vermag. Sie muß sich dabei aber nicht eines generalisierenden, die unterschiedlichen Strukturen einer AG nicht berücksichtigenden Maßstabs bedienen, der in vielen Fällen doch nur unzureichend wäre.

Die vorliegende Arbeit beschäftigt sich vornehmlich mit den Auswirkungen von Treuepflichten bei der Stimmrechtsausübung. Es stellt sich daher die Frage, wie sich Rechtsbeziehungen bzw. Treuepflichten bezogen auf die Situation der Stimmrechtsausübung begründen lassen.

---

[481] Friedewald S. 8.
[482] Roschmann/Frey WiB 1996, 883.

(b) Rechtsbeziehungen aufgrund der Stimmrechtsausübung

Das Stimmrecht ist die Befugnis des Mitglieds zur Teilnahme an der inneren Willensbildung des Verbandes.[483] Diese kollektive Willensbildung des Verbandes vollzieht sich durch Beschlußfassung.[484] Die Beschlußfassung der Hauptversammlung erfolgt durch Abgabe der Stimme zu einem gestellten Beschlußantrag.[485] Gesetzmäßige Beschlüsse hat der Vorstand ohne besondere Anordnung auszuführen.[486]

Das Stimmrecht ist damit *das* Instrument, das dem Aktionär die Durchsetzung seiner individuellen Vorstellungen, Interessen und wirtschaftlichen Erwartungen erlaubt.[487] Es gewährleistet, daß alle dazu Berufenen ihren Willen im Beschlußverfahren artikulieren können und dient einerseits dazu, die Gesellschaft entscheidungsfähig zu machen, andererseits räumt es jedem Gesellschafter die Möglichkeit ein, Einfluß auf die Entscheidungen der Gesellschaft zu nehmen.[488] Diesen Einfluß vermittelt das Stimmrecht grundsätzlich aber nur, wenn es zusammen mit anderen Stimmrechten ausgeübt wird. Jede Aktie, unabhängig davon, ob es sich um eine Nennbetrags- oder um eine Stückaktie handelt, gewährt eine Stimme.[489] Da aber das Grundkapital der AG gem. § 7 AktG mindestens 50.000 Euro betragen muß und dieses Grundkapital gewöhnlich in Nennbetrags- oder Stückaktien im Betrag von einem bis zu 5000 Euro aufgeteilt ist, besteht in jeder Aktiengesellschaft eine Mehrzahl von Aktien und damit auch Stimmrechten.[490] Das stimmberechtigte Kapital setzt sich also immer aus einer Vielzahl von Stimmen zusammen. Besteht aber immer eine Vielzahl von Stimmrechten, so ist das einzelne Stimmrecht abstrakt gesehen bedeutungslos, wenn es nicht im Verbund mit anderen Stimmrechten ausgeübt wird. Denn mit einer einzigen Stimme allein kann normalerweise kein Beschluß durchgesetzt werden, da die anderen Stimmen diesen Beschluß jederzeit durch Gegenabstimmung verhindern können. Zwar besteht im konkreten Fall die Möglichkeit,

---

[483] Schmidt GesR § 21 II 1 a) (S. 605); Zöllner, Schranken S. 11.
[484] Zöllner, Schranken S. 12.
[485] Zöllner, in: KK § 133 Rz 3.
[486] Mertens, in KK § 83 Rz 6; Hüffer AktG § 83 Rz 5.
[487] Friedewald S. 60.
[488] Behrens FS 100 Jahre GmbHG S. 539.
[489] vgl. Hüffer AktG § 134 Rz 2.
[490] Der Fall, daß das Grundkapital der AG aus nur einer Aktie im Wert von 50.000 Euro besteht, dürfte rein theoretischer Natur sein und auch nicht dem Wortlaut und der Intention des AktG entsprechen, das durchgängig in allen Vorschriften von einer Mehrzahl von Aktien ausgeht.

daß ein einzelner erschienener Aktionär gültige Beschlüsse fassen kann.[491] Abstrakt gesehen sieht sich der Inhaber einer Stimme aber immer einer Mehrzahl anderer Stimmen gegenüber, so daß er auch nur im Verbund mit anderen Stimmen Beschlüsse fassen und sein Stimmrecht dadurch einflußgebend einsetzen kann.

Ihrem Wesen nach sind die Stimmrechte also aufeinander bezogen und können nur in einem bestimmten Verhältnis zueinander geltend gemacht werden.[492] Wenn aber die Rechte den Gesellschaftern in dem dargestellten Sinne „gemeinsam" zustehen, dann haben diese nicht nur ein Verhältnis zur Korporation, sie sind dann auch untereinander verbunden.[493] Dabei besteht diese Verbundenheit unabhängig von der Stimmrechtsausübung im konkreten Fall, sondern setzt die Aktionäre abstrakt in eine Beziehung zueinander.

Welche Rechtsnatur diese Beziehung hat, ist unklar. Diese Unbestimmtheit darf aber nicht dazu führen, das Vorhandensein dieses Machtverhältnisses und die rechtlich begründete Gemeinsamkeit seiner Ausübung zu leugnen.[494] Fest steht, daß es sich bei der auf der gemeinsamen Stimmrechtsausübung beruhenden Verbundenheit der Aktionäre um eine Rechtsbeziehung und nicht nur um eine tatsächliche Beziehung der Gesellschafter handelt. Grundlage der Verbundenheit bei der Stimmrechtsausübung ist das Stimmrecht. Erst durch die Einräumung des Stimmrechts erhalten die Aktionäre überhaupt die Möglichkeit, im Verbund an der Willensbildung der Gesellschaft teilzunehmen. Das Stimmrecht aber wird mitgliedschaftlich und also rechtlich vermittelt, was dazu führt, daß auch die gemeinsame Verbundenheit der Gesellschafter rechtlich vermittelt wird, mit anderen Worten, daß es sich hierbei um eine Rechtsbeziehung handelt. Diese Beziehung basiert weder auf vertraglichen, satzungsmäßigen oder deliktischen Grundlagen. Sie läßt sich daher zutreffend nur als rechtliche Sonderbeziehung der Gesellschafter untereinander charakterisieren.

III. Ergebnis:

Die vorstehende Untersuchung hat gezeigt, daß die Begründung der Treuepflicht im Aktienrecht große Ähnlichkeit mit der Begründung der Treuepflicht im GmbH-Recht hat. Bei beiden Gesellschaftsformen besteht der Geltungsgrund der Treuepflicht in der Korrelation von Rechtsmacht und Verantwortung.

---

[491] Zöllner, in: KK § 133 Rz 30.
[492] Fechner S. 87.
[493] Fechner S. 89.
[494] Fechner S. 88.

Auch findet die aktienrechtliche Treuepflicht in keiner bestimmten Vorschrift - insbesondere nicht in § 242 oder § 705 BGB - ihre alleinige rechtliche Grundlage. Allerdings stellen die §§ 117 Abs. 1, 243 Abs. 2, 254 Abs. 1, 255 Abs. 2 Ausprägungen der Treuepflicht dar, so daß - wie bei der GmbH - von einer grundsätzlichen Anerkennung des Rechtsinstituts durch den Gesetzgeber ausgegangen werden kann. Schließlich lassen sich bei beiden Rechtsformen Rechtsbeziehungen zwischen den Gesellschaftern bzw. zur Gesellschaft begründen - wenn auch die Erklärung dieser Rechtsbeziehungen unterschiedlich ausfällt.

Insgesamt läßt sich hieraus entnehmen, daß sowohl in der AG als auch in der GmbH Treuepflichten existieren, und daß sich die theoretischen Grundlagen in beiden Gesellschaftsformen in weiten Teilen decken. Dieses Ergebnis ist allerdings angesichts der ähnlichen kapitalistischen Struktur der beiden Gesellschaftsformen und der Tatsache, daß die GmbH eine Abart der AG ist,[495] kaum überraschend.

---

[495] Hueck ZGR 1972, 252.

3. Teil: Verdichtung der Treuepflicht zur positiven Stimmpflicht

Im vorhergehenden Teil dieser Arbeit wurden u. a. die rechtlichen Grundlagen der Treuepflicht im Kapitalgesellschaftsrecht geklärt. Gegenstand dieser Arbeit soll aber nicht nur eine abstrakte Auseinandersetzung mit den Grundlagen der Treuepflicht im Kapitalgesellschaftsrecht sein. Vielmehr soll ein Beitrag zur Konkretisierung der Treuepflicht geleistet werden, ob und gegebenenfalls unter welchen Voraussetzungen sich die Treuepflicht im konkreten Fall auch als positive Stimmpflicht auswirken kann. Es geht also nunmehr um die Anwendung der Treuepflicht.

Dazu wird zunächst kurz der abstrakte Inhalt der Treuepflicht definiert, um dann in einem nächsten Schritt zum Kernproblem dieser Arbeit vorzustoßen: Die Ableitung von Kriterien für die Annahme positiver Stimmpflichten aus der Treuepflicht, also die Frage, unter welchen Voraussetzungen sich der abstrakte Inhalt der Treuepflicht zu einer positiven Stimmpflicht verdichten kann.

A. Inhalt und Umfang der Treuepflicht

Die Bestimmung des Inhalts und des Umfangs der Treuepflicht fällt infolge ihres generalklauselartigen Charakters naturgemäß schwer. Die Mitgliedschaft in einer Gesellschaft ist vielgestaltig, und dementsprechend vielgestaltig sind auch die daraus resultierenden Einfluß- und Mißbrauchsmöglichkeiten. Ebenso vielgestaltig sind daher auch die Versuche, die Treuepflicht zu konkretisieren. Wo von einigen bereits Treuepflichtverstöße angenommen werden, sehen andere kein mißbilligenswertes Verhalten.[496] Pflöcke im umwegsamen Gelände der Treuepflicht[497] sind daher rar. Zwar wird über die Treuepflicht schon seit vielen Jahren diskutiert, Einigkeit über bestimmte Punkte im Zusammenhang mit der Treuepflicht sind jedoch selten. Leitlinien für die Konkretisierung des Pflichteninhalts lassen sich deshalb nur zurückhaltend entwickeln.[498]

I. Abstrakte Kriterien

Bei allem Streit um die Ergebnisse bei der Konkretisierung der Treuepflicht werden aber mittlerweile zur Inhaltsbestimmung der Treuepflicht im konkreten Fall immer wieder bestimmte Kriterien herangezogen. Diesen Kriterien kommt

---

496 Vgl. etwa den Girmes-Fall (BGH ZIP 1995, 819 (824), wo der BGH eine Treuepflichtverletzung für möglich gehalten hat, während das LG Düsseldorf ZIP 1993, 350 (352f) eine Pflichtverletzung noch verneint hatte.

497 Lutter JZ 1995, 1053.

498 Häsemeyer ZHR 160, 114.

daher augenscheinlich eine wesentliche Bedeutung bei der Konkretisierung der Treuepflicht zu. Zu diesen Kriterien gehören: das der Treuepflicht immanente Schädigungsverbot, der Geltungsgrund der Treuepflicht sowie die Bindung der Gesellschafter an das Gesellschaftsinteresse. Darüber hinaus wird auch die Realstruktur der Gesellschaft als bestimmend für den Inhalt und das Maß der Treuepflicht herangezogen.[499] Diese Kriterien könnte man insgesamt als Eckpunkte einer Konkretisierung der Treuepflicht bezeichnen. Zwar müssen dies im Einzelfall nicht alle Kriterien für die Inhaltsbestimmung der Treuepflicht sein. Sie bestimmen jedoch die Treuepflicht in allen Anwendungsfällen mit.

1. Schädigungsverbot

Treuepflichten haben unterschiedliche Schutzrichtungen. Da die Mitgliedschaft eine Sonderrechtsbeziehung sowohl zwischen dem Mitglied und dem Verband als auch zwischen den einzelnen Mitgliedern schafft, können sich auch Treuepflichten zum Schutz sowohl von Verbandsinteressen als auch von Mitgliederinteressen ergeben.[500] Jede Ausübung von Mitgliedschaftsrechten, die derartige Interessen verletzen könnte, steht unter dem Vorbehalt der Vereinbarkeit mit der Treuepflicht.[501] Dabei umfaßt die Treuepflicht nicht nur das Verbot, andere um des eigenen Vorteils willen zu schädigen. Die Treuepflicht geht noch weiter. Sie untersagt nicht nur die Schädigung anderer aus eigennützigen Gründen, sondern auch eine willkürliche Übergehung der Interessen der übrigen Gesellschafter.[502] Auswirkungen auf den Inhalt der Treuepflicht hat diese Erkenntnis insofern, als daß die Treuepflicht es verbietet, Mitgliedschaftsrechte willkürlich zum Nachteil der übrigen Gesellschafter oder der Gesellschaft auszuüben. Dieser Charakter der Treuepflicht als Ausdruck eines weitgehenden Schädigungsverbotes muß bei der Bestimmung des Inhalts der Treuepflicht immer beachtet werden.

2. Korrelation von Rechtsmacht und Verantwortung

Eng mit dem Schädigungsverbot in Zusammenhang steht der Geltungsgrund der Treuepflicht, also die Korrelation von Rechtsmacht und Verantwortung. Hiernach wächst mit den Einflußmöglichkeiten auf die Interessen der Gesellschaft und der Gesellschafter zugleich auch die Pflicht des Gesellschafters, auf

[499] Häsemeyer ZHR 160, 113; Lutter AcP 180, 105.
[500] Schmidt GesR § 20 IV 1c) (S. 589).
[501] Dreher ZHR 157, 153.
[502] vgl. BGH GmbHR 1991, 568 (569).

diese Interessen Rücksicht zu nehmen.[503] Insbesondere darf ein Gesellschafter fremde Interessen nicht schädigen. Je größer die Einflußmöglichkeiten sind, um so größer ist zugleich auch die Möglichkeit einer negativen Interessenbeeinträchtigung. Dieser Beeinträchtigungsmöglichkeit muß als Gegengewicht die Treuepflicht als die Pflicht, diese Interessen in entsprechendem Maße zu berücksichtigen, gegenüber stehen.

Hat ein Gesellschafter hingegen keinerlei besondere Einflußmöglichkeiten, so besteht grundsätzlich auch keine Veranlassung, ihn für verpflichtet zu halten, in besonderer Weise auf solche Interessen Rücksicht zu nehmen, was nicht heißen soll, daß ein Gesellschafter in dieser Situation nicht trotzdem treuepflichtgebunden ist.[504] Für den „normalen" Kleinaktionär wird der Sache nach aber die Treuepflicht nicht relevant, da ihm die Möglichkeiten fehlen, fremde Interessen zu beeinträchtigen. Seine Pflichtenstellung wächst jedoch, wenn er beginnt, Einfluß auf die Geschicke der AG mittels eigener Stimmkraft zu nehmen.[505] In diesem Fall kann auch er die Interessen seiner Mitgesellschafter und diejenigen der Gesellschaft negativ beeinflussen und sogar schädigen, so daß eine Treuepflichtgebundenheit für ihn doch akut wird.

Die Treuepflicht kontrolliert demnach in dem Maße die Einflußmöglichkeiten eines Gesellschafters, in dem dessen Einflußmöglichkeiten wachsen. Mit zunehmendem Einfluß wächst somit auch die Treuepflichtbindung. Dieses gleitende Hineinwachsen in gesteigerte Pflichten ist die Besonderheit der Treuepflicht im Kapitalgesellschaftsrecht. Bei der einflußlosen Position des reinen Anlegers ist man frei, bei der wachsenden Möglichkeit von Einflußnahmen wird man mehr und mehr zum Knecht wachsender Rechtspflichten.[506] Damit wird eine entscheidende Meßlatte für das Maß der Treuepflicht klar: Je größer die Einflußmöglichkeit und damit die Möglichkeit einer Schädigung anderer Gesellschafter oder der Gesellschaft, um so größer ist auch das Maß der geschuldeten Treuepflicht.

Das langsame Hineinwachsen in Treuepflichten bedeutet aber nicht zugleich, daß Treuepflichten nur bestehen, wenn der Gesellschafter auch zugleich über entsprechende Einflußmöglichkeiten verfügt. Die oben erörterten Rechtsbeziehungen als Grundlagen der Treuepflicht sowohl im GmbH- wie auch im Akti-

---

[503] BGHZ 103, 184 (195); Nehls S. 67; Zöllner, Schranken S. 350.
[504] dazu sogleich unten.
[505] Lutter ZHR 153, 453.
[506] Lutter ZHR 153, 453; Zöllner, Schranken S. 350.

enrecht bestehen solange zwischen den Gesellschaftern und der Gesellschaft, wie der Gesellschafter Mitglied in der Korporation ist. Dementsprechend besteht auch die Treuepflicht des Gesellschafters solange, wie er Mitglied in der Korporation ist. Lediglich Inhalt und Ausmaß der Treuepflicht können für die einzelnen Korporationsmitglieder unterschiedlich sein.[507]

Natürlich kann aber wegen der größeren Rechtsmacht ein Mehrheitsaktionär bei der Ausübung seiner Kompetenzen wesentlich häufiger Maßnahmen treffen, durch die die Interessen der Gesellschaft oder der Mitaktionäre treuwidrig beeinträchtigt werden als ein Kleinaktionär.[508] Er muß daher auch viel häufiger als ein Kleinaktionär die Treuepflicht beachten. Dies ändert aber nichts daran, daß die Treuepflicht prinzipiell immer dort besteht, wo auch Sonderrechtsbeziehungen vorliegen. Es muß daher sehr genau unterschieden werden zwischen der Frage nach dem Vorliegen der Treuepflicht und ihrem Ausmaß im konkreten Fall. Ersteres richtet sich nach den Rechtsbeziehungen zwischen den Treuepflichtgebundenen, letzteres nach der Korrelation von Rechtsmacht und Verantwortung. Wenn daher behauptet wird, der Aktionär sei prinzipiell frei in seiner Stimmrechtsausübung und könne seine Interessen ohne Rücksicht auf Dritte verfolgen,[509] so ist dieser Satz zwar nicht falsch aber ungenau. Der Aktionär unterliegt grundsätzlich immer einer Pflicht zur Rücksichtnahme auf fremde Interessen und damit auch der Treuepflicht.[510] Sein „treuwidriges“ Verhalten zeitigt jedoch ohne entsprechendes Einflußpotential seiner Stimme keine Folgen, womit auch seine Treuepflichtbindung nicht relevant wird.[511]

Die Treuepflicht ist daher nicht allein ein Instrument des Minderheitenschutzes. Sie tritt allerdings in erster Linie als Schutzinstrument des Minderheitsgesellschafters in Erscheinung.[512] Gleichwohl bindet sie aber jeden Gesellschafter und kann auch das Verhalten eines Minderheitsgesellschafters bestimmen.

3. Bindung an das Gesellschaftsinteresse

Das dritte wichtige, den Inhalt der Treuepflicht bestimmende Kriterium ist die Bindung an das Gesellschafts- oder Verbandsinteresse.[513] Hierunter ist die

---

[507] Timm WM 1991, 483.
[508] Nehls S. 68.
[509] Claussen AG 1991, 16.
[510] Hennrichs AcP 195, 237.
[511] Nonn S. 89.
[512] Schmidt GesR § 20 IV3 (S. 594).
[513] Zöllner, Schranken S. 344; ders., in: KK § 243 Rz 193; Beckerhoff S. 69.

Pflicht jedes Gesellschafters zu verstehen, sein Verhalten in der Gesellschaft und für die Gesellschaft am Interesse der Gesellschaft auszurichten und dieses Interesse zu fördern. Jeder Gesellschafter ist also verpflichtet, das Gesellschaftsinteresse zu beachten.[514]

Diese Pflicht ergibt sich aus der bereits oben[515] ausführlich erörterten gemeinsamen Interessenbündelung der Gesellschafter in der Gesellschaft, so daß hier nur noch einmal kurz darauf eingegangen werden muß. Jeder Gesellschafter verfolgt mit seiner Mitgliedschaft ein bestimmtes persönliches Einzelinteresse, dessen Förderung er sich durch die Beteiligung an der Gesellschaft erhofft. Zumeist besteht dieses Einzelinteresse in der Gewinnerzielung durch Ausschüttung einer Dividende. Die Gesellschafter können mit ihrer Mitgliedschaft in der Gesellschaft aber auch andere Einzelinteressen verfolgen, während das Dividendeninteresse in den Hintergrund tritt. Diese persönlichen Einzelinteressen hoffen die Gesellschafter durch die Bündelung ihrer Interessen besser oder schneller erreichen zu können, als ohne die Mitgliedschaft. Daher beteiligen sie sich an der Korporation.

Durch die Bündelung der Einzelinteressen in der Korporation entsteht zugleich ein neues Gesamtinteresse, das Gesellschaftsinteresse. Dieses Interesse besteht darin, alles zu tun, was der gemeinsamen (Einzel-)Interessenerreichung dient, bzw. alles zu unterlassen, was dieser gemeinsamen Interessenerreichung schadet. Allgemein läßt sich sagen, daß im Verbandsinteresse alles liegt, was Bestand, Funktionsfähigkeit und Aufgabenerfüllung des Verbandes begünstigt und gewährleistet.[516] Denn nur wenn der Verband besteht und die ihm zugedachte Aufgabe erfüllen kann, werden auch die von den Gesellschaftern mit ihrer Beteiligung an der Gesellschaft verfolgten und im Gesellschaftsinteresse verkörperten Einzelinteressen gefördert. Aus dem Willen, das eigene Einzelinteresse zu fördern und dem Vertrauen darauf, daß auch die anderen Gesellschafter die Förderung ihrer Einzelinteressen mittels der Gesellschaft zum Ziel haben, folgt zugleich die Pflicht, auch das Gesellschaftsinteresse zu achten und zu fördern, da nur so das jeweilige, in der Gesellschaft verkörperte Einzelinteresse ebenfalls gefördert wird.

Das Gesellschaftsinteresse ist dabei nicht identisch mit dem Gesellschaftszweck. Der Gesellschaftszweck bezeichnet lediglich die finale Ausrichtung der

---

[514] Henssler DZWiR 1995, 431.
[515] siehe oben 2. Teil A. VI. 2. b) cc).
[516] Zöllner, Schranken S. 23 .

Gesellschaft und der Gesellschafter, also das Ziel der gemeinsamen Tätigkeit und die Art der Tätigkeit, mittels derer das Ziel erreicht werden soll.[517] Dieses Ziel besteht in der Regel in der Gewinnerzielung, durch Ausübung der dem Gegenstand des Unternehmens entsprechenden Tätigkeit.[518] Demgegenüber geht der Begriff des Verbandsinteresse über den Gesellschaftszweck hinaus, indem er auch die Erhaltung des Bestands, der Funktionsfähigkeit und der Aufgabenerhaltung des Verbandes umfaßt. Diese Unterscheidung ist wichtig. Zum Teil wird in der Literatur nämlich der Inhalt der Treuepflicht lediglich als Pflicht zur Förderung des gemeinsamen Zwecks begriffen.[519] Eine solches Verständnis des Treuepflichtinhaltes ist aber zu eng, da es sich nur auf den Gesellschaftszweck beschränkt, obwohl das Gesellschaftsinteresse eine umfassendere Reichweite hat. Das Verbandsinteresse wird zwar unter Bezugnahme auf den Zweck des Verbandes bestimmt.[520] Es erschöpft sich aber nicht im Gesellschaftszweck.

4. Realstruktur der Gesellschaft

Schließlich spielt noch die Realstruktur einer Gesellschaft für den Inhalt und das Ausmaß der Treuepflicht eine Rolle.[521] So ist die Förderpflicht eines einzelnen Mitglieds in einer betont personal strukturierten GmbH größer als in einem Verein wie dem ADAC, in einem Gesangsverein oder vor allem in einer Mitunternehmergemeinschaft gleich welcher Rechtsform größer als bei Aktien von VW oder Bayer.[522] Ein VW-Kleinaktionär ist nicht verpflichtet, Autos nur von diesem Hersteller zu beziehen. Demgegenüber kann aber der Gesellschafter einer Tochter-GmbH aufgerufen sein, Aufträge bevorzugt an seine GmbH zu vergeben. Entscheidend ist allein die Realstruktur der jeweiligen Gesellschaft. Hier wirkt also die faktische Struktur des konkreten Verbandes und der betroffenen Mitgliedschaft auf die Rechtspflicht des Mitglieds ein.[523]

Keine Rolle für den Inhalt der Treuepflicht spielt demgegenüber die Rechtsform. So haben die Aktionäre einer Familienaktiengesellschaft regelmäßig viel stärkere zum Teil unabhängig vom Stimmrecht bestehende Einflußmöglichkei-

[517] Roth/Altmeppen § 1 Rz 4; Lutter/Hommelhoff § 1 Rz 2.
[518] Ross S. 129; Hüffer AktG § 23 Rz 22.
[519] Lutter AcP 180, 103, ders. ZHR 162, 166.
[520] Zöllner, Schranken S. 24.
[521] Lutter AcP 180, 105; Häsemeyer ZHR 160, 113; Beckerhoff S. 73; Nehls S. 75.
[522] Lutter AcP 180, 105.
[523] Lutter AcP 180, 106.

ten auf die Interessen ihrer Mitaktionäre als die Aktionäre einer Publikums-AG. Dementsprechend bestehen auch stärkere Treuebindungen.

Neben diesem faktischen Befund ergibt sich die Rechtsformunabhängigkeit der Treuepflicht auch aus einem anderen Gesichtspunkt: Wäre die Treuepflicht von der Rechtsform der Gesellschaft abhängig, könnten sich die Gesellschafter einfach durch Umwandlung der Gesellschaft in eine andere Rechtsform ihrer Treuepflicht entledigen. Sie könnten bei der Beschlußfassung über einen Formwechsel ihre Treuepflicht an der Garderobe abgeben.[524] Eine solche Aufgabe der Treuepflicht allein durch Formwechsel ist aber in sich nicht schlüssig erklärbar.

II. Methoden zur Konkretisierung der Treuepflicht

Damit sind die vier wichtigsten Kriterien, die für die Bestimmung von Inhalt und Umfang der Treuepflicht ausschlaggebend sind, genannt. Die Kenntnis dieser Kriterien nützt für die praktische Anwendung der Treuepflicht indes recht wenig, wenn sich nicht Methoden finden lassen, die diese abstrakten Eckpunkte in nachvollziehbare praktische Ergebnisse einmünden lassen. Nur wenn es zur Konkretisierung der Treuepflicht Methoden gibt, die unter Berücksichtigung der genannten Punkte die durch die Treuepflicht erzielbaren Ergebnisse vorhersehbar machen, ist die Treuepflicht für die Praxis brauchbar. Denn nur in diesem Fall ist die Treuepflicht als Generalklausel nicht dem Vorwurf ausgesetzt, an die Stelle der festen Rechtsnorm das subjektive Gefühl des Richters zu setzen.[525]

1. Absolute Bindung an das Gesellschaftsinteresse

Eine Konkretisierung der Treuepflicht zur Gesellschaft wird zum Teil dadurch versucht, daß eine absolute Bindung des Gesellschafters an das Gesellschaftsinteresse postuliert wird. Dies könne dazuführen, daß bei der Ausübung bestimmter, nämlich den uneigennützigen Mitgliedschaftsrechten von einem absoluten Vorrang des Gesellschaftsinteresses vor den privaten Interessen der Gesellschafter auszugehen sei.[526]

---

[524] Wiedemann FS Barz 180, 105; Schmidt GesR § 20 IV 2c) (S. 593); ähnlich Hennrichs AcP 195, 253.

[525] Hedemann S. 68.

[526] Henze BB 1996, 493; Hüffer AktG § 53a Rz 16; Baumbach/Hueck-Hueck/Fastrich § 13 Rz 27; Marsch-Barner ZHR 157, 175; Immenga FS 100 Jahre GmbHG 200; Winter S. 20; Beckerhoff S. 69.

Dieser Ansatz baut auf der Unterscheidung nach eigennützigen und uneigennützigen Mitgliedschaftsrechten auf.[527] Die uneigennützigen Rechte, wie etwa das Recht zur Geschäftsführung, übe der Gesellschafter im Interesse der Gesellschaft aus. Im Konfliktfalle mit anderen Interessen insbesondere eigenen Interessen des Gesellschafters habe deshalb das Gesellschaftsinteresse Vorrang vor den Interessen des Gesellschafters. Bei den eigennützigen Rechten, zu denen z. B. das Recht auf Gewinnbeteiligung aber auch das Teilnahmerecht auf der Hauptversammlung gehöre, sei der Gesellschafter dagegen weitgehend frei, seine privaten Interessen zu verfolgen, wenngleich auch hier Treuebindungen bestünden.[528]

Diese Unterscheidung und die aus ihr gezogene Konsequenz im Hinblick auf die Stellung des Gesellschaftsinteresses zeigt sich gerade bei der Stimmrechtsausübung besonders deutlich. Unterstellt sei, daß es sich bei dem Stimmrecht um ein uneigennütziges, also im Interesse der Gesellschaft bestehendes Mitgliedschaftsrecht handelt.[529] Verlangt nun das Gesellschaftsinteresse einen bestimmten Beschluß und besteht ein absoluter Vorrang des Gesellschaftsinteresses vor den Interessen der Gesellschafter, so sind diese zur Stimmrechtsausübung in dem dem Gesellschaftsinteresse entsprechenden Sinne verpflichtet. Die Gesellschafter unterlägen somit wegen ihrer absoluten Bindung an das Gesellschaftsinteresse einer positiven Stimmpflicht.

Die Einordnung des Stimmrechts als uneigennütziges Recht ist aber erheblichen Zweifeln unterworfen. Im Gesellschaftsrecht gibt es Maßnahmen, die zugleich uneigennützige und eigennützige Elemente aufweisen.[530] Dies gilt auch für das Stimmrecht, daß sich je nach Fall in die eine wie in die andere Kategorie einordnen läßt. Nimmt man beispielsweise einen Beschluß der allein den Interessen der Gesellschaft dient, wie etwa die Bestellung der Geschäftsführer, so müßte man in diesem Fall von einer Eigenschaft des Stimmrechts als uneigennützigem Mitgliedschaftsrecht ausgehen. Ein Beschluß kann aber auch allein im Interesse der Gesellschafter liegen. So kann ein Zustimmungsbeschluß zur Übertragung vinkulierter Anteile an einer Familiengesellschaft allein der Förderung des Familienzusammenhalts und damit eigennützigen Interessen der

---

[527] Baumbach/Hueck-Hueck/Fastrich § 13 Rz 27; zurückgehend auf Hueck FS Hübner S. 81.

[528] Marsch-Barner ZHR 157, 173; Henze BB 1996, 493; Immenga FS 100 Jahre GmbHG S. 200.

[529] so etwa Hüffer AktG § 53a Rz 16.

[530] Beckerhoff S. 69.

Gesellschafter dienen. In diesem Fall üben die Gesellschafter das Stimmrecht nicht im Interesse der Gesellschaft, sondern ausschließlich als eigennütziges Mitgliedschaftsrecht aus.

Es zeigt sich demnach, daß sich das Stimmrecht nicht per se als eigennützig oder uneigennützig qualifizieren läßt. Bereits damit ist aber dem Ansatz, der einen Vorrang des Gesellschaftsinteresses bei der Ausübung uneigennütziger Mitgliedschaftsrechte postuliert und hierdurch die Treuepflicht zu konkretisieren versucht, der Boden entzogen.

Im übrigen kann es auch keinen absoluten, sondern nur einen relativen Vorrang des Gesellschaftsinteresses geben, da andernfalls die Gesellschaft um ihrer selbstwillen bestünde. Die Gesellschaft besteht aber im Interesse der Gesellschafter, damit deren mit der Mitgliedschaft verfolgte Einzelinteressen gefördert werden.[531] Bestünde die Gesellschaft um ihrer selbstwillen, könnten die Gesellschafter die Gesellschaft entgegen §§ 60 Abs. 1 Nr. 2 GmbHG 262 Abs. 1 Nr. 2 AktG nicht auflösen, da die Auflösung niemals im Eigeninteresse der Gesellschaft läge.

Ein absoluter Vorrang des Gesellschaftsinteresse läßt sich ebensowenig aus der Pflicht der Gesellschafter herleiten, das Gesellschaftsinteresse zu fördern. Auch diese Förderpflicht besteht nur relativ, d. h., die Förderung des Gesellschaftsinteresses steht für die Gesellschafter nur so lange im Vordergrund, wie sie nicht eigene Interessen, die das Gesellschaftsinteresse überwiegen, geltend machen können. Man kann daher nicht vom einem Gesellschafter verlangen, daß er bei der Abstimmung seinen eigenen Interessen verleugne und sich nur von der Rücksicht auf das Wohl der Gesellschaft leiten lasse.[532] Entsprechend hat sich auch der BGH gegen einen absoluten Vorrang des Gesellschaftsinteresses in seinem Urteil vom 09. Juni 1954 ausgesprochen, indem das Gericht festgestellt hat, daß weder der Aktionär noch der GmbH-Gesellschafter seine eigenen Interessen hinter die der Gesellschaft zurückzustellen habe.[533]

2. Interessenabwägung

Eine Konkretisierung des Treuepflichtinhalts mittels eines per-se-Vorrangs des Gesellschaftsinteresses läßt sich also zumindest im Bereich der Stimmrechtsausübung nicht erreichen. Inhalt und Umfang der Treuepflicht müssen daher

---

[531] siehe oben 2. Teil A. VI. 2. b) cc).
[532] Horrwitz JW 1930, 2645.
[533] BGHZ 14, 25 (38).

auf anderem Wege praktisch greifbar gemacht werden. Ein solcher Weg ist die rechtlich geleitete Interessenabwägung.

Die Treuepflicht ist ein Instrument zur Lösung konfligierender Interessen. Dies wurde bereits mehrfach erwähnt.[534] Die von der Treuepflicht geforderten Verhaltensweisen und damit der Inhalt und der Umfang der Treuepflicht im konkreten Fall sind demnach Ausfluß eines Ausgleichs widerstrebender Interessen.

Im öffentlichen Recht führt bei Interessenkonflikten regelmäßig eine umfassende Interessenabwägung zu einem sinnvollen Ausgleich der beteiligten Interessen und bewirkt sachgerechte Ergebnisse.[535] Eine solche Gesamtschau und Abwägung der beteiligten Interessen bietet sich auch für die Bestimmung des Inhalts und des Umfangs der Treuepflicht an. Auch hier bestehen divergierende Interessen und auch hier müssen diese Interessen zu einem möglichst schonenden Ausgleich gebracht werden. Das geeignete methodische Instrument zur Bestimmung des Inhalts der Treuepflicht ist demnach die rechtlich geleitete Interessenabwägung.[536]

Bei einer solchen Interessenabwägung wird zunächst unersucht, welche Interessen durch eine geplante Maßnahme berührt sind. Sind die berührten Interessen herausgearbeitet, ist weiter zu fragen, ob sie auch rechtlich geschützt sind.[537] Als dritter Schritt beginnt nun der eigentliche Vorgang des „Abwägens", wobei hier die Wichtigkeit der betroffenen Interessen und der Grad der drohenden Interessenbeeinträchtigung sowie die Wahrscheinlichkeit ihres Eintritts zu bestimmen und gegeneinander zu gewichten sind. Hierbei gilt: Je wichtiger das betroffene Interesse auf der einen Seite ist, um so gewichtiger müssen die Gründe für die Beeinträchtigung desselben auf der anderen Seite sein.[538] Ist hiernach ein Abwägungsergebnis gefunden, so muß dieses Ergebnis noch einmal auf seine grundsätzliche Vereinbarkeit mit der Systematik des Gesetzes und der Rechtsordnung untersucht werden. Mit dieser Methode läßt sich relativ zielsicher eine Konkretisierung der Treuepflicht erreichen.

---

[534] siehe oben 2. Teil A. III.

[535] vgl. etwa Wolff/Bachhof/Stober § 29 Rz 8.

[536] Hennrichs AcP 195, 248; Meyer-Landrut/Miller/Niehues § 14 Rz 26; Westermann FS Hefermehl S. 236; Lutter AcP 180, 123; Raiser ZHR 157, 437; Henze ZHR 162, 186; Schaudwet/Paul GmbHR 1970, 7; Schnorbus Jus 1998, 879; Zöllner, Schranken S. 345; Jilg S. 75.

[537] vgl. Kraft S. 65.

[538] Hennrichs AcP 195, 252; Raiser Kapitalgesellschaften § 28 Rz 41.

3. Förder- und Rücksichtspflichten als Folge der Interessenabwägung

Interessenabwägung heißt unterschiedliche Bewertung und Gewichtung von Interessen. Dies gilt auch für das Gesellschaftsrecht. Da es nach dem hier vertretenen Standpunkt keinen absoluten Vorrang des Gesellschaftsinteresses gibt, kann je nach Fall den Interessen der Gesellschaft oder den Interessen der Gesellschafter der Vorrang vor den anderen jeweils beteiligten Interessen zukommen. Dieser relative Vorrang kann etwa daraus resultieren, daß bestimmte Interessen entweder überhaupt nicht beeinträchtigt sind oder nur ein minderstarkes Gewicht gegenüber anderen Interessen haben. Damit stellt sich die Frage, welche Folgen ein solcher Interessenvorrang haben kann.

Die Vornahme bestimmter Maßnahmen durch einen Gesellschafter etwa die Ausübung des Stimmrechts in einer bestimmten Weise, kann zu einer Interessenbeeinträchtigung der Gesellschaft oder der übrigen Gesellschafter führen. Kommt im Einzelfall den Interessen der Gesellschaft oder der Gesellschafter jedoch der Vorrang vor den Interessen dieses Gesellschafters zu, so bewirkt dieser Vorrang das an den Gesellschafter gerichtete Verbot, diese Maßnahme vorzunehmen. Die Frage, ob in einer bestimmten Situation bestimmten Interessen der Vorrang zukommt und diese bevorrechtigten Interessen nicht beeinträchtigt werden dürfen, ist die Kernfrage der Treuepflicht. Entsprechend kann man auch formulieren, daß die Treuepflicht zu einer Pflicht des Gesellschafters und der Gesellschaft führt, fremde Interessen nicht zu beeinträchtigen, sondern auf diese Interessen Rücksicht zu nehmen. Die Treuepflicht kann sich somit als Pflicht zur Rücksichtnahme auf die Interessen der Gesellschaft und der Gesellschafter auswirken.[539]

Der Vorrang eines Interesses kann aber noch weiter gehen. Liegt etwa eine Maßnahme im dringenden Interesse der Gesellschaft und sind keinerlei oder nur geringfügige Interessen der Gesellschafter betroffen, so führt die Bindung der Gesellschafter an das Gesellschaftsinteresse dazu, daß sie dieses Interesse fördern müssen, da sie selber keine Interessen geltend machen können, die die Förderpflicht für das Gesellschaftsinteresse überwiegen. Denkbar ist dies etwa dann, wenn die Durchführung einer Maßnahme im dringenden Interesse der Gesellschaft liegt und keinerlei Auswirkungen auf die Interessen eines oder mehrerer Gesellschafter hat. Dann greift die Pflicht der Gesellschafter, das Gesellschaftsinteresse zu fördern, voll durch und die Gesellschafter müssen an der Herbeiführung der Maßnahme mitwirken, da sie nur so ihrer Förderpflicht

---

[539] vgl. BGHZ 103, 184 (194ff).

nachkommen können. Nichts anderes gilt aber auch, wenn die Gesellschafter zwar eigene Interessen verfolgen, die gegenüber dem Gesellschaftsinteresse jedoch nachrangig sind. Auch dann greift die Förderpflicht durch und der Vorrang des Gesellschaftsinteresse kann den Gesellschaftern gebieten, an der Herbeiführung einer Maßnahme mitzuwirken. Die Treuepflicht wirkt sich also mitunter auch als Pflicht aus, die Interessen der Gesellschaft durch ein aktives Tun zu fördern.[540]

Bejaht man eine Pflicht zur Förderung des Gesellschaftsinteresses, so drängt sich die Frage auf, ob ein Gesellschafter auch zur Förderung der Interessen seiner Mitgesellschafter verpflichtet sein kann. In der Literatur wird dies vereinzelt bejaht.[541] Hierbei ist aber zu berücksichtigen, daß die Interessen der Gesellschafter untereinander prinzipiell als gleichrangig einzustufen sind.[542] Das Interesse, das ein Kleinaktionär mit seiner Mitgliedschaft in der Gesellschaft verfolgt, ist grundsätzlich nicht weniger wert, als das Interesse eines Großaktionärs. Zwar folgt aus dem in der Treuepflicht verkörperten allgemeinen Schädigungsverbot, daß die Gesellschafter die Interessen ihrer Mitgesellschafter nicht beeinträchtigen dürfen. Eine Pflicht zur Förderung dieser Interessen würde jedoch zu weit gehen. Dies würde bedeuten, daß die Gesellschafter unter Umständen auf eigene Positionen zu Gunsten ihrer Mitgesellschafter verzichten müßten. Da aber die Interessen der Gesellschafter als grundsätzlich gleichrangig einzustufen sind, gibt es für einen solchen Verzicht keine Grundlage.

III. Grenzen der Treuepflicht

Abstrakt ist damit geklärt, was Inhalt und Umfang der Treuepflicht ist. Auch der Anwendungsbereich der Treuepflicht ist dadurch teilweise bestimmt. Er umfaßt jedenfalls den Schutz der Interessen von Gesellschaft und Gesellschaftern vor Beeinträchtigungen durch andere Gesellschaftsmitglieder. Nicht geklärt ist aber, was diesem Schutzbereich nicht unterfällt und damit bei einer Abwägung, die den Inhalt der Treuepflicht konkretisiert, nicht berücksichtigt werden darf. Über diese Frage besteht allerdings weitgehend Einigkeit. Vom Schutzbereich der Treuepflicht nicht umfaßt sind zum einen außergesellschaftliche, private Interessen der Gesellschafter,[543] Allgemeininteressen oder Inter-

---

[540] Nirk/Reuter/Bächle Rz 592.

[541] Roth/Altmeppen § 13 Rz 64, 86.

[542] Beckerhoff S. 82; Winter S. 182f.

[543] BGH WM 1992, 1812; Zöllner, in: KK § 243 Rz 192; Meyer-Landrut/Miller/Niehus § 14 Rz 26.

essen Dritter.[544] Zum anderen schützt die Treuepflicht außer der Mitgliedschaft auch keine anderen persönliche Rechte der Gesellschafter.[545] Im Ergebnis unterfallen damit nur gesellschaftsbezogene Interessen der Gesellschafter und der Gesellschaft dem Schutz der Treuepflicht. Nur sie sind daher auch abwägungserheblich.

1. Außergesellschaftliche, Allgemein- und Drittinteressen

Zu den bei einer Abwägung nicht zu berücksichtigenden außergesellschaftlichen Interessen der Gesellschafter zählen solche Interessen, die in keiner Beziehung zur Mitgliedschaft stehen. Dies ergibt sich aus folgender Erwägung: Grundlage der Treuepflicht ist die Mitgliedschaft in der Gesellschaft. Der Anwendungsbereich der Treuepflicht kann daher auch nur so weit gehen wie die Mitgliedschaft selber. Nur wenn daher ein Konflikt mitgliedschaftlich vermittelt ist, kommen Treuepflichten in Betracht.[546] Außergesellschaftliche Interessen der Gesellschafter stehen aber regelmäßig nicht mit der Mitgliedschaft in Zusammenhang und bewegen sich somit nicht mehr im Schutzbereich der Treuepflicht. Nur wenn private Interessen mitgliedschaftlich vermittelt sind, finden sie ausnahmsweise doch Eingang in die Interessenabwägung.[547]

Ebensowenig unterfallen Allgemeininteressen und Drittinteressen dem Abwägungsprozeß zur Inhaltsbestimmung der Treuepflicht. Auch dies ergibt sich aus den Grundlagen der Treuepflicht. Die Gesellschafter sowie die Gesellschaft unterliegen gesteigerten Pflichten in Form der Treuepflicht. Die Annahme dieser gesteigerten Pflichten rechtfertigt sich deshalb, weil die Gesellschafter und die Gesellschaft in besonderen Rechtsbeziehungen zueinander stehen. Gegenüber der Allgemeinheit und Dritten fehlen solche Rechtsbeziehungen indes. Also bestehen auch hier keine Treuepflichten, so daß auch eine Berücksichtigung entsprechender Interessen ausscheidet.

Hiergegen kann auch nicht eingewandt werden, daß ein Richter mittels einer Interessenabwägung ein „Stück offengelassener Gesetzgebung" schließen dürfe und sich infolgedessen von denselben Überlegungen leiten lassen müsse, von denen sich auch der Gesetzgeber leiten lassen müßte, so daß er hierbei eben *alle* Interessen zu berücksichtigen und in einen gerechten Ausgleich zu

---

[544] a. A. Hennrichs AcP 195, 250; MüKo-Roth § 242 Rz 52.
[545] BGH WM 1992, 1812 (1818); Jilg S. 78.
[546] Lutter AcP 180, 129; Zöllner, Schranken S. 349.
[547] Meyer-Landrut/Miller/Niehus § 14 Rz 26; vgl. auch Winter S. 19.

bringen habe.[548] Zum einen würde damit der Anwendungsbereich der Treuepflicht ins Uferlose wachsen, obwohl doch gerade bei der Handhabung einer Generalklausel wie der Treuepflicht in Bezug auf ihren Anwendungsbereich Zurückhaltung geboten ist. Viel schwerer wiegt aber, daß gerade keine Rechtsbeziehungen zwischen der Allgemeinheit oder Dritten und der Gesellschaft bzw. den Gesellschaftern bestehen. Für eine Einbeziehung von Allgemein- oder Drittinteressen fehlt somit die rechtliche Grundlage.

2. Persönliche Rechte der Gesellschafter

Aus derselben Erwägung, die die grundsätzliche Nichtberücksichtigung privater Interessen der Gesellschafter begründet, ergibt sich auch die Argumentation für die Nichtberücksichtigung persönlicher Rechte der Gesellschafter. Auch diese Rechte sind in der Regel nicht mitgliedschaftlich vermittelt und unterfallen daher nicht dem Schutzbereich der Treuepflicht.[549]

IV. Treuepflicht als rechtsbegrenzendes und pflichtbegründendes Institut im Bereich der Stimmrechtsausübung

Die Treuepflicht kann sowohl eine rechtsbegrenzende Funktion haben, indem sie eine rücksichtslose, die Interessen von Gesellschaft und/oder Mitgesellschaftern schädigende Ausübung der mitgliedschaftlichen Rechte verbietet.[550] Sie kann aber auch pflichtbegründend wirken.[551]

Dabei ergibt sich die rechtsbegrenzende Funktion der Treuepflicht zwanglos aus dem in der Treuepflicht enthaltenen Schädigungsverbot. Hiernach darf ein Gesellschafter nicht seine Mitgesellschafter und die Gesellschaft schädigen. Entsprechend darf er die ihm eingeräumten Rechte, insbesondere das Stimmrecht auch nicht so ausüben, daß es hierdurch zu einer Schädigung kommt. Seine Rechte werden also durch die Treuepflicht begrenzt.

Die pflichtbegründende Wirkung der Treuepflicht folgt demgegenüber aus der ebenfalls in der Treuepflicht zum Ausdruck kommenden Pflicht, das Gesellschaftsinteresse zu fördern. Mitunter kann es Situationen geben, in denen der Gesellschafter seiner Förderpflicht für das Gesellschaftsinteresse nur dadurch nachkommen kann, indem er eine Maßnahme für die Gesellschaft vornimmt. Dies kann etwa dann der Fall sein, wenn die Fassung eines bestimmten Be-

---

[548] Hennrichs AcP 195, 251.
[549] vgl. Nirk/Reuter/Bächle Rz 595.
[550] Nehls S. 4.
[551] Kort ZIP 1990, 297; Winter S. 167ff; Vogel S. 88.

schlusses allein im Interesse der Gesellschaft liegt, bzw. das Gesellschaftsinteresse alle übrigen Interessen überwiegt. In diesem Fall kann der Gesellschafter das Gesellschaftsinteresse nur dadurch fördern, daß er für diesen Beschluß stimmt. Verzichtet er dennoch auf die Zustimmung zu diesem Beschluß, handelt er treuwidrig. Die Treuepflicht führt hier also zu einer positiven Stimmpflicht.

Im Bereich der Stimmrechtsausübung besteht allerdings der Hauptanwendungsfall der Treuepflicht in ihrer rechtsbegrenzenden Funktion.[552] Dies ist auch nicht weiter erstaunlich, da eine Stimmpflicht immer dem Grundsatz der freien Stimmrechtsausübung widerspricht. Eine pflichtbegründende Wirkung der Treuepflicht in Form einer Stimmpflicht kann daher auch nur ausnahmsweise in Betracht kommen.

B. Die Begründung positiver Stimmpflichten im Kapitalgesellschaftsrecht

Die Annahme positiver Stimmpflichten auf der Basis der gesellschaftsrechtlichen Treuepflicht bleibt ein heikles Thema. Bei dieser Frage scheinen sich die Befürchtungen vor allem der Gegner der Treuepflicht im Aktienrecht zu bewahrheiten. Wenn es angesichts der durchweg anonymen und kapitalistischen Struktur der AG schon schwerfällt, überhaupt eine Treuepflicht des Aktionärs anzuerkennen, um wieviel schwerer muß dann die Pflicht des Aktionärs zu akzeptieren sein, sein Stimmrecht in einer genau bestimmten Weise auszuüben.[553]

I. Mögliche Einwände gegen die Annahme positiver Stimmpflichten

In der Literatur herrscht dementsprechend Uneinigkeit darüber, ob und gegebenenfalls unter welchen Voraussetzungen positive Stimmpflichten im Kapitalgesellschaftsrecht überhaupt angenommen werden können. Die Stimmpflichtgegner führen hierzu vor allem das Mehrheitsprinzip bzw. das Auszählungsprinzip[554] und das Bestehen milderer Mittel der Stimmrechtskontrolle[555] als Gründe gegen Stimmpflichten ins Feld. Bevor jedoch auf diese Kritikpunkte im einzelnen eingegangen werden kann, stellt sich zunächst systematisch vorrangig die Frage, ob positive Stimmpflichten nicht bereits aufgrund einer oder mehrer gesetzlicher Vorschriften generell unzulässig sind.

---

[552] Marsch-Barner ZHR 157, 179; Schmidt GesR § 21 II 3c (S. 616); Nonn S. 82.
[553] Jilg S. 88.
[554] Bungeroth, in: Geßler/Hefermehl/Eckardt/Kropff § 179 Rz 196; Zöllner, in: KK § 179 Rz 213.
[555] Dreher ZIP 1993, 334.

1. § 117 Abs. 7 Nr. 1 AktG als Verbot von Stimmbindungen
Als eine Vorschrift, die jedwede Beschränkung der Abstimmungsfreiheit des Gesellschafters verbieten könnte, kommt § 117 Abs. 7 Nr. 1 AktG in Betracht.

Zweck des § 117 Abs. 1 AktG ist der Schutz der Gesellschaft vor Schädigungen auf dem Wege einer rechtswidrigen Beeinflussung von Verwaltungsmitgliedern und leitenden Angestellen.[556] Eine solche rechtswidrige Einflußnahme, die auch durch die Ausübung des Stimmrechts erfolgen kann, bewirkt Schadensersatzpflichten des Einflußnehmers gegenüber der Gesellschaft und den Aktionären. Die Schadensersatzpflicht stellt allgemein im Zivilrecht eine der wichtigsten Sanktionen dar, der nicht lediglich die Aufgabe zukommt, erlittene Schäden auszugleichen, sondern die namentlich auch eine erhebliche präventive Funktion zur Gewährleistung zivilrechtlichen Wohlverhaltens zu erfüllen hat.[557] Durch die Drohung mit einer Schadensersatzpflicht wird also ein Gesellschafter dazu angehalten, sein Stimmrecht nicht zum Schaden der Gesellschaft oder anderer Aktionäre auszuüben. Die Norm des § 117 Abs. 1 AktG ist daher eigentlich eher ein Beleg für als gegen die gesetzliche Zulässigkeit von Stimmbindungen.

In dem wichtigsten Fall einer Einflußnahme, nämlich wenn der Einfluß durch Ausübung des Stimmrechts in der Hauptversammlung ausgeübt wird, ist der Anspruch auf Schadensersatz jedoch ausgeschlossen (§ 117 Abs. 7 Nr. 1 AktG).[558] Hierin könnte nicht nur die Freistellung des Aktionärs von Schadensersatzpflichten zum Ausdruck kommen. Zugleich könnte im Hinblick auf die erwähnte Bedeutung von Schadensersatzpflichten als Mittel zur Erfüllung von Wohlverhaltenspflichten die Haftungsprivilegierung des § 117 Abs. 7 Nr. AktG auch so zu interpretieren sein, daß nach dem Willen des Gesetzgebers der Aktionär überhaupt keinen Bindungen bei seiner Stimmrechtsausübung unterliegen soll, weder in Form von Schadensersatzpflichten noch in Form anderer Beschränkungen. § 117 Abs. 7 Nr. 1 AktG könnte also als Ausdruck des Grundsatzes der freien Stimmrechtsausübung anzusehen sein.[559] Die Folge einer solchen vollständigen Suspendierung der Stimmrechtsausübung von etwaigen Bindungen wäre in letzter Konsequenz, daß auch positive Stimmpflichten ausgeschlossen wären.

---

[556] Zöllner, in: KK § 117 Rz 11.
[557] Zöllner, Schranken S. 428.
[558] Raiser, Kapitalgesellschaftsrecht § 12 Rz 43.
[559] in diesem Sinne: Marsch-Barner ZHR 157, 177.

Zum Teil wird in der aktienrechtlichen Literatur aus § 117 Abs. 7 Nr. 1 AktG tatsächlich ein in diese Richtung gehender Schluß gezogen. Die aktienrechtlichen Vorschriften ließen dem Aktionär einen breiten Raum für die Verfolgung eigennütziger Interessen auch im Rahmen seiner Mitwirkung in Gesellschaftsangelegenheiten und schlössen sogar bei einer vorsätzlich gesellschaftsschädigenden Stimmrechtsausübung Schadensersatzpflichten ausdrücklich aus (§ 117 Abs. 7 Nr. 1 AktG). Dies stehe der Annahme einer besonderen gesellschaftsrechtlichen Treuepflicht entgegen.[560] Entsprechend wäre eine hierauf beruhende positive Stimmpflicht unzulässig.

Eine völlige Bindungsfreiheit bei der Abstimmung gäbe indes dem Aktionär die Möglichkeit, seine Mitaktionäre willkürlich und in erheblichem Ausmaß zu schädigen, was mit dem Grundsatz von Treu und Glauben unvereinbar wäre. Darüber hinaus würde das ganze System des Minderheitenschutzes unterlaufen, das wesentlich auf Festlegung bestimmter Bindungen des Mehrheitsgesellschafter beruht. Man darf daher § 117 AktG nicht als Ausdruck einer völligen Abstimmungsfreiheit der Aktionäre sehen. Sie enthält keinen „Freibrief" zur Schädigung der Mitaktionäre durch Ausübung von Stimmrechtsmacht.[561] Ein entsprechend schädigender Beschluß der Hauptversammlung bleibt mindestens anfechtbar.[562]

Umgekehrt muß man bei der Antwort auf die Frage, ob § 117 Abs. 7 Nr. 1 AktG Stimmrechtsbindungen der Aktionäre erlaubt oder gerade verbietet auch der Zweck der Vorschrift berücksichtigt werden. Ziel des § 117 Abs. 7 Nr. 1 AktG ist es, eine möglichst breite Streuung von Aktien in allen Schichten des Volkes zu ermöglichen, was zum einen die Aufnahme von Kapital auf seiten der Wirtschaft begünstigt und zum anderen eine allgemeine Vermögensbildung fördert.[563] Daß es dieser beabsichtigten Förderung privaten Aktienbesitzes nicht dienlich wäre, wenn die Stimmrechtsausübung in der Hauptversammlung mit dem Risiko einer persönlichen Schadensersatzhaftung bereits für einfache fahrlässige Treuepflichtverletzungen belastet wäre, ist einsichtig.[564] Grundsätzlich ausgeschlossen ist damit jedenfalls eine Schadensersatzhaftung des Aktionärs für eine treuwidrige Stimmrechtsausübung.[565] Nicht ausgeschlossen ist al-

---

[560] Hefermehl, in: Geßler/Hefermehl/Eckardt/Kropff Vor § 53 a Rz 19.
[561] Schöne WM 1992, 213 im Anschluß an Timm WM 1991, 487.
[562] Lutter ZHR 153, 456.
[563] LG Düsseldorf WM 1993, 153 (162).
[564] Hennrichs AcP 195, 269.
[565] Beckerhoff S. 96; Hennrichs AcP 195, 270.

lerdings die Anfechtbarkeit eines treuwdrigen Beschlusses, da § 117 Abs. 7 Nr. 1 AktG ausdrücklich nur von Schadensersatzpflichten freistellt.[566] Beschränkt sich § 117 Abs. 7 Nr. 1 AktG damit aber nur auf eine Privilegierung des Aktionärs im Hinblick auf Schadensersatzpflichten, so bedeutet dies zugleich, daß sich der Vorschrift nicht der allgemeine Rechtsgedanke einer völligen Bindungsfreiheit des Aktionärs bei seiner Abstimmung entnehmen läßt. Sie hindert daher nicht die Annahme positiver Stimmpflichten.

2. Fehlende Notwendigkeit der Annahme positiver Stimmpflichten wegen des Mehrheitsprinzips

Außer der Existenz des § 117 Abs. 7 Nr. 1 AktG werden gegen die Annahme positiver Stimmpflichten im Kapitalgesellschaftsrecht noch andere Argumente vorgebracht. Zum Teil wird hierzu auf das Mehrheitsprinzip in der Kapitalgesellschaft verwiesen. Infolge des Mehrheitsprinzips und mit Rücksicht auf die rechtliche Behandlung treuwidriger Stimmen bestehe kein Grund für die Annahme positiver Stimmpflichten.[567] Ausgangspunkt dieser Kritik ist, daß rechtsmißbräuchlich abgegebene Stimmen nichtig sein sollen.[568] Nichtige Stimmen zählen bei der Auszählung ebensowenig wie Enthaltungen oder nicht abgegebene Stimmen.[569] Zählen aber die treuwidrig also rechtsmißbräuchlich gegen einen Beschluß abgegebenen Stimmen nicht für die Beschlußfassung mit, so kommt der Beschluß auch ohne diese Stimmen wirksam zustande. Unter dem Mehrheitsprinzip soll daher ein Zwang zur Zustimmung grundsätzlich nicht erforderlich sein, da die treuwidrigen Stimmen einfach als unwirksam gewertet werden und auf diese Weise der treugemäße Beschluß gefaßt werden könne.[570]

Dieser Argumentation stehen allerdings für die AG erhebliche praktische Erwägungen entgegen. Während einer Hauptversammlung muß der Versammlungsleiter feststellen, daß ein Antrag angenommen oder abgelehnt oder ein Beschluß mit näher bezeichnetem Inhalt zustandegekommen oder nicht zustandegekommen ist.[571] Dies setzt notwendig voraus, daß der Versammlungsleiter ein sicheres Urteil darüber abgeben kann, welche Stimmen nichtig sind, um sie

---

[566] vgl. Henssler DZWiR 1995, 432.
[567] Bungeroth, in: Geßler/Hefermehl/Eckardt/Kropff § 179 Rz 196.
[568] BGH ZIP 1991, 23 (24); Baumbach/Hueck-Zöllner Anh § 47 Rz 93; Zöllner, in: KK § 134 Rz 135; Lindacher ZGR 1987, 127 Fn 24; Schmidt GesR § 21 II 3c (S. 616).
[569] RGZ 20, 140 (144); OLG Hamburg GmbHR 1992, 43 (45); Hüffer AktG § 133 Rz 12
[570] Zöllner, in: KK § 179 Rz 213; Bungeroth, in: Geßler/Hefermehl/Eckardt/Kropff § 179 Rz 196; Hüffer AktG § 179 Rz 31; ähnlich auch Hachenburg-Ulmer § 53 Rz 70.
[571] § 130 Abs. 2 AktG; Hüffer AktG § 130 Rz 22; Roth/Altmeppen § 48 Rz 15.

bei der Auszählung außen vor zu lassen. Häufig wird jedoch während einer Hauptversammlung höchst zweifelhaft sein, ob eine Stimmabgabe bzw. deren Unterlassung treuwidrig ist. Wegen der damit verbundenen schwierigen materiell-rechtlichen Abgrenzungsfragen dürften daher kaum Fälle denkbar sein, in denen der Versammlungsleiter wegen eindeutigen Treuepflichtverstoßes bestimmte Stimmen einfach ignorieren kann.[572] Dann aber kann er keine zuverlässige Aussage über das Zustandekommen des Beschlusses treffen. Der Versammlungsleiter muß deshalb grundsätzlich auch möglicherweise treuwidrige Stimmabgaben beachten.[573] Dies zeigt, daß der Gedanke treuwidrige Stimmen bei der Beschlußfassung nicht mitzuzählen zwar bestechend einfach, aber für die Praxis wenig tauglich ist.

Bei der GmbH tritt dieses Problem zwar nicht mit derselben Brisanz auf, da hier Gesellschafterbeschlüsse für ihre Wirksamkeit keiner förmlichen Feststellung bedürfen.[574] Gleichwohl ist auch hier die zuverlässige Kenntnis über das Zustandekommen eines Beschlusses unbedingt notwendig. Denn nur dann besteht Klarheit darüber, ob ein Beschluß im Wege der Anfechtungsklage angegriffen werden muß. Auch für die GmbH erweist sich daher der Ansatz, positive Stimmpflichten durch die Nichtbeachtung treuwidriger Nein-Stimmen zu ersetzen als unpraktikabel.

3. Ablehnung positiver Stimmpflichten wegen der Verfügbarkeit milderer Mittel

Der Grundsatz der freien Stimmrechtsausübung ist im Gesellschaftsrecht wichtiger Ausdruck der Privatautonomie. Inhalt dieses Grundsatzes ist, daß jeder Gesellschafter so stimmen kann, wie er es für richtig hält. Die Stimmrechtsausübung gibt den Gesellschaftern die Befugnis, nach Gutdünken und nach den Maximen des eigenen Vorteils zu entscheiden.[575] Dem liegt der Gedanke zu Grunde, daß die Gesellschafter ihre Angelegenheiten selbst regeln sollen, daß also ihr Wille maßgebend sein soll.[576] Diesem Prinzip entspricht es, daß der Annahme einer positiven Stimmpflicht der Charakter einer ultima ratio-Entscheidung zukommt. Nur wenn kein anderer Ausweg gegeben ist, sollen positive Stimmpflichten zum Zuge kommen.

---

[572] Stützle/Walgenbach ZHR 155, 536.
[573] Marsch-Barner ZHR 157, 189.
[574] Lutter/Hommelhoff Anh. § 47 Rz 42.
[575] Scholz-Schmidt § 47 Rz 26.
[576] Hueck ZGR 1972, 238.

Entsprechend könnte man argumentieren, daß positive Stimmpflichten nur in Erwägung zu ziehen sind, wenn kein milderes ebenso geeignetes Mittel ersichtlich ist, mit dem sich der mit einer positiven Stimmpflicht verfolgte Zweck ebensogut erreichen läßt. Ein solches milderes Mittel im Vergleich zur positiven Stimmpflicht wird vereinzelt in einer Pflicht zur Stimmenthaltung gesehen.[577] Auch hier steckt wieder die Idee dahinter, daß Stimmenthaltungen bei der Berechnung der notwendigen Mehrheit nicht zu berücksichtigen sind.[578] Soweit ein Gesellschafter lediglich einen Beschluß nicht verhindern darf und eine Enthaltung bei der Auszählung nicht mitzählt, scheint eine Pflicht zur Stimmenthaltung tatsächlich ein milderes ebenso geeignetes Mittel im Vergleich zu einer Stimmpflicht zu sein. Während bei einer positiven Stimmpflicht der Gesellschafter nur eine Abstimmungsalternative hat, bestehen bei einer Pflicht zur Stimmenthaltung zwei Alternativen: Einerseits kann sich der Gesellschafter enthalten, andererseits kann er dem Beschluß zustimmen. Dem Grundsatz der freien Stimmrechtsausübung scheint also durch eine Pflicht zur Stimmenthaltung besser Rechnung getragen zu werden.

Indes ist fraglich, ob es sich hierbei wirklich um eine milderes Mittel handelt. Sowohl im Falle einer positiven Stimmpflicht wie auch im Falle einer Pflicht zur Stimmenthaltung wird dem Gesellschafter eine bestimmte Pflicht auferlegt. Der Unterschied besteht lediglich darin, daß im ersten Fall von dem Gesellschafter ein Handeln, im zweiten Fall lediglich das Unterlassen einer Stimmabgabe gefordert wird. In beiden Fällen aber wird dem Gesellschafter ein bestimmtes Verhalten zur Auflage gemacht und seine Abstimmungsfreiheit wird beschnitten. Aus Sicht des Gesellschafters macht es somit keinen Unterschied, ob er zur Stimmenthaltung oder zur Abstimmung in einer bestimmten Weise gezwungen wird, sieht man davon ab, daß der Gesellschafter in einem Fall bei der Abstimmung die Hand heben muß, während er im anderen Fall ruhig sitzen bleiben kann. Von einem tatsächlich milderen Mittel im Verhältnis zur positiven Stimmpflicht kann daher bei einer Pflicht zur Stimmenthaltung nicht gesprochen werden.

II. Die Voraussetzungen positiver Stimmpflichten in Rechtsprechung und Literatur

Die überwiegende Meinung in Schrifttum und die Rechtsprechung teilen die gegen positive Stimmpflichten vorgebrachten Bedenken nicht, sondern gehen

---

[577] Dreher ZIP 1993, 334; Marsch-Barner ZHR 157, 181.
[578] Semler, in: Hdb d. GesR, Bd. 4 § 39 Rz 20.

vom Bestehen von Stimmpflichten aus.[579] Uneinigkeit herrscht allerdings bei der Frage nach den Voraussetzungen, unter denen positive Stimmpflichten angenommen werden. Zum Teil wird hierzu pauschal auf die von der Rechtsprechung zu den positiven Stimmpflichten im Personengesellschaftsrecht entwikkelten Grundsätze zurückgegriffen,[580] zum Teil wird versucht, in Anlehnung an das Öffentliche Recht die Voraussetzungen positiver Stimmpflichten zu definieren.[581] Schließlich werden auch vollkommen neue, von bisherigen Instituten unabhängige Definitionsversuche unternommen.[582] Diese Vielfalt bei der Suche nach einheitlichen Voraussetzungen für die Annahme positiver Stimmpflichten ist einerseits in Anbetracht der Schwierigkeiten, die jede Inhaltsbestimmung einer Generalklausel mit sich bringt, nicht weiter erstaunlich. Andererseits überrascht diese Uneinigkeit und die damit verbundene Rechtsunsicherheit im Hinblick auf die praktische Relevanz des Problems.

Im folgenden sollen zunächst die bisher vertretenen Versuche, Voraussetzungen für die Annahme positiver Stimmpflichten zu definieren, untersucht und einer kritischen Betrachtung unterzogen werden. Auf dieser Basis werden dann im Anschluß eigene Überlegungen angestellt.

1. Zumutbarkeits- und Gebotenheitsformel

Die herrschende Meinung sowohl in Rechtsprechung[583] und Literatur[584] folgt bei der Frage, unter welchen Bedingungen positive Stimmpflichten im Kapitalgesellschaftsrecht anzunehmen sind, im Kern den schon vom Reichsgericht für das Personengesellschaftsrecht entwickelten Grundsätzen zur Pflicht eines Gesellschafters, bei der Anpassung von Personengesellschaftsverträgen an veränderte Umstände mitzuwirken.[585]

---

[579] BGHZ 98, 276 (278ff); BGH WM 1987, 841 (842); Baumbach/Hueck-Zöllner § 47 Rz 76a; Roth/Altmeppen § 47 Rz 44; Lutter/Hommelhoff § 47 Rz 7; Hachenburg-Raiser § 47 Rz 194; Scholz-Schmidt § 47 Rz 31; Hüffer AktG § 179 Rz 30; Schaudwet/Paul GmbHR 1970, 7.

[580] Hachenburg-Ulmer § 53 Rz 70; Baumbach/Hueck-Zöllner § 53 Rz 47; Roschmann/Frey WiB 1996, 925; diese Grunsätze für Satzungsänderungen ablehnend: Rowedder-Zimmermann § 53 Rz 58.

[581] Beckerhoff S. 81ff; Lutter JZ 1995, 1055.

[582] Nehls S. 81ff; Westermann FS Hefermehl 232; Verhoeven S. 90 Rz 249.

[583] BGHZ 98, 276 (278ff); BGH WM 1987, 841 (842); OLG Hamburg GmbHR 1992, 43 (45); OLG Hamm 1992, 612.

[584] Schmidt GmbHR 1992, 10; Baumbach/Hueck-Hueck/Fastrich § 13 Rz 30; Lutter/Hommelhoff § 14 Rz 19; Scholz-Schmidt § 47 Rz 31.

[585] RGZ 162, 388 (396).

a) Rechtsprechung des BGH

Nach der Rechtsprechung des BGH zum Personengesellschaftsrecht kann die Treuepflicht einem Gesellschafter u. a. gebieten, seine Zustimmung zur Änderung eines Gesellschaftsvertrages aufgrund veränderter Umstände zu erteilen. Das Gericht zieht allerdings die Voraussetzungen eng. Nach der ständig wiederkehrenden Formel des BGH[586] setzt die Annahme positiver Stimmpflichten zur Änderung eines Gesellschaftsvertrages kumulativ voraus, daß

1. ein besonders gelagerter Ausnahmefall vorliegt,
2. die Änderung mit Rücksicht auf das Gesellschaftsverhältnis oder mit Rücksicht auf die Rechtsbeziehungen der Gesellschafter zueinander dringend erforderlich ist,
3. die vorgesehene Änderung dem einzelnen Gesellschafter unter Berücksichtigung seiner eigenen Belange zumutbar ist.

Positive Stimmpflichten erfordern demnach neben dem mit Rücksicht auf den Grundsatz der freien Stimmrechtsausübung selbstverständlichen Bestehen einer Ausnahmesituation zugleich das Vorliegen eines objektiven und eines subjektiven Elementes. Die mit einer positiven Stimmpflicht verfolgte Maßnahme muß im Interesse der Gesellschaft dringend geboten (objektives Element) und den Gesellschaftern unter Berücksichtigung ihrer eigenen schutzwerten Belange zumutbar sein (subjektives Element).[587] Unter diesen Voraussetzungen hat es der BGH zum Beispiel für möglich gehalten, daß der Gesellschafter einer offenen Handelsgesellschaft verpflichtet sein kann, einer Erhöhung der dem geschäftsführenden Gesellschafter im Gesellschaftsvertrag zugesagten Tätigkeitsvergütung zuzustimmen,[588] die Zustimmung zum vorzeitigen Ausscheiden eines Gesellschafters zu erteilen[589] oder für die vorübergehende Aufhebung von Zinszahlungspflichten für Gesellschafterdarlehen zu votieren.[590]

In seiner neueren Rechtsprechung hat der BGH diese zunächst für das Personengesellschaftsrecht entwickelte Formel auch auf das GmbH-Recht übertragen. Danach gilt auch bei einer GmbH, daß positive Stimmpflichten nur dann in Betracht kommen, wenn ein Beschluß im Interesse der Gesellschaft drin-

---

[586] BGHZ 64, 253 (258); BGH WM 1961, 301; BGH WM 1960, 105.
[587] BGH WM 1965, 744; BGH WM 1975, 774 (776); BGH WM 1985, 195 (196).
[588] BGHZ 44, 41f.
[589] BGHZ 64, 253 (258).
[590] BGH WM 1985, 195 (196).

gend geboten und dem Gesellschafter zumutbar ist.[591] Für das Aktienrecht mußte der BGH bisher noch nicht entscheiden.

Als Beispiele für die dringende Erforderlichkeit eines Beschlusses erwähnt die Rechtsprechung die Erhaltung wesentlicher Werte der Gesellschaft, welche die Gesellschafter in gemeinschaftlicher Arbeit geschaffen haben; die Vermeidung wesentlicher Verluste, die die Gesellschafter andernfalls erleiden könnten oder die Gefährdung der Existenz der Gesellschaft ohne den fraglichen Beschluß.[592] Zumutbar sein soll einem Gesellschafter die Zustimmung, wenn sich aufgrund der angestrebten Beschlußfassung für den zustimmungsunwilligen Gesellschafter keinerlei oder nur geringfügige Nachteile gegenüber dem ursprünglichen Rechtszustand ergeben.[593]

Insgesamt läßt sich den Begründungen der Entscheidungen zur positiven Stimmpflicht eine starke Einzelfallbezogenheit entnehmen. Die Frage, wann positive Stimmpflichten anzunehmen seien, sei anhand einer die konkreten Umstände des jeweiligen Einzelfalls berücksichtigenden Abwägung zu entscheiden.[594] Über die Methodik einer solchen Abwägung schweigt sich der BGH aus. Solange jedoch die Methodik der Abwägung unklar ist, bleibt die von der Rechtsprechung verwendete Formel immer mit einem erheblichen Maß an Rechtsunsicherheit behaftet, da die Vorhersehbarkeit positiver Stimmpflichten nicht gewährleistet ist.

b) Literatur

Ungeachtet dessen, hat die Gebotenheits- und Zumutbarkeitsformel auch in der Literatur viele Anhänger gefunden.[595] Anders als die Rechtsprechung sind allerdings einige Vertreter dieser Ansicht bemüht, diese Formel nicht nur pauschal als Voraussetzung positiver Stimmpflichten in den Raum zu stellen. Vielmehr versuchen sie, die Formel dogmatisch herzuleiten und vor allem die von der Rechtsprechung verwendeten Begriffe der „Gebotenheit“ und der „Zumutbarkeit“ näher zu konkretisieren und auszufüllen. Gleichwohl ist auch hier das zur Verfügung stehende Material rar.

---

[591] BGH WM 1986, 1348 (1349); ihm folgend OLG Hamm GmbHR 1992, 612.

[592] BGH WM 1985, 195 (196); BGH WM 1961, 301 (302); OLG Hamm GmbHR 192, 612.

[593] BGH WM 1986, 1348; BGH WM 1987, 841 (842).

[594] BGH WM 1987, 841 (842).

[595] Hüffer AktG § 179 Rz 30; Hachenburg-Raiser § 47 Rz 194; Lutter/Hommelhoff § 53 Rz 32; Marsch-Barner ZHR 157, 180; Säcker FS Lukes S. 553; Raiser, Kapitalgesellschaften § 28 Rz 44.

Um Aufschluß über die Frage nach der Gebotenheit eines Beschlusses zu bekommen, wird regelmäßig auf das Maß der Beeinflussung des Unternehmensinteresses zurückgegriffen. Je eindeutiger demnach das Unternehmensinteresse in einer bestimmten Situation eine Entscheidung gebiete, um so mehr werde die Stimmrechtsobliegenheit im Einzelfall zu einer inhaltlich gebundenen positiven Stimmpflicht.[596] Zum Teil wird zur Bestimmung der Gebotenheit eines Beschlusses auch allein danach gefragt, ob eine Maßnahme zur Sicherung des Bestandes der Gesellschaft oder zur Erhaltung ihrer Wettbewerbsfähigkeit und Ertragskraft dringend erforderlich sei.[597] Konkret solle etwa eine Kapitalerhöhung erforderlich sein, wenn die Gesellschaft ohne deren Durchführung ihre Geschäfte nicht mehr weiterführen könne und demgemäß aufgelöst und liquidiert werden müßte. Eine Kapitalherabsetzung solle erforderlich sein, soweit sie zur Deckung eines Verlustes, der auf andere Weise nicht beseitigt werden könne, benötigt werde.[598]

Mit diesen Definitionen ist jedoch kaum Klarheit über die Voraussetzungen einer positiven Stimmpflicht geschaffen. Die Aussage, je stärker das Unternehmensinteresse beeinträchtigt ist, um so eher liege auch eine Stimmpflicht vor, gibt zwar einen Anhaltspunkt für die Ausfüllung des Begriffes der „Gebotenheit". Indes bleibt die Ausfüllung dieses Begriffes nach wie vor unklar, was dessen Handhabung nicht erleichtert. Noch viel stärker gilt diese Kritik für die Frage der Zumutbarkeit. Wann etwas zumutbar ist, unterliegt in hohem Maße der persönlichen Wertung des Betrachters. Um so weniger überrascht es daher auch, daß sich kaum ein Anhänger der Gebotenheits- und Zumutbarkeitsformel findet, der eine allgemeingültige Aussage über die Bejahung der Zumutbarkeit zu treffen wagt.[599]

In ihrer fehlenden methodischen Ausfüllung liegt der wesentliche Schwachpunkt der Zumutbarkeits- und Gebotenheits-Formel als Versuch, die Treuepflicht-Generalklausel zu konkretisieren. Die Formel zeigt keine Leitlinien auf, mit denen sich im Vorhinein einigermaßen zuverlässig Aussagen über das Bestehen einer positiven Stimmpflicht treffen lassen. Die Begriffe der „Gebotenheit" und der „Zumutbarkeit" sind für sich betrachtet zunächst einmal nur Leerformeln, die erst durch eine Begründung im Einzelfall ausgefüllt werden. Für die Rechtsprechung, die ex post Einzelfälle zu beurteilen hat, reicht dies

[596] Säcker FS Lukes S. 554.
[597] Winter S. 173.
[598] Henze ZHR 162, 192.
[599] lediglich Winter S. 178f erörtert dies näher.

aus, da sie die „Zumutbarkeit“ oder „Gebotenheit“ eines Beschlusses in den Urteilsgründen anhand der konkreten Umstände erschöpfend begründen kann. Daran ist auch nichts auszusetzen. Man darf von der Begründung eines Urteils, das eine Fortbildung des Rechts enthält, nichts Unangemessenes erwarten, schon gar nicht eine dogmatische Theorie.[600] Der präventiven Rechtsberatung aber, die es erst gar nicht zu einem Prozeß kommen lassen will, sowie der Rechtswissenschaft, die es nicht allein bei praxisgerechten Ergebnissen bewenden lassen darf, sondern Ergebnisse systematisch-stringent zu begründen versucht, ist mit dem Verweis auf eine einzelfallabhängige Ausfüllung der Zumutbarkeits- und Gebotenheits-Formel jedoch nicht geholfen. Sie verlangen nach abstrakten, an einer einheitlichen Methodik orientierten Leitlinien bei der Ausfüllung dieser Begriffe, da nur so die Ergebnisse, die sich aus dieser Formel ableiten lassen, bereits im Vorhinein erkennbar sind. Das soll nicht heißen, daß hier die „Zumutbarkeits- und Gebotenheitsformel generell verworfen wird. So lange jedoch die Begriffe nicht auf der Grundlage einer einheitlichen Methodik ausgefüllt werden, hat die Formel nur einen bedingten Nutzen.

2. Subjektive Erwartung einer positiven Stimmpflicht

Während die h. M. die Frage nach positiven Stimmpflichten anhand eines objektiven und eines subjektiven Elements zu beantworten versucht, ist es auch denkbar, dem Grundsatz der Privatautonomie stärker Rechnung zu tragen und das Bestehen einer positiven Stimmpflicht allein von subjektiven Elementen abhängig zu machen. So könnte man überlegen, daß eine positive Stimmpflicht nicht schon dann vorliegt, wenn ein Beschluß objektiv im dringenden Interesse der Gesellschaft geboten ist, sondern nur dann, wenn aus Sicht der Gesellschafter subjektiv eine Notwendigkeit besteht, einen bestimmten Beschluß zu fassen und die Gesellschafter daher auf eine Zustimmung der anderen Gesellschafter vertrauen dürfen.

Namentlich *Westermann*[601] hat einen in diese Richtung gehenden Versuch zur Begründung positiver Stimmpflichten bei Satzungsänderungsbeschlüssen entwickelt. Einigkeit bestehe darüber, daß grundsätzlich jeder Gesellschafter sein Abstimmungsverhalten bei der Änderung der Vertragsgrundlagen nach eigener Einsicht und subjektiver Beurteilung des für ihn Nützlichen frei einrichten könne. Dies sei Ausfluß der allgemeinen Privatautonomie im Gesellschaftsrecht. Andererseits sei der Gesellschafter aber zur Bestandserhaltung des Unterneh-

[600] Huber FS Raisch S. 94.
[601] Westermann FS Hefermehl S. 231.

mens verpflichtet. Allerdings seien die Gesellschafter wegen der Privatautonomie nicht etwa verpflichtet, alles objektiv im Sinne des Unternehmens oder des Verbandes Liegende zu tun.[602] Die objektive Notwendigkeit einer Satzungsänderung kann demnach keine positive Stimmpflicht begründen. Pflichtbegründend könne aber der Umstand wirken, daß jeder Gesellschafter durch den Beitritt zur Gesellschaft den anderen verspreche, im Interesse des gemeinschaftlichen Zwecks außer den im Gesellschaftsvertrag spezifizierten Beiträgen eine nach Treu und Glauben zu bemessende *allgemeine Verhaltenspflicht* zu übernehmen.[603] Grundlage der Zustimmungspflicht sei somit die Rücksichtnahme auf die Partner im Dauerschuldverhältnis „Gesellschaft", nicht lediglich eine Beziehung des Gesellschafters zum Verband. Die wirtschaftliche „Vernünftigkeit" einer dem Widerstrebenden angesonnenen Vertragsänderung sei unter diesen Umständen nicht der Maßstab des Urteils über die Zustimmungspflicht, sondern nur eine Hilfserwägung zur Feststellung dessen, was an Opfern die anderen Gesellschafter billigerweise im Rahmen der allgemeinen Förderungspflicht erwarten könnten.[604] Eine positive Stimmpflicht bei Satzungsänderungen kommt hiernach nur dann in Betracht, wenn die anderen Gesellschafter von einem widerstrebenden Gesellschafter die Zustimmung zu dieser Änderung erwarten können. Der Sache nach kommt es damit nicht auf objektive Kriterien für die Annahme positiver Stimmpflichten an, sondern allein auf die subjektive Erwartung einer positiven Stimmpflicht seitens der Gesellschafter.

Ein solches Abstellen auf die Erwartungshaltung der Gesellschafter unterliegt jedoch sowohl praktischen als auch dogmatischen Bedenken. Für einen Gesellschafter, der vor der Frage steht, ob er im konkreten Fall einer positiven Stimmpflicht unterliegt, ist die exakte Definition positiver Stimmpflichten von großer Bedeutung. Immerhin besteht Einhelligkeit darüber, daß die Verletzung von Treuepflichten zur Anfechtbarkeit von Gesellschafterbeschlüssen führen kann.[605] Dementsprechend folgenreich kann auch ein Verstoß gegen eine auf der Treuepflicht beruhende positive Stimmpflicht sein. Regelmäßig wird ein an seiner Stimmpflicht zweifelnder Gesellschafter aber nicht sicher einschätzen können, welches Abstimmungsverhalten die übrigen Gesellschafter von ihm erwarten. Damit erweist sich ein Abstellen auf die Erwartungshaltung der Ge-

---

[602] Westermann FS Hefermehl S. 232.
[603] Westermann FS Hefermehl S. 232.
[604] Westermann FS Hefermehl S. 233.
[605] LG Düsseldorf WM 1993, 153 (162); Lutter/Hommelhoff § 14 Rz 29; Lutter AcP 80, 127, Schmidt GmbHR 1992, 14.

sellschafter zur Bestimmung der Voraussetzungen positiver Stimmpflichten als wenig praktikabler Weg.

Außerdem spricht gegen diesen Ansatz noch ein zweiter Punkt. Treuepflichten bestehen nicht nur gegenüber den Gesellschaftern, sondern auch gegenüber der Gesellschaft.[606] Dementsprechend muß eine positive Stimmpflicht als Ausfluß der Treuepflicht zur Gesellschaft zumindest theoretisch denkbar sein. Stellt man jedoch allein auf die Erwartungshaltung der übrigen Gesellschafter ab, so sind positive Stimm-pflichten nur Ausfluß der Treuepflicht des Gesellschafters zu seinen Mitgesellschaftern. Aus der Treuepflicht zur Gesellschaft würde sich keine positive Stimmpflicht ergeben, da dieser Ansatz eben nur auf die Erwartungshaltung der Gesellschafter nicht aber auf die der Gesellschaft abstellt. Dieser Ansatz kann also nicht erklären, wieso und vor allem wann positive Stimmpflichten im Interesse der Gesellschaft bestehen. Er führt daher auch aus dogmatischen Gründen nicht weiter.

3. Ermessensreduktion auf Null

Dogmatisch unbedenklich ist demgegenüber der Weg, mit dem eine ebenfalls verbreitete Meinung die Voraussetzungen positiver Stimmpflichten zu definieren versucht. Die Vertreter dieser Ansicht orientieren sich bei der Beurteilung, ob eine Stimmpflichtsituation vorliegt, an den im Öffentlichen Recht entwikkelten Grundsätzen der Ermessensreduktion auf Null.[607]

Die Anlehnung an die öffentlich-rechtliche Ermessenslehre bietet sich für den Bereich der Stimmrechtsausübung an. Die Gesellschafter treffen mit ihrer Stimmabgabe eine unternehmerische Entscheidung. Solchen Entscheidungen ist wie vielfach den Verwaltungsentscheidungen ein gewisses Moment der Unsicherheit und des Risikos immanent. Regelmäßig gibt es keine einzig richtige oder falsche Entscheidung. Dem Gesellschafter muß daher grundsätzlich die Möglichkeit haben, zwischen mehreren Abstimmungsalternativen wählen zu können, ohne daß seine Stimmabgabe rechtswidrig ist. Ihm steht ein eigenes Beurteilungsermessen zu.[608] Innerhalb dieses Ermessensbereichs sind alle Entscheidungen und mithin alle Stimmabgaben von Rechts wegen „richtig“: wer

---

[606] Beckerhoff S. 23 m. w. N. und bereits oben 2. Teil B. IV und C. III.

[607] Lutter ZHR 153, 467; ders. JZ 1995, 1055; Beckerhoff S. 81; Rowedder-Koppensteiner § 47 Rz 20; Schmidt, in: GK-AktG § 243 Rz 50; ders. GesR § 21 IV 3c (S. 616).

[608] Marsch-Barner ZHR 157, 177; Wiedemann GesR § 8 II. 3. b) (S. 434); ders. ZGR 1980, 147 (157); Lutter ZHR 153, 457; Winter S. 106f.

positiv votiert, handelt ebenso „richtig“ wie sein Kontrahent.[609] Dem Gesellschafter kommt somit eine ähnliche Stellung zu, wie einer Behörde, die bei Vorliegen der Tatbestandsvoraussetzungen einer Ermessensnorm im Rahmen der Ermessensgrenzen zwischen mehreren Rechtsfolgen alternativ wählen kann, ohne daß auch nur eine der gewählten Alternativen rechtsfehlerhaft ist.[610]

Bei einer Behörde kann sich die Wahlmöglichkeit zwischen mehreren Rechtsfolgen mitunter auf nur noch eine Entscheidungsalternative reduzieren. Dies ist dann der Fall, wenn nur noch eine Entscheidung ermessensfehlerfrei ist.[611] In diesem Fall liegt eine Ermessensreduktion auf Null vor. Ebenso ist es denkbar, daß sich aufgrund bestimmter Umstände das Abstimmungsermessen der Gesellschafter derart reduziert, daß nur ein Abstimmungsverhalten rechtsfehlerfrei ist. Die normale Entscheidungsfreiheit verengt sich zur Entscheidungspflicht.[612] Dem Gesellschafter steht kein Abstimmungsermessen mehr zu. Er muß seine Stimme in einer bestimmten Weise abgeben, d. h., er unterliegt einer positiven Stimmpflicht.

Abstrakt sind damit mögliche Voraussetzungen positiver Stimmpflichten dargelegt. Allerdings liegt die Problematik dieses Ansatzes im Detail. Aus ihm läßt sich nicht anhand einheitlicher Maßstäbe ableiten, wann konkret sich das Abstimmungsermessen des Gesellschafters auf Null reduziert und damit eine positive Stimmpflicht vorliegt. Nach den Befürwortern dieses Ansatzes soll zwar eine Ermessensreduktion dann vorliegen, wenn die Unterlassung eines Beschlusses das Gesellschaftsinteresse objektiv (eindeutig) und massiv beeinträchtigen würde, was etwa im Zusammenhang mit Sanktionen gegen Geschäftsführung oder Gesellschafter der Fall sein könne.[613] Negativ gewendet dürfe der Gesellschafter für die Gesellschaft lebenswichtige Maßnahmen nicht blockieren.[614] Der Verweis auf eine massive Beeinträchtigung des Gesellschaftsinteresses oder den Beschluß über eine Maßnahme, die im Gesellschaftsinteresse lebenswichtig ist, zeigt indes nur punktuell Fälle auf, wann eine positive Stimmpflicht vorliegt. Allgemeingültige Maßstäbe werden hierdurch aber nicht geliefert. Der Ansatz, wonach positive Stimmpflichten dann vorliegen, wenn sich das Abstimmungsermessen des Gesellschafters auf Null

---

[609] Lutter JZ 1995, 1055.
[610] vgl. Schmidt-Leithoff S. 248.
[611] Maurer § 7 Rz 24.
[612] Lutter JZ 1995, 1055.
[613] Rowedder-Koppensteiner § 47 Rz 20.
[614] Eickhoff S. 113f.

reduziert, mag daher im Ausgangspunkt zutreffen. Er bleibt aber gewissermaßen auf der Startlinie stehen, indem er keine Anhaltspunkte aufzeigt, wann sich das Abstimmungsermessen des Gesellschafters im konkreten Fall auf Null reduziert. Dies aber ist der Kern des Problems bei der Frage nach positiven Stimmpflichten.

4. Unterscheidung nach belastenden und nichtbelastenden Beschlüssen

Um zu bestimmen, ob ein Gesellschafter in einer bestimmten Situation einer positiven Stimmpflicht unterliegt, wählt *Nehls* einen völlig anderen Ansatz und definiert so die Voraussetzungen, unter denen positive Stimmpflichten im Aktienrecht bestehen, in einer gänzlich anderen Weise.[615] Für die Entscheidung, ob ein Aktionär einer positiven Stimmpflicht unterliegt, unterscheidet *Nehls* danach, ob ein Beschluß für den Gesellschafter belastend oder nichtbelastend ist. Dabei geht er davon aus, daß die formale Vorgabe eines bestimmten Abstimmungsverhaltens für den Aktionär noch keine Belastung darstellt.

Eine positive Stimmpflicht könne materiell auch als bloße Rechtsbeschränkung angesehen werden.[616] Dies ergebe sich daraus, daß eine „echte" verpflichtende Wirkung der Treuepflicht nur vorliege, wenn der Beschluß nach seinem Inhalt für den Aktionär mit Nachteilen verbunden sei und er durch die Statuierung einer Stimmpflicht zu einem Verzicht auf eigene mitgliedschaftliche Interessen angehalten werde. Sei dies nicht der Fall, der Beschluß also für den Aktionär mit keinerlei über die Pflicht zur Abstimmung hinausgehenden Belastungen verbunden, so treffe ihn eine Stimmpflicht im Ergebnis nur als Rechtsbegrenzung, da der äußerliche Akt des Abstimmens für sich genommen schwerlich als Belastung des Aktionärs angesehen werden könne. Um zu entscheiden, wann sich eine Stimmpflicht materiell in einer Rechtsbeschränkung, d. h. in einem Schädigungsverbot erschöpfe, müsse also zwischen nichtbelastenden und belastenden Hauptversammlungsbeschlüssen unterschieden werden.

Bringe ein Beschluß für die Aktionäre keine über den bloßen Akt der Abstimmung hinausgehenden wie auch immer gearteten Belastungen mit sich, so sei er nichtbelastend. Sofern ein solcher nichtbelastender Beschluß im Interesse der Gesellschaft oder der Mitaktionäre liege, folge aus der Treuepflicht grundsätzlich nicht nur das Verbot, gegen den Beschluß zu stimmen, sondern spiegelbildlich auch das Gebot, für den Beschluß zu stimmen. Da der formale Akt der

---

[615] Nehls S. 88ff.

[616] ähnlich Lutter AcP 180, 110.

(positiven) Stimmabgabe als solcher für den Aktionär keine Belastung darstelle, ergebe sich dieses Ergebnis schon aus dem durch die Treuepflicht begründeten allgemeinen Schädigungsverbot.[617]

Bei Beschlüssen, die die Aktionäre zu einem Verzicht auf eigene mitgliedschaftliche Interessen nötigten, mithin also belastend seien, müsse hingegen zwischen der Treuepflicht zur Gesellschaft und derjenigen zu den Mitaktionären unterschieden werden. Bringe ein Beschluß, der in Verfolgung des Gesellschaftszwecks erfolge, den Aktionären Einbußen, so müßten die ihnen entstehenden Nachteile gegen die Vorteile abgewogen werden, die die Gesellschaft aus der betreffenden Maßnahme ziehe. Schränke hierbei die mit dem Beschluß verfolgte Maßnahme die Interessen der Aktionäre in verhältnismäßiger Weise ein, so seien die Aktionäre grundsätzlich zur positiver Abstimmung verpflichtet.[618]

Aus der Treuepflicht zu den Mitaktionären könne hingegen bei belastenden Beschlüssen keine Stimmpflicht abgeleitet werden. Denn diese Treuepflicht erschöpfe sich in einem Schädigungsverbot und beinhalte keine Verpflichtung, die Interessen der Mitaktionäre zu fördern. Eine Förderpflicht könne nur gegenüber der Gesellschaft bestehen. Die Aktionäre seien daher durch die Treuepflicht nicht dazu angehalten, im Interesse ihrer Mitaktionäre auf eigene Positionen zu verzichten. Eine Stimmpflicht könne bei belastenden Beschlüssen somit nur aus der Treuepflicht zur Gesellschaft, nicht aber aus der Treuepflicht zu den Mitaktionären folgen.[619]

Ein großer Vorzug der Ansicht *Nehls* besteht darin, daß er relativ klare Maßstäbe vorgibt, wann eine positive Stimmpflicht vorliegt. Ob ein Beschluß Vor- oder Nachteilhaftigkeit für den Aktionär ist, läßt sich in der Regel einigermaßen trennscharf beurteilen. In vielen Fällen kann daher auch mit den von *Nehls* entwickelten Maßstäben recht eindeutig gesagt werden, ob für den Aktionär eine positive Stimmpflicht besteht oder nicht. Lediglich im Falle einer Abwägung zwischen den Vor- und Nachteilen eines Beschlusses besteht wegen der Gefahr einer unterschiedlichen Gewichtung von Vor- und Nachteilen ein gewisses Maß an Unsicherheit der Entscheidung, was sich jedoch bei der Anwendung der Treuepflicht als Mittel zum Ausgleich konfligierender Interessen nie ganz vermeiden läßt.

---

[617] Nehls S. 89.
[618] Nehls S. 91.
[619] Nehls S. 92.

Gleichwohl ist auch der Ansatz von *Nehls* nicht unproblematisch. Zum einen ist die Prämisse, eine positive Stimmpflicht als Stimmrechtsbegrenzung aufzufassen, zweifelhaft. Eine Pflicht zur Stimmrechtsausübung ist qualitativ etwas anderes als eine bloße Rechtsbegrenzung, da in diesem Fall mehr von dem Gesellschafter verlangt wird, als die bloße Zurückhaltung bei der Rechtsausübung. In einem Fall obliegt ihm ein positives Tun, während im anderen Fall ein bloßes Unterlassen ausreicht. Nicht zufällig wird daher einhellig in der Literatur im Zusammenhang mit positiven Stimmpflichten nach der rechtsbegrenzenden und pflichtbegründenden Wirkung der Treuepflicht unterschieden.[620]

Vor allem aber ist die Behauptung *Nehls*, der formale Akt der Stimmrechtsausübung sei keine Belastung für den Gesellschafter, in höchstem Maße bedenklich. Das Wesen des Stimmrechts ist die Befugnis zur Mitwirkung an kollektiver Willensbildung in Verbandsangelegenheiten.[621] Hierbei unterliegt der Gesellschafter entsprechend dem Grundsatz der freien Stimmrechtsausübung prinzipiell keinen Vorgaben.[622] Voraussetzung einer freien Stimmrechtsausübung ist die entsprechende Willensentschlußfreiheit. Hält man einen Gesellschafter nun für verpflichtet, sein Stimmrecht in einer bestimmten Situation gemäß bestimmter Vorgaben auszuüben, so wird dieser Bereich freier Willensentschließung selbst dann verkürzt, wenn den Gesellschafter hierdurch keine Nachteile treffen, da dem Gesellschafter ein Tun auferlegt wird, das möglicherweise nicht seinem Willen entspricht. Die Verkürzung eines Freiheitsbereiches aber stellt immer eine Belastung dar. Aus diesem Grunde ist die Behauptung, der formale Akt der Stimmrechtsausübung sei keine Belastung, nicht haltbar.

Gegen die Überlegung *Nehls*, wonach im Falle nichtbelastender Beschlüsse der Gesellschafter einer positiven Stimmpflicht unterliegen soll, spricht schließlich noch ein weiterer Grund. Mit seiner Stimmabgabe trifft der Gesellschafter eine unternehmerische Entscheidung,[623] bei der ihm ein unternehmerisches Ermessen zusteht.[624] Es liegt auf der Hand, daß einem Gesellschafter auch bei nichtbelastenden Beschlüssen, wie etwa der Zustimmung zu Geschäftsführungsmaßnahmen, die einen Paradefall für eine unternehmerische Entscheidung darstellen, dieses unternehmerische Ermessen eingeräumt sein muß. Richtet sich

[620] etwa Timm WM 1991, 483.
[621] Zöllner, Schranken S. 11.
[622] vgl. Westermann FS Hefermehl S. 231; Marsch-Barner ZHR 157, 177.
[623] vgl. BGHZ 125, 239 (246); Westermann ZHR 156, 217.
[624] Beckerhoff S. 77.

aber das Bestehen einer Stimmpflicht allein nach der objektiven Vor- und Nachteiligkeit eines Beschlusses, so kommt es auf eine persönliche Lagebeurteilung des Gesellschafters nicht mehr an. Er hat tatsächlich kein unternehmerisches Ermessen mehr.

5. Positive Stimmpflicht bei Vorliegen einer ausschlußbegründenden Situation

Ebenfalls einen komplett eigenen Ansatz für die Bestimmung von Situationen, in denen positive Stimmpflichten jedenfalls für Satzungsänderungsbeschlüsse in der GmbH vorliegen sollen, hat *Verhoeven* entwickelt,[625] indem er die Auferlegung einer positiven Stimmpflicht als ein minus zum Ausschluß aus der Gesellschaft begreift.

Mit der h. M. im GmbH-Recht[626] geht *Verhoeven* davon aus, daß ein Gesellschafter aus wichtigem Grunde auch ohne besondere Satzungsregelung aus der Gesellschaft ausgeschlossen werden kann. Dabei soll die Weigerung, einer Änderung der Satzung zuzustimmen, mitunter so schwerwiegend sein, daß sie einen solch wichtigen, zum Ausschluß berechtigenden Grund bilden könne. Gegenüber diesem Ausschlußrecht stelle eine positive Stimmpflicht das schonendere Mittel dar. Dementsprechend möchte *Verhoeven* eine Stimmpflicht des GmbH-Gesellschafters nur unter den Voraussetzungen anerkennen, unter denen auch ein wichtiger Grund zum Ausschluß möglich ist.[627]

Die Idee dieses Ansatzes besticht zunächst durch ihre Klarheit. Positive Stimmpflichten sollen immer, aber auch nur, in solchen Situation vorliegen, in denen ein sich einer Satzungsänderung widersetzender Gesellschafter aus der Gesellschaft ausgeschlossen werden könnte. In diesem Fall soll es für alle Beteiligte vernünftiger sein, den dissentierenden Gesellschafter einer Zustimmungspflicht zu unterwerfen. So klar dieser Ansatz aber auf den ersten Blick zu sein scheint, so schwierig ist er letztendlich in seiner konkreten Anwendung. Dabei ergibt sich diese Schwierigkeit letzten Endes aus einem zentralen Gesichtspunkt: Die Frage, wann ein wichtiger Grund für den Ausschluß eines Gesellschafters vorliegt, läßt sich nicht allgemeingültig beantworten. Maßgebend

---

[625] Verhoeven S. 90 Rz 247ff.

[626] BGHZ 9, 157; BGHZ 16, 317 (322); BGH GmbHR 1987, 302; Hachenburg-Ulmer § 34 Anh Rz 8; Scholz-Winter § 15 Rz 130; Baumbach/Hueck-Hueck/Fastrich Anh § 34 Rz 2; Lutter/Hommelhoff § 34 Rz 24; Meyer-Landrut/Miller/Niehus § 15 Rz 43.

[627] Verhoeven S. 90f Rz 249.

ist vielmehr eine Abwägung aller Umstände des Einzelfalls.[628] Damit unterliegt die Bestimmung eines wichtigen Grundes denselben Schwierigkeiten, denen auch die Bestimmung positiver Stimmpflichten unterliegt. Mit dieser Überlegung ist somit zwar ein Beitrag zu der Frage geleistet, wie mit Gesellschaftern verfahren werden kann, die eine dringend notwendige Satzungsänderung verweigern. Zur Bestimmung der Frage, wann eine positive Stimmpflicht vorliegen soll, trägt diese Überlegung indes nichts bei.

6. Zusammenfassung

Die vorstehende Darstellung hat gezeigt, daß Literatur und Rechtsprechung die Frage nach positiven Stimmpflichten bisher meist nur im Zuge von Einzelfallentscheidungen betrachtet haben. Allgemeingültige Leitlinien, die das Vorliegen einer positiven Stimmpflicht methodisch geleitet nachvollziehbar machen, fehlen bisher oder sind massiven Bedenken ausgesetzt. Weder der Rückgriff auf eine pauschale Formel oder auf die öffentlich-rechtliche Ermessenslehre noch eine Unterscheidung nach belastenden und nichtbelastenden Beschlüssen vermag eine befriedigende Antwort auf die Frage zu geben, unter welchen konkreten Umständen sich die Treuepflicht zu einer positiven Stimmpflicht verdichtet. Dieses Defizit im Zusammenhang mit der Frage nach dem Vorliegen positiver Stimmpflichten soll im folgenden anhand der Entwicklung eines eigenen Lösungsansatzes beseitigt werden. Anhand der Darstellung der Grundsätze einer methodisch geleiteten Abwägung sollen Leitlinien aufgezeigt werden, wann sich das Ermessen eines Gesellschafters auf Null reduziert bzw. wann einem Gesellschafter die Fassung eines Beschlusses zumutbar und geboten ist. Dabei sollen diese Leitlinien einerseits so konkret sein, daß sie zwar die Verdichtung der Treuepflicht zur positiven Stimmpflicht nachvollziehbar werden lassen, andererseits sollen sie hierbei aber nicht in eine reine Einzelfallbetrachtung abgleiten.

III. Leitlinien zur Bestimmung der Voraussetzungen positiver Stimmpflichten

Will man ein Problem systematisch lösen, so bedingt dies, sich zunächst Klarheit über die Bedingungen zu verschaffen, die das Problem verursachen. Nur wenn die Ursachen eines Problems analysiert sind, ist es auch möglich, einen exakt auf das Problem zugeschnittenen Lösungsweg zu entwerfen.

---

[628] BGHZ 16, 317 (322); BGHZ 32, 17 (31); Baumbach/Hueck-Hueck/Fastrich Anh § 34 Rz 3.

1. Das Problem

Die Stimmrechtsausübung des Gesellschafters wird durch zwei Maximen bestimmt, die sich diametral gegenüberstehen: Einerseits gehen GmbHG und Aktiengesetz vom Grundsatz der freien Stimmrechtsausübung aus. Wo die Ausübung des Stimmrechts Beschränkungen unterliegt, ist dies ausdrücklich geregelt.[629] Dieser Freiheitsraum ist durch das Grundgesetz abgesichert, steht dem Gesellschafter um seiner selbstwillen zu und kann von ihm deshalb nach seinen eigenen Erwägungen ausgefüllt werden.[630] Der Gesellschafter kann prinzipiell im Rahmen des geltenden Rechts so abstimmen, wie er es für richtig hält. Diese Freiheit ist Folge der Privatautonomie im Gesellschaftsrecht.

Andererseits besteht für den Gesellschafter durch die Stimmrechtsausübung die Möglichkeit, die Interessen der Gesellschaft oder der anderen Gesellschafter nachhaltig zu beeinträchtigen. Der Weite des Ermessens bei der Stimmrechtsausübung entspricht die Vielfalt der Verletzungsmöglichkeiten fremder Interessenbereiche.[631] Instrument zur Verhinderung von unangemessenen Interessenbeeinträchtigungen ist die gesellschaftsrechtliche Treuepflicht. Diese bestimmt sämtliches Handeln des Gesellschafters und kann dem Gesellschafter unter Umständen ein bestimmtes Tun oder Unterlassen auferlegen, das dem ursprünglich vom Gesellschafter geplanten Verhalten widerspricht. Insbesondere kann die Treuepflicht daher auch bei der Stimmrechtsausübung Bedeutung erlangen,[632] indem sie einem Gesellschafter eine Abstimmung in einer bestimmten Weise gebieten kann. Die Treuepflicht bewirkt eine positive Stimmpflicht des Gesellschafters.

Die Stimmrechtsausübung ist also sowohl vom Grundsatz der freien Stimmrechtsausübung als auch von einer treuepflichtbedingten Stimmbindung beeinflußt. Beide Bedingungen bestimmen die Stimmrechtsausübung, widersprechen aber gleichzeitig einander. Während das eine Prinzip die Annahme positiver Stimmpflichten ausschließt, streitet das andere Prinzip für eine Stimmpflicht. Zwischen diesen beiden Polen entscheidet sich somit die Frage, ob der Gesellschafter einer positiven Stimmpflicht unterliegt.

Die Schwierigkeit bei der Bestimmung von Voraussetzungen positiver Stimmpflichten ergibt sich nun daraus, zuverlässige und nachvollziehbare Aus-

---

[629] BGHZ 14, 25 (37); Marsch-Barner ZHR 157, 177.
[630] Ross S. 127.
[631] Zöllner, Schranken S. 2.
[632] Nirk/Reuter/Böchle Rz 591.

sagen darüber zu treffen, wann welchem Prinzip der Vorrang gebührt. Der Versuch, konkrete Leitlinien zur Bestimmung der Voraussetzungen positiver Stimmpflichten zu entwickeln, muß also bemüht sein, diesen unscharfen Bereich auszuleuchten. Einerseits muß er versuchen, dem Grundsatz der freien Stimmrechtsausübung möglichst weitgehend Rechnung zu tragen. Andererseits muß er versuchen, einen optimalen Schutz der Gesellschafts- und der Gesellschafterinteressen zu erreichen. Er muß mithin einen Weg aufzeigen, wie das Spannungsfeld zwischen den beiden widerstreitenden Polen für beide Seiten möglichst schonend aufgelöst werden kann.

2. Interessenabwägung als Konkretisierung der Treuepflicht

Grundlage einer positiven Stimmpflicht ist neben einer Vereinbarung in einem Stimmbindungsvertrag die gesellschaftsrechtliche Treuepflicht. Dies ist auch einhellige Ansicht in Literatur und Rechtsprechung.[633] Inhalt der Treuepflicht ist die Pflicht, Rücksicht auf die Interessen der Mitgesellschafter und der Gesellschaft zu nehmen, sie nicht zu schädigen und unter Umständen aktiv zu fördern.[634]

Von diesem abstrakten Inhalt der Treuepflicht zu unterscheiden sind die konkreten Folgen, die sich aus der Treuepflicht in einer bestimmten Situation ergeben. Folge der Treuepflichtbindung des Gesellschafters kann etwa das Verbot der nachteiligen Einflußnahme auf Untergesellschaften im Konzern,[635] oder die Begrenzung des Auskunftsrechts in der Hauptversammlung sein.[636] Die Treuepflicht kann auch Grundlage für weitere Pflichten sein, die sich aus der mitgliedschaftlichen Bindung in besonderen Situationen ergeben.[637] So kann etwa Folge der Treuepflichtbindung die Pflicht, in einer bestimmten Weise abzustimmen, also eine positive Stimmpflicht, sein. Eine solche positive Stimmpflicht ist nicht mit der Treuepflicht identisch. Sie ist lediglich Ausfluß der Treuepflicht.[638]

Welche Folge die Treuepflicht in einer bestimmten Situation bewirkt, hängt vom Inhalt und vom Umfang der Treuepflicht in der konkreten Situation ab.

---

[633] BGH WM 1986, 1348; BGH WM 1987, 841; Roth/Altmeppen § 13 Rz 71; Rowedder-Zimmermann § 53 Rz 58; Scholz-Schmidt § 47 Rz 31; Hüffer AktG § 179 Rz 30.
[634] vgl. Baumbach/Hueck-Hueck/Fastrich § 13 Rz 22; Lutter/Hommelhoff § 14 Rz 19, 21.
[635] BGHZ 65, 15.
[636] Henze BB 1996, 489 (495).
[637] Baumbach/Hueck-Hueck/Fastrich § 13 Rz 29.
[638] Scholz-Priester § 53 Rz 37.

Dementsprechend hängt auch das Vorliegen positiver Stimmpflichten vom Inhalt und Umfang der Treuepflicht in einer bestimmten Situation ab. Richtet sich die Existenz positiver Stimmpflichten aber nach dem Inhalt und dem Umfang der Treuepflicht, so entscheidet dasselbe methodische Instrument über das Vorliegen positiver Stimmpflichten, das auch den Inhalt und den Umfang der Treuepflicht bestimmt.

Nach dem hier vertretenen Standpunkt läßt sich der Inhalt der Treuepflicht am zuverlässigsten mittels einer rechtlich geleiteten Interessenabwägung bestimmen.[639] Treuepflichten dienen der Lösung von Interessenkonflikten. Solche Interessenkonflikte können insbesondere bei der Stimmrechtsausübung auftreten. Einerseits hat der Gesellschafter ein starkes Interesse daran, in seiner Abstimmung möglichst frei zu sein. Andererseits können unter Umständen die Gesellschaft oder andere Gesellschafter ein ebenfalls starkes Interesse daran haben, daß der Gesellschafter sein Stimmrecht in einer bestimmten Weise ausübt. Dieser Konflikt kann durch eine Abwägung der beteiligten Interessen gelöst werden, indem entweder dem einen oder dem anderen Interesse der Vorzug gegeben wird. Gleichzeitig wird hierdurch das Spannungsfeld zwischen dem Grundsatz freier Stimmrechtsausübung und einer treuepflichtbedingten Stimmbindung gelöst. Es zeigt sich also, daß auch im Bereich der Stimmrechtsausübung das Instrument der Interessenabwägung geeignet ist, Inhalt und Umfang der Treuepflicht zu konkretisieren und damit über das Vorliegen einer positiven Stimmpflicht zu entscheiden.

3. Methode der Interessenabwägung

Wie eine solche Interessenabwägung im Einzelnen vor sich geht, soll im Folgenden erörtert werden. Eine methodisch nachvollziehbare Abwägung bewegt sich in drei Schritten:

1. Feststellung der durch die fragliche Maßnahme berührten Interessen
2. Bewertung der Schutzwürdigkeit der betroffenen Interessen
3. Abwägung im engeren Sinne, soweit erforderlich

a) Feststellung der berührten Interessen

Erster Schritt einer Abwägung ist die Zusammenstellung des Abwägungsmaterials. Nur wenn klar ist, welche Umstände in eine Interessenabwägung einzubeziehen sind, kann man überhaupt zu der Frage gelangen, wie diese Umstände

[639] siehe oben 3. Teil A. II. 2.

gegeneinander abzuwägen sind. Es sind daher zunächst alle Interessen zu sammeln, die in einer konkreten, möglicherweise stimmpflichtbegründenden Situation durch den fraglichen Beschluß berührt sind. Dies können neben den mitgliedschaftlichen Interessen der Gesellschafter und den Interessen der Gesellschaft auch Allgemeininteressen, private Interessen der Gesellschafter sowie Arbeitnehmerinteressen sein. Nicht jedes noch so entfernte Interesse, das durch einen Beschluß berührt wird, kann aber abwägungserheblich sein. Andernfalls würde die Abwägung ins Uferlose geraten. Der Kanon der berührten Interessen muß daher eingegrenzt werden.

aa) Berücksichtigungsfähige Interessen

Bezugspunkte der Treuepflicht sind nur die Gesellschaft und die Gesellschafter.[640] Da die hier vorzunehmende Abwägung der Bestimmung des Inhalts der Treuepflicht dient, können auch nur die Interessen abwägungserheblich sein, die in den Schutzbereich der Treuepflicht fallen, also vor allem das Gesellschaftsinteresse.

Neben dem Gesellschaftsinteresse sind außerdem die mitgliedschaftlichen Interessen der Gesellschafter bei einer Abwägung zu berücksichtigen. Hierunter kann man diejenigen Interessen der Gesellschafter fassen, die mit der Mitgliedschaft ihrer rechtlichen Struktur nach typischerweise verknüpft sind, ohne Rücksicht auf besondere, individuelle, außerhalb des Verbands in seiner gegenwärtigen Struktur liegende Verhältnisse. Es sind dies namentlich die auf Erhaltung des Mitgliedschaftsrechts überhaupt sowie seiner Attribute: Wert, Einfluß, Ertrag und Liquidität gerichteten Interessen der Gesellschafter.[641] Lediglich private Gesellschafterinteressen, die nicht mitgliedschaftlich vermittelt sind, fallen demgegenüber grundsätzlich nicht in den Schutzbereich der Treuepflicht. Sie sind daher auch nur in Ausnahmefällen abwägungserheblich.[642]

Keine Rolle spielt es hingegen, ob es sich bei den zu untersuchenden mitgliedschaftlichen Interessen der Gesellschafter um solche eines möglicherweise stimmpflichtigen Gesellschafters oder um solche von Gesellschaftern handelt, die eine Stimmpflicht möglicherweise einfordern können. Die im Rahmen der Treuepflicht erforderliche Abwägung ist umfassend. Daher sind für die Abwägung alle mitgliedschaftlichen Interessen zu berücksichtigen, die durch eine

---

[640] Beckerhoff S. 23.
[641] Zöllner, Schranken S. 31.
[642] zu solchen Ausnahmenfällen Lutter AcP 180, 128.

Maßnahme berührt sind. Im Falle eines Sanierungskonfliktes wie im Girmes-Fall bedeutet dies etwa: Zu berücksichtigen sind die Interessen der Gesellschafter an der Erhaltung und erfolgreichen Fortführung des von der Gesellschaft betriebenen Unternehmens auf der einen Seite und die Interessen der (opponierenden) Gesellschafter an einer Wahrung ihres status quo in der Gesellschaft andererseits.[643] Keine Berücksichtigung finden hingegen außergesellschaftliche oder Drittinteressen oder persönliche Rechte der Gesellschafter.[644]

bb) Dringlichkeit des Gesellschaftsinteresses

Hinsichtlich des zu berücksichtigenden Gesellschaftsinteresses ist noch eine weitere Einschränkung zu machen. Bereits mehrfach war die Rede davon, daß positive Stimmpflichten wegen des Grundsatzes der freien Stimmrechtsausübung nur in Ausnahmefällen angenommen werden können. Denn durch die Anerkennung positiver Stimmpflichten darf das Selbstbestimmungsrecht der Gesellschafter im Kern nicht in Frage gestellt werden.[645] Eine Abstimmungsfreiheit, die in der großen Mehrzahl der Fälle durch positive Stimmpflichten eingeschränkt wird, ist keine Abstimmungsfreiheit mehr. Es kann daher nicht schon jedes Interesse der Gesellschaft an einer Beschlußfassung ausreichend sein, um in einer Abwägung, die Aufschluß über das Vorliegen einer positiven Stimmpflicht liefern soll, berücksichtigt zu werden. Andernfalls könnte es in einer unübersehbaren Vielzahl von Fällen zu positiven Stimmpflichten kommen, wodurch die Abstimmungsfreiheit der Gesellschafter ausgehöhlt würde. Zu fordern ist vielmehr, daß zur Bestimmung der Voraussetzungen positiver Stimmpflichten nur dringende Gesellschaftsinteressen berücksichtigt werden. Positive Stimmpflichten können daher überhaupt nur erwogen werden, wenn ein Beschluß im dringenden Interesse der Gesellschaft erforderlich ist.[646]

cc) Einbeziehung weiterer Gründe in die Abwägung

Der Kreis der abwägungserheblichen Umstände beschränkt sich jedoch nicht nur auf die Interessen von Gesellschaft und Gesellschaftern. Das Stimmrecht

---

643 Hennrichs AcP 195, 250.

644 siehe oben 3. Teil A. III.; Baumbach/Hueck-Hueck/Fastrich § 13 Rz 22; Nirk/Reuter/Bächle Rz 595; a. A. Hennrichs AcP 195, 251; zur Berücksichtigung von Gesellschafterinteressen sogleich unten.

645 Scholz-Schmidt § 47 Rz 26 (6. Aufl.).

646 so auch die h. M. vgl. BGH WM 1986, 1348 (1349); Scholz-Schmidt § 47 Rz 31; Hachenburg-Ulmer § 53 Rz 70; Rowedder-Koppensteiner § 47 Rz 20; Lutter/Hommelhoff § 14 Rz 19.

dient zwar vorrangig der Durchsetzung persönlicher Gesellschafterinteressen.[647] Die Bedeutung des Stimmrechts für den Gesellschafter erschöpft sich jedoch nicht hierin. Vielmehr ist das Stimmrecht für ihn auch Möglichkeit der unmittelbaren oder mittelbaren Einflußnahme auf die unternehmerische Zukunft der Gesellschaft.

Mit der Ausübung seines Stimmrechts trifft der Gesellschafter zugleich eine unternehmerische Entscheidung.[648] Hierunter sind alle Entscheidungen zu verstehen, mit denen die Organe der Gesellschaft die Geschäftstätigkeit der Korporation beeinflussen und denen ein erhebliches Maß an Unsicherheit innewohnt, da sie oft im Hinblick auf ungewisse künftige Entwicklungen getroffen werden müssen.[649] Auch liegen derartigen Entscheidungen naturgemäß komplexe Fragestellungen zugrunde.[650] Die Komplexität der Entscheidungen ist dabei gekennzeichnet durch die Unabsehbarkeit der Problemkomponenten, der Unklarheit der Problemstruktur und der Problemvariablen und ihrer Verknüpfungen sowie der Ungewißheit der Erwartungen, der Mehrdeutigkeit von Prognosen und der Subjektivität von Wahrscheinlichkeitseinschätzungen.[651]

Bei einer unternehmerischen Entscheidung handelt es sich also um eine sehr komplexe, von vielen Faktoren beeinflußte Entscheidung. Es liegt auf der Hand, daß der Gesellschafter sich angesichts dieser Bedingungen bei der Frage, welche unternehmerische Entscheidung er in einem bestimmten Fall durch seine Abstimmung trifft, nicht einfach nur an den Interessen der Gesellschaft oder seinen eigenen Interessen orientieren kann. Um der Komplexität der Entscheidung gerecht zu werden, wird seine Entscheidungsfindung vielmehr noch durch andere Gründe bestimmt. Solche Gründe können etwa kaufmännische Erwägungen, die Risikobeladenheit eines Beschlusses oder einfach nur das Geschäftsgespür des Gesellschafters sein. Diese Gründe prägen die Entscheidungsfindung des Gesellschafters mit, sind aber nicht identisch mit dessen Interessen.

Spielen solche Gründe für das Abstimmungsverhalten des Gesellschafters eine Rolle, so müssen diese Gründe auch in einer Abwägung, mit der ein Richter festzustellen versucht, ob eine positive Stimmpflicht vorliegt, eingestellt wer-

---

647 Schlegelberger-Martens § 119 Rz 33.

648 Beckerhoff S. 74; ausführlich zum Begriff der unternehmerischen Entscheidung Mutter S. 4ff, Schmidt-Leithoff S. 247ff.

649 Hefermehl, in: Geßler/Hefermehl/Eckardt/Kropff § 76 Rz 14; Schmidt-Leithoff S. 247.

650 Beckerhoff S. 47, Schmidt-Leithoff S. 247.

651 Hauschildt S. 231.

den. Denn diese richterliche Abwägung vollzieht gewissermaßen den Entscheidungsvorgang des Gesellschafters über sein Abstimmungsverhalten nach. Dann aber müssen in die Abwägungsentscheidung auch all jene Faktoren eingeschlossen werden, die sonst für den Gesellschafter bestimmend sind. Abwägungserheblich sind demnach nicht nur die Interessen der Gesellschafter und der Gesellschaft, sondern auch sonstige sachliche Gründe, die ein Gesellschafter für oder gegen einen Beschluß ins Feld führen kann und damit aus Sicht des Gesellschafters entscheidungserheblich sind.[652]

Sachliche Gründe, auf die sich die Gesellschaft im Zusammenhang mit einer Beschlußfassung berufen könnte, sind demgegenüber nicht zu berücksichtigen, sondern nur die Interessen der Gesellschaft. Die Rechtfertigung für die Einbeziehung weiterer Gründe auf seiten der Gesellschafter in die Abwägung ergibt sich aus der Tatsache, daß die Abwägung die Entscheidungsfindung des Gesellschafters über die Ausübung des Stimmrechts bestimmt und daher auch alle entscheidungserheblichen Faktoren berücksichtigt werden müssen. Die Gesellschaft trifft demgegenüber aber keine Entscheidung über die Ausübung des Stimmrechts. Damit entfällt für sie zugleich die Rechtfertigung für die Einbeziehung weiterer Gründe.

b) Bewertung der Schutzwürdigkeit der betroffenen Interessen

Ist das für eine fragliche Beschlußvorlage relevante Abwägungsmaterial zusammengestellt, so folgt in einem nächsten Schritt die Qualifizierung in schutzwürdige und nicht schutzwürdige Interessen und Gründe. Denn nicht jedes geltend gemachte und vielleicht subjektiv verständliche Interesse und nicht jeder für oder gegen einen Beschluß geltendgemachte Grund stehen unter dem Schutz der Rechtsordnung. Was aber nicht dem Schutz der Rechtsordnung unterfällt, ist auch nicht abwägungserheblich. Eine weitere Aussonderung ist daher unumgänglich.

Die Entscheidung darüber, ob ein Interesse schutzwürdig ist oder nicht, ist in erster Linie dem Gesetz zu entnehmen.[653] Interessen und Gründe, die vom geltenden Recht insbesondere vom Aktiengesetz oder vom GmbHG mißbilligt

---

[652] Auch der BGH beschränkt in BGH NJW 1961, 724 (725); BGH NJW 1985, 974 (975) die Frage der Zustimmungspflicht zur Änderung des Gesellschaftsvertrags nicht nur auf die Berücksichtigung der Interessen der Gesellschafter, sondern hält eine Zustimmungspflicht nur für denkbar, wenn nicht „schutzwerte Belange" eines Gesellschafters entgegenstehen.

[653] Hubmann S. 98.

werden, dürfen in eine Abwägung nicht eingestellt werden. Ebensowenig sind strafbare oder sittenwidrige Interessen und Gründe schutzwürdig. Erstrebt beispielsweise die Gesellschaft mit der Änderung des zulässigen Unternehmensgegenstandes einen neuen, illegalen dafür um so lukrativeren Unternehmensgegenstand, so mag in Zeiten einer finanziellen Talfahrt der Gesellschaft ein solcher Beschluß zwar im dringenden Interesse der Gesellschaft liegen. Wegen der Unerlaubtheit des neuen Unternehmensgegenstandes ist indes das Gesellschaftsinteresse in diesem Fall nicht schutzwürdig und damit abwägungsunerheblich.

Darüber hinaus sind auch solche Interessen und Gründe nicht schutzwürdig, die zwar nicht ausdrücklich vom geschriebenen Recht mißbilligt werden, die aber nicht mit den Wertungen der Rechtsordnung insgesamt vereinbar sind. Welche Interessen und Gründe dies sind, ist durch Herausarbeiten der Wertungen der einfachen Gesetze und des Grundgesetzes zu beantworten.[654] So sind etwa Interessen, die eine Aushebelung des Minderheitenschutzes zum Inhalt haben, schutzunwürdig. Gleiches gilt, wenn ein Gesellschafter einen Beschluß allein zur Schädigung seiner Mitgesellschafter oder der Gesellschaft fassen will oder wenn er mit dem Beschluß zwingende gesetzliche Vorschriften umgehen will.

c) Abwägung

Sind die rechtlich geschützten Interessen sowie die schutzwürdigen Gründe festgestellt, die nicht abwägungserheblichen Belange ausgeschieden und stehen sich hiernach noch gegenläufige Interessen und Gründe gegenüber, so beginnt nun der eigentliche Abwägungsvorgang.

Theoretischer Ausgangspunkt für die Durchführung jeder Interessenabwägung ist die Erkenntnis, daß nicht alle in einem Fall berührten und schutzwürdigen Interessen und Gründe gleichwertig sind. Während einige Interessen einen besonders hohen Wert haben, sind andere Interessen zwar schutzwürdig, jedoch nur in geringerem Maße. Unbedenklich wird man etwa sagen können, daß dem Leben des Menschen und der Menschenwürde ein höherer Rang zukommt als anderen, insbesondere materiellen Gütern.[655]

Das Wesen einer Interessenabwägung liegt nun darin, daß eine Abwägung die in einem konkreten Fall betroffenen Interessen und Gründe in eine Beziehung

---

[654] vgl. Kraft S. 65 ff.

[655] Larenz S. 412.

zueinander setzt und einen Umstand im Verhältnis zu den anderen betroffenen Umständen als schutz- und damit vorzugswürdiger bewertet. Charakteristisch für eine Abwägung ist also die verhältnismäßige Bewertung der berührten, einzelnen Interessen und Gründe im Vergleich zu anderen ebenfalls berührten Interessen und Gründen. Das Ergebnis der Abwägung ist dann die Folgerung aus dieser Bewertung, wonach einem höherwertigeren Belang der Vorrang vor einem geringerwertigen zukommt. Demnach kommt der Bewertung der beteiligten Interessen und Gründe eine maßgebliche Bedeutung zu. Hieraus ergibt sich die Frage, welcher Maßstab für eine solche Bewertung zugrunde zu legen ist.

Denkbar wäre es, auf die Kumulation mehrerer Umstände abzustellen und bei Vorliegen mehrerer gleichgerichteter Interessen und Gründe von einem Vorrang der Interessenmehrheit vor einem einzelnen Interesse auszugehen. Das vereinte Gewicht könnte dann oft ein Gegeninteresse überwiegen, das an sich wertvoller ist als jedes von ihnen allein.[656] Indes ist für die Wertigkeit eines Interesses nicht seine Quantität, sondern seine Qualität maßgebend. Andernfalls könnte sogar die Mitgliedschaft eines Gesellschafters auf der Basis eines Mehrheitsbeschlusses aufgehoben werden, wenn sich nur genügend, für sich betrachtet unbedeutende Interessen für diesen Beschluß aufzählen ließen. Das aber wären ein eklatanter Verstoß gegen den Minderheitenschutz. Eine Interessenhäufung ist daher der falsche Weg, um die Wertigkeit eines Interesses zu bestimmen.

Eine wichtige Rolle für die Wertigkeit eines Interesses im Vergleich zu anderen Interessen in einem konkreten Fall spielt hingegen, wie stark dieses Interesse beeinträchtigt würde, wenn es gegenüber anderen Interessen zurücktreten müßte. Ist ein Interesse im Vergleich zu einem anderen nur leicht beeinträchtigt, so wird man eher von einer Zurückstellung des nur leicht beeinträchtigten Interesses ausgehen können, als umgekehrt. Der Grad der Beeinträchtigung eines Interesses ist somit für die Bewertung dieses Interesses im Vergleich zu anderen Interessen ein wichtiger Faktor.[657] Der Wert oder die Wichtigkeit eines Interesses bei einer Interessenabwägung wird also durch den Grad der drohenden Interessenbeeinträchtigung und die Wahrscheinlichkeit ihres Eintritts bestimmt.[658] Gleiches gilt für die Bewertung schutzwerter Gründe. Je weniger einschneidend die Nichtbeachtung eines schutzwerten Grundes für den Gesell-

---

[656] Hubmann AcP 155, 107.
[657] Hennrichs AcP 195, 252; Larenz S. 412.
[658] Hennrichs AcP 195, 252.

schafter ist, um so eher wird man diesen Grund gegenüber anderen Gründen und Interessen zurückstellen können.
Darüber hinaus spielt auch die Intensität, mit der ein Grund oder ein Interesse in einem konkreten Fall betroffen ist, für deren Wertigkeit eine Rolle. Ähnlich wie die Zusammenfassung der Sonnenstrahlen durch ein Brennglas ihre Kraft verstärkt, kommt auch die normative Kraft eines Interesses um so mehr zur Geltung, je mehr ihre Ausstrahlungen zusammenwirken.[659] Kommt ein Interesse oder ein Grund in einer bestimmten Situation gegenüber anderen Umständen besonders deutlich zur Geltung, steht also im Mittelpunkt während andere Gründe und Interessen nur am Rande betroffen sind, so ist dessen Wertigkeit höher als das der übrigen Interessen und Gründe.

Ist auf der Basis dieser Kriterien der Wert eines Interesses oder eines Grundes im Vergleich zu den anderen beteiligten Interessen und Gründen bestimmt, so kristallisiert sich an dieser Stelle regelmäßig heraus, welchem Interesse und Grund der Vorzug vor den anderen Interessen und Gründen zu geben ist. Höher einzustufende Interessen und Gründe sind geringerwertigen vorzuziehen. Insgesamt gilt als Richtschnur für eine Interessenabwägung: Je wichtiger das betroffene Interesse auf der einen Seite ist, um so gewichtiger müssen die Gründe für die Beeinträchtigung desselben auf der anderen Seite sein.[660]

d) Folgerungen für die Annahme positiver Stimmpflichten

Nach diesen abstrakten Überlegungen zur rechtlich geleiteten Interessenabwägung soll nun deutlich werden, wann eine Interessenabwägung in Ausfüllung der Treuepflicht zur Annahme positiver Stimmpflichten führen kann.

Bei der Durchführung einer Interessenabwägung können sich im Anschluß an die Sammlung des Abwägungsmaterials und der Eingrenzung auf schutzwürdige Interessen und Gründe folgende Situationen ergeben, in denen positive Stimmpflichten ernsthaft denkbar sind:

Zunächst einmal kann eine Situation vorliegen, in der ein Beschluß zwar im dringenden Interesse der Gesellschaft liegt, gleichzeitig aber dieser Beschluß weder die Interessen eines möglicherweise stimmpflichtigen Gesellschafters berührt, noch schutzwerte Gründe vorliegen, die der Gesellschafter gegen den Beschluß ins Feld führen kann. Die Situation ähnelt derjenigen, in der ein Beschluß keine belastende Wirkung für den Gesellschafter aufweist und in der

---

[659] Hubmann AcP 155, 114.
[660] Hennrichs AcP 195, 252.

Nehls[661] eine positive Stimmpflicht annimmt. In dieser Situation wäre es im Verhältnis zur Gesellschaft rechtsmißbräuchlich, wenn der Gesellschafter einen Beschluß, auf den die Gesellschaft dringend angewiesen ist, grundlos und damit willkürlich verhindert. Denn wer für sein Handeln keine schutzwerten Interessen geltend machen kann, handelt letztlich „schikanös" und pocht auf eine lediglich formale Rechtsposition.[662] Dem Gesellschafter wäre also jedenfalls aufgrund der Treuepflicht eine Ablehnung des Beschlusses verboten. Damit ist aber noch nicht die Frage beantwortet, ob der Gesellschafter darüber hinaus in dieser Situation auch zur Zustimmung zu diesem Beschluß verpflichtet ist. Inhalt der Treuepflicht ist es, als Mitglied der Gesellschaft deren Interessen zu wahren und sie gegebenenfalls aktiv zu fördern.[663] Förderung des Gesellschaftsinteresses heißt, daß sich der Gesellschafter u. U. aktiv für die Gesellschaft einsetzen muß. In einer bloß passiven Haltung liegt zwar ein Verzicht darauf, das Gesellschaftsinteresse zu beeinträchtigen. Als Förderung kann ein solches Verhalten aber nicht bezeichnet werden. Dies gilt um so mehr, wenn die Vornahme einer Maßnahme im dringenden Interesse der Gesellschaft liegt. Bezogen auf die Stimmrechtsausübung bedeutet dies, daß nur die Zustimmung zu einem im dringenden Gesellschaftsinteresse erforderlichen Beschluß den Begriff der Förderung erfüllt. Eine bloße Enthaltung verhindert zwar den Beschluß nicht. Sie ist aber auch nur eine rein passive Einstellung zu dem Beschluß. Sie kann daher auch nicht als aktive Förderung bezeichnet werden, da ihr das Bekenntnis der Unterstützung des Beschlusses fehlt. Soweit daher ein Beschluß zur Abstimmung steht, der im dringenden Gesellschaftsinteresse liegt und ein Gesellschafter keinerlei schutzwürdige Interessen und Gründe gegen den Beschluß geltend machen kann, unterliegt er einer positiven Stimmpflicht.

Etwas anderes gilt allerdings in der nächsten Situation, in der positive Stimmpflichten denkbar sind: Ein Beschluß liegt im Interesse einiger Gesellschafter, während er sich für die Gesellschaft und einen möglicherweise stimmpflichtigen Gesellschafter neutral auswirkt. In diesem Fall besteht zwar unzweifelhaft ein aus der Treuepflicht folgendes an den Gesellschafter gerichtetes Verbot, den Beschluß rechtsmißbräuchlich zu verhindern. Eine aktive Förderpflicht im Sinne einer positiven Stimmpflicht besteht aber nicht. Dies ergibt sich aus der Erwägung, daß einziges Verbindungsglied zwischen den Gesellschaftern der Verband ist. Diese Gemeinschaft besteht aber nicht um der

[661] Nehls S. 89.
[662] Hennrichs AcP 195, 237.
[663] Baumbach/Hueck-Hueck/Fastrich § 13 Rz 22; Lutter JZ 1995, 1054.

Zwecke des einzelnen Mitglieds willen, sondern zur Verfolgung eines gemeinsamen Zwecks.[664] Die Gesellschafter haben sich mit ihrer Mitgliedschaft zur Förderung eines gemeinsamen Ziels verpflichtet, nicht zur wechselseitigen Förderung ihrer individuellen Ziele. Förderpflichten zu Gunsten der anderen Mitglieder scheiden damit aus.[665] Die Treuepflicht zwischen den Gesellschaftern beschränkt sich auf Rücksichtspflichten.[666] Entsprechend kommen auch positive Stimmpflichten nicht in Betracht.[667]

Liegt dagegen ein Beschluß im dringenden Interesse der Gesellschaft und zugleich im Interesse einiger Gesellschafter, während sich der Beschluß für einen möglicherweise stimmpflichtigen Gesellschafter neutral auswirkt, so ist wiederum eine Stimmpflicht zu bejahen. In diesem Fall folgt die Stimmpflicht allerdings nur aus der Förderpflicht zur Gesellschaft, während die hier ebenfalls relevante Treuepflicht zu den Mitgesellschaftern abermals nur ein Verbot einer rechtsmißbräuchlichen Ablehnung hervorzubringen vermag.

Die gerade geschilderten Fälle, bei denen sich ein Beschluß für einen möglicherweise stimmpflichtigen Gesellschafter neutral verhält, sind in der Praxis aber die Ausnahme. Statt dessen ist häufig über einen Beschluß zu entscheiden, der zwar im dringenden Interesse der Gesellschaft liegt, bei dem aber dieses Interesse im Widerstreit zu den Interessen eines möglicherweise stimmpflichtigen Gesellschafters liegt oder gegen den der Gesellschafter zumindest schutzwerte Gründe geltend machen kann. In dieser - der vierten - denkbaren Stimmpflichtsituation kommen die Grundsätze der Interessenabwägung in vollem Umfang zur Anwendung. Danach ist der Inhalt und der Umfang der Treuepflicht und also auch das Vorliegen positiver Stimmpflichten von einer Abwägung zwischen den Interessen und Gründen eines möglicherweise stimmpflichtigen Gesellschafters und dem Gesellschaftsinteresse abhängig. Es muß daher untersucht werden, ob sich der möglicherweise stimmpflichtige Gesellschafter auf Gründe oder Interessen berufen kann, deren Wertigkeit im Vergleich zu dem mit dem Beschluß verfolgten dringenden Interesse der Gesellschaft höher ist. Liegt ein solches Überwiegen der Interessen und Gründe

---

664 Lutter AcP 180, 120.

665 Lutter AcP 180, 120, ebenso bezüglich belastender Beschlüsse auch Nehls S. 92; Beckerhoff S. 82.

666 Baumbach/Hueck-Hueck/Fastrich § 13 Rz 22; Lutter AcP 180, 120.

667 Der Unterschied zwischen dieser Fallvariante und der zuvorgenannten zeigt sich darin, daß im ersten Fall der Gesellschafter gezwungen ist, mit „ja" zu stimmen, um sich nicht treuwidrig zu verhalten. Im zweiten Fall hingegen reicht bereits eine Enthaltung aus, um der Treuepflichtbindung zu entsprechen.

des Gesellschafters vor, ist eine positive Stimmpflicht abzulehnen, andernfalls ist sie zu bejahen.

Im Rahmen der Abwägung kann sich der seltene Fall ergeben, daß das dringende Interesse der Gesellschaft und die Interessen und Gründe des stimmpflichtigen Gesellschafters absolut gleichwertig sind. In diesem Fall ist nicht eindeutig, welchem Interesse der Vorzug zu geben ist. Gleichwohl ist der Fall nicht unlösbar, wenn man die allgemeine Wertung des Gesellschaftsrechts im Hinblick auf Stimmbindungen betrachtet. Das Kapitalgesellschaftsrecht geht vom Grundsatz der freien Stimmrechtsausübung aus.[668] Wo dieser Grundsatz beschränkt werden soll, ist eine besondere Begründung erforderlich. Stehen sich aber das Interesse eines möglicherweise stimmpflichtigen Gesellschafters und das Interessen der Gesellschaft gleichwertig gegenüber, so fehlt es an einem besonderen Grund für die Annahme einer positiven Stimmpflicht. Bei Gleichwertigkeit aller widerstrebenden Interessen scheidet daher eine positive Stimmpflicht aus.

Schließlich bleibt noch als letzte Variante der Fall zu untersuchen, daß zwar die Gesellschaft ein dringendes Interesse an einem Beschluß hat, gleichzeitig aber die übrigen Gesellschafter widerstreitende Interessen und Gründe gegen diesen Beschluß einwenden können, während sich der Beschluß für einen möglicherweise stimmpflichtigen Gesellschafter neutral auswirkt. Ob hier der Gesellschafter verpflichtet ist, im Interesse der Gesellschaft oder im Interesse der anderen Gesellschafter abzustimmen, scheint auf den ersten Blick schwer zu entschieden zu sein. Bei näherer Betrachtung ist der Fall aber dennoch nicht so kompliziert. Zwar besteht sowohl im Verhältnis zur Gesellschaft als auch im Verhältnis zu den Mitgesellschaftern die Treuepflicht.[669] Eine positive Stimmpflicht kommt aber nur im Verhältnis zur Gesellschaft in Betracht.[670] Der „neutrale" Gesellschafter kann daher nur dann einer positiven Stimmpflicht unterliegen, wenn die zwischen den übrigen Gesellschaftern und der Gesellschaft erforderliche Abwägung zu einer positiven Stimmpflicht der übrigen Gesellschafter führt. Dies ergibt sich aus folgender Erwägung: Im Verhältnis der Gesellschafter untereinander sind keine positiven Stimmpflichten begründbar. Die übrigen Gesellschafter könne aber gegenüber der Gesellschaft stimmpflichtig sein. Wenn aber diese Gesellschafter stimmpflichtig sind, so bedeutet

---

[668] BGHZ 14, 25 (37); Marsch-Barner ZHR 157, 177.
[669] Scholz-Winter § 14 Rz 52; BGHZ 65, 15 (18); BGH NJW 1992; 368 (369); Winter S. 85ff.
[670] siehe oben 3. Teil A. II. 3.

dies, daß auch der „neutrale“ Gesellschafter stimmpflichtig sein muß, da es ein nicht zu erklärender Widerspruch wäre, wenn die Gesellschafter, deren Interessen durch einen Beschluß betroffen sind, einer Stimmpflicht unterlägen, während derjenigen, der dem Beschluß gänzlich neutral gegenübersteht, in seiner Abstimmung frei wäre.

e) Eingriffe in den Kernbereich der Mitgliedschaft

Sind damit grundsätzliche Leitlinien für das Bestehen positiver Stimmpflichten dargelegt, so muß doch noch eine Einschränkung dieser Leitlinien erfolgen.

Prinzipiell lassen sich die dargelegten Konkretisierungsmaßstäbe auf alle Arten von Beschlüssen anwenden. Die Folge ist, daß ein Gesellschafter grundsätzlich bei jedem Beschluß stimmpflichtig sein kann. Entscheidend ist allein, welche Interessen und Gründe durch den Beschluß betroffen sind und wie diese Interessen und Gründe gegeneinander abzuwägen sind. Unabhängig von den Ergebnissen einer derartigen Abwägung ist aber für eine positive Stimmpflicht dort kein Raum, wo ein Beschluß zu einem unmittelbaren Eingriff in den Kernbereich der Mitgliedschaft führen oder den Verzicht auf ein dem Gesellschafter zustehendes Sonderrecht bedeuten würde.[671] Diese Rechte sind definitionsgemäß nur mit Zustimmung des Betroffenen entziehbar; eine Stimmpflicht in diesem Bereich würde dieser Wertung zuwiderlaufen und kann daher grundsätzlich nicht anerkannt werden.[672]

4. Evidenz der Stimmpflicht

Mit Hilfe der soeben dargestellten Leitlinien kann anhand objektiver Kriterien bestimmt werden, wann sich für einen Gesellschafter aus der Treuepflicht eine positive Stimmpflicht ergibt. Allerdings tragen diese Leitlinien bisher noch nicht der Tatsache ausreichend Rechnung, daß es sich bei der Entscheidung über die Stimmrechtsausübung um eine unternehmerische Entscheidung handelt, so daß die hier entwickelten Leitlinien ergänzungsbedürftig sind.

Charakteristisch für unternehmerische Entscheidungen ist es, daß sie regelmäßig zukunftsgerichtet und mit erheblichen Unsicherheitsfaktoren belastet sind.[673] So werden häufig, um ein bestimmtes Ziel zu erreichen, mehrere Maßnahmen in Betracht kommen und der Erfolg einer Maßnahme wird nicht exakt

---

[671] vgl. Hachenburg-Ulmer § 53 Rz 71.
[672] Winter S. 180.
[673] Beckerhoff S. 75.

vorhersehbar sein.[674] Es handelt sich bei unternehmerischen Entscheidungen immer um Risiko- oder Prognoseentscheidungen, die auch das Recht zum Irrtum einschließen.[675] Trifft ein Gesellschafter demnach mit seiner Stimmrechtsausübung eine unternehmerische Entscheidung, so trifft er damit zugleich auch eine Prognoseentscheidung. Prognostizieren muß der Gesellschafter hierbei vor allem die Auswirkungen eines Beschlusses auf die Interessen der Gesellschaft, der Mitgesellschafter aber auch auf seine eigenen Interessen. Hiernach muß er dann sein Abstimmungsverhalten ausrichten.

Nicht anders verhält es sich bei der Beurteilung, ob in einer bestimmten Situation positive Stimmpflichten bestehen. Um festzustellen, ob ein Gesellschafter in einer bestimmten Situation einer positiven Stimmpflicht unterliegt, muß der Gesellschafter vor der Abstimmung ebenfalls eine Prognose darüber aufstellen, wie stark durch eine mögliche Verweigerung seiner Zustimmung das Gesellschaftsinteresse beeinträchtigt würde und ob ggf. die eigenen Interessen und schutzwürdigen Gründe, die ein Gesellschafter gegen den Beschluß einwenden kann, ausreichen, um das Gesellschaftsinteresse zu überwiegen. Damit basiert also nicht nur die Abschätzung, welche Folgen ein Beschluß haben kann, auf einer Prognose, sondern auch die Schlußfolgerung, ob einem Interesse oder Grund der Vorrang vor einem anderen gebührt. Das Urteil über das Vorliegen einer positiven Stimmpflicht ist also prognoseabhängig. Diese Prognoseabhängigkeit der Frage, ob in einer konkreten Situation eine positive Stimmpflicht eines Gesellschafters vorliegt, muß auch in der gerichtlichen Überprüfbarkeit dieser Frage ihren Niederschlag finden. Denn unternehmerische Erwägungen sind gerade nicht in allem nachvollziehbar und rechtlich überprüfbar.[676]

a) Evidenz als Schranke der gerichtlichen Überprüfbarkeit von Abstimmungsentscheidungen

Prognoseentscheidungen begegnen uns nicht nur in Gestalt von unternehmerischen Entscheidungen. Auch die Entscheidung des Gesetzgebers, ob ein Gesetz zur Erreichung des mit ihm verfolgten Zwecks geeignet ist, unterliegt vor dem Erlaß des Gesetzes der Prognose des Gesetzgebers. Dieser Prognoseabhängigkeit der Entscheidung trägt das BVerfG dadurch Rechnung, daß es dem Gesetzgeber im Hinblick auf die Frage nach der Geeignetheit eines Gesetzes einen der verfassungsgerichtlichen Kontrolle nicht zugänglichen Prognosespiel-

674 Nehls. S. 83.
675 Hommelhoff S. 171; Mutter S. 11; Schmidt-Leithoff S. 248.
676 Ross S. 138.

raum zuerkennt.[677] Es beschränkt hier seine Aufgabe zur Kontrolle von legislativen Prognosen auf ein bloße Evidenzkontrolle.[678] Der weite Regelungsspielraum des Gesetzgebers wird danach erst dann überschritten, wenn die Erwägungen des Gesetzgebers offensichtlich so fehlsam sind, daß sie vernünftigerweise keine Grundlage für gesetzgeberische Maßnahmen abgeben können.[679] Ein Gesetz wird demnach nur dann wegen mangelnder Geeignetheit für verfassungswidrig erklärt, wenn deren Beurteilung durch den Gesetzgeber auf einer offensichtlich fehlsamen Prognose der künftigen Entwicklung und der Auswirkungen des Gesetzes beruht.[680]

Die Situation, in der sich ein Gesellschafter vor der Entscheidung über seine Stimmabgabe befindet, weist eine erhebliche Ähnlichkeit mit derjenigen auf, in der sich der Gesetzgeber vor dem Erlaß eines Gesetzes befindet.[681] In beiden Fällen geht es um eine Folgenabschätzung einer Maßnahme und den hieraus zu ziehenden Schlüssen. In beiden Fällen ist es ungewiß, ob die mit dieser Maßnahme verfolgten Ziele erreicht werden können und hiermit möglicherweise verbundenen Nachteile für andere eintreten werden. In beiden Fällen schließlich kann die Entscheidung nur aus der ex-ante Sicht des Handelnden beurteilt werden.

Aufgrund der sehr ähnlichen Situation liegt es nahe, die vom BVerfG für die gerichtliche Überprüfung gesetzgeberischer Prognoseentscheidungen entwickelten Grundsätze auf das Gesellschaftsrecht zu übertragen. Die Überprüfung der Frage, ob der Gesellschafter bei seiner Entscheidung über die Stimmrechtsausübung die Auswirkungen auf die beteiligten Interessen und schutzwerten Gründen richtig beurteilt und gegebenenfalls zutreffend gegeneinander abgewogen hat, muß sich somit auf eine bloße Evidenzkontrolle beschränken.[682] D. h., das Gericht darf die Entscheidung des Gesellschafters nur daraufhin untersuchen, ob der Gesellschafter bestimmte, offensichtliche Interessen und Gründe nicht beachtet hat bzw., ob die Bewertung und Abwägung der be-

[677] BVerfGE 30, 250 (263); BVerfGE 36, 1 (17); BVerfGE 37, 1 (20).
[678] BVerfGE 50, 290 (332).
[679] BVerfGE 37, 1 (20).
[680] Degenhart Rz 328.
[681] Schmidt-Leithoff S. 248, Beckerhoff S. 76 sehen eine Vergleichbarkeit unternehmerischen Handeln mit der Ermessensverwaltung im öffentlichen Recht, jedoch berücksichtigt diese Betrachtung wegen der Ermessensbindung der Verwaltung die grundsätzlich bestehende völlige Freiheit bei der Abstimmung nicht.
[682] Für eine Beschränkung der gerichtlichen Überprüfbarkeit - allerdings nicht in der hier verstandenen Weite - auch Schnorbus Jus 1998, 881; Dreher ZHR 158, 627ff

teiligten Interessen und Gründe offensichtlich fehlsam ist. Gleichzeitig beschränkt sich dann aber auch die Frage nach einer positiven Stimmpflicht lediglich auf die Evidenz dieser Pflicht. Denn, wenn sich die gerichtliche Überprüfbarkeit einer Abwägungsentscheidung des Gesellschafters, die ggf. zu einer positiven Stimmpflicht führt, auf Evidenz beschränkt, so bedeutet dies für den Gesellschafter, daß er einer positiven Stimmpflicht auch nur dann unterliegt, wenn diese Stimmpflicht für ihn evident ist.

b) Maßstab der Evidenz

Die Evidenz einer positiven Stimmpflicht ist somit ein weiteres notwendiges Kriterium bei der Annahme positiver Stimmpflichten. Dies führt zu der Frage, wie der Begriff der Evidenz zu bestimmen ist. Wenn eine Tatsache „evident" ist, so bedeutet dies, daß aus Sicht einer bestimmten Person oder auch aus Sicht der Allgemeinheit diese Tatsache „offensichtlich" ist. Evidenz bedeutet also seinem natürlichen Wortsinn nach, daß sich etwas aus einer bestimmten Sicht geradezu aufdrängt. Dabei spielt es eine entscheidende Rolle, auf wessen Sichtweise hierbei abgestellt wird. So wird für einen betriebswirtschaftlich vorgebildeten Geschäftsführer der Eintritt einer konkursreifen Situation einer Gesellschaft eher augenfällig sein als für einen Anlageaktionär, den die Geschicke der Gesellschaft nur am Rande interessieren.[683]

Aus der Existenz der Vorschrift des § 93 Abs. 1 AktG könnte man den Schluß ziehen, daß es für die Frage nach der Evidenz einer positiven Stimmpflicht auf die Sichtweise eines durchschnittlichen Geschäftsführers ankäme. Nach § 93 Abs. 1 AktG haben die Vorstandsmitglieder bei ihrer Geschäftsführung die Sorgfalt eines ordentlichen und gewissenhaften Geschäftsleiters anzuwenden.[684] Wendet man den dieser Norm innewohnenden Grundgedanken auf die Frage nach der Evidenz einer Stimmpflicht an, so läge eine positive Stimmpflicht dann vor, wenn aus Sicht eines ordentlichen und gewissenhaften Geschäftsleiters das Vorliegen einer Stimmpflicht evident wäre. Hiergegen spricht aber, daß dieser Maßstab auf beruflich erfahrene Führungskräfte zugeschnitten ist. Das Vorstandsmitglied einer AG hat insoweit eine erhöhte Sorgfaltspflicht.[685] Der Grund hierfür liegt in den besonderen Fähigkeiten und Fertig-

---

[683] Nicht umsonst obliegt die Insolvenzantragspflicht gem. § 92 Abs. 2 AktG und § 64 Abs. 1 GmbHG nur den Geschäftsführern nicht aber den Gesellschaftern.

[684] Hüffer AktG § 93 Rz 3.

[685] Hefermehl, in: Geßler/Hefermehl/Eckardt/Kropff § 93 Rz 12; Baumbach/Hueck AktG § 93 Rz 6; Fillmann S. 106.

keiten des Vorstandsmitgliedes. Dies sind Voraussetzungen, die in der Regel weder auf den Kleinaktionär noch auf den Minderheitsaktionär zutreffen.[686] Ein Abstellen auf die Sichtweise des § 93 Abs. 1 AktG zur Bestimmung der Evidenz einer positiven Stimmpflicht würde somit nicht den tatsächlichen Verhältnissen, bei denen ein Gesellschafter häufig nicht über die Kenntnisse und Fähigkeiten eines Geschäftsführers oder Vorstandsmitgliedes verfügt, gerecht und ist daher abzulehnen.

Sinnvoller erscheint es, statt dessen den Maßstab des § 276 Abs. 1 S. 2 BGB heranzuziehen. Nach dieser Vorschrift handelt fahrlässig, wer die im Verkehr erforderliche Sorgfalt außer acht läßt. Das Gesetz verlangt damit von einem Rechtssubjekt bei der Wahrnehmung seiner Pflichten dasjenige Maß an Sorgfalt, was von einem durchschnittlichen Anforderungen entsprechenden Angehörigen des jeweiligen Verkehrskreises in der jeweiligen Situation erwartet werden konnte, ohne Rücksicht darauf, ob der Betroffene nach seinen individuellen Fähigkeiten, Kräften, Erfahrungen und Kenntnissen die objektiv gebotene Sorgfalt erkennen und erbringen konnte.[687] Entscheidend ist, wie sich ein normaler, ordentlicher und gewissenhafter Mensch in der betreffenden Lage verhalten würde.[688] Diese Sichtweise bietet sich auch für die Beantwortung der Frage an, wann ein Fall der Evidenz einer positiven Stimmpflicht vorliegt und wann ein solcher zu verneinen ist. Der Erwerb von Anteilen an einer Gesellschaft ist für jedermann möglich und nicht an besondere Fähigkeiten oder Kenntnisse geknüpft. Ebensowenig setzt die Beteiligung an der Abstimmung besondere betriebswirtschafliche Kenntnisse voraus.[689] Wenn aber das Stimmrecht auf eine Ausübung durch jedes beliebige Rechtssubjekt zugeschnitten ist, dann liegt es nahe, für dieses Rechtssubjekt auch nur den für jedermann geltenden Maßstab des § 276 Abs. 1 S. 2 BGB anzuwenden. Der Kleinaktionär hat daher nur diejenige Sorgfalt zu beachten, die von einem durchschnittlich interessierten und gewissenhaftem Kapitalanleger, der wirtschaftlicher Laie ist, erwartet werden kann.[690] Entsprechend ist auch eine positive Stimmpflicht nur dann evident, wenn aus der Sicht eines durchschnittlichen Gesellschafters in der jeweiligen Situation das Vorliegen dieser Stimmpflicht offensichtlich ist.

---

[686] Zöllner, in: KK § 243 Rz 180; ders. Schranken S. 326; Jilg S. 77.
[687] MüKo-Grundmann § 276 Rz 55f.
[688] BGH NJW 1972, 150 (151); Erman-Battes § 276 Rz 20; Jauernig-Vollkommer § 276 Rz 29; Palandt-Heinrichs § 276 Rz 16; Soergel-Wolf § 276 Rz 80.
[689] Henssler DZWiR 1995, 432.
[690] Henssler DZWiR 1995, 432.

5. Zusammenfassung

Insgesamt läßt sich nach den oben angestellten Erwägungen die folgende Prüfungsreihenfolge zur Konkretisierung der Treuepflicht im Hinblick auf das Vorliegen einer positiven Stimmpflicht ableiten:

1. Die Annahme einer positiven Stimmpflicht setzt voraus, daß der zu untersuchende Beschluß im *dringenden Interesse der Gesellschaft erforderlich* ist. Liegt der Beschluß lediglich im dringenden Interesse der übrigen Gesellschafter, scheidet eine positive Stimmpflicht mangels Förderpflichten unter den Gesellschaftern aus. Jedoch unterliegt der Gesellschafter auch in diesem Fall gegenüber den Mitgesellschaftern dem allgemeinen Schädigungsverbot.

2. Liegt der Beschluß im dringenden Interesse der Gesellschaft und kann der Gesellschafter keinerlei schutzwürdige Gründe oder Interessen gegen diesen Beschluß ins Feld führen, so unterliegt er einer positiven Stimmpflicht. Bestehen demgegenüber solche Gründe und Interessen ist im Wege einer *Abwägung* zu ermitteln, welches Interesse überwiegt. Überwiegt das Gesellschaftsinteresse, besteht eine positive Stimmpflicht. Überwiegen die Interessen und Gründe des Gesellschafters ist eine positive Stimmpflicht zu verneinen.

3. Das Vorliegen der positiven Stimmpflicht muß mit Rücksicht auf die Eigenschaft der Stimmrechtsausübung als unternehmerische Entscheidung aus der Sicht eines durchschnittlichen Gesellschafters in der jeweiligen Situation *evident* sein. Auf die subjektive Sicht des Gesellschafters in der konkreten Situation kommt es demgegenüber nicht an.

4. Teil: Anwendung der entwickelten Grundsätze auf praktische Fälle

Die vorstehende Untersuchung hat gezeigt, daß sich auch im Kapitalgesellschaftsrecht aus der gesellschaftsrechtlichen Treuepflicht positive Stimmpflichten herleiten lassen. Im Rahmen dieser Untersuchung wurden Kriterien und Maßstäbe für die Konkretisierung der Treuepflicht vorgestellt, die der besonderen Eigenschaft der Stimmrechtsausübung als Teil einer unternehmerischen Entscheidung Rechnung tragen. Gleichzeitig wurden hierdurch die Voraussetzungen, unter denen positive Stimmpflichten anzunehmen sind, anhand von abstrakten Leitlinien definiert. Die Einsatzmöglichkeiten und die Überzeugungskraft solcher abstrakten Leitlinien zeigen sich indes erst bei ihrer Anwendung auf konkrete Fälle. Die folgende Darstellung dient diesem Zweck.

Dabei orientiert sich die Darstellung an den bekannten Kategorien, nach denen Gesellschafterbeschlüsse üblicherweise eingeordnet werden. Hiernach ist zwischen Satzungsänderungsbeschlüssen, Zustimmungsbeschlüssen zu Geschäftsführungsmaßnahmen und sonstigen Beschlüssen zu unterscheiden.[691]

A. Positive Stimmpflichten bei Satzungsänderungsbeschlüssen

Die wichtigste Fallgruppe, in denen positive Stimmpflichten im Kapitalgesellschaftsrecht in Literatur[692] und Rechtsprechung[693] diskutiert werden, sind Satzungsänderungsbeschlüsse. Dieses Ergebnis ist nicht weiter erstaunlich. Das im Kapitalgesellschaftsrecht grundsätzlich geltende Mehrheitsprinzip bewirkt, daß die Minderheit nur selten in eine Position gelangt, in der sie durch die Verweigerung ihrer Stimme das Zustandekommen eines Beschlusses verhindern kann. Nur wenn ein Gesellschafter oder eine Gesellschaftergruppe einen Beschluß aufgrund einer entsprechenden Stimmkraft verhindern kann, wird die Frage nach positiven Stimmpflichten überhaupt relevant. Bei Beschlüssen, die mit einfacher Mehrheit zu fassen sind, tritt eine solche Situation nur selten auf, auch wenn sie nicht ausgeschlossen ist. Anders liegen die Dinge aber bei Satzungsänderungsbeschlüssen. Nach der Regel des § 179 Abs. 2 AktG ist für die Annahme eines Beschlusses eine qualifizierte Mehrheit von ¾ des bei der Beschlußfassung vertretenen Grundkapitals erforderlich und sind darüber hinaus bei den einzelnen Beschlüssen zum Teil besondere Mehrheitserfordernisse

[691] vgl. Scholz-Schmidt § 47 Rz 31; Winter S. 167ff.

[692] Baumbach/Hueck-Zöllner § 47 Rz 76a; ders. § 53 Rz 47; Hachenburg-Ulmer § 53 Rz 70; Lutter/Hommelhoff § 14 Rz 19; Roth/Altmeppen § 47 Rz 44; Hüffer AktG § 179 Rz 30; Schmidt, in: GK-AktG § 243 Rz 50; Lutter AcP 180, 109; Schaudwet/Paul GmbHR 1970, 7; Nehls S. 154; Verhoeven S. 142.

festgelegt - mit einer entsprechend steigenden Bedeutung positiver Stimmpflichten.[694] Gleiches gilt wegen der Mehrheitserfordernisse der §§ 53 Abs. 2, 60 Abs. 1 Nr. 2 GmbHG für das GmbH-Recht. Hier kann ein Minderheitsgesellschafter viel häufiger in eine entscheidende Einflußposition gelangen, so daß bei einer Zustimmungsverweigerung auch die Frage nach positiven Stimmpflicht eher akut wird.

I. Ablehnung positiver Stimmpflichten bei Satzungsänderungen

Bevor nun jedoch die für die Bestimmung positiver Stimmpflichten entwickelten Leitlinien auf ihre Anwendbarkeit bei Satzungsänderungsbeschlüssen untersucht werden können, gilt es zunächst, sich mit einigen grundsätzlichen Erwägungen gegen Stimmpflichten bei Satzungsänderungsbeschlüssen auseinanderzusetzen. Obwohl nämlich gerade bei Satzungsänderungsbeschlüssen positive Stimmpflichten bejaht werden,[695] finden sich ebenso namhafte Gegner,[696] die zum Teil zwar eine positive Stimmpflicht bei anderen Beschlüssen für möglich halten, eine solche Pflicht bei Satzungsänderungsbeschlüssen jedoch grundsätzlich für ausgeschlossen erachten.[697]

Gegen eine Mitwirkungs- und Stimmpflicht bei Satzungsänderungsbeschlüssen wird zumeist vorgebracht, daß die Treuepflicht aus funktionellen Gründe keine Pflicht zur Mitwirkung an Satzungsänderungen hervorbringen könnte. Die Treuepflicht könne nicht weiter gehen als ihre Grundlage. Ihre Grundlage aber sei der Gesellschaftsvertrag bzw. die Satzung. Über Art und Ausmaß der Treuepflicht entscheide der Gesellschaftsvertrag. Es gebe keine „Treuepflicht an sich". Darum könne die gesellschaftsrechtliche Treuepflicht ihre Wirkung auch nur im Rahmen dieser Vertragsbedingungen entfalten. Folgerichtig scheide eine Treuepflicht zur Mitwirkung bei der Änderung des Gesellschaftsvertrages aus.[698] Dieses funktionelle Argument greift indes zu kurz. Für Austauschverträge etwa ist anerkannt, daß die aus einem solchen Rechtsverhältnis resultierenden Rechte und Pflichten einer korrigierenden Anpassung durch das Institut des Wegfalls der Geschäftsgrundlage zugänglich sind, wenn die unver-

---

[693] BGH WM 1987, 841; LG Düsseldorf AG 1994, 330 (331).

[694] Nehls S. 154.

[695] Scholz-Schmidt § 47 Rz 31; Baumbach/Hueck-Zöllner § 53 Rz 47; Lutter/Hommelhoff § 53 Rz 32; Roth/Altmeppen § 47 Rz 44; Lutter AcP 180, 109.

[696] Hefermehl/Bungeroth, in: Geßler/Hefermehl/Eckardt/Kropff § 179 Rz 197; Meyer-Landrut/Miller/Niehus § 53 Rz 8; ders. § 55 Rz 2; Kollhosser FS Westermann S. 289.

[697] Rowedder-Zimmermann § 53 Rz 58; Kollhosser FS Westermann S. 277.

[698] Kollhosser FS Westermann S. 278; Reuter ZHR 148, 542.

änderte Durchführung des Vertrags andernfalls unzumutbar ist.[699] Auch in diesen Fällen erweist sich die vertragliche Sonderverbindung, die Voraussetzung für die Anwendung des Instituts des Wegfalls der Geschäftsgrundlage ist, als „Grundlage ihrer eigenen Änderung“.[700] Damit aber wird deutlich, daß die Grundlage einer Pflicht sehr wohl aufgrund dieser Pflicht geändert werden kann.

Als weiterer Einwand gegen die Annahme einer Pflicht zur Änderung der Gesellschaftsgrundlage wird angeführt, daß ein Gesellschafter nur an diejenigen Grundlagen der Gesellschaft gebunden sei, die bei seinem Eintritt oder bei der Begründung der Gesellschaft bestanden haben. Nur auf dieser Grundlage und nur in diesem Rahmen habe sich der Gesellschafter verpflichtet, an der Erreichung des erstrebten Zieles mitzuwirken.[701] Es sei daher sein gutes Recht, an diesen Bestimmungen festzuhalten und sich Änderungen zu versagen.[702] Indes kann auch dieser Einwand nicht überzeugen. Bei einer Gesellschaft, ganz gleich ob bei einer Personen- oder Kapitalgesellschaft, handelt es sich um ein nach vorne offenes Rechtsverhältnis.[703] Die Gesellschaft ist kein statisches Austauschverhältnis, sondern ein dynamisches, notwendig auf Anpassungen an zukünftige Gegebenheiten ausgerichtetes Rechtsverhältnis. Konkret heißt dies: Der Gesellschaftsvertrag, mag er auch als Lebensgesetz der Gesellschaft für eine längere Zukunft gedacht sein, entspricht nach einer gewissen Zeit der Zusammenarbeit im gemeinsamen Unternehmen weder dessen Bedürfnissen noch den individuellen Nützlichkeitserwartungen der Teilnehmer.[704] Infolge der sich stetig wandelnden äußeren Geschäftsverhältnisse einer Gesellschaft ist zum Zeitpunkt der Gründung oder des Beitritts eines Gesellschafters noch nicht erkennbar, wie sich die Zukunft der Gesellschaft entwickeln wird. Um aber dennoch das Ziel aller Gesellschafter, die Gesellschaft funktionsfähig zu halten, erreichen zu können, muß die Möglichkeit bestehen, die Grundlagen der Gesellschaft beständig an die veränderten äußeren Umstände anpassen zu können. Hierzu ist es erforderlich, einzelne Gesellschafter im Interesse der Gesellschaft zur Anpassung der Gesellschaftsgrundlagen verpflichten zu können, auch wenn dadurch der Gesellschafter möglicherweise Mitglied einer Korporation wird, die nicht derjenigen entspricht, die zum Zeitpunkt seines Beitritt oder der

[699] Medicus Rz 151ff.
[700] Winter S. 32.
[701] Hueck FS Hübner S. 89; Kollhosser FS Westermann S. 278.
[702] Vogel S. 89.
[703] Lutter ZHR 162, 166.
[704] Westermann FS Hefermehl S. 229.

Gründung bestand. Vor diesem Hintergrund wird ein flexibles Anpassungssystem dem tatsächlichen oder hypothetischen Willen der Gesellschafter oftmals viel eher entsprechen, als eine rigorose Bindung an den ursprünglichen Gesellschaftsvertrag.[705]

Es bleibt daher festzuhalten, daß keine durchgreifenden, grundlegenden Gründe gegen die Annahme positiver Stimmpflichten bei Satzungsänderungen vorliegen.

II. Positive Stimmpflichten bei Satzungsänderungsbeschlüssen

Bestehen demnach keine grundsätzlichen Bedenken gegen die Bejahung positiver Stimmpflichten bei Satzungsänderungsbeschlüssen, so stellt sich die Frage, wann konkret für diese Fallgruppe Stimmpflichten auf der Basis der hier entwickelten Leitlinien angenommen werden können.

Die praktisch häufigsten Fälle einer Satzungsänderung sind Kapitalmaßnahmen, mit denen das Kapital der Gesellschaft erhöht oder verringert werden soll. Diese Fälle sind im Hinblick auf positive Stimmpflichten auch die schwierigsten, da bei solchen Beschlüssen oftmals ein dringendes Gesellschaftsinteresse an der Annahme eines solchen Beschlusses zu bejahen ist, andererseits aber regelmäßig auch die Interessen der Gesellschafter durch einen solchen Beschluß beeinträchtigt werden, so daß eine sachgerechte Lösung dieses Interessenkonfliktes nötig wird. Wegen dieser besonderen Stellung der Kapitalmaßnahmen im Gefüge der Satzungsänderungsbeschlüsse empfiehlt es sich, im Rahmen der folgenden Darstellung Satzungsänderungsbeschlüsse zur Durchführung von Kapitalmaßnahmen gesondert von den allgemeinen Satzungsänderungsbeschlüssen zu betrachten.

1. Allgemeine Satzungsänderungen

Unter den Begriff der „allgemeinen Satzungsänderung“ kann man alle Änderungen der gesetzlichen Grundlagen der Gesellschaft fassen, die nicht das Stamm- oder Grundkapital der Gesellschaft betreffen. Angesprochen sind damit also alle Änderungen, die die Verfassung des Verbandes betreffen, ohne sich hierbei auf die Kapitalbasis der Gesellschaft auszuwirken. Namentlich kommen hierfür in Betracht: Änderungen der Firma und des Sitzes der Gesellschaft, des Gegenstandes des Unternehmens, Änderungen von Bestimmungen über die Dauer der Gesellschaft, die Einführung eines Austrittsrechts aus der

---

[705] Zöllner, Anpassung S. 35.

Gesellschaft oder die Änderung des Gesellschaftszwecks.[706] Je nach Art der Satzungsausgestaltung ist eine unübersehbare Vielzahl von Änderungsmöglichkeiten denkbar, die hier nicht alle einzeln behandelt werden können. Hier sollen daher nur einige Bespiele herausgegriffen werden.

Relativ problemlos ist die Annahme positiver Stimmpflichten anhand des hier vertretenen Treuepflichtkonkretisierungsversuchs bei Beschlüssen, die zwar im dringenden Interesse der Gesellschaft erforderlich sind, aber nicht die Interessen der Gesellschafter berühren und gegen die die Gesellschafter auch keine schutzwerten Gründen geltend machen können. Angenommen, eine Gesellschaft führt in ihrer Satzung und im Geschäftsverkehr die Firma eines anderen Kaufmanns. Auch wenn das Firmenrecht seit der HGB-Reform von 1998 gelockert wurde, ist die Führung der Firma eines anderen gem. § 37 HGB nach wie vor unzulässig. Bei einem unzulässigen Firmengebrauch hat das Registergericht im Firmenmißbrauchsverfahren durch die Verhängung von Ordnungsgeld den unzulässigen Firmengebrauch zu unterbinden.[707] Wegen dieser Sanktion hat die Gesellschaft ein dringendes Interesse daran, eine in der Satzung bestimmte unzulässige Firma baldestmöglich zu ändern. Eine solche Änderung berührt in der Regel nicht die Interessen der Gesellschafter. Auch werden sie nur selten Gründe gegen eine entsprechende Umfirmierung geltend machen können. Wo aber ein Beschluß im dringenden Interesse der Gesellschaft erforderlich ist und weder die Interessen der Gesellschafter berührt sind, noch schutzwerte Gründe gegen einen Beschluß bestehen, besteht eine positive Stimmpflicht. Die Gesellschafter müßten demnach dem Beschluß zur Änderung der unzulässigen Firma ihre Zustimmung erteilen.

Problematisch sind indes diejenigen Fälle, in denen durch eine Satzungsänderung zugleich die Interessen der Gesellschafter beeinträchtigt werden oder zumindest gewichtige Argumente gegen den Änderungsbeschluß bestehen. Dies kann etwa bei einem Beschluß über die Erweiterung des Unternehmensgegenstandes der Fall sein. Stellt sich aufgrund veränderter tatsächlicher oder rechtlicher Umstände heraus, daß der satzungsmäßige Unternehmensgegenstand durch eine enge, individualisierende Fassung den Vorstand einer AG hindert, seine Leitungsfunktion im Unternehmensinteresse auszuüben, weil gewinnträchtige Aktivitäten im Vor- und Umfeld des Unternehmensgegenstandes un-

[706] vgl. im Einzelnen die Übersichten bei Rowedder-Zimmermann § 53 Rz 16ff; Scholz-Priester § 53 Rz 110ff; Hüffer AktG § 179 Rz 33ff.
[707] Ruß, in: Heidelberger Kommentar § 37 Rz 4.

terbleiben müssen, obgleich ihre Wahrnehmung bei wirtschaftlich vernünftiger Betrachtungsweise geboten ist, so ergibt sich die Frage, ob die Aktionäre nicht aufgrund ihrer gesellschaftsbezogenen Treuepflicht gehalten sind, den Unternehmensgegenstand zu erweitern.[708] Das Ergebnis ist nach dem hier vertretenen Standpunkt im Wege einer Interessenabwägung der beteiligten Interessen zu bestimmen. Die Änderung des Unternehmensgegenstandes müßte also zunächst im dringenden Interesse der Gesellschaft liegen. Zweck der Gesellschaft ist regelmäßig die Gewinnerzielung.[709] Eine Erweiterung des Unternehmensgegenstandes, die dem Vorstand neue Gewinnerzielungsmöglichkeiten erlaubt, sichert langfristig den Ertrag der Gesellschaft, so daß man je nach gegebener Marktlage eine dringendes Interesse der Gesellschaft bejahen kann. Andererseits dient die Pflicht zur genauen satzungsmäßigen Bezeichnung des Unternehmensgegenstandes dem Schutz der Gesellschafter vor einer willkürlichen Ausweitung des Gegenstandes der Gesellschaft durch die Geschäftsführer.[710] Gegen eine Erweiterung des Unternehmensgegenstandes kann ein Gesellschafter somit als schutzwerten Grund geltend machen, daß bei einem zu allgemein gefaßten Unternehmensgegenstand der Überblick über die Aktivitäten der Gesellschaft verloren geht. Soweit aber die Erweiterung des Unternehmensgegenstandes hinreichend genau definiert ist und nach der Beschlußfassung für einen durchschnittlichen Gesellschafter die Reichweite des Unternehmensgegenstandes nach wie vor klar ist, ist dieses Schutzbedürfnis nicht ausreichend, um einen Verzicht auf die durch die Erweiterung des Unternehmensgegenstandes verbesserten Ertragsaussichten zu rechtfertigen. Das Gesellschaftsinteresse würde also die Gründe der Gesellschafter überwiegen. Eine positive Stimmpflicht ist daher bei Satzungsänderungsbeschlüssen nicht generell zu verneinen.[711]

Normalerweise werden die Dinge gerade bei Satzungsänderungsbeschlüssen aber anders liegen. Satzungsänderungsbeschlüsse haben häufig tiefgreifende Wirkungen auf die mitgliedschaftliche Stellung der Gesellschafter. So kann etwa die satzungsmäßige Einführung einer Vinkulierungsklausel die Verfügbarkeit des Anteils des Gesellschafters nachhaltig erschweren. Ebenso werden die Interessen der Gesellschafter durch die satzungsmäßige Vereinbarung einer

[708] Säcker FS Lukes S. 552.
[709] Hüffer AktG § 23 Rz 22; Rowedder-Rittner/Schmidt-Leithoff § 1 Rz 8.
[710] Baumbach/Hueck-Hueck/Fastrich § 3 Rz 9.
[711] Säcker FS Lukes S. 553 bejaht dies für Beschlüsse über die Erweiterung des Unternehmensgegenstandes.

Nachschußpflicht oder die Abschaffung eines Gesellschafterbeirats erheblich beeinträchtigt. Es wird daher in der weitaus überwiegenden Zahl der Fälle, für einen durchschnittlichen Gesellschafter nicht klar erkennbar sein, ob das Interesse der Gesellschaft an einem bestimmten Beschluß ausreichend ist, die eigenen Interessen des Gesellschafters zu überwiegen. Dann aber scheidet mangels Evidenz eine positive Stimmpflicht aus. Stimmpflichten kommen daher für allgemeine Satzungsänderungsbeschlüsse in der Regel nur in Betracht, wenn es sich um Beschlüsse handelt, die offenkundig die Interessen der Gesellschafter gar nicht berühren. Bei einer möglichen Interessenberührung sind sie hingegen selten.

2. Satzungsänderungen zur Durchführung von Kapitalmaßnahmen

Noch schwieriger stellt sich die Situation bei Satzungsänderungen dar, die die Durchführung einer Kapitalmaßnahme zum Gegenstand haben. Hierunter fallen vor allem Beschlüsse über Kapitalherabsetzungen und -erhöhungen.

Dabei ist insbesondere die Frage umstritten, inwieweit es Mitwirkungspflichten der Gesellschafter an Sanierungsmaßnahmen bei insolventen Unternehmen gibt.[712] Muß ein Gesellschafter einer Kapitalherabsetzung und -erhöhung zustimmen, wenn hierdurch die Chance besteht, die Gesellschaft zu retten oder kann er sich einem solchen Ansinnen mit der Begründung widersetzen, er wolle nicht „gutes Geld dem schlechten hinterher werfen?" Der Girmes-Fall hat in diesem Zusammenhang Anlaß zu einer Vielzahl von Stellungnahmen in der Literatur gegeben.[713] Dies ist Beleg genug für die Sensibilität, mit der dieses Thema im Folgenden untersucht werden muß.
Zunächst soll jedoch der Frage nachgegangen werden, ob und in welchen Fällen, anhand des hier vertretenen Standpunkts eine positive Stimmpflicht bei Kapitalmaßnahmen außerhalb der Krise besteht. Erst danach sollen Stimmpflichten der Gesellschafter in der Krise untersucht werden.

a) Kapitalmaßnahmen

Auch bei Kapitaländerungsbeschlüssen außerhalb der Krise einer Gesellschaft lautet die entscheidende Frage für die Annahme positiver Stimmpflichten, ob

---

[712] Schmidt GesR § 5 IV 5a) (S. 141).

[713] vgl. etwa BGH NJW 1995, 1739; Hammen WuB II A. § 135 1.93; Brender WuB II A. § 135 AktG 1.94; Rittner EWiR 1995, 525; Lutter JZ 1995, 1053; Bungert DB 1995, 1749; Henssler DZWiR 1995, 430; Müller ZIP 1995, 1416; Flume ZIP 1996, 161; Dreher ZIP 1993, 332; Wenger ZIP 1993, 321; Prütting/Weth ZIP 1994, 424; Schöne WM 1992, 209.

die Kapitalmaßnahme im dringenden Interesse der Gesellschaft erforderlich ist und ob die Interessen der möglicherweise stimmpflichtigen Gesellschafter nicht überwiegend beeinträchtigt werden bzw. von den Gesellschaftern schutzwerte Gründe gegen den Beschluß geltend gemacht werden können.

aa) Kapitalerhöhungen

Nur wenige Schwierigkeiten ergeben sich hierbei für Beschlüsse über Kapitalerhöhungen aus Gesellschaftsmitteln. Bei dieser Art der Kapitalerhöhung handelt es sich um die Umwandlung offener Rücklagen in Eigenkapital, also nicht um die Zufuhr neuen, sondern um die Bindung vorhandenen Kapitals.[714] Aus verteilungsfähigen Rücklagen wird nicht verteilungsfähiges Grundkapital, was im Interesse des Unternehmens liegt, da Grundkapital stärker gebunden ist als Kapitalrücklage und Gewinnrücklage.[715] Die Aktionäre erhalten durch diese Maßnahme zwar neue Aktien, aber sie erhalten keinen Vermögenszuwachs, da das Gesellschaftsvermögen unverändert bleibt.[716] Auch bleiben die Beteiligungsquote und die Rechte der Aktionäre durch diese Maßnahme unverändert, wie sich aus §§ 212, 216 AktG ergibt. Gleiches gilt aufgrund der Vorschriften der §§ 57i; 57m GmbHG für die GmbH. Die lediglich nominelle Umwandlung von Gesellschaftsvermögen, das den Gesellschafter bereits zuvor gehört hat, berührt mithin die Interessen der Gesellschafter kaum. Damit können die Gesellschafter bestenfalls schutzwerte Gründe gegen einen entsprechenden Kapitalerhöhungsbeschluß geltend machen, um nicht einer positiven Stimmpflicht zu unterliegen. Solche schutzwerten Gründe können etwa unternehmerische Vorbehalte gegen die Umwandlung der Rücklagen in Stamm- oder Grundkapital sein. Auch kann eingewandt werden, daß durch eine Kapitalerhöhung mehr Aktien im Umlauf sind, wodurch der Aktienkurs aufgrund des größeren Marktangebots fallen könnte.

Generell läßt sich indes sagen, daß die Hürden für die Annahme positiver Stimmpflichten bei Beschlüssen über eine Kapitalerhöhung aus Gesellschaftsmitteln niedriger liegen als bei allgemeinen Satzungsänderungsbeschlüssen, da solche Maßnahmen normalerweise nur in geringer Größenordnung durchgeführt werden, so daß auch das Potential möglicher Interessenkonflikte entsprechend geringer ist. Allerdings kommt gerade bei diesen Beschlüssen der Frage nach dem eindeutigen Überwiegen eines dringenden Interesses der Gesell-

---

[714] Schmidt GesR § 29 III 3a).
[715] Henn, Aktienrecht § 36 Rz 1274.
[716] Hueck § 29 III 4.

schaft an der Kapitalerhöhung und damit der Evidenz der positiven Stimmpflicht besondere Bedeutung zu.

In der Praxis eine viel größere Rolle als die Kapitalerhöhung aus Gesellschaftsmitteln spielt die Kapitalerhöhung gegen Einlagen und zwar sowohl bei erfolgreichen, also expandierenden, als auch bei sanierungsbedürftigen Gesellschaften.[717] Anders als bei der Kapitalerhöhung aus Gesellschaftsmitteln behält der Gesellschafter nach der Kapitalerhöhung nicht automatisch seine Beteiligungsquote, da für diesen Fall eine den §§ 212, 216 AktG und § 57m GmbHG vergleichbare Vorschrift fehlt. Ihm steht zwar ein Bezugsrecht auf die durch eine Kapitalerhöhung entstandenen neuen Gesellschaftsanteile zu. [718] Aber auch die Einräumung eines Bezugsrechts ändert nichts daran, daß der Gesellschafter neues Geld in die Gesellschaft einlegen muß, um seine Beteiligungsquote zu erhalten. In jedem Fall bedeutet daher ein Beschluß über eine Kapitalerhöhung gegen Einlagen eine Beeinträchtigung der Interessen der Gesellschafter. Andererseits ist die effektive Kapitalerhöhung das wichtigste Instrument der Gesellschaft, um zusätzliche Mittel als Eigenkapital aufzunehmen.[719] Gerade in den Fällen, in denen der Gesellschaft Fremdkapital nicht zur Verfügung gestellt wird, kann sich die effektive Kapitalerhöhung als einziges Mittel erweisen, um riskante aber erfolgversprechende neue Geschäftsfelder zu erschließen. Auch erweist sich eine Kapitalbeschaffung mittels einer Kapitalerhöhung als preiswertes Finanzierungsinstrument. Es besteht mithin normalerweise immer ein dringendes Interesse der Gesellschaft an einer Kapitalzufuhr im Wege einer Kapitalerhöhung.

Diese widerstreitenden Interessen führen dazu, daß über das Vorliegen einer positiven Stimmpflicht bei Kapitalerhöhungsbeschlüssen gegen Einlagen fast immer im Wege einer Abwägung zwischen den Interessen der Gesellschafter und dem Interesse der Gesellschaft entschieden werden muß. Indes wird hier man nur in den seltensten Fällen ein offensichtliches Überwiegen des Gesellschaftsinteresses und damit eine positive Stimmpflicht feststellen können. Ob die mit der Kapitalerhöhung verfolgten Ziele wirklich erreicht werden können und ob diese Erfolge ausreichen, um eine Zurückstellung der Interessen und Gründe der Gesellschafter zu rechtfertigen, ist regelmäßig zweifelhaft.

---

[717] Schmidt GesR § 29 III 2a) (S. 904); Eisenhardt Rz 497.

[718] § 186 Abs. 1 AktG für die AktG; Baumbach/Hueck-Zöllner § 55 Rz 13; Rowedder-Zimmermann § 55 Rz 29; Scholz-Priester § 55 Rz 41; Lutter/Hommelhoff § 55 Rz 20; Schmidt GesR § 37 V 1a) ee) (S. 1170); Ehlke GmbHR 1985, 288.

[719] Kübler § 16 III 1c) (S. 213).

bb) Kapitalherabsetzungen

Ein anderes Ergebnis kann sich aber für den umgekehrten Fall einer Kapitalherabsetzung ergeben. Solch eine Kapitalherabsetzung kann zwei unterschiedlichen Zielen dienen. Entweder sie bezweckt die Verteilung nicht mehr benötigten Kapitals oder sie bezweckt die Abschreibung eines Verlusts.[720] Entsprechend diesen unterschiedlichen Zielsetzungen läßt sich eine Kapitalherabsetzung auf unterschiedliche Weise vornehmen. Durch die effektive Kapitalherabsetzung werden die Voraussetzungen dafür geschaffen, daß nicht oder nicht mehr benötigtes Betriebskapital als buchmäßiger Gewinn ausgeschüttet wird. Durch die nominelle Kapitalherabsetzung hingegen soll das Eigenkapital der Gesellschaft an das durch Verluste geschrumpfte Gesellschaftsvermögen angepaßt werden.[721]

Ob und wann für diesbezügliche Beschlüsse positive Stimmpflichten in Frage kommen, hängt auch hier wieder entscheidend davon ab, ob zum einen die Kapitalherabsetzung im dringenden Interesse der Gesellschaft erforderlich ist und die Gesellschafter eine hinreichende Interessenbeeinträchtigung oder wenigstens hinreichende schutzwerte Gründe gegen den Beschluß geltend machen können. Im Falle der effektiven Kapitalerherabsetzung wird es aber zumeist bereits an einem dringenden Interesse der Gesellschaft fehlen. Die Ausschüttung nicht mehr benötigten Betriebskapitals nützt der Gesellschaft nicht, sie schadet ihr aber auch nicht. Sie hat daher kein spezifisches Interesse an der Herabsetzung des Stamm- oder Grundkapitals. Demgegenüber kann die Gesellschaft an der nominellen Kapitalherabsetzung ein dringendes Interesse haben, etwa um die Ausschüttungssperre des § 57 AktG zu überwinden, weil andernfalls jahrelang keine Dividende gezahlt werden könnte. Dann kommt es darauf an, ob durch den Herabsetzungsbeschluß die Interessen der Gesellschafter beeinträchtigt werden. Hierbei ergibt sich eine Interessenbeeinträchtigung wiederum vor allem durch eine damit verbundene Verschlechterung der Beteiligungsquote des Gesellschafters. Allerdings kommt es zu einer solchen Verschlechterung nur bei Einziehung oder Zusammenlegung von Geschäftsanteilen oder Aktien. Prinzipiell sind jedoch bei der AG zur Durchführung einer Kapitalherabsetzung zunächst die Nennbeträge der Aktien,[722] bei der GmbH der Nennbetrag des Stammkapitals[723] herabzusetzen. Hierdurch wird das Beteili-

---

[720] Hueck § 30 I 2a) (S. 298).
[721] Kübler § 16 V 1a) und b) (S. 219).
[722] BGH ZIP 1999, 1444 (1445); Hüffer AktG § 222 Rz 21b.
[723] Rowedder-Zimmermann § 58 Rz 9.

gungsverhältnis nicht berührt, es fehlt damit an einer Interessenbeeinträchtigung. Erst wenn der jeweilige Nennbetrag unter die gesetzlich vorgesehenen Mindestnennbeträge fallen würde, kommt eine Zusammenlegung in Betracht.[724] Dann ist die Beteiligungsquote durch die Kapitalherabsetzung bedroht und nur dann wird eine Interessenbeeinträchtigung akut.

Bewirkt die bloße Herabsetzung des Nennwerts von Aktien oder Stammkapital keine Interessenbeeinträchtigung, so kann ein Gesellschafter lediglich schutzwerte Gründe gegen einen Kapitalherabsetzungsbeschluß geltend machen. Gelingt ihm dies nicht, so unterliegt er einer positiven Stimmpflicht. Ist mit dem Beschluß jedoch eine Zusammenlegung oder Einziehung von Geschäftsanteilen verbunden, so geht damit zwangsläufig eine Beeinträchtigung der Gesellschafterinteressen einher. In diesem Fall muß wiederum abwogen werden, ob das Interesse der Gesellschaft an der Kapitalherabsetzung die Verringerung der Beteiligungsquote zu rechtfertigen vermag. Indes wird auch hier wiederum ein offenkundiges Überwiegen selten sein, so daß man zumeist keine Stimmpflicht bei Kapitalherabsetzungsbeschlüssen annehmen kann, die zur Zusammenlegung oder Einziehung von Geschäftsanteilen oder Aktien führen.

b) Sanierung

Einer der wichtigsten Fälle, bei denen positive Stimmpflichten angenommen werden, sind Sanierungsmaßnahmen. Zur Durchführung einer Unternehmenssanierung wird häufig zunächst das Kapital der Gesellschaft herabgesetzt, um es dann gegen Einlagen wieder aufzustocken und so der Gesellschaft neue Liquidität zu verschaffen.[725] Dies ist ein gängiger Weg der Unternehmenssanierung. Gleichzeitig ist es aber fast unvermeidlich, daß es hierbei zu Interessenkollisionen kommt, die sich nur unter erheblichen Schwierigkeiten lösen lassen Diese Schwierigkeiten resultieren daraus, daß gerade in den Sanierungsfällen das Spannungsfeld zwischen dem Grundsatz freier Stimmrechtsausübung und einer treuepflichtgebundenen positiven Stimmpflicht besonders stark zutage tritt. Einerseits verpflichtet die Treubindung kein Mitglied zur Unternehmenserhaltung um jeden Preis.[726] Die Gesellschafter können ihren Verband jederzeit auflösen, ohne auf einen besonderen Rechtfertigungsgrund angewiesen zu

---

[724] BGH NJW 1998, 2054; Hüffer § AktG 222 Rz 21b; Rowedder-Zimmermann § 58 Rz 10.

[725] Dieses Vorgehen war auch bei der Girmes-AG geplant, vgl. LG Düsseldorf ZIP 1993, 350.

[726] Schmidt GesR § 5 IV 5a) (S. 141).

sein.[727] Ein mit nötigen Mehrheit gefaßter Auflösungsbeschluß bedarf keiner sachlichen Rechtfertigung; er trägt seine Rechtfertigung in sich.[728] Haben die Gesellschafter ein jederzeitiges Auflösungsrecht, so muß ihnen auch die Möglichkeit offenstehen, die Gesellschaft durch den Verzicht auf Sanierungsbemühungen zu beenden. Andererseits darf der Einzelne infolge der Treuebindung nicht eine sinnvolle und von der Mehrheit angestrebte Sanierung eigennützig verhindern,[729] da die Auflösungsentscheidung stets eine qualifizierte Mehrheit voraussetzt und somit durch eine auflösungswillige Minderheit auch nicht über den Umweg einer gescheiterten Sanierung erzwungen werden darf. Die Freiheit, für die Auflösung stimmen zu können, ist kein Freibrief der Minderheit zur Zerschlagung des Unternehmens.[730] Es sprechen somit regelmäßig sowohl gute Gründe für als auch gegen eine positive Stimmpflicht in Sanierungsfällen. Entsprechend schwer fällt die Beurteilung, wann eine positive Stimmpflicht in diesen Fällen vorliegen kann.

Der BGH hat in der Girmes-Entscheidung ausdrücklich offengelassen, ob eine Sanierungspflicht der Gesellschafter besteht.[731] Er hat jedoch in Anlehnung an *Schmidt*[732] festgestellt, daß die Gesellschafter aufgrund der Treuepflicht eine mehrheitlich angestrebte und sinnvolle Sanierung nicht verhindern dürfen, wenn

- bei Scheitern der Sanierungsmaßnahme der Zusammenbruch der Gesellschaft unvermeidlich ist,
- im Falle eines Zusammenbruchs die Stellung des einzelnen Gesellschafters ungünstiger als bei einem Austritt aus der fortbestehenden Gesellschaft ist,
- die Durchführung der Sanierungsmaßnahme die Verfolgung des Gesellschaftszwecks nach objektiver Einschätzung nachhaltig sicherstellt,
- und keine schonendere Sanierung möglich ist.[733]

Liegen diese Voraussetzungen vor, bleibt einem dissentierenden Gesellschafter nur die Möglichkeit, die Gesellschaft zu verlassen, sich für den Beschluß aus-

---

[727] Lutter ZHR 153, 449; ders. ZGR 1981, 176; Schöne WM 1992, 212.
[728] BGHZ 76, 352 (353.)
[729] Timm WM 1991, 484.
[730] Timm WM 1991, 484 .
[731] BGH ZIP 1995, 819 (823).
[732] Schmidt GesR § 5 IV 5 a) (S. 141); ders. ZGR 1982, 525.
[733] BGH ZIP 1995, 819 (824).

zusprechen oder sich zumindest zu enthalten. Indes wird hiernach von ihm keine Zustimmung zu diesem Beschluß im Sinne einer positiven Stimmpflicht erwartet.[734] Der Gesellschafter darf den Beschluß nur nicht verhindern. Der BGH hat demnach bisher noch keine positive Stimmpflicht in Sanierungsfällen im Kapitalgesellschaftsrecht bejaht.

In der Literatur wird demgegenüber in Sanierungsfällen vom Vorliegen einer positiven Stimmpflicht ausgegangen. In Anwendung des obengenannten Ansatzes,[735] wonach eine positive Stimmpflicht dann vorliegen soll, wenn sich das Entscheidungsermessen des Gesellschafters auf Null reduziert hat, soll eine Pflicht, einem Sanierungskonzept zuzustimmen, dann bestehen, wenn es zu dem verfolgten Sanierungskonzept keine Alternative gibt und nur dieses Konzept das Überleben der Gesellschaft sichern kann.[736] Wolle ein Gesellschafter in einer Situation, in der ein Sanierungskonzept zur Abstimmung steht, einer sanierenden Satzungsänderung die Zustimmung versagen, müsse er hierfür schutzwerte Gründe anführen können. Der in diesem Zusammenhang einzig denkbare Einwand aber sei, daß eine schonendere Sanierung möglich sei, die im Ergebnis genauso aussichtsreich sei.[737] Zum Teil wird das Vorliegen einer positiven Stimmpflicht auch davon abhängig gemacht, ob unter Berücksichtigung der gesellschaftsbezogenen Interessen der Beschluß erforderlich und verhältnismäßig sei.[738]

Gerade in Sanierungsfällen, bei denen die Existenz der Gesellschaft auf dem Spiel steht, mag es naheliegen, sich für eine positive Stimmpflicht auszusprechen, wenn durch einen Beschluß über eine sanierende Kapitalmaßnahme die Gesellschaft gerettet werden kann. Dies darf aber nicht den Blick dafür verstellen, daß eine Stimmpflicht in diesen Fällen nur möglich ist, wenn sie sich in Übereinstimmung mit den Grundsätzen zur Treuepflicht im allgemeinen und zu den positiven Stimmpflichten im besonderen begründen läßt. Eine solche Begründung ist aber nicht möglich.

Die Pflicht, sich ausdrücklich für einen bestimmten Beschluß auszusprechen, hat nicht nur den Zwang, ein Verhalten zu unterlassen zum Inhalt, sondern verlangt ein positives Tun. Während durch eine Unterlassung bestimmte Inter-

---

[734] weitergehend Schmidt GesR § 5 IV 5a) (S. 141), der bei Vorliegen der Voraussetzungen sogar von einer positiven Stimmpflicht ausgeht.

[735] siehe oben 3. Teil B. II. 3.

[736] Lutter JZ 1995, 1055.

[737] Timm WM 1991, 485; Schöne WM 1992, 212.

[738] Henze ZHR 162, 192.

essen lediglich nicht behindert werden, bedeutet ein positives Tun die aktive Förderung bestimmter Interessen. Eine positive Stimmpflicht setzt demnach voraus, daß aufgrund der Treuepflicht die Gesellschafter zur Förderung bestimmter Interessen verpflichtet sind. Bereits oben[739] wurde ausführlich begründet, daß die Treuepflicht lediglich eine Pflicht zur Förderung des Gesellschaftsinteresses hervorzubringen vermag. Gegenüber ihren Mitgesellschaftern sind die Gesellschafter demgegenüber nur gehalten, deren Interessen nicht zu beeinträchtigen. Die Treuepflicht erschöpft sich in diesem Fall in einem Schädigungsverbot und beinhaltet keine Verpflichtung, die Interessen der Mitgesellschafter zu fördern.[740] Kommt damit aber eine positive Stimmpflicht nur in Betracht, wenn ein Beschluß im dringenden Interesse der Gesellschaft liegt, so bedeutet dies, daß auch eine Pflicht, einer Sanierungsmaßnahme zuzustimmen, nur in Frage kommt, wenn die Gesellschaft ein eigenes Interesse an ihrer Sanierung hat.

Ein Interesse am Bestand der Gesellschaft haben unbestreitbar die Gesellschafter, deren Mitgliedschaftsrechte betroffen sind, wenn eine Sanierung scheitert und die Gesellschaft liquidiert werden muß.[741] Sie verlieren dadurch ihre Beteiligung an der Korporation und zugleich womöglich eine langfristige Einnahmequelle. Demgegenüber gibt es allerdings kein rechtlich geschütztes Interesse der Korporation selbst, stets und immer am Leben zu bleiben.[742] Das Fehlen eines solchen Eigeninteresse läßt sich aus den Auflösungsregeln der §§ 60 Abs. 1 Nr. 2 GmbHG und 262 Abs. 1 Nr. 2 AktG ableiten. Hiernach können die Gesellschafter die Gesellschaft jederzeit ohne Vorliegen einer besonderen Rechtfertigung auflösen.[743] Wenn aber die Gesellschafter die Gesellschaft jederzeit durch Beschluß auflösen können, ohne daß sie hierbei Rücksicht auf die Interessen der Gesellschaft nehmen müssen, dann müssen sie auch die Möglichkeit haben, ohne Rücksicht auf die Gesellschaft die Korporation durch das bewußte Scheiternlassen einer Sanierung zu beenden. Dann aber besteht jedenfalls gegenüber den Gesellschaftern kein eigenes Interesse der Gesellschaft an ihrer Sanierung. Ohne ein solches Gesellschaftsinteresse kommt aber auch keine Förder- und damit positive Stimmpflicht der Gesellschafter in Frage. Die

---

[739] siehe oben 3. Teil A. II. 3.

[740] Nehls S. 92.

[741] Hennrichs AcP 195, 261.

[742] Lutter EWiR 1991, 849; ders. ZHR 153, 449; Zöllner, in: KK § 243 Rz 193; BGH ZIP 1995, 819 (824).

[743] Rowedder-Rasner § 60 Rz 17; Schmidt GesR § 38 IV 2 b) aa) (S. 1193).

Treuepflicht führt daher der Gesellschaft gegenüber nicht zur einer Sanierungspflicht.[744]

Dies soll indes nicht heißen, daß die Gesellschafter bei der Abstimmung über ein Sanierungskonzept vollkommen frei wären. Die Treuebindung beeinflußt selbstverständlich auch in diesem Fall ihr Abstimmungsverhalten. Allerdings wird hierbei nur die rechtsbegrenzende und nicht die pflichtbegründende Komponente der Treuepflicht relevant. Den Gesellschaftern kann es - wie der BGH zutreffend im Girmes-Fall festgestellt hat[745] - aufgrund der Treuepflicht zu den Mitgesellschaftern verboten sein, ein mehrheitlich gewolltes Sanierungskonzept eigennützig zu verhindern, während eine solche Treubindung gegenüber der Gesellschaft ausscheidet. Das heißt, den Gesellschaftern ist es nicht gestattet, gegen dieses Konzept zu stimmen. Ihnen steht aber nach wie vor die Möglichkeit offen, sich zu enthalten oder dem Konzept ihre Zustimmung zu erteilen. Eine Reduktion der Entscheidungsmöglichkeiten auf eine Alternative kommt jedoch in Sanierungsfällen nicht in Frage.[746]

B. Positive Stimmpflichten bei Zustimmung zu Geschäftsführungsmaßnahmen

Auf den ersten Blick weniger problematisch sind positive Stimmpflichten im Zusammenhang mit Zustimmungsbeschlüssen zu Geschäftsführungsmaßnahmen. Hierzu gehören etwa Beschlüsse über Vorstandsvorlagen nach § 119 Abs. 2 AktG oder Beschlüsse nach § 111 Abs. 4 S. 3 AktG, durch welche eine vom Aufsichtsrat verweigerte Zustimmung ersetzt wird.[747] Anders als bei Satzungsänderungen tritt bei Beschlüssen über Geschäftsführungsmaßnahmen seltener die Gefahr von Beeinträchtigungen der mitgliedschaftlichen Interessen der Gesellschafter auf. Dies hängt mit den Gegenständen dieser Maßnahmen zusammen. Die Geschäftsführung umfaßt alle zur Verfolgung des Gesellschaftszwecks erforderlichen Maßnahmen und Entscheidungen, nicht dagegen die Ausgestaltung der körperschaftsrechtlichen Organisation der Gesellschaft, die Änderung des Gesellschaftsvertrages und die Wahrnehmung der Gesellschafterrechte.[748] Die häufigsten Konflikte zwischen den Interessen der Gesell-

[744] vgl. Lutter EWiR 1991, 850.
[745] BGH ZIP 1995, 819.
[746] dies verkennt Hennrichs AcP 195, 258.
[747] Beckerhoff S. 70; Marsch-Barner ZHR 157, 175.
[748] Hachenburg-Mertens § 37 Rz 4; Baumbach/Hueck-Zöllner § 37 Rz 2.

schafter und der Gesellschaft basieren aber auf der Ausgestaltung der Gesellschaftsverfassung und der Wahrnehmung der Gesellschafterrechte.

Die Tatsache, daß im Bereich der Geschäftsführungsmaßnahmen seltener Interessenkonflikte auftreten als bei Satzungsänderungsbeschlüssen, dürfte der Grund dafür sein, daß positive Stimmpflichten für diesen Bereich bisher nur vereinzelt untersucht wurden. Die Stellungnahmen zur positiven Stimmpflicht konzentrieren sich statt dessen im wesentlichen auf satzungsändernde Beschlüsse, während Stimmpflichten in Geschäftsführungsangelegenheiten bislang kaum eine Rolle gespielt haben.[749] Im Bereich der Rechtsprechung hat sich in jüngerer Zeit das OLG Hamm[750] zur Frage positiver Stimmpflichten bei Geschäftsführungsmaßnahmen geäußert und angenommen, daß die gesellschaftsrechtliche Treuepflicht im Bereich der Geschäftsführungsmaßnahmen ausnahmsweise ein bestimmtes Abstimmungsverhalten des oder der Mehrheitsgesellschafter auch i. S. einer positiven Stimmpflicht gebiete, wenn die vorgeschlagene Maßnahme mit Rücksicht auf das Gesellschaftsverhältnis dringend geboten und den Gesellschaftern unter Berücksichtigung ihrer eigenen, schutzwerten Belange zumutbar sei.[751] Im zu entscheidenden Fall hat das Gericht dann aber das Vorliegen einer positiven Stimmpflicht mangels hinreichend vorgetragener Existenzgefährdung der Gesellschaft im Ergebnis abgelehnt.

I. Die besondere Relevanz des Vorliegens schutzwürdiger Gründe bei Geschäftsführungsmaßnahmen

Das seltenere Auftreten von Beeinträchtigungen der Interessen der Gesellschafter bei Geschäftsführungsmaßnahmen darf indes nicht zum Anlaß genommen werden, von einer uneingeschränkten Zustimmungspflicht der Gesellschafter bei Geschäftsführungsmaßnahmen auszugehen. Zum Teil wird zwar tatsächlich angenommen, daß eine solche uneingeschränkte Zustimmungspflicht bei Geschäftsführungsmaßnahmen bestehe, da Beschlüsse zu Geschäftsführungsmaßnahmen die Gesellschafter nicht belasteten.[752]

Hiergegen spricht aber, daß Geschäftsführungsmaßnahmen zwar häufig, aber eben nicht immer, mit keiner Belastung eines Gesellschafters verbunden sind. Eine zumindest mittelbar belastende Wirkung kann etwa eintreten, wenn die

---

[749] Nonn S. 93.
[750] OLG Hamm GmbHR 1992, 612.
[751] OLG Hamm GmbHR 1992, 612 (613).
[752] Nehls S. 89.

Geschäftsführer den Verkauf von wesentlichen, die Substanz des Unternehmens bildenden Vermögensgegenständen der Gesellschaft vornehmen wollen und sich hierdurch der Wert der Beteiligung an der Gesellschaft verringert. Es ist zumindest sehr zweifelhaft, ob man einen Gesellschafter bei einer solchen, ihn benachteiligenden Geschäftsführungsmaßnahme einer uneingeschränkten Zustimmungspflicht unterwerfen kann.

Vor allem jedoch ist zu berücksichtigen, daß Maßnahmen der Geschäftsführung typische Fälle unternehmerischer Entscheidungen sind, die im Hinblick auf künftige Entwicklungen getroffen werden. Die Entwicklung läuft aber mitunter anders als bei der Entscheidung vorauszusehen war.[753] Geschäftsführungsmaßnahmen erweisen sich damit als Paradefall der Prognoseentscheidung. Dies wiederum macht es in besonderem Maße erforderlich, im Rahmen der Entscheidung über das Vorliegen positiver Stimmpflichten auch über die Interessen der Gesellschaft oder Gesellschafter hinausgehende schutzwerte Gründe zu berücksichtigen und ggf. in eine Abwägung einzustellen. Denn nur so kann dem Prognosecharakter der Entscheidung hinreichend Rechnung getragen werden.[754] Dann aber besteht auch zugleich die Möglichkeit, daß diese schutzwerten Gründe ein etwaiges, dringendes Interesse der Gesellschaft an einer Beschlußfassung überwiegen. Es wäre daher verfehlt, von einer prinzipiell bestehenden Stimmpflicht bei Geschäftsführungsmaßnahmen zu sprechen.

II. Auswirkungen des Evidenzerfordernisses auf die Annahme positiver Stimmpflichten

Die konkreten Auswirkungen dieser Erkenntnis auf das Vorliegen positiver Stimmpflichten sind beachtlich. Selten einmal wird sich der Erfolg einer Geschäftsführungsmaßnahme mit Sicherheit vorhersagen lassen. Im Wirtschaftsleben sind Chance und Risiko meist untrennbar miteinander verknüpft.[755] Noch viel seltener wird sich dann aber ein eindeutiges Überwiegen des mit dem Beschluß verfolgten Interesses gegenüber den hiergegen einwendbaren schutzwerten Gründen in Form von unternehmerischen Zweckmäßigkeitserwägungen feststellen lassen.

Beispielhaft sei hier ein Gesellschafterbeschluß über die Errichtung einer Tochtergesellschaft genannt, die zu dem Zweck gegründet werden soll, ein an-

---

[753] Hefermehl, in: Geßler/Hefermehl/Eckardt/Kropff § 76 Rz 14.
[754] vgl. oben 3. Teil B. III. 3. a) cc).
[755] Hefermehl, in: Geßler/Hefermehl/Eckardt/Kropff § 76 Rz 14.

deres, anscheinend lukratives Unternehmen zu übernehmen. Ob durch diese Maßnahme und die hieran anschließende Unternehmensübernahme tatsächlich die Gewinne der Muttergesellschaft gesteigert werden können, wie dies der Vorstand mit der Maßnahme zum Ziel haben dürfte, unterliegt normalerweise beachtlichen Risiken, die sich als schutzwerte Gründe gegen die Maßnahme einwenden lassen. So kann etwa die Übernahme scheitern, so daß die Kosten für die Gründung der Tochter unnötig waren, das Zielunternehmen kann sich als weniger rentabel erweisen als ursprünglich angenommen oder eine direkte Übernahme des Zielunternehmens durch die Muttergesellschaft stellt sich im Nachhinein als günstiger heraus. Von einem eindeutigen Überwiegen der mit dem Beschluß verfolgten Interessen kann hier also angesichts der Unsicherheit des Erfolgs der Maßnahme nicht die Rede sein. Ebensowenig kommt dann auch eine positive Stimmpflicht in Betracht. Die Zustimmungsverweigerung unter Berufung auf bestehende Risiken ist vielmehr grundsätzlich vom unternehmerischen Ermessen gedeckt; anderes gilt nur, soweit die Wahrscheinlichkeit der Verwirklichung des angestrebten Ziels die des Eintritts voraussehbarer Risiken erheblich überwiegt.[756] Ein solches erhebliches Überwiegen wird aber aus den genannten Gründen nur ausnahmsweise bei Beschlüssen über Geschäftsführungsmaßnahmen vorliegen. Mangels eindeutig überwiegender Interessen an der Beschlußfassung scheidet damit für die meisten Zustimmungsbeschlüsse über Geschäftsführungsmaßnahmen eine positive Stimmpflicht aus.

Anders liegen die Dinge freilich, wenn ein solches eindeutiges Überwiegen zu bejahen ist. Dies kann etwa dort der Fall sein, wo eine Geschäftsführungsmaßnahme zur Erhaltung der Ertragskraft der Gesellschaft dringend erforderlich ist.[757] So kann etwa eine Zustimmungspflicht zu Beschlüssen bestehen, die für die Gesellschaft notwendig sind, um sich von offensichtlich verlustbringenden Geschäftsfeldern zu trennen. Solche Beschlüsse berühren zwar die Interessen der Gesellschafter. Gleichwohl kann hier die Aussicht auf eine langfristige Verbesserung der Gesellschaftserträge ausnahmsweise zu einem eindeutigen Überwiegen des Gesellschaftsinteresses führen, zumal sich die Beeinträchtigung der Gesellschafterinteressen, die durch den Verkauf verlustreicher Geschäftsfelder ausgelöst werden, in Grenzen halten dürften.

Festzuhalten bleibt daher, daß in den meisten Fällen eine positive Stimmpflicht bei der Zustimmung zu Geschäftsführungsmaßnahmen ausscheidet. Eine Zu-

---

[756] Winter S. 174.
[757] vgl. Winter S. 173; Nonn S. 94; OLG Hamm GmbHR 1992, 612 (613).

stimmungspflicht ist aber auch nicht komplett auszuschließen. Sie wird trotz nicht völlig auszuschließender Risiken um so eher zu bejahen sein, je notwendiger die Maßnahme zur Verbesserung der Ertragskraft des von der Gesellschaft betriebenen Unternehmens ist.[758]

C. Positive Stimmpflichten bei sonstigen Beschlüssen

Die Gesellschafterversammlung entscheidet nicht nur über Satzungsänderungsbeschlüsse und über Zustimmungsbeschlüsse zu Geschäftsführungsmaßnahmen. Vielmehr können die Gesellschafter sowohl der AG als auch der GmbH noch über weitere Beschlußgegenstände beschließen. Dies sind dann Beschlüsse in den sogenannten „sonstigen Beschlußangelegenheiten" der Gesellschaft. Welche Beschlüsse in diese Kategorie fallen, läßt sich nicht ohne weiteres sagen. Bei der GmbH gilt grundsätzlich das Prinzip der Allzuständigkeit der Gesellschafterversammlung.[759] Das bedeutet: Die Gesellschafterversammlung kann grundsätzlich jede Gesellschaftsangelegenheit an sich ziehen.[760] Insbesondere ist der Katalog des § 46 GmbHG weitgehend dispositiv.[761] Grenze dieser Allzuständigkeit ist lediglich, daß die Trennung zwischen den Gesellschaftern als Verbandsmitgliedern (Willensbildungsorgan) und der Geschäftsführung (Leitungsorgan) nicht völlig aufgehoben wird.[762] Ansonsten aber kann die Gesellschafterversammlung über die unterschiedlichsten Beschlußgegenstände entscheiden. Entsprechend umfangreich sind auch die möglichen Gegenstände, die der Kategorie der „sonstigen Beschlüsse" unterfallen können. Der Begriff der „sonstigen Beschlüsse" läßt sich damit für die GmbH am ehesten negativ umschreiben. Sonstige Beschlüsse liegen danach immer dann vor, wenn weder Geschäftsführungsmaßnahmen noch Satzungsänderungen betroffen sind.[763]

Komplizierter liegen die Dinge bei der Aktiengesellschaft. Gem. § 119 Abs. 1 AktG beschließt die Hauptversammlung nur in den im Gesetz und in der Satzung ausdrücklich bestimmten Fällen. In anderen als den danach zulässigen Fällen kann die Hauptversammlung nicht beschließen.[764] Die Vorschrift besei-

---

[758] a. A. Winter S. 174, der bereits die Notwendigkeit der Bestandserhaltung genügen läßt. Mangels rechtlich geschütztem Interesse der Gesellschaft an ihrem eigenem Bestand kann dieser Standpunkt aber nicht überzeugen.

[759] Scholz-Schmidt § 46 Rz 1.

[760] Hachenburg-Hüffer § 46 Rz 117.

[761] Scholz-Schmidt § 46 Rz 2.

[762] Scholz-Schmidt § 46 Rz 2; Hachenburg-Hüffer § 46 Rz 4.

[763] vgl. Nonn S. 96.

[764] Kropff § 119 S. 165.

tigt somit die Hauptversammlung als oberstes Gesellschaftsorgan mit grundsätzlicher Allzuständigkeit.[765] An dieser Stelle drängt sich der Gedanke auf, es könne infolge dieser beschränkten Zuständigkeit der Hauptversammlung keine sonstigen Beschlußangelegenheiten bei der AG geben.
In dieser Absolutheit ist ein solcher Schluß indes nicht zutreffend. Betrachtet man den Zuständigkeitenkatalog des § 119 Abs. 1 AktG näher, so lassen sich auch hier die Beschlußgegenstände in Satzungsänderungsmaßnahmen, Geschäftsführungsmaßnahmen und sonstige Beschlüsse unterteilen. Was Satzungsänderungen sind, versteht sich dabei von selbst. Auch in Fragen der Geschäftsführung hat die Hauptversammlung grundsätzlich keine Zuständigkeit.[766] Alle übrigen in § 119 Abs. 1 AktG genannten Beschlüsse unterfallen aber nicht dem Begriff der Geschäftsführungsmaßnahme und der Satzungsänderung, so daß es sich hierbei um sonstige Beschlüsse handelt. Die zur GmbH entwickelte Negativabgrenzung sonstiger Beschlüsse von Satzungsänderungs- und Zustimmungsbeschlüssen zu Geschäftsführungsmaßnahmen kann demnach auch für die AG Geltung beanspruchen. Es sind hier lediglich weniger Fälle denkbar als bei der GmbH.

Trotz der Vielzahl möglicher Gegenstände „sonstiger Beschlüsse“ konzentrieren sich die praktischen Probleme im Zusammenhang mit positiven Stimmpflichten immer wieder auf einige wenige Beschlüsse dieser Kategorie, bei denen sowohl für die Aktiengesellschaft wie auch für die GmbH positive Stimmpflichten diskutiert werden. Namentlich sind dies: Personalentscheidungen, also Beschlüsse über die Bestellung oder Abberufung von Geschäftsführern[767] oder Aufsichtsratsmitgliedern[768] bzw. Sanktionen gegen die Geschäftsführer;[769] desweiteren Gewinnverwendungsbeschlüsse;[770] Beschlüsse über die Auflösung der Gesellschaft, ebenso wie solche über deren Fortführung; Strukturmaßnahmen, wie die Zustimmung zu Unternehmensverträgen[771] und Umwandlungs- und Verschmelzungsbeschlüsse.[772] Schließlich werden positive Stimmpflichten auch für Beschlüsse über die Zustimmung der Gesellschafter-

---

765 vgl. Hüffer AktG § 119 Rz 1.
766 Hüffer AktG § 119 Rz 1.
767 Lutter ZHR 162, 169.
768 Die Sachlage ist hier bei der AG derjenigen der Geschäftsführerbestellung bei der GmbH sehr ähnlich.
769 Scholz-Schmidt § 47 Rz 31; Rowedder-Koppensteiner § 47 Rz 20.
770 BGHZ 88, 320ff; Winter S. 178.
771 Scholz-Priester § 53 Rz 171; Rowedder-Zimmermann § 53 Rz 32.
772 Hachenburg-Hüffer § 47 Rz 194, 175.

versammlung bei vinkulierten Geschäftsanteilen und Namensaktien in Erwägung gezogen.[773]

Bei all diesen Maßnahmen handelt es sich offensichtlich um solche Beschlüsse, für die wegen ihrer Bedeutung für das Schicksal der Gesellschaft in der Praxis recht häufig der Ruf nach positiven Stimmpflichten laut wird. Dies ist Grund genug, zu untersuchen, ob die im Rahmen dieser Arbeit entwickelten abstrakten Leitlinien in diesen Fällen ebenfalls befriedigende praktische Ergebnisse zu liefern vermögen.

I. Pflicht zur Bestellung oder Abberufung von Verwaltungsmitgliedern

Im Bereich der Personalentscheidungen können sowohl die Gesellschafterversammlung der GmbH wie auch die Hauptversammlung der AG - wenn auch in unterschiedlichem Umfang - Einfluß auf die Verwaltung der Gesellschaft nehmen. So entscheidet gem. § 46 Nr. 5, 7 GmbHG die Gesellschafterversammlung über die Bestellung und Abberufung der Geschäftsführer, Prokuristen und sonstigen Handlungsbevollmächtigten. Gleichzeitig sind die Gesellschafter unter Umständen befugt, Sanktionen gegen die Geschäftsführer zu beschließen.[774] Bei der AG haben die Aktionäre zwar nicht so weitgehende Möglichkeiten. Sie bestimmen gem. §§ 103 Abs. 1, 119 Abs. 1 Nr. 1 AktG lediglich über die Bestellung und Abberufung des Aufsichtsrates. Wegen des Rechts des Aufsichtsrates, gem. § 84 Abs. 1 S. 1 AktG den Vorstand zu bestellen, können die Aktionäre aber mittelbar auch über die Besetzung des Vorstandes mitentscheiden. Die Zuständigkeit gem. § 119 Abs. 1 Nr. 1 AktG sichert somit vor allem dem Großaktionär den Einfluß auf die Gesellschaft und ist im Rahmen des praktischen Geschehens in der Gesellschaft die wichtigste.[775]

Erweist sich nun eine Person für das Amt des Geschäftsführers oder Aufsichtsrats als besonders geeignet und befähigt, so drängt sich die Frage auf, ob die Gesellschafter verpflichtet sind, im Interesse der Gesellschaft diese Person zum Geschäftsführer bzw. Aufsichtsrat zu bestellen. Ebenso stellt sich die umgekehrte Frage nach einer Pflicht zur Abberufung oder zumindest Sanktionierung des Verhaltens, wenn ein Geschäftsführer bzw. Aufsichtsrat sich im Laufe seiner Amtszeit als völlig ungeeignet oder sogar gesellschaftsschädigend erweist. In der Literatur wird zum Teil eine Pflicht zur Abberufung von Verwaltungs-

---

[773] Nonn S. 101; Leßmann GmbHR 1985, 186; Winter S. 182.
[774] Scholz-Schmidt § 47 Rz 31.
[775] Zöllner, in: KK § 119 Rz 15.

mitgliedern bzw. zur Sanktionierung von deren Verhalten angenommen, wenn ein wichtiger Grund hierfür vorliegt und wenn gleichzeitig die Existenz des Verbandes oder die Interessen der Mitgesellschafter nachhaltig gefährdet sind.[776]

Im Ansatz ist diese These zutreffend. Personalentscheidungen im oben geschilderten Sinne beeinflussen normalerweise nicht die Interessen der Gesellschafter.[777] Allerdings bereitet die Beurteilung, ob die Abberufung oder Bestellung einer Person im dringenden Interesse der Gesellschaft liegt, Schwierigkeiten. Selten einmal wird sich die Fähigkeit oder Unfähigkeit eines Geschäftsführers oder Aufsichtsrates eindeutig zeigen. Eine treffsichere, objektive Beurteilung der Fähigkeiten einer Person ist damit kaum möglich. Daher wird man auch nur selten sicher sagen können, ob die Entscheidung für oder gegen eine Person im dringenden Interesse der Gesellschaft liegt. Die Grenzen der Objektivierung solcher Fragen machen deutlich, daß es hierbei nur um äußerste Grenzen gehen kann, Fälle also, wo ein unbeteiligter, aber nicht ganz unerfahrener Dritter sagen würde: Also so geht es nun wirklich nicht![778] Positive Stimmpflichten kommen daher nur dort in Betracht, wo die Unfähigkeit oder Ungeeignetheit des Verwaltungsmitgliedes evident ist, d. h., wo ein offensichtliches Überwiegen des Gesellschaftsinteresse besteht. Anders gewendet: Normale menschliche Schwächen und selbst das Urteil „weniger gut“ müssen die Gesellschafter hinnehmen, offensichtliche Unfähigkeit aber nicht.[779] Nur dort, wo die Defizite oder Vorzüge einer Person offensichtlich sind, kann das Gesellschaftsinteresse ausgeprägt genug sein, um mögliche Bedenken der Gesellschafter zu überwiegen und eine positive Stimmpflicht zu begründen.

II. Gewinnverwendungsbeschlüsse

Ein weiterer Bereich, bei dem die Annahme positiver Stimmpflichten in Betracht gezogen werden kann, sind Beschlüsse über die Verwendung des Jahresüberschusses. Gem. § 46 Nr. 1 GmbHG beschließen die Gesellschafter einer GmbH nach der Feststellung des Jahresabschlusses über die Verwendung des Ergebnisses der Gesellschaft. Dabei ermächtigt § 29 GmbHG die Gesell-

[776] Nonn S. 104; Scholz-Schmidt § 47 Rz 31.

[777] Zwar können bei der Abberufung eines geschäftsführenden Gesellschafters durchaus dessen Interessen als Geschäftsführer betroffen sein, jedoch handelt es sich hierbei nicht um mitgliedschaftlich vermittelte. Der Gesellschafter wird vielmehr nur wie ein gesellschaftsfremder Geschäftsführer betroffen.

[778] Lutter ZHR 162, 169.

[779] ähnlich Lutter ZHR 162, 169.

schafter, zu beschließen, ob und inwieweit das Jahresergebnis nicht an die Gesellschafter ausgeschüttet werden soll.[780]
Ähnlich ist die Rechtslage bei der AG. Auch hier kommt der Hauptversammlung gem. §§ 119 Abs. 1 Nr. 2, 174 Abs. 1 AktG das Recht zu, über die Verwendung des Bilanzgewinns zu entscheiden und auch hier kann der Bilanzgewinn ganz ausgeschüttet oder ein Teil davon als Gewinnrücklage eingestellt oder als Gewinn vorgetragen werden.

Der BGH hat 1983 in einer Entscheidung zum GmbH-Recht tatsächlich eine positive Stimmpflicht bei einem Gewinnverwendungsbeschluß angenommen.[781] In jenem Fall bestand freilich eine Besonderheit. Diese Besonderheit lag darin, daß der opponierende Gesellschafter ohne triftigen Grund gegen eine Maßnahme gestimmt hatte, die seine Vermögensinteressen weder unmittelbar noch mittelbar in irgendeiner Weise beeinträchtigen konnte. Vielmehr hatte er die Ablehnung als Druckmittel im Streit um eine Abfindung benutzt.[782] Es lag mithin der überaus seltene Fall vor, daß der Gesellschafter mit der Ablehnung des Gewinnverwendungsbeschlusses keinerlei schutzwürdige Interessen verfolgte.

Normalerweise wird es für die Annahme positiver Stimmpflichten aber bereits an einem dringenden Interesse der Gesellschaft fehlen, einen bestimmten Gewinnverwendungsbeschluß zu fassen. Ein solcher würde voraussetzen, daß nur eine ganz bestimmte Ausschüttungsquote an die Gesellschafter möglich wäre. Ob aber den Gesellschafter 25 % oder 40 % des Jahresüberschusses ausgeschuttet werden, ist regelmäßig eine Frage der unternehmerischen Vernunft und der unternehmerischen Zweckmäßigkeit. Eine ganz bestimmte, im dringenden Interesse der Gesellschaft unbedingt erforderliche Ausschüttungsquote wird sich hier nur selten bestimmen lassen.
Doch selbst wenn dies einmal der Fall sein sollte, so werden sich doch regelmäßig hinreichend schutzwerte Gründe dafür finden lassen, warum eine andere Quote ebenso geeignet ist. Noch viel seltener wird sich dann ein offensichtliches Überwiegen des Gesellschaftsinteresses feststellen lassen. Die Folge ist, daß positive Stimmpflichten für Gewinnverwendungsbeschlüsse kaum einmal in Betracht kommen. Die Entscheidung des BGH von 1983 wird man daher als atypischen Sonderfall zu betrachten haben, der sich nicht zur Verallgemeinerung eignet.

---

[780] Lutter/Hommelhoff § 29 Rz 1.
[781] BGH NJW 1984, 489.
[782] BGH NJW 1984, 489 (491).

III. Auflösungs- und Fortführungsbeschlüsse

Bei Beschlüssen über die Fortführung oder Auflösung der Gesellschaft besteht eine ähnliche Situation wie bei Sanierungsbeschlüssen. In der Regel enthält die Satzung keine Zeitbestimmung über die Dauer der Gesellschaft. Dann ist das Gesellschaftsverhältnis auf unbestimmte Zeit eingegangen.[783] In diesem Fall kann die Gesellschaft durch Beschluß gem. § 60 Abs. 1 Nr. 2 GmbH und § 262 Abs. 1 Nr. 2 AktG aufgelöst werden. Die Gesellschafter müssen dann entscheiden, ob sie die Gesellschaft fortführen oder ihre Beendigung einleiten wollen. Dies kann von einem Teil der Gesellschafter gewünscht, von einem anderen Teil abgelehnt werden. Wie bei Sanierungsbeschlüssen stellt sich dann auch hier die Frage nach einer positiven Stimmpflicht.

Ob eine Pflicht eines Gesellschafters besteht, einem Auflösungs- oder Fortführungsbeschluß zuzustimmen, ist allerdings fraglich. Bereits mehrfach wurde erwähnt, daß positive Stimmpflichten Ausdruck der Förderpflicht der Gesellschafter gegenüber der Gesellschaft sind. Entsprechend kommt eine positive Stimmpflicht nur in Betracht, wenn ein Auflösungs- oder Fortführungsbeschluß der Förderung des Gesellschaftsinteresses dient. Eine Stimmpflicht zu solchen Beschlüssen kann also nur dann angenommen werden, wenn die Auflösung oder der Fortbestand der Gesellschaft in deren wohlverstandenem Interesse liegt. Hier kann aber nur das wiederholt werden, was bereits zur Frage einer Stimmpflicht bei Sanierungsmaßnahmen gesagt wurde: Es gibt kein rechtlich geschütztes Interesse der Korporation selbst, stets und immer am Leben zu bleiben.[784] Auch die Treuepflicht führt nicht zu einer Bestandsgarantie und einem immerwährenden Existenzrecht der Gesellschaft.[785] Soll die Auflösung beschlossen werden, kommt eine Berücksichtigung des Verbandsinteresses für die Beurteilung der Zulässigkeit der Maßnahme daher nicht in Betracht.[786] Hat die Gesellschaft aber kein eigenes Interesse an ihrer Auflösung oder ihrem Fortbestand, so scheidet folgerichtig auch eine positive Stimmpflicht bei entsprechenden Beschlüssen aus. Die Gesellschafter sind also selbst dann nicht zur Fortführung der Gesellschaft verpflichtet, wenn die Gesellschaft floriert und Gewinne abwirft oder wenn die Fortführung den Gesellschaftern zumutbar ist und die Gesellschaft nicht auf eine neue vertragliche Grundlage stellt.[787]

---

[783] Scholz-Schmidt § 60 Rz 9; Hofmann GmbHR 1975, 218.
[784] Lutter ZHR 153, 449; Henrrichs AcP 195, 261.
[785] Lutter EWiR 1991, 850.
[786] Zöllner, in: KK § 243 Rz 193.
[787] a. A. Scholz-Schmidt § 60 Rz 90.

Wenn demgegenüber vertreten wird, die Minderheitsgesellschafter seien verpflichtet, der vorzeitigen Auflösung und Abwicklung der Gesellschaft jedenfalls dann zuzustimmen, wenn eine Gesellschaft nicht mehr lebensfähig sei,[788] so mag dieses Ergebnis vielleicht wünschenswert sein. Mit der Dogmatik der Treuepflicht, die keine Förderpflichten zu Gunsten der Mitgesellschafter vorsieht, ist es aber nicht vereinbar.

IV. Zustimmung zu Gewinnabführungs- und Beherrschungsverträgen

Wegen ihrer enormen Bedeutung für die Gesellschaft können positive Stimmpflichten auch bei Zustimmungsbeschlüssen zu Unternehmensverträgen relevant werden.

Regelungen über Unternehmensverträge enthält das Aktiengesetz in den Vorschriften der §§ 291ff AktG. Es nennt dabei in §§ 291 und 292 AktG erschöpfend sieben Vertragstypen: Beherrschungs-, Gewinnabführungs-, Geschäftsführungs-, Teilgewinnabführungs-, Betriebspacht-, und Betriebsüberlassungsverträge sowie Gewinngemeinschaften.[789] Im GmbH-Recht haben Unternehmensverträge demgegenüber keine detaillierte gesetzliche Regelung gefunden. Aber auch hier kommen Unternehmensverträge vor allem als Gewinnabführungsverträge, zuweilen mit Beherrschungsverträgen verbunden (die allerdings wegen der Bindung der Geschäftsführer an die Weisungskompetenz der Gesellschafterversammlung im GmbH-Recht keine besondere Bedeutung erlangen) vor.[790] Diese beiden Vertragstypen sind diejenigen, die praktisch am häufigsten auftreten, so daß hier nur diese beiden Vertragstypen auf eine Zustimmungspflicht hin untersucht werden sollen.

Regelmäßig werden Gewinnabführungs- und Beherrschungsverträge zu einem Organschaftsvertrag zusammengeschlossen.[791] Beide Vertragstypen haben einschneidende Auswirkungen auf die Mitgliedschaft sowohl der Gesellschafter der abhängigen wie der herrschenden Gesellschaft. Im Falle eines kombinierten Gewinnabführungs- und Beherrschungsvertrages begeben sich die Gesellschafter der abhängigen Gesellschaft nicht nur ihres Einflusses auf die Geschäftsführung - beim Beherrschungsvertrag hat die Leitungsspitze des abhängigen Unternehmens das Unternehmen nach dem Willen des herrschenden Unternehmens zu leiten, also so, wie es von diesem angewiesen, verlangt oder ge-

[788] Henze ZHR 162, 196.
[789] Henn § 12 Rz 327.
[790] Rowedder-Zimmermann § 53 Rz 32.
[791] Schmidt GesR § 31 III 1 a) (S. 953).

wünscht wird[792] -, sondern auch ihres Gewinnbezugsrechts. Auf seiten der herrschenden Gesellschaft führt der Abschluß eines Gewinnabführungs- und Beherrschungsvertrages gem. § 302 AktG, der analog auch im Recht der GmbH gilt,[793] zu einer Verlustübernahmepflicht des durch die Verträge herrschend gewordenen Unternehmens. Die Gesellschafter des herrschenden Unternehmens müssen also unter Umständen mit einer Schmälerung ihres Gewinnanspruchs infolge eines Verlustausgleichs für das abhängige Unternehmen rechnen. Wegen dieser erheblichen Bedeutung für die Mitgliedschaft der Gesellschafter macht § 293 AktG die Wirksamkeit des Unternehmensvertrages von der Zustimmung der Hauptversammlungen von Mutter- und Tochtergesellschaft abhängig. Entsprechendes gilt im GmbH-Recht.[794] Andererseits bieten Unternehmensverträge durch die Konzernierungsmöglichkeit bedeutende betriebswirtschaftliche und steuerliche Vorteile. So können durch die Bildung einer steuerlichen Organschaft Gewinne und Verluste der beteiligten Gesellschaften verrechnet und hierdurch Körperschaftssteuern gespart werden. Auch kann durch die Begründung eines Beherrschungsvertrages der Umfang der Verwaltung des abhängigen Unternehmens reduziert werden, wodurch sich Kosten einsparen lassen. Sowohl das abhängige wie das herrschende Unternehmen kann also ein starkes Interesse an der Wirksamkeit eines Unternehmensvertrages haben. Wegen dieses Interesses der Gesellschaft bekommen positive Stimmpflichten bei Unternehmensverträgen daher eine besondere Brisanz.

In der Literatur zum Aktienrecht wird die Problematik um positive Stimmpflichten bei Unternehmensverträgen - soweit ersichtlich - bisher allerdings nicht erörtert. Anders sieht es freilich im GmbH-Recht aus. Hier hat man das Problem erkannt und diskutiert die Möglichkeit positiver Stimmpflichten bei Zustimmungsbeschlüssen zu Unternehmensverträgen kontrovers.[795] Ansatzpunkt der Diskussion ist hier die Frage, ob für eine Zustimmung zu einem Unternehmensvertrag im GmbH-Recht eine einstimmige Beschlußfassung erforderlich ist oder eine ¾-Mehrheit ausreicht. Soweit vom Erfordernis einer einstimmigen Beschlußfassung ausgegangen wird,[796] wird gleichzeitig als Aus-

---

[792] Huber ZHR 152, 21.

[793] Scholz-Emmerich Anh. Konz. Rz 211.

[794] Scholz-Emmerich Anh. Konz. Rz 150, 160.

[795] gegen eine Stimmpflicht etwa Rowedder-Zimmerman § 53 Rz 32; zurückhaltend auch Hachenburg-Ulmer § 53 Rz 146; dafür Scholz-Priester § 53 Rz 171.

[796] Ebenroth/A. Müller BB 1991, 359; Scholz-Emmerich Anh. Konz Rz 155; Baumbach/Hueck-Zöllner GmbH Konz. Rz 39; Emmerich Jus 1992, 103; Kleindiek ZIP 1988,

gleich die Annahme einer positiven Stimmpflicht befürwortet, um das Einstimmigkeitserfordernis in seiner Wirkung abzumildern.[797] Die Gegenansicht[798] läßt demgegenüber eine Dreiviertelmehrheit für Beschlüsse gem. § 293 AktG genügen. Hierzu beruft sie sich auf die Rechtsprechung des BGH,[799] der den Abschluß eines Unternehmensvertrages einer Satzungsänderung gleichgestellt habe.

Die Auseinandersetzung mit diesem Streitpunkt ist reizvoll. Allerdings ist sie an dieser Stelle schlicht überflüssig, wenn unabhängig von dieser Frage sowohl beim Erfordernis einer ¾-Mehrheit als auch bei einer einstimmigen Beschlußfassung positive Stimmpflichten bei Beschlüssen über Unternehmensverträge generell nicht zulässig sind.

Erste Voraussetzung einer positiven Stimmpflicht ist, daß ein Unternehmensvertrag bzw. die Zustimmung zu einem solchen Vertrag im Interesse der Gesellschaft dringend erforderlich ist. Die Bejahung eines entsprechenden Bedürfnisses fällt aber schwer. Lediglich betriebswirtschaftliche oder steuerliche Optimierungsmöglichkeiten rechtfertigen normalerweise keinen Verzicht auf die Abstimmungsfreiheit der Gesellschafter. Andernfalls könnte jegliche Vorteilhaftigkeit einer Maßnahme der Gesellschaft zur Annahme einer positiven Stimmpflicht führen. Ein Ergebnis, das dem Ausnahmecharakter positiver Stimmpflichten nicht gerecht wird. Immerhin läßt sich aber ein dringendes Bedürfnis für die abhängige Gesellschaft im Hinblick auf die Verlusttragungspflicht des herrschenden Unternehmens gem. § 302 AktG bejahen, wenn das abhängige Unternehmen in finanziellen Schwierigkeiten steckt.

Doch selbst dann erfordert eine positive Stimmpflicht immer noch, daß durch einen Zustimmungsbeschluß nicht in den Kernbereich der Mitgliedschaft eingegriffen wird.[800] Ein solcher Eingriff in den Kernbereich der Mitgliedschaft ist aber bei Beherrschungs- und Gewinnabführungsverträgen für die abhängige Gesellschaft immer zu bejahen. Zwar werden durch den Beherrschungsvertrag die Kompetenzen der Hauptversammlung und des Aufsichtsrats der Unterge-

---

616; Schilling ZHR 140, 535f; Timm GmbHR 1989, 14; Schilling FS Hefermehl S. 391; Zöllner ZGR 1992, 174.

[797] Scholz-Priester § 53 Rz 171.

[798] Heckschen DB 1989, 29f; Rowedder-Koppensteiner Anh. nach § 52 Rz 47; Lutter/Hommelhoff Anh § 13 Rz 64; Richter/Stengel DB 1993, 1861; Lutter ZGR Sonderheft 6, 196f; Grauer S. 168ff, Kort S. 111.

[799] vgl. etwa BGH DB 1988, 2623 (2624); BGHZ 103, 1 (4).

[800] Siehe oben 3. Teil B. III. 3. e).

sellschaft grundsätzlich nicht betroffen,[801] da die Gesellschaft nur ihre Leitung der herrschenden Gesellschaft unterstellt. Gleichwohl haben die Gesellschafter auf die Geschäftsführung und damit auf das Schicksal ihrer Gesellschaft und ihres Investments keinen nennenswerten Einfluß mehr. Durch den Gewinnabführungsvertrag verlieren sie außerdem ihr Gewinnbezugsrecht. Das Gewinnbezugsrecht aber ist einer der wichtigsten Bestandteile der Mitgliedschaft in der Gesellschaft, wie sich bereits aus § 29 Abs. 1 GmbHG und § 58 Abs. 4 AktG ergibt.[802] Stellt damit aber der Abschluß eines Gewinnabführungs- und Beherrschungsvertrages für die Gesellschafter der abhängigen Gesellschaft einen Eingriff in den Kernbereich der Mitgliedschaft dar, so scheidet eine Zustimmungspflicht zu einer solchen Maßnahme auf seiten der abhängigen Gesellschaft aus.

Weniger einschneidend sind demgegenüber die Folgen für die Mitgliedschaft der Gesellschafter der herrschenden Gesellschaft. Mit dem Abschluß eines Gewinnabführungs- und Beherrschungsvertrages unterliegt die herrschende Gesellschaft zwar der Verlustübernahmepflicht des § 302 AktG. Auf die Mitgliedschaft der Gesellschafter der herrschenden Gesellschaft hat dies allerdings keinerlei rechtliche Auswirkungen, da zur Verlustübernahme die Gesellschaft als juristische Person, nicht aber die Gesellschafter verpflichtet sind. Indes wird sich bei der herrschenden Gesellschaft nur selten ein so dringendes Bedürfnis finden lassen, das es rechtfertigt, eine Zustimmungspflicht zu einem Unternehmensvertrag anzunehmen. Bei einem Unternehmen, das die Möglichkeit hat, ein anderes Unternehmen von sich abhängig zu machen, ist es kaum denkbar, daß für dieses Unternehmen auch eine entsprechende dringende Notwendigkeit besteht, diese Möglichkeit wahrzunehmen.

Festzuhalten bleibt daher, daß die Gesellschafter eines abhängigen Unternehmens nie verpflichtet sind, ihre Zustimmung zu einem Gewinnabführungs- und Beherrschungsvertrag abzugeben, während dies bei der herrschenden Gesellschaft zwar möglich ist aber doch nur selten vorkommen wird.

V. Zustimmung bei Strukturmaßnahmen

Für die Gesellschaft noch bedeutender als Zustimmungsbeschlüsse zu Unternehmensverträgen sind Beschlüsse über Strukturmaßnahmen der Gesellschaft.

---

[801] Hüffer AktG § 291 Rz 10.

[802] Für Anlageaktionäre ist neben der Hoffnung auf Kurssteigerungen die Dividende oft das einzige Interesse, das sie an ihrer Mitgliedschaft haben.

Hierunter sind die in § 1 UmwG geregelten Möglichkeiten der Verschmelzung, der Spaltung, der Vermögensübertragung sowie des Formwechsels zu verstehen.

1. Bedeutung von Strukturmaßnahmen für die Gesellschaft

Die Bedeutung von Umstrukturierungen für eine Gesellschaft zeigt sich am deutlichsten, betrachtet man die Gründe, derentwegen Unternehmen umgewandelt werden. Wichtige Umwandlungsmotive sind etwa die kaufmännischen Vorteile einer bestimmten Rechtsform, z. B. hinsichtlich der Kapitalbeschaffung oder der Sanierung.[803] Bei den Umwandlungsmotiven kann es sich auch um Vorteile der internen oder externen Organisation handeln etwa durch die Bildung oder Beseitigung von Holdingstrukturen.[804] Mitunter kann ein Wechsel der Rechtsform empfehlenswert sein, wenn die geänderte Rechtsform den individuellen Bedürfnissen des Unternehmens besser entspricht als seine bisherige Rechtsform.[805] Nicht zuletzt spielen für die Wahl einer Rechtsform infolge der unterschiedlichen Besteuerung von Kapital- und Personengesellschaften schließlich steuerliche Aspekte eine große Rolle. Die Umwandlung bietet damit aus unternehmensstrategischer Sicht eine Fülle von Vorteilen, was ihre enorme Wichtigkeit für ein Unternehmen erklärt.

Nicht minder bedeutsam sind indes ihre Wirkungen auf die Gesellschaft. Durch eine Umwandlung werden die Grundlagen der Gesellschaft nachhaltig geändert. Bei der übertragenden Umwandlung wird sogar die übertragende Gesellschaft ganz aufgelöst und ihr Vermögen auf ein anderes Rechtssubjekt übertragen.[806] Die Umwandlung ist damit in ihrer rechtlichen Wirkung bestenfalls noch mit den Satzungsänderungen vergleichbar. Entsprechend häufig wird ihr auch satzungsändernder Charakter zugesprochen, wobei allerdings weitgehend die Sondervorschriften des UmwG zur Anwendung kommen.[807] Für diesen Befund spricht auch, daß das UmwG für Umwandlungsmaßnahmen grundsätzlich Beschlüsse der Gesellschafterversammlung vorsieht, die mindestens mit einer ¾-Mehrheit,[808] zum Teil auch einstimmig[809] gefaßt werden müssen und daher ähnlich hohe Anforderungen an die Beschlußfassung stellen, wie Satzungsände-

---

803 Schmidt GesR § 12 I 3a) (S. 344).
804 Schmidt GesR § 12 I 3a) (S. 345).
805 Werner/Kindermann ZGR 1981,19.
806 Werner/Kindermann ZGR 1981, 31.
807 Baumbach/Hueck-Zöllner 53 Rz 21; Hüffer AktG § 179 Rz 37.
808 bei Kapitalgesellschaften vgl. §§ 50 Abs. 1; 65 Abs. 1; 240 Abs. 1 UmwG.
809 bei Personenhandelsgesellschaften vgl. §§ 43 Abs. 1; 217 Abs. 1 UmwG.

rungen. Die Ähnlichkeit von Satzungsänderungsmaßnahmen und strukturändernden Beschlüssen legt allerdings zugleich die Vermutung nahe, daß bei beiden Beschlußarten relativ ähnliche Problemlagen im Zusammenhang mit der Annahme positiver Stimmpflichten auftauchen. Und tatsächlich bestehen auch bei Strukturmaßnahmen aufgrund der Mehrheitserfordernisse die gleichen Obstruktionsmöglichkeiten wie bei Satzungsänderungsbeschlüssen. Umgekehrt können Strukturmaßnahmen aber auch in gleichem Maße die Mitgliedschaftsrechte der Gesellschafter beeinträchtigen wie Satzungsänderungen. So birgt etwa eine Verschmelzung die Gefahr, daß der Wert der Beteiligung der Minderheit abhängig vom Umtauschverhältnis der Aktien verwässert wird oder daß die Verschmelzung ein relatives Absinken der Gewinn- und Liquidationsanteile zur Folge hat.[810] Positive Stimmpflichten können daher bei strukturändernden Beschlüssen nur mit der gleichen Vorsicht angenommen werden, wie bei Satzungsänderungen.

2. Bedingungen für eine positive Stimmpflicht

In der Literatur werden diese Aspekte im Gegensatz zu Satzungsänderungsbeschlüssen allerdings bisher kaum erörtert. Zustimmungspflichten werden vielmehr - wenn überhaupt zu dieser Frage Stellung genommen wird - nur im Ergebnis bejaht.[811] Dem mag man zustimmen wollen oder nicht. Eine methodisch geleitete Begründung kann dies nicht ersetzen. Ausgangspunkt einer solchen Begründung ist wiederum die Frage, ob und ggf. welche Interessen durch eine Strukturmaßnahme berührt sind, insbesondere, ob die Gesellschaft ein dringendes Interesse an einer zustimmenden Beschlußfassung über eine Strukturmaßnahme hat. Daneben ist zu berücksichtigen, welche schutzwerten Gründe gegen die Maßnahme von den Gesellschaftern ins Feld geführt werden können.

Beginnen wir mit dem erforderlichen dringenden Interesse der Gesellschaft. Umwandlungsvorgänge sind sehr oft unternehmensstrategische Maßnahmen von großer kaufmännischer Tragweite,[812] die die wirtschaftliche Situation der Gesellschaft nachhaltig verbessern können. Die Möglichkeiten erleichterter Kapitalbeschaffung und einer kostengünstigen Unternehmensstruktur wurden bereits erwähnt. Darüber hinaus kann etwa die Rechtsform der Aktiengesellschaft im Gegensatz zur GmbH ganz neue Expansionsmöglichkeiten schaffen,

---

[810] Ross S. 111.

[811] Vossius, in: Widmann/Mayer § 43 Rz 65ff; Zimmermann, in: Kallmeyer § 13 Rz 31; ders. § 193 Rz 24.

[812] Schmidt GesR § 12 III 2a) (S. 360).

indem die Übernahme einer anderen Gesellschaft durch den Tausch von Aktien möglich wird. Im Einzeln sind eine Vielzahl von Gründen für eine Umwandlung denkbar. Je nach Verfassung und Zukunftsperspektiven einer Gesellschaft können diese Gründe ohne weiteres ein dringendes Interesse der Gesellschaft an einer Umwandlung begründen.

Andererseits kann sich durch eine Strukturänderung die Mitgliedschaft qualitativ verändern.[813] Auch ist es für einen Gesellschafter von großem Interesse, ob er an einer Personen- oder Kapitalgesellschaft beteiligt ist, weil die Mitbestimmungs- und Minderheitenrechte sich teilweise erheblich unterscheiden.[814] Strukturänderungen führen daher regelmäßig auch zu empfindlichen Interessenbeeinträchtigungen der Gesellschafter. Darüber hinaus lassen sich wegen der Vielzahl der mit einer Umwandlung verbundenen unternehmerischen Chancen auch normalerweise ebensoviele schutzwerte Gründe gegen eine Umwandlung finden. Die Frage nach positiven Stimmpflichten bei Strukturmaßnahmen wird sich daher in der Regel nur im Wege einer Abwägungsentscheidung beantworten lassen. Wann ein Überwiegen des Gesellschaftsinteresses offensichtlich und damit eine positive Stimmpflicht evident ist, hängt dabei noch stärker als bei Satzungsänderungsbeschlüssen von der jeweiligen Strukturmaßnahme ab.

Darüber hinaus spielt es eine wichtige Rolle, ob der Zustimmungsbeschluß in der übertragenden oder in der übernehmenden Gesellschaft gefaßt werden soll. Bei einer Verschmelzung wird man etwa von einem Überwiegen des Gesellschaftsinteresses gegenüber den Interessen der Gesellschafter auf seiten der übertragenden Gesellschaft auszugehen haben, wenn offensichtlich die wirtschaftliche Lage der Überträgerin in ihrer bisherigen Rechtsform unhaltbar geworden ist und bei objektiver, wirtschaftlich vernünftiger Beurteilung die Notwendigkeit besteht, eine Verschmelzung vorzunehmen, weil die Gefahr besteht, daß bei einer Auflösung oder bei einer Insolvenz Werte mutwillig zerschlagen würden.[815] Eine solche Extremsituation wird aber nur sehr selten vorkommen.

Demgegenüber kommt auf Seiten der übernehmenden Gesellschaft eine positive Stimmpflicht eher in Betracht. Durch eine Umwandlung werden die Interessen der Gesellschafter einer übernehmenden Kapitalgesellschaft ungleich we-

---

[813] Limmer, in: Neye/Limmer/Frenz/Harnacke Rz 396.
[814] Limmer, in: Neye/Limmer/Frenz/Harnacke Rz 392.
[815] vgl. Vossius, in: Widmann/Mayer § 43 Rz 71.

niger berührt. Die Aufnahme einer anderen Gesellschaft tangiert die Mitgliedschaft in der übernehmenden Gesellschaft nicht, wenn sichergestellt ist, daß der Einfluß der Gesellschafter entsprechend ihrer ursprünglichen Beteiligungsquote in der Gesellschaft erhalten bleibt und der Bestand ihrer Einlage nicht gefährdet wird. Dann bleibt den Gesellschaftern lediglich die Berufung auf schutzwerte Gründe gegen den Beschluß, um eine positive Stimmpflicht abzuwenden. Indes sind solche schutzwerten Gründe in einer Abwägung regelmäßig leichter überwindbar als Interessenbeeinträchtigungen.

Insgesamt bleibt festzuhalten, daß positive Stimmpflichten auch bei Beschlüssen über Strukturmaßnahmen denkbar sind. Ihre starken Auswirkungen auf die Mitgliedschaft der Gesellschafter führen jedoch dazu, daß sie ähnlich selten wie bei Satzungsänderungsbeschlüssen sind, wobei sie bei einer übernehmenden Gesellschaft eher auftreten können als bei einer übertragenden Gesellschaft.

VI. Zustimmung bei der Übertragung vinkulierter Geschäftsanteile

Eine letzte Fallgruppe, bei der positive Stimmpflichten diskutiert werden, sind Zustimmungspflichten bei der Übertragung von Geschäftsanteilen oder Namensaktien. Gem. § 68 Abs. 2 S. 1 AktG kann die Satzung die Übertragung von Namensaktien an die Zustimmung der Gesellschaft binden. Gewöhnlich wird diese Zustimmung durch den Vorstand erteilt, jedoch kann gem. § 68 Abs. 2 S. 3 AktG diese Befugnis auf die Hauptversammlung übertragen werden. Ebenso besteht bei der GmbH gem. § 15 Abs. 5 GmbHG die Möglichkeit, die Übertragung eines Geschäftsanteils an die Genehmigung der Gesellschaft zu binden. Hier wird die Genehmigung dann von den Geschäftsführern erteilt,[816] kann aber auch aufgrund der Satzung von einem Beschluß der Gesellschafterversammlung abhängig gemacht werden.[817]

Mit der Vinkulierung von Geschäftsanteilen und Namensaktien verfolgen die Gesellschafter unterschiedlichste Zwecke. Häufig werden Vinkulierungsklauseln eingeführt, um die Gesellschaft vor Überfremdung (etwa durch den Aufkauf der Anteile durch Wettbewerber, ausländische Investoren oder Familienfremde) zu schützen. Weitere wichtige Motive sind die Aufrechterhaltung der

---

[816] h. M. BGHZ 14, 25 (31); Baumbach/Hueck-Hueck/Fastrich § 15 Rz 41; Hachenburg/Zutt § 15 Rz 107; Lutter/Hommelhoff § 15 Rz 27; Rowedder-Rowedder/Bergmann § 15 Rz 176; a. A. Meyer-Landrut/Miller/Niehus § 15 Rz 14.

[817] Rowedder-Rowedder/Bergmann § 15 Rz 177; Scholz-Winter § 15 Rz 91; Baumbach/Hueck-Hueck/Fastrich § 15 Rz 42.

bisherigen Beteiligungsverhältnisse[818] oder die Kontrolle des Gesellschafterkreises bei Gesellschaften mit freiberuflicher Tätigkeit.[819] Die Vinkulierung bietet damit den Gesellschaftern in der Gesellschaft einen erheblichen Schutz vor äußeren Einflüssen. Dieser Schutz wirkt sich bei einem veräußerungswilligen Gesellschafter aber als Hindernis aus, da er zu einer Erschwerung der Realisierbarkeit des in dem Geschäftsanteil verkörperten Vermögenswertes führt.

Hier stellt sich nun wiederum die Frage nach positiven Stimmpflichten. Können die Gesellschafter verpflichtet sein, ihre Zustimmung zur Übertragung eines Geschäftsanteils abzugeben oder muß ihnen gerade in diesem Bereich völlige freie Hand bei der Abstimmung bleiben?
Zunächst einmal haben die Gesellschafter ihr Abstimmungsverhalten an eventuell in der Satzung festgelegten Zustimmungsverweigerungsgründen zu orientieren. Für positive Stimmpflichten ist dann unter Umständen gar kein Raum mehr. Schweigt die Satzung jedoch über Ablehnungsgründe, so steht die Entscheidung grundsätzlich im pflichtgemäßen Ermessen der Gesellschafter.[820] Die Ausübung dieses Ermessens muß sich in erster Linie am Wohl der Gesellschaft und dem Zweck der Übertragungsbeschränkungen orientieren, darf dabei aber auch nicht die berechtigten Interessen des betroffenen Gesellschafters außer acht lassen.[821] Insbesondere muß die Ermessensausübung auch der Treuepflicht entsprechen.[822] Damit scheint kraft der Treuepflicht der Weg für positive Stimmpflichten frei.

Allerdings wird gerade bei Zustimmungsbeschlüssen zu Geschäftsanteilsübertragungen die Unterscheidung zwischen der rechtsbegrenzenden und der pflichtbegründenden Wirkung der Treuepflicht relevant. Eine positive Stimmpflicht bei Zustimmungsbeschlüssen kommt nur dann in Betracht, wenn der Zustimmungsbeschluß im Interesse der Gesellschaft dringend geboten ist. Mit anderen Worten, die Übertragung eines Geschäftsanteils oder genauer die Aufnahme eines Gesellschafters muß im dringenden Interesse der Gesellschaft geboten sein. Ein solches dringendes Interesse an der Aufnahme eines Gesell-

818 Hüffer AktG § 68 Rz 10.
819 vgl. Rowedder-Rowedder/Bergmann § 15 Rz 163.
820 Leßmann GmbHR 1985, 186; Hüffer AktG § 68 Rz 15; Scholz-Winter § 15 Rz 94, Meyer-Landrut/Miller/Niehus § 15 Rz 15; Lutter ZHR 153, 467.
821 BGH ZIP 1987, 291 (292); OLG Koblenz GmbHR 1990, 39 (41); LG Aachen WM 1992, 1485 (1492); Nonn S. 101.
822 Reichert S. 224ff; Hachenburg-Zutt § 15 Rz 116.

schafters kann etwa dann gegeben sein, wenn nur der Erwerber die mit der Vinkulierungsklausel verfolgten Zwecke erfüllt und die Gesellschaft ohne den Anteilserwerber in eine existenzgefährdende Situation geriete. Eine solche Konzentration auf ausgerechnet einen Erwerber dürfte aber eher selten sein. Denkbar ist dies vielleicht bei Familiengesellschaften, wo nur noch ein Familienmitglied existiert, das die Bedingungen der Vinkulierungsklausel erfüllt. Doch selbst wenn ausnahmsweise einmal ein solcher Fall vorliegen sollte, so kommt eine positive Stimmpflicht dennoch nur in Betracht, wenn die Gesellschafter keine eindeutig überwiegenden schutzwürdigen Gründe oder Interessen gegen die Aufnahme des Erwerbers geltend machen können. Solch ein schutzwürdiger Grund kann etwa der Verweis auf einen anderen, ebenso geeigneten Erwerber oder die Möglichkeit einer Anteilsübertragung auf die bisherigen Gesellschaftern sein. Darüber hinaus kommen das Interesse der Mitgesellschafter am Schutz vor Überfremdung oder dem Eindringen von Konkurrenten sowie die Abwehr von Abhängigkeiten und der Verteidigung der unternehmerischen Selbständigkeit als zulässige Einwände in Betracht.[823] Insgesamt sind die Anforderungen an eine positive Stimmpflicht bei Zustimmungsbeschlüssen zur Übertragung vinkulierter Geschäftsanteile allerdings sehr hoch und werden kaum einmal gegeben sein.

---

[823] Nonn S. 102.

5. Teil: Rechtsfolgen bei Verstößen gegen positive Stimmpflichten

Wurde bisher untersucht, ob und inwieweit der einzelne Gesellschafter bei der Ausübung seines Stimmrechts positive Stimmpflichten zu beachten hat, so beschäftigt sich der letzte Teil dieser Arbeit mit den Rechtsfolgen eines Verstoßes gegen solche Stimmpflichten. Dabei sind drei Problemkreise zu untersuchen.

Erstens ist zu klären, ob die pflichtwidrige Stimmabgabe den Beschluß als solchen berührt. Zwar wird auch im Falle einer Ablehnung nach h. M. ein (ablehnender) Beschluß gefaßt.[824] Ein solcher Beschluß könnte aber nichtig oder anfechtbar sein, wenn er mittels treuepflichtwidriger Nein-Stimmen abgelehnt wurde. Ebenso ist es auch denkbar, daß die treuepflichtwidrig gegen einen Beschluß abgegebenen Stimmen als in Wahrheit für den Beschluß abgegeben unterstellt werden können, was zur Folge hätte, daß der Beschluß doch als angenommen gelten würde. Daneben ist zu überlegen, ob die treuwidrig ablehnende Stimme als nichtig oder als auszählungsunerheblich gewertet werden kann, wodurch man ebenfalls zu Annahme des Beschlusses käme.
Zweitens stellt sich nach der Klärung des Schicksals des ablehnenden Beschlusses die Frage, wie eine positive Stimmpflicht prozessual durchsetzbar ist. Nimmt man etwa an, daß ein Beschluß, der unter Verstoß gegen eine positive Stimmpflicht gefaßt worden ist, der Anfechtbarkeit unterliegt, so könnte man überlegen, ob positive Stimmpflichten im Wege einer Anfechtungsklage oder einer positiven Beschlußfeststellungsklage durchgesetzt werden müssen. Ebensogut ist aber auch denkbar, daß eine positive Stimmpflicht im Wege einer Leistungsklage geltend gemacht werden muß, indem die pflichtwidrig verweigerte Stimme durch ein stattgebendes Urteil gem. § 894 ZPO ersetzt wird.
Drittens schließlich ist zu klären, inwieweit ein Verstoß gegen positive Stimmpflichten zu Schadensersatzpflichten für den abstimmenden Gesellschafter führen kann. Diese Folge wird vor allem dann relevant, wenn eine anderweitige Durchsetzung positiver Stimmpflichten nicht mehr möglich ist.

A. Den Beschluß bzw. die Stimmrechtsausübung betreffende Rechtsfolgen

Zunächst soll jedoch die Frage untersucht werden, wie sich ein Verstoß gegen eine positive Stimmpflicht auf den Beschluß bzw. die Stimmrechtsausübung als solche auswirkt. Dieses Vorgehen bietet sich deshalb an, weil nichtige Be-

---

[824] BGHZ 88, 320 (328); BGHZ 97, 28 (30); Baumbach/Hueck-Zöllner § 47 Rz 2; Hachenburg-Hüffer § 47 Rz 35; Rowedder-Koppensteiner § 47 Rz 5; Scholz-Schmidt § 45 Rz 31 und Rz 179.

schlüsse ipso iure rechtsungültig sind[825] und sich auf die Nichtigkeit eines Beschlusses jedermann in beliebiger Weise berufen kann.[826] Die Nichtigkeit eines Beschlusses bedarf weder einer besonderen Erklärung noch muß sie durch Klage geltend gemacht werden, wenngleich dies zulässig ist.[827] Würde also ein treuwidrig abgelehnter Beschluß aus welchen Gründen auch immer keine Rechtswirkungen entfalten, so wäre auch eine entsprechende Nichtigsklage nicht erforderlich. Der treuwidrige Stimmpflichtverstoß könnte auf relativ einfachem Wege geltend gemacht werden. Gleiches gilt, wenn die treuwidrig unterlassenen Stimmen bei der Abstimmung ohne weiteres als in Wahrheit für den Beschluß abgegeben unterstellt werden könnten. Auch hier wäre eine gesonderte Klage entbehrlich, da der Beschluß dann bereits nach der Auszählung der Stimmen trotz treuewidriger Ablehnung als angenommen fingiert werden könnte.

I. Zustimmungsfiktion

Entwickeln ließe sich eine solche Zustimmungsfiktion auf dem Boden der zum Personengesellschaftsrecht ergangenen Rechtsprechung des BGH, wonach eine Pflicht des Personengesellschafters zur Mitwirkung an Geschäftsführungsmaßnahmen bestehe, wenn ein Gesellschafter an der Umsetzung einer Maßnahme ein berechtigtes Interesse hat und die anderen Gesellschafter die Umsetzung dieser Maßnahme aus gesellschaftswidrigen Gründen verweigern.[828] Versäume ein Mitglied entgegen seiner Förderpflicht eine bestimmte Mitwirkung, etwa die individuelle Zustimmung zu einer Geschäftsführungsmaßnahme des Verbandes, so könne diese Zustimmung als gegeben unterstellt werden.[829] Diese für die Zustimmung zu Geschäftsführungsmaßnahmen entwickelte Argumentation läßt sich auch auf Gesellschafterbeschlüsse übertragen. Man könnte argumentieren: Wenn es bei einem Gesellschafterbeschluß für das Zustandekommen des Beschlusses auf die Zustimmung eines Gesellschafters ankomme, dann könnte die Verweigerung der Zustimmung dieses Gesellschafters ebenso eine Verletzung der Förderpflicht darstellen, wie bei einer verweigerten Mitwirkung an einer Geschäftsführungsmaßnahme. Ähnlich hat auch der BGH in mehreren Entscheidungen zum Personengesellschaftsrecht geurteilt, daß ein Gesellschafter, der entgegen seiner Treuepflicht einem Gesellschafterbeschluß

---

[825] Schmidt GesR § 15 II 1 b bb) (S. 448).
[826] Hüffer AktG § 241 Rz 4; Baumbach/Hueck-Zöllner Anh § 47 Rz 32; Krohenke, S. 87
[827] Hüffer, in: MüKo z. AktG § 241 Rz 14.
[828] BGHZ 39, 14 (17ff).
[829] Lutter AcP 180, 119.

nicht zustimmt, sich so behandeln lassen müsse, als ob er dem Beschluß zugestimmt hätte.[830] Zwar müßten die Gesellschafter einen pflichtwidrig abstimmenden Gesellschafter im allgemeinen auf Zustimmung verklagen. In Fällen, in denen es um die Erhaltung der Funktionsfähigkeit der Gesellschaft gehe, gelte jedoch etwas anderes. Dieses Interesse an der Funktionsfähigkeit der Gesellschaft nötige in Fällen einer Zustimmungspflicht zur Aufgabe des Grundsatzes, daß der Gesellschafterbeschluß erst mit der Rechtskraft eines der Zustimmungsklage stattgebenden Urteils als wirksam zu erachten sei und führe dazu, die nicht oder pflichtwidrig abgegebenen Stimmen so zu behandeln, als ob sie entsprechend der Verpflichtung abgegeben worden wäre.[831]

Gegen eine solche Zustimmungsfiktion sprechen allerdings Bedenken. Zum einen führt eine Zustimmungsfiktion zu kaum zu bewältigenden praktischen Schwierigkeiten. Bereits früher[832] wurde erwähnt, daß der Versammlungsleiter während der Hauptversammlung einer AG feststellen muß, ob ein Beschluß angenommen oder abgelehnt ist. Geht man nun von einer Zustimmungsfiktion aus, so müßte der Versammlungsleiter noch in der Hauptversammlung ein Urteil darüber fällen, welche Stimmen treuwidrig und welche treugemäß verweigert wurden. Nur so kann er überhaupt das Ergebnis der Abstimmung feststellen und darüber entscheiden, ob der Beschluß angenommen oder abgelehnt wurde. Ein sicheres Urteil über die Frage, ob eine ablehnende Stimmrechtsausübung treuwidrig oder treugemäß ist, wird der Versammlungsleiter wegen der damit verbundenen materiell-rechtlich schwierigen Abgrenzungsfragen aber nur überaus selten zuverlässig fällen können. Das liegt daran, daß der Gesetzgeber inhaltliche Stimmrechtsschranken nicht geregelt hat. Wegen der unsicheren Voraussetzungen der inhaltlichen Stimmrechtsbeschränkungen kann vom Versammlungsleiter darum nicht verlangt werden, daß er die inhaltliche Stimmkontrolle leistet.[833] Etwas anderes kann allenfalls bei offenkundigen Treupflichtverletzungen gelten, bei Stimmabgaben also, die den Makel der Treuwidrigkeit „auf der Stirne tragen".[834] Die Abgrenzung wäre aber auch hier unsicher. Selbst wenn, was selten genug vorkommen dürfte, ein objektiver Dritter davon ausginge, daß aufgrund der Umstände nur eine ganz bestimmte Ent-

[830] BGH WM 1986, 1556 (1557); BGH WM 1985, 195 (196); BGH WM 1985, 256 (257).
[831] BGH WM 1985, 195 (196); ähnlich auch Ulmer, in: GK-HGB § 105 Rz 250, der freilich nur bei Beschlüssen ohne Außenwirkung von einer Zustimmungsfiktion ausgeht.
[832] siehe oben 3. Teil B. I. 2.
[833] hierzu ausführlich und eine materielle Beschlußkontrolle des Versammlungsleiters zu Recht verneinend: Oelrichs GmbHR 1995, 867.
[834] Marsch-Barner ZHR 157, 189.

scheidung in Frage käme, bleibt zweifelhaft, ob der Versammlungsleiter das ebenso sieht.[835] Bei der GmbH stellt sich infolge des fehlenden Feststellungserfordernisses dieses Problem nicht in derselben Schärfe. Gleichwohl besteht auch hier ein großes Interesse an einem zuverlässigen Urteil über die Annahme oder Ablehnung eines Beschlusses, die im Falle einer Zustimmungsfiktion treuwidrig abgelehnter Stimmen indes nicht gegeben wäre.

Darüber hinaus führt eine Zustimmungsfiktion zu Folgen, die der bisherigen Treuepflichtdogmatik hinsichtlich der Geltendmachung treuwidrigen Verhaltens widersprechen. Eine Zustimmungsfiktion würde bewirken, daß ein abgelehnter Beschluß zunächst trotz der treuwidrigen, ablehnenden Stimmen angenommen wäre. In diesem Falle müßte der treuwidrig handelnde Gesellschafter, der selbst von der Treugemäßheit seines Abstimmungsverhaltens überzeugt ist, diese Tatsache im Klageweg geltend machen. Der sein Mitgliedschaftsrecht ausübende Gesellschafter könnte bei bloßem Verdacht nicht korrekten Verhaltens seine eigene Auffassung nur mit Hilfe eines rechtskräftigen Urteils behaupten.[836] Gewöhnlich gilt hinsichtlich der Geltendmachung von Treuepflichtverletzungen aber der umgekehrte Fall: Die übrigen Gesellschafter oder die Gesellschaft müssen im Klagewege die Erfüllung der Gesellschaftstreue durchsetzen. Der Grund hierfür liegt darin, daß prinzipiell die abgegebene Stimme - auch wenn sie treuwidrig sein sollte - zunächst als privatautonome Entscheidung zu respektieren ist und nur ausnahmsweise durch klageweise Geltendmachung beiseite geschoben werden darf.[837] Eine Zustimmungsfiktion aber bricht mit diesem Grundsatz und ist daher abzulehnen.

II. Nichtigkeit der Einzelstimmen

Können somit Stimmen, die einen Beschluß treuwidrig ablehnen, nicht durch eine Fiktion ersetzt werden, so stellt sich die Frage, ob diese Stimmen nicht zumindest als nichtig gewertet werden können. Dies hätte erhebliche Auswirkungen auf den Beschluß: Nichtige Stimmen sind bei der Beschlußfassung nicht mitzuzählen.[838] Die Folge wäre, daß auch treuwidrig einen Beschluß ablehnende Stimmen nicht bei der Abstimmung zu berücksichtigen wären. Bekäme ein Beschluß in diesem Fall nur 100 Ja-Stimmen aber 500 treuwidrige Nein-Stimmen, so wäre dieser Beschluß dennoch mit insgesamt 100 Ja-Stim-

---

[835] Oelrichs GmbHR 1995, 867.
[836] Wiedemann FS Heinsius S. 956.
[837] Wiedemann FS Heinsius S. 956.
[838] BGH NJW 1991, 846.

men angenommen, da die treuwidrigen 500 Nein-Stimmen nicht mitgezählt würden.

Die herrschende Meinung in Literatur[839] und Rechtsprechung[840] geht in der Tat von der Nichtigkeit treuwidriger Stimmen aus. Konsequent nimmt sie zudem an, daß treuwidrige Stimmen bei der Beschlußfassung nicht mitzuzählen seien. Begründet wird diese Auffassung damit, daß die Treuebindung eine der Mitgliedschaft und den aus ihr fließenden Rechten immanente Schranke bedeute, durch die auch das Stimmrecht begrenzt werde. Eine Überschreitung dieser Schranke stelle eine unzulässige Rechtsausübung dar, die vom Stimmrecht nicht mehr gedeckt sei und dementsprechend der Nichtigkeit anheim falle.[841]

Demgegenüber werden von der Gegenmeinung,[842] die lediglich von der Anfechtbarkeit treuwidrig gefaßter Beschlüsse bei gleichzeitiger Wirksamkeit der Stimmen ausgeht, Argumente der Rechtssicherheit ins Feld geführt. Vom Boden der Gegenauffassung aus müßte der Versammlungsleiter die Frage der Treuwidrigkeit selbst entscheiden, denn nichtige Stimmen dürfte er nicht mitzählen. Im ungünstigsten Fall handele es sich hierbei um eine mit großen Fehlerrisiken belastete Entscheidungssituation.[843] Darüber hinaus ergebe sich die Fehlerhaftigkeit der Gegenansicht auch aus dem Wortlaut des § 243 Abs. 2 AktG. Tatbestandlich umschreibe § 243 Abs. 2 AktG den Fall einer offensichtlich treuwidrigen Stimmabgabe, also einer Situation, für die die Unwirksamkeit der Stimme angenommen werden müßte. Mit dieser Vorschrift sei aber die Schlußfolgerung der Nichtigkeit treuwidriger Stimmen unvereinbar. Denn die im Sinne des § 243 Abs. 2 AktG tatbestandsmäßige Stimmabgabe würde dazu führen, daß es im gesetzlichen Regelfall nie dazu kommen könnte, daß ein mit den Anforderungen von § 243 Abs. 2 AktG kollidierender Beschluß festgestellt würde.[844] Wenn ein Beschluß gegen § 243 Abs. 2 AktG verstoße, sei er treuwidrig. Soweit aber treuwidrige Stimmen unbeachtlich seien, komme ein entsprechender Beschluß schon gar nicht zustande. Auch der Gesetzgeber sei da-

---

[839] Baumbach/Hueck-Zöllner Anh. § 47 Rz 54a; Scholz-Winter § 14 Rz 61; Schmidt, in: GK-AktG § 243 Rz 47; Lutter ZHR 153, 446 (458); Schnorbus Jus 1998, 881; Zöllner, Schranken S. 366.

[840] BGH NJW 1988, 969 (970); BGH NJW 1991, 846; BGH WM 1991, 97; BGH WM 1993, 1593 (1595); OLG Hamburg GmbHR 1992, 43 (47).

[841] Zöllner, Schranken S. 366.

[842] Rowedder-Koppensteiner § 47 Rz 125; ders. ZIP 1994, 1325; Stützle/Walgenbach ZHR 155, 536; Marsch-Barner ZHR 157, 189.

[843] Koppensteiner ZIP 1994, 1328.

[844] Koppensteiner ZIP 1994, 1327.

her gewiß davon ausgegangen, eine gegen § 243 Abs. 2 AktG verstoßende Stimme sei wirksam.[845]

In der Tat sprechen die besseren Argumente für den zuletzt genannten Standpunkt. Aus der Vorschrift des § 243 Abs. 2 AktG läßt sich noch ein weiteres Argument gegen die Nichtigkeit treuwidriger Stimmen entnehmen. Die Vorschrift stellt eine Ausprägung der Treuepflicht dar.[846] Gleichzeitig stellt diese Vorschrift auf die Fehlerhaftigkeit eines Beschlusses und nicht der Stimmabgabe als solcher ab. Damit verdeutlicht sie immerhin die Tendenz des Gesetzes selbst, die in Kombination mit den für bloße Anfechtbarkeit sprechenden Rechtssicherheitserwägungen die Verneinung der h. M. plausibler erscheinen zu lassen.[847]
Im übrigen vermag die h. M. folgenden Widerspruch nicht befriedigend zu erklären: Auch die Vertreter der h. M. gehen davon aus, daß Beschlüsse, die auf einem treuwidrigem Abstimmungsverhalten beruhen, anfechtbar sind.[848] Wenn aber treuwidrige Einzelstimmen nichtig sind und ungültige Stimmen bei der Ergebnisfeststellung außer Ansatz bleiben,[849] dann ist nicht erklärbar, wieso der treuwidrige Beschluß anfechtbar sein soll. Zählen die nichtigen, weil treuwidrigen Stimmen ohnehin nicht mit, dann bleiben bei der Beschlußfassung nur noch wirksame, weil nicht treuwidrige Stimmen übrig. Dann aber gibt es keinen Grund mehr, einen solchen Beschluß für anfechtbar zu halten. Schließlich liegt dann ein Beschluß aus ausschließlich wirksamen Einzelstimmen vor. Insgesamt ist daher von der Wirksamkeit treuwidriger Einzelstimmen auszugehen.

III. Nichtberücksichtigung treuwidrig ablehnender Stimmen

Ist damit eine treuwidrig einen Beschluß ablehnende Stimme zwar nicht nichtig, so könnte man dennoch überlegen, die Stimmen, die pflichtwidrig gegen einen Beschlußvorschlag abgegeben worden sind, trotz ihrer Wirksamkeit allein wegen ihrer Treuwidrigkeit bei der Auszählung nicht zu berücksichtigen.[850]

---

[845] Koppensteiner ZIP 1994, 1327.
[846] siehe oben 2. Teil C. II. 3 d) bb).
[847] vgl. Rowedder-Koppensteiner § 47 Rz 125.
[848] BGH NJW 1991, 846; BGHZ 8, 348 (355); BGHZ 14, 25 (37); BGHZ 76, 352 (357); BGHZ 88, 320 (328f); BGH BB 1970, 1192 (1193); BGH WM 1976, 1226 (1227); Lutter ZHR 153, 458; Baumbach/Hueck-Zöllner Anh § 47 Rz 54a; Scholz-Schmidt § 47 Rz 32; Nehls S. 97; Beckerhoff S. 87.
[849] Hüffer AktG § 133 Rz 12; Schnorbus Jus 1998, 881.
[850] Von einer solchen Unbeachtlichkeit treuwidriger Stimmen gehen aus: OLG Hamburg GmbHR 1992, 43 (45); Hachenburg-Ulmer § 53 Rz 70; Zöllner, in: KK § 179 Rz 213;

Durch diese Nichtberücksichtigung käme es dennoch zu Annahme des Beschlusses.

Diese Überlegung ist jedoch nicht mit den Überlegungen zur Treuepflicht zwischen Gesellschaft und Gesellschafter vereinbar. Die Treuepflicht gilt grundsätzlich gegenüber jedem Gesellschafter. Sie dient nicht allein der Bewältigung von Mehrheits- und Minderheitskonflikten, sondern auch von Konflikten zwischen der Gesellschaft und den Gesellschaftern. Ein solcher Konflikt kann sich etwa daraus ergeben, daß ein Beschluß im dringenden Interesse der Gesellschaft geboten ist und kein Gesellschafter gegen diesen Beschluß schutzwerte Gründe oder Interessen geltend machen kann. In diesem Fall besteht aus der Treuepflicht zur Gesellschaft heraus eine positive Stimmpflicht aller Gesellschafter für diesen Beschluß zu stimmen. Nimmt man nun an, daß alle Gesellschafter dennoch gegen diesen Beschluß stimmen, so ergäbe sich im Falle der Nichtberücksichtigung der treuwidrigen Stimmen ein paradoxes Ergebnis: Die treuwidrigen Nein-Stimmen wären allesamt unbeachtlich. Mangels auch nur einer Ja-Stimme wäre der Beschluß nicht gefaßt. Gleichwohl unterlägen die Gesellschafter einer positiven Stimmpflicht im Sinne einer Pflicht, den entsprechenden Beschluß anzunehmen. Dieses Ergebnis ist nicht erklärbar und würde auch zu Problemen mit dem Registergericht führen. Denn: wird man einen Registerrichter finden, der einen formal nicht gefaßten Beschluß einträgt, sofern nur der Vorstand die Verletzung der Treuepflicht vorträgt?[851]

Gegen dieses Argument ließe sich immerhin einwenden, daß sich bei einer einstimmigen Ablehnung eines Beschlusses durch die Gesellschafter die Gesellschaft nicht auf eine Treuepflichtverletzung berufen könne. Die Gesellschaft bestehe schließlich allein im Interesse der Gesellschafter. Wo diese sich einig seien, sei kein Platz für einen durch eine positive Stimmpflicht aufzulösenden Interessenkonflikt zwischen Gesellschaft und Gesellschaftern, so daß es deshalb gar nicht zu dem beschriebenen paradoxen Ergebnis kommen könne. Doch auch wenn man sich diesen Standpunkt zu eigen machte, ändert dies nichts daran, daß eine Nichtberücksichtigung treuwidriger Stimmen zu unüberwindlichen praktischen Schwierigkeiten führen würde. Das bereits oben[852] genannte Argument, wonach der Versammlungsleiter während der Hauptversammlung kaum sicher beurteilen kann, ob eine Stimme treuwidrig (und damit

Bungeroth, in: Geßler/Hefermehl/Eckardt/Kropff § 179 Rz 198; allgemein für Unbeachtlichkeit treuwidriger Maßnahmen: Soergel-Hadding § 705 Rz 64 (11. Aufl.).
[851] Timm WM 1991, 485.
[852] siehe oben 5. Teil A. I.

nicht zu berücksichtigen) ist oder ob sie bei der Beschlußfassung mitzuzählen ist, gilt auch hier uneingeschränkt. Jedenfalls aus praktischen Erwägungen ist dieser Ansatz daher abzulehnen.

IV. Nichtigkeit des Beschlusses

Verstöße gegen positive Stimmpflichten wirken sich nach alledem nicht auf die Stimmrechtsausübung als solche aus. Nicht beantwortet ist damit aber die Frage, ob sich die Treuwidrigkeit der Ablehnung eines Beschlusses nicht in der Nichtigkeit des Beschlusses niederschlägt.

Bei handelsrechtlichen Körperschaften hat die Geltendmachung von Mängeln eines Beschlusses allerdings in der Regel durch Anfechtungsklage zu erfolgen.[853] Die Nichtigkeit eines Beschlusses bildet im Vergleich zur Anfechtbarkeit die Ausnahme. Bei der AG kommt sie nur in den in § 241 AktG vorgesehenen Fällen in Betracht. Die Aufzählung der Nichtigkeitsgründe in dieser Vorschrift ist abschließend.[854]

Diese im Vergleich zu den einschlägigen Regelungen des BGB starke Einschränkung der Nichtigkeitsgründe beruht auf der Einsicht, daß die allgemeinen Vorschriften über Rechtsgeschäfte das im Kapitalgesellschaftsrecht besonders ausgeprägte Bedürfnis nach Rechtssicherheit und Rechtsklarheit nicht zu befriedigen vermögen.[855] Diese Erwägungen gelten auch für die GmbH, so daß auch hier der Katalog der Nichtigkeitsgründe in entsprechender Anwendung gem. § 241 AktG abschließend ist.[856] Die Nichtigkeit eines Gesellschafterbeschlusses, der unter Verstoß gegen die Treuepflicht abgelehnt worden ist, kommt daher nur in Betracht, wenn sich ein Treuepflichtverstoß unter einen der Tatbestände des § 241 Nr. 1-6 AktG subsumieren ließe.[857]

Als solchen Tatbestand könnte man § 241 Nr. 4 AktG in Betracht ziehen, wonach ein Beschluß dann nichtig ist, wenn sein Inhalt gegen die guten Sitten verstößt. Zweifel an der Zulässigkeit einer solchen Subsumtion ergeben sich jedoch bereits daraus, daß § 241 Nr. 4 AktG verlangt, daß der Beschluß inhaltlich sittenwidrig ist. Dies bedeutete nichts anderes, als daß der Beschluß „für sich allein genommen" oder „für sich allein betrachtet" gegen die guten Sitten

---

[853] Zöllner, Schranken S. 381.
[854] Zöllner, in: KK § 241 Rz 30.
[855] Rowedder-Koppensteiner § 47 Rz 73.
[856] Rowedder-Koppensteiner § 47 Rz 79.
[857] vgl. Nehls S. 94; Beckerhoff S. 87.

verstoßen muß.[858] Das sittenwidrige Zustandekommen, die den Beschluß tragenden Beweggründe oder sein Zweck ist dagegen nur unter dem Gesichtspunkt der Anfechtbarkeit relevant.[859] Ein Beschluß, bei dem sich die Mangelhaftigkeit allein daraus ergibt, daß er unter Berücksichtigung treuwidriger Stimmen zustandegekommen ist, ist demnach aber nicht inhaltlich sittenwidrig. Er mag zwar durch das treuwidrige Abstimmungsverhalten sittenwidrig zustande gekommen sein. Das sittenwidrige Zustandekommen eines Beschlusses führt aber gerade nicht dazu, daß der Beschluß auch inhaltlich sittenwidrig ist. Eine Subsumtion eines treuwidrigen Abstimmungsverhalten unter den Tatbestand des § 241 Nr. 4 AktG scheidet somit aus.[860] Da auch die übrigen in § 241 AktG genannten Fällen nicht in Betracht kommen, kann die Nichtigkeit eines Gesellschafterversammlungsbeschlusses infolge eines treuwidrigen Abstimmungsverhaltens nicht angenommen werden.

V. Anfechtbarkeit des Beschlusses

Kann demnach ein Verstoß gegen eine positive Stimmpflicht nicht unter die Vorschriften des § 241 AktG subsumiert werden, so stellt sich schließlich die Frage, ob Beschlüsse, die aufgrund treuwidriger Stimmrechtsausübung abgelehnt wurden, zumindest der Anfechtbarkeit unterliegen.

Dies ist zu bejahen. Die hier diskutierten positiven Stimmpflichten beruhen auf der gesellschaftsrechtlichen Treuepflicht. Als regelmäßige Folge von Verstößen gegen die Treuepflicht tritt die Anfechtbarkeit des Gesellschafterbeschlusses ein.[861] Dieses Ergebnis folgt aus der Vorschrift des § 243 Abs. 1 AktG, die entsprechend auch für die GmbH gilt. Hiernach kann ein Hauptversammlungsbeschluß angefochten werden, wenn er gegen Gesetz oder Satzung verstößt. Zu den Gesetzen im Sinne des § 243 Abs. 1 AktG gehört jede Rechtsnorm also vor allem formelle Gesetze, Rechtsverordnungen oder Satzungen öffentlich-rechtlicher Körperschaften.[862] Darüber hinaus unterfallen dem Begriff aber auch Generalklauseln und zwar gleichgültig, ob es sich um geschriebene Normen

---

[858] RG JW 1934, 1493; RGZ 131, 141 (145).

[859] RGZ 166, 129 (132); Zöllner, in: KK § 241 Rz 124.

[860] Im Ergebnis ebenso, wenn auch mit anderer Begründung: Beckerhoff S. 87.

[861] BGHZ 103, 184, 193; Hachenburg-Raiser Anh § 47 Rz 122; Scholz-Schmidt § 45 Rz 107; Baumbach/Hueck-Zöllner Anh § 47 Rz 54a; Lutter/Hommelhoff Anh § 47 Rz 46; Rowedder-Koppensteiner § 47 Rz 125; Zöllner, in: KK § 243 Rz 189ff; ders., Schranken S. 381ff; Lutter ZHR 153, 457f, Wiedemann GesR § 8 II. 4) (S. 437); Beckerhoff S. 87; Nehls S. 97.

[862] Hüffer AktG § 243 Rz 5.

oder um gesetzlich nicht ausdrücklich fixierte Prinzipien handelt.[863] Ein Hauptversammlungsbeschluß kann daher auch wegen der Verletzung von Treuebindungen anfechtbar sein.[864] Ist damit regelmäßige Folge von Treuepflichtverstößen die Anfechtbarkeit eines Beschlusses und basieren positive Stimmpflichten auf der Treuepflicht, so ergibt sich auch für Verstöße gegen diese Stimmpflichten als regelmäßige Folge die Anfechtbarkeit des Beschlusses, der infolge der treuwidrigen Stimmrechtsausübung abgelehnt wurde.

Dabei ist es nicht erforderlich, daß der Gesellschafter den Verstoß gegen die positive Stimmpflicht und damit die Treuwidrigkeit seines Verhaltens verschuldet oder gar subjektiv gewollt hat. Ausreichend ist vielmehr allein der objektive Verstoß gegen die Treuepflicht.[865] Nachdem Wortlaut des § 243 Abs. 1 AktG ist für einen Gesetzesverstoß kein subjektives Element seitens des Gesellschafters nötig. Ein Treuepflichtverstoß ist ein Anwendungsfall des § 243 Abs. 1 AktG. Folglich kommt es für die Anfechtbarkeit eines Beschlusses auf etwaige subjektive Elemente einer Treuepflichtverletzung durch den Gesellschafter nicht an.

Hiergegen läßt sich auch nicht die Regelung des § 243 Abs. 2 AktG einwenden. Zwar verlangt diese Vorschrift das Vorliegen eines subjektiven Elements in Form der Verfolgung von Sondervorteilen.[866] Ein Verfolgen von Sondervorteilen stellt zugleich eine Treuepflichtverletzung dar. Wenn aber der volle Tatbestand des § 243 Abs. 2 AktG erfüllt ist, wird in aller Regel auch derjenige des § 243 Abs. 1 AktG erfüllt sein.[867] Dies legt es nahe, § 243 Abs. 2 als Spezialfall des § 243 Abs. 1 AktG zu betrachten. Wegen der Spezialität dieser Norm kann aber eine Verallgemeinerung des subjektiven Elements auf alle Treuepflichtverletzungen nicht angenommen werden. Entsprechend reicht für die Anfechtung wegen eines treuwidrigen Verhaltens allein das objektive Vorliegen eines Treueverstoßes aus. § 243 AktG sanktioniert den objektiven Fehler, die objektive Rechtsverletzung, nicht die subjektive Intention.[868] Subjektive Voraussetzungen müssen demnach mit Rücksicht auf § 243 Abs. 1 AktG nicht erfüllt sein.

---

[863] Zöllner, in: KK § 243 Rz 69; Hüffer AktG § 243 Rz 5; Schmidt, in: GK-AktG § 243 Rz 9; Hüffer, in: MüKo z. AktG § 243 Rz 17; Hachenburg-Raiser Anh § 47 Rz 113; Schmidt GmbHR 1992, 14.
[864] Grunewald 2. C. Rz 131; Hüffer AktG § 243 Rz 5, 21ff; Zöllner, in: KK § 243 Rz 69
[865] Beckerhoff S. 89; Lutter JZ 1995, 1054f; Nehls S. 98.
[866] Zöllner, in: KK § 243 Rz 222.
[867] Hüffer AktG § 243 Rz 32.
[868] Lutter JZ 1995, 1054f.

B. Gerichtliche Rechtsbehelfe bei Verstößen gegen positive Stimmpflichten

Ist damit geklärt, daß Beschlüsse, die unter Verstoß gegen positive Stimmpflichten abgelehnt worden sind, der Anfechtbarkeit unterliegen, so knüpft sich hieran die Frage, wie ein solcher Verstoß gerichtlich geltend gemacht werden kann. Am nächstliegendsten ist natürlich der Gedanke, entsprechende Beschlüsse im Wege der Anfechtungsklage anzugreifen. Anfechtbarkeit bedeutet, daß der betreffende Beschluß vernichtbar ist.[869] Geltend gemacht werden kann die Anfechtbarkeit eines Beschlusses durch die Anfechtungsklage. Die Anfechtungsklage hat bei Erfolg allerdings eine rein kassatorische Wirkung und vernichtet den treuwidrigen Beschluß.[870] Kern des Stimmpflichtproblems ist jedoch nicht die Aufhebung des ablehnenden Beschlusses, sondern die Tatsache, daß ein oder mehrere Gesellschafter entgegen ihrer Treuepflichtbindung eine bestimmte Stimmabgabe unterlassen haben. Die Stimmabgabe ist Willenserklärung.[871] Die Unterlassung einer Willenserklärung kann im Wege einer Leistungsklage durchgesetzt und nach § 894 ZPO vollstreckt werden. Man könnte daher überlegen, ob eine positive Stimmpflicht nicht auch durch Leistungsklage gerichtlich geltend gemacht werden kann, indem über § 894 ZPO die treuwidrig ablehnenden Stimmen durch die Fiktion treugemäßer Ja-Stimme ersetzt werden können, was insgesamt zur Annahme des Beschlusses führen würde. Schließlich ist zu überlegen, ob positive Stimmpflichten nicht mittels einer gänzlich anderen Klageart geltend gemacht werden müssen, falls sich herausstellt, daß weder die Anfechtungs- noch die Leistungsklage geeigneter gerichtlicher Rechtsbehelf zur Durchsetzung positiver Stimmpflichten sind.

I. Anfechtungsklage

Die aktienrechtliche Anfechtungsklage findet ihre Rechtsgrundlage in § 243 Abs. 1 AktG. Ein Gesellschafter muß demnach einen Beschluß, den er für rechtswidrig hält, anfechten, um die Rechtswidrigkeit und damit ggf. die Unwirksamkeit des Beschlusses geltend zu machen. Eine dem § 241 AktG vergleichbare Unwirksamkeit des Beschlusses ipso iure besteht nicht. Statt dessen hat erst die Anfechtungsklage kassatorische Wirkung, d. h., erst sie hat gestaltende Wirkung und ist auf die Vernichtung des festgestellten Beschlusses ge-

---

[869] Rowedder-Koppensteiner § 47 Rz 117.

[870] RGZ 142, 123 (129); RGZ 146, 71 (72f); Zöllner, Schranken S. 406f; Schmidt AG 1980, 169; Eickhoff S. 129f.

[871] BGHZ 14, 264 (267); Hüffer AktG § 133 Rz 18; Heymann-Emmerich § 119 Rz 13.

richtet.[872] Wird sie nicht rechtzeitig binnen der Monatsfrist des § 246 Abs. 1 AktG erhoben, so ist der Beschluß als endgültig wirksam zu behandeln.[873] Dies gilt sogar dann, wenn ein Beschluß rechtswidrig ist. Die materielle Rechtswidrigkeit des Beschlusses wird zwar durch den Ablauf der Anfechtungsfrist nicht beseitigt; denn der Zeitablauf ändert nichts an dem Normverstoß. Aber sie kann nicht mehr zur Nichtigkeit des Beschlusses führen.[874]

Der Grund für dieses Erfordernis, Fehler eines Beschlusses grundsätzlich nur im Rahmen einer fristgerechten Klage rügen zu können, liegt in dem Bedürfnis des Rechtsverkehrs nach Rechtssicherheit im Umgang mit Hauptversammlungsbeschlüssen. Korporationsbeschlüsse wirken in viele Richtungen und sind für eine größere Anzahl von Personen von Bedeutung.[875] Für die Aktiengesellschaft mit ihrer häufig kaum überschaubaren Anzahl an Aktionären und Dritten, wozu etwa potentielle Anleger und Investore zählen, liegt dieses Rechtssicherheitsbedürfnis auf der Hand. Bei der GmbH ist die Situation indessen nicht grundlegend anders. Auch die Gläubiger einer GmbH haben ein großes Interesse daran, möglichst schnell zu erfahren, ob zum Beispiel ein Kapitalerhöhungsbeschluß der GmbH wirksam ist und dies auch in Zukunft bleibt. Dementsprechend gelten nach h. M. die in den § 241 ff AktG enthaltenen Regelungen im Grundsatz für die GmbH entsprechend,[876] freilich mit der Maßgabe, daß an die Stelle der Monatsfrist eine angemessene Frist tritt.[877]

Gesellschafterbeschlüsse sind also sowohl im GmbH- wie im Aktienrecht im Wege der Anfechtungsklage angreifbar. Dies gilt grundsätzlich auch für Beschlüsse, bei denen die Gesellschafter treuwidrig von ihrem Stimmrecht Gebrauch gemacht haben.[878] Durch die Anfechtungsklage kann aber ein gefaßter Beschluß lediglich rückwirkend vernichtet werden.[879] Dies wirft das Problem auf, daß damit einem Gesellschafter, der sich gegen einen Ablehnungsbeschluß

---

[872] RGZ 142, 123 (129); Eickhoff S. 129; Nonn S. 106.
[873] BGHZ 104, 66 (69f); Baumbach/Hueck-Zöllner Anh. § 47 Rz 42; Zöllner, in: KK § 243 Rz 55; Hachenburg-Raiser Anh. § 47 Rz 90f; Lutter/Hommelhoff Anh. § 47 Rz 60
[874] Hüffer, in: MüKo z. AktG § 243 Rz 120.
[875] Krohenke S. 88.
[876] Hachenburg-Raiser Anh. § 47 Rz 87f; Lutter/Hommelhoff Anh. § 47 Rz 42ff; Baumbach/Hueck-Zöllner Anh. 47 Rz 41ff; Scholz-Schmidt § 45 Rz 36; Nonn S. 106.
[877] RGZ 172, 76 (79); BGHZ 111, 224 (225); OLG Düsseldorf WM 1982, 649 (651); Hachenburg-Raiser Anh. § 47 Rz 177; Scholz-Schmidt § 45 Rz 142 .
[878] Beckerhoff S. 87.
[879] vgl. Hüffer AktG § 243 Rz 48.

wendet, nicht gedient ist.[880] Sein eigentliches Klageziel ist nicht die Beseitigung des den Antrag ablehnenden, sondern die Herbeiführung des dem gestellten Antrag entsprechenden Beschlusses.[881] Dieses Ziel läßt sich durch die alleinige Erhebung der Anfechtungsklage nicht erreichen. An einer Feststellungswirkung dahingehend, daß in Wirklichkeit ein anderer Beschluß gefaßt worden sei, fehlt es dem Anfechtungsurteil.[882] Es kann lediglich den angegriffenen Beschluß für nichtig erklären, jedoch nicht einen anderen mangelfreien an seine Stelle setzen.[883] Die Anfechtungsklage entspricht damit regelmäßig nicht dem Begehren des Gesellschafters, der einen Verstoß gegen eine positive Stimmpflicht geltend machen will. Sie erweist sich damit als ungeeigneter Rechtsbehelf, um positive Stimmpflichten durchzusetzen.

Zwar könnte man überlegen, daß nach erfolgreicher Anfechtung eines Beschlusses die Möglichkeit einer erneuten Beschlußfassung besteht, so daß die Möglichkeit, treuwidrig abgelehnte Beschlüsse allein im Wege der Anfechtung zu vernichten, doch ausreichend ist. Es erscheint jedoch keineswegs sicher, daß bei einer erneuten Abstimmung ein dem ursprünglichen Beschluß entsprechender positiver Beschluß gefaßt würde.[884] Zum einen kann es für den Anfechtungskläger schwierig sein, die Wiederholung einer Beschlußfassung überhaupt durchzusetzen. Zum zweiten bliebe ihm, wenn erneut das Ergebnis falsch festgestellt würde, wiederum nur der Wege der Anfechtungsklage ad infinitum.[885] Und schließlich könnte es bei dieser Beschlußfassung abermals zu Fehlern kommen oder aber die Beteiligungsverhältnisse in der Gesellschaft könnten sich zwischenzeitlich ändern, so daß die Fassung des treuepflichtgemäßen Beschlusses gefährdet wäre.

Insgesamt läßt sich daher festhalten, daß die alleinige Erhebung der Anfechtungsklage nicht das geeignete gerichtliche Mittel ist, um eine positive Stimmpflicht durchzusetzen.

II. Leistungsklage

Das Hauptproblem bei der gerichtlichen Durchsetzung positiver Stimmpflichten liegt also offenkundig darin, entsprechend dem Begehren des klagenden

---

880 Nonn S. 113.
881 Winter, Gesellschafterkonflikte S. 41.
882 Eickhoff S. 129.
883 Zöllner ZGR 1982, 625.
884 Krohenke S. 91.
885 Zöllner ZGR 1982, 625.

Gesellschafters durch die gerichtliche Geltendmachung einen treugemäßen Beschluß herbeizuführen.

Im Personengesellschaftsrecht erzielen Rechtsprechung und Literatur dieses Ergebnis durch die Ersetzung der treuwidrigen Nein-Stimmen im Wege des gerichtlichen Urteils.[886] Wie im Kapitalgesellschaftsrecht so könnten auch im Personengesellschaftsrecht die Gesellschafter aufgrund ihrer Treuepflicht verpflichtet sein, einem Beschluß zuzustimmen.[887] Dabei ergebe sich die Pflicht jedes Gesellschafters, bei allen Beschlüssen seine Stimme abzugeben, aus dem Gesellschaftsvertrag.[888] Der Verpflichtung, einem Gesellschafterbeschluß zuzustimmen, korrespondiere ein Erfüllungsanspruch.[889] Verweigere ein Gesellschafter dennoch seine Zustimmung, so komme der Beschluß nicht zustande. Es fehle die entsprechende, zur Beschlußfassung notwendige Willenserklärung. Mit der Leistungsklage bestehe demgegenüber die Möglichkeit, vom Beklagten die Abgabe dieser Willenserklärung zu fordern[890] und nach § 894 ZPO zu vollstrecken.[891] Mit obsiegendem Leistungsurteil könne daher die fehlende Willenserklärung herbeigeführt werden. Bei erfolgreicher Klage auf Zustimmung ersetze also das Urteil mit Erlangung der Rechtskraft die Zustimmung (§ 894 ZPO).[892] Dadurch komme dann der Beschluß in der Form zustande, in der er bei treuegemäßen Abstimmungsverhalten des dissentierenden Gesellschafters gefaßt worden wäre.

Einer Übertragung dieses Vorgehens auf das Kapitalgesellschaftsrecht stehen erhebliche Bedenken entgegen. Im Personengesellschaftsrecht können Beschlüsse formfrei und konkludent gefaßt werden.[893] Es bedarf hierzu nicht einmal der Einberufung einer Gesellschafterversammlung.[894] Ebenso formlos können die Gesellschafter Beschlüsse auch wieder aufheben. Gleichzeitig regiert im Personengesellschaftsrecht das Einstimmigkeitsprinzip. D. h., ein Beschluß kommt erst zustande, sobald die letzte fehlende Stimme den übrigen Gesellschaftern zugegangen ist.[895] Sämtliche Gesellschafter müssen sich also für ei-

---

[886] BGHZ 64, 253 (257); BGH WM 1986, 1556 (1557); BGH WM 1959, 1433 (1434).
[887] Heymann-Emmerich § 119 Rz 17; MüKo-Ulmer § 705 Rz 191.
[888] Heymann-Emmerich § 119 Rz 16; Schlegelberger-Martens § 119 Rz 43.
[889] MüKo-Ulmer § 705 Rz 197; Soergel-Hadding § 705 Rz 64 (11.Aufl.).
[890] Zöller-Greger Vor § 253 Rz 3.
[891] Baumbach/Hopt § 119 Rz 7.
[892] Heymann-Emmerich § 119 Rz 20.
[893] Baumbach/Hopt § 119 Rz 7; MüKo-Ulmer § 709 Rz 65.
[894] Schlegelberger-Martens § 119 Rz 5.
[895] vgl. Heymann-Emmerich § 119 Rz 4.

nen Beschlußvorschlag aussprechen, um einen Beschluß zustande zu bringen.[896] Stimmt ein Gesellschafter gegen einen Beschluß, so fehlt für das Zustandekommen des Beschlusses die Willenserklärung des dissentierenden Gesellschafters, die aber im Wege der Leistungsklage durch ein stattgebendes Urteil ersetzt werden kann. Hierdurch kommt der Beschluß endlich doch zustande.

Demgegenüber unterliegt die Beschlußfassung im Kapitalgesellschaftsrecht zum Teil strengen Form- und Verfahrenserfordernissen. Jeder Beschluß in der AG muß gemäß § 130 AktG notariell beurkundet und festgestellt werden, d. h. der Vorsitzende muß feststellen, ob ein Antrag angenommen oder abgelehnt ist. Feststellung und notarielle Beurkundung konstituieren den Beschluß.[897] Dies gilt sogar dann, wenn der Vorsitzende die Beschlußfassung unrichtig feststellt. In diesem Fall ist dennoch ein Beschluß mit dem unrichtig festgestellten Ergebnis zustande gekommen.[898] Ein Beschluß wird - anders als im Personengesellschaftsrecht - sogar dann gefaßt, wenn der Beschlußantrag abgelehnt wird.[899] Mit der Feststellung ist ein Beschluß also zunächst einmal ungeachtet seines Inhalts rechtlich existent. Er kann grundsätzlich nur durch Anfechtungsklage und -urteil vernichtet werden.[900] Ein Leistungsurteil, das einen Gesellschafter zur Abgabe einer treugemäßen Stimme verpflichtet, könnte daher nicht als Ergänzung des zunächst mangels hinreichender Stimmenzahl nicht existenten Beschlusses das Zustandekommen dieses Beschlusses bewirken, da bereits ein Beschluß existiert. Vielmehr müßte erst durch die Erhebung einer Anfechtungsklage der treuwidrige, ablehnende Beschluß aus der Welt geschafft werden, um dann im Wege der Leistungsklage die treuwidrigen Stimmen durch Leistungsurteil ersetzen zu können. Allerdings gäbe es dann wegen der vorherigen, erfolgreichen Anfechtung keinen Beschluß mehr, bei dem das Leistungsurteil die treuwidrigen Stimmen ersetzen könnte. Für die AG ist daher eine positive Stimmpflicht nicht durch Leistungsklage durchsetzbar. Bei der GmbH stellt sich dieses Problem zwar nicht in dieser Schärfe, da hier nicht alle Beschlüsse festgestellt und beurkundet werden müssen. Jedenfalls aber bei Satzungsänderungen liegt die Problematik nicht anders. Auch kann die Satzung

---

896 MüKo-Ulmer § 709 Rz 65.

897 Hüffer AktG § 130 Rz 22.

898 Eckardt, in: Geßler/Hefermehl/Eckardt/Kropff § 130 Rz 29.

899 BGHZ 88, 320 (328); BGHZ 97, 28 (30); Baumbach/Hueck-Zöllner § 47 Rz 2; Hachenburg-Hüffer § 47 Rz 35; Eckardt, in: Geßler/Hefermehl/Kropff/ Eckardt § 133 Rz 14.

900 vgl. RGZ 75, 239 (242f); RGZ 122, 102 (107); RGZ 142, 123 (129); Hüffer AktG § 130 Rz 22.

die notarielle Beurkundung von Gesellschafterbeschlüssen oder wenigstens die Feststellung von Beschlüssen durch einen Vorsitzenden vorschreiben.[901] Dann stellt sich auch bei der GmbH dieselbe Problematik wie bei der AG.
Darüber hinaus führt die Idee, positive Stimmpflichten im Wege der Leistungsklage durchzusetzen, zu prozessualen Schwierigkeiten. Bei der Leistungsklage handelt es sich um eine zivilprozessuale Klage, die die Wirkung allgemeiner zivilprozessualer Urteile entfaltet. Solche Urteile wirken grundsätzlich nur im Verhältnis der Parteien zueinander.[902] Dann aber würde auch eine Leistungsklage, mit der die Durchsetzung positiver Stimmpflichten angestrebt wird, allein zwischen den am Verfahren beteiligten Gesellschaftern und der Gesellschaft wirken. Für alle nicht am Verfahren beteiligten Gesellschafter hätte das Urteil keine Wirkung. Für die Verfahrensbeteiligten wären die treuwidrigen Stimmen durch das Urteil ersetzt, mit der Folge, daß ggf. ein Beschluß angenommen wäre. Für die Nichtverfahrensbeteiligten und auch für Dritte hingegen wäre nach wie vor die ursprüngliche, treuwidrige Stimmabgabe wirksam. Es läge für sie also immer noch ein ablehnender Beschluß vor. Ein solche Zweiteilung der Rechtswirkungen eines Beschlusses widerspräche den gerade im Kapitalgesellschaftsrecht besonders ausgeprägten Gedanken der Rechtssicherheit und Rechtsklarheit.

Nach alledem bleibt festzuhalten, daß die Leistungsklage bei der Durchsetzung positiver Stimmpflichten im Personengesellschaftsrecht ihre Berechtigung hat. Für das Kapitalgesellschaftsrecht ist sie jedoch aus Gründen der Rechtssicherheit kein geeignetes Mittel, um eine positive Stimmpflicht gerichtlich geltend zu machen.

III. Positive Beschlußfeststellungsklage

Erweisen sich somit Leistungsklage wie Anfechtungsklage zur Durchsetzung positiver Stimmpflichten als unzulänglich und kommt auch sonst keine andere, bereits bekannte Klageart in Betracht, so bleibt nur der Weg, Stimmpflichten mittels einer neu zu definierenden Klageart durchzusetzen. Während die Leistungsklage nicht die Aufhebung des ursprünglichen, treuwidrigen Beschlusses erlaubt, bietet die Anfechtungsklage keine Möglichkeit, einen neuen Beschluß festzustellen. Gerade dies aber bezweckt der anfechtende Gesellschafter, der eine Stimmpflichtverletzung rügt. Es liegt auf der Hand, daß mit der bloßen

[901] Rowedder-Koppensteiner § 47 Rz 10.
[902] Zöller-Vollkommer Vor § 322 Rz 52.

Vernichtung des negativen Beschlusses dem Rechtsschutzbegehren des Anfechtungsklägers nicht Genüge getan wird.[903]

Diesem offensichtlichen Bedürfnis nach Möglichkeiten einer Korrektur des unrichtig festgestellten Beschlußergebnisses wird Rechnung getragen, indem man die Verbindung der Anfechtungsklage mit einer entsprechenden gerichtlichen Feststellung zuläßt.[904]

1. Grundsätzliche Zulässigkeit der positiven Beschlußfeststellungsklage

Zu diesem Zweck haben Rechtsprechung und Literatur die positive Beschlußfeststellungsklage entwickelt.[905] Diese Klage verfolgt das Ziel, nach Wegfall des angefochtenen Beschlusses eindeutig festzustellen, daß ein Beschluß mit anderem Ergebnis gefaßt worden ist.[906] Paradigma einer positiven Beschlußfeststellungsklage ist der Streit um die Wirksamkeit eines Stimmrechtsausschlusses.[907] Aber auch dort, wo es um die Durchsetzung positiver Stimmpflichten geht, liefert die positive Beschlußfeststellungsklage sachgerechte Ergebnisse. Wo die Gesellschafterversammlung treuwidrig einen bestimmten Beschluß abgelehnt hat, besteht ebenfalls das Bedürfnis nach einer baldigen Aufhebung des Ablehnungsbeschlusses und Neufassung des treugemäßen Beschlusses.

Der BGH hat die positive Beschlußfeststellungsklage erstmals 1980 für das Aktienrecht anerkannt als er feststellte: „Hat in der Hauptversammlung der Vorsitzende zu Unrecht verkündet, ein Antrag sei wegen Fehlens der erforderlichen Stimmenmehrheit abgelehnt, so kann die hiergegen gerichtete Anfechtungsklage mit dem Antrag auf Feststellung eines zustimmenden Beschlusses verbunden werden."[908] Drei Jahre später ging der BGH noch weiter und beschränkte sich in einer Entscheidung zum GmbH-Recht nicht nur auf die Bejahung der positiven Beschlußfeststellungsklage. Vielmehr urteilte das Gericht: „Wird in der Gesellschafterversammlung ein Antrag abgelehnt, weil ein Mitge-

---

903 Schmidt NJW 1986, 2020.

904 Zöllner ZGR 1982, 625; Emde ZIP 1998, 1475.

905 BGHZ 76, 191 (197); BGHZ 88, 320; BGHZ 97, 28; Baumbach/Hueck-Zöllner Anh 47 Rz 91; Hachenburg-Raiser Anh. § 47 Rz 245; Scholz-Schmidt § 45 Rz 180; Lutter/Hommelhoff Anh. § 47 Rz 43; Zöllner, Schranken, S. 405ff; ders., in: KK §§ 248 Rz 25; Hüffer, in: MüKo z. AktG § 246 Rz 76; Grunewald 2. C. Rz 135; Schmidt GmbHR 1992, 10f; Jilg S. 89.

906 OLG Celle GmbHR 1999, 81.

907 Emde ZIP 1998, 1475.

908 BGHZ 76, 191 (197).

sellschafter rechtsmißbräuchlich dagegen stimmt, so kann die gegen den ablehnenden Beschluß erhobene Anfechtungsklage mit der Klage auf Feststellung verbunden werden, der Antrag sei angenommen."[909] Damit erstreckte der BGH die positive Beschlußfeststellungsklage auch auf rechtsmißbräuchliche, also treuwidrig abgelehnte Beschlüsse. Von hier aus ist es nur noch ein kleiner Schritt, die positive Beschlußfeststellungsklage als Mittel zur Durchsetzung einer positiven Stimmpflicht anzuerkennen.

Die Rechtsprechung war aber nicht immer so großzügig im Umgang mit der positiven Beschlußfeststellungsklage. Zwar hatte das Reichsgericht erstmals 1928 die Zulässigkeit der positiven Beschlußfeststellungsklage bejaht.[910] Von diesem Standpunkte rückte das Gericht jedoch nach 1933 ab.[911] Für diesen Wandel führte das Gericht vornehmlich Rechtssicherheitsaspekte ins Feld. Wäre eine Feststellungsklage darüber statthaft, welcher Beschluß gefaßt sei, wäre die unabweisliche Folge einer solchen Möglichkeit größte Rechtsunsicherheit und Verwirrung. Eine derartige Feststellungsklage wäre zeitlich unbeschränkt zulässig. Im Interesse der Gesellschaft und der Gesamtheit der Aktionäre müsse aber mit Wirkung für und gegen alle tunlichst bald darüber Klarheit bestehen, was beschlossen und für das Leben der Gesellschaft richtungs- und maßgebend sei.[912]

In der Literatur wurde gegen die positive Beschlußfeststellungsklage vorgetragen, daß eine solche Klage die Entscheidungsfreiheit der Gesellschafter zu stark beeinträchtige. Sofern die Mangelhaftigkeit von Einzelstimmen auf einem Umstand beruhe, der bei einer erneuten Abstimmung vermieden werden könne, komme eine Feststellungsklage nicht in Betracht. In diesem Falle müsse wegen des den Mitgliedern grundsätzlich zu belassenden Entscheidungsspielraums eine erneute, privatautonome Willensbildung ermöglicht werden.[913]

Indes sind diese Argumente im Ergebnis nicht überzeugend, so daß mittlerweile zu Recht von der Zulässigkeit der positiven Beschlußfeststellungsklage ausgegangen wird. Zwar sind die Bedenken des Reichsgerichts im Hinblick auf eine mögliche Rechtsunsicherheit im Zusammenhang mit einer zeitlich unbegrenzt zulässigen positiven Beschlußfeststellung nicht von der Hand zu weisen.

---

909 BGHZ 88, 320.
910 RGZ 122, 103 (107).
911 RGZ 142, 123 (129f); RGZ 146, 71 (73).
912 RGZ 142, 123 (129f).
913 Roitzsch S. 179.

Dem Gesichtspunkt der Rechtssicherheit wird aber mittlerweile durch eine entsprechende Ausgestaltung der positiven Beschlußfeststellungsklage Rechnung getragen. Nach modernem Verständnis handelt es sich bei der positiven Beschlußfeststellungsklage nicht um eine zeitlich unbefristete Feststellungsklage, die unabhängig von einer Beschlußanfechtung vorgenommen werden kann. Positive Beschlußfeststellungsklage bedeutet vielmehr die Verbindung einer Anfechtungs- mit einer Beschlußfeststellungsklage.[914] Hierbei folgt aus dem Gestaltungscharakter der Beschlußfeststellung und der Erforderlichkeit seiner Anpassung an das auf Rechtssicherheit bedachte Beschlußkontrollsystem des Aktiengesetzes, daß die Erhebung des Feststellungsantrages in entsprechender Anwendung des § 246 AktG nur innerhalb des Laufs der Anfechtungsfrist zulässig ist.[915] Die Feststellung eines neuen Beschlusses kann also nur solange und soweit begehrt werden, wie die Anfechtung des ursprünglichen Beschlusses möglich ist. Damit aber sind die Auswirkungen der positiven Beschlußfeststellungsklage auf die Rechtssicherheit nicht anders als bei der gesetzlich vorgesehenen Anfechtungsklage.

Nicht überzeugen kann auch der Einwand, wonach durch eine gerichtliche Feststellung eines Beschlusses dem autonomen Willen der Gesellschafter Gewalt angetan werde. Richtig ist zwar, daß zumindest dem dissentierenden Gesellschafter durch eine positive Beschlußfeststellungsklage ein Beschluß aufgedrängt wird, gegen den dieser sich zuvor gewandt hatte. Dieses Aufdrängen ist aber keine Folge der gewählten Klageart, sondern der materiell begründeten positiven Stimmpflicht. Es ist nicht die Klage als solche, sondern die durch sie geltend gemachte positive Stimmpflicht, die den Gesellschaftern einen Beschluß aufdrängt. Man mag über die Zulässigkeit positiver Stimmpflichten im Hinblick auf die Entscheidungsautonomie der Gesellschafter streiten können. Als Argument gegen die Zulässigkeit der positiven Beschlußfeststellungsklage taugt dieser Gesichtspunkt nicht.

2. Nähere Ausgestaltung der positiven Beschlußfeststellungsklage

Besteht damit Klarheit über die grundsätzliche Zulässigkeit der positiven Beschlußfeststellungsklage, so knüpft sich hieran die Frage, welches die genauen Voraussetzungen dieser Klageart sind, mit anderen Worten, welche Bedingungen erfüllt sein müssen, damit ein Gesellschafter eine treuwidrige Beschlußfassung mit dieser Klage geltend machen kann.

---

914 Krohenke S. 92; Baumbach/Hueck-Zöllner Anh. § 47 Rz 91.
915 Zöllner ZGR 1982, 628.

Wichtigste Erkenntnis ist hierbei, daß eine positive Beschlußfeststellung nur im Zusammenhang mit einer Anfechtung des treuwidrigen Beschlusses möglich ist.[916] Dies ergibt sich aus der bereits erwähnten Notwendigkeit, daß ein Feststellungsurteil nur dann einen ursprünglichen, treuwidrig abgelehnten Beschluß ersetzen kann, wenn zuvor der ursprüngliche Beschluß durch Anfechtung vernichtet wurde. Die positive Beschlußfeststellungsklage erfordert daher, daß ein kassatorische Wirkung entfaltendes Urteil zumindest gleichzeitig ergeht.[917] Sie funktioniert damit als Teil des Anfechtungsverfahrens.[918]

Ihre Wirkung beschränkt sich indes nicht auf die bloße Aufhebung des ursprünglichen Beschlusses. Durch die Aufhebung des ursprünglichen und die Feststellung des neuen Beschlusses wird die Rechtslage unter den Gesellschaftern neu gestaltet. Daher handelt es sich bei der Beschlußfeststellungsklage auch nicht um eine bloße Feststellungsklage, sondern um ein Gestaltungsverfahren.[919] Ihr kommt die rechtstechnische Wirkung zu, ein unrichtig festgestelltes Beschlußergebnis mit Wirkung für und gegen jedermann durch das richtige Beschlußergebnis zu ersetzen.[920]

Diese Gestaltungswirkung hat Auswirkungen auf die Voraussetzungen einer solchen Klage. Die Erfordernisse der Anfechtungsklage und insbesondere die Fristenregelung des § 246 AktG dienen dazu, Klarheit über den zukünftigen Bestand eines Beschlusses und damit Rechtssicherheit zu schaffen. Nicht anders ist die Situation bei der positiven Beschlußfeststellungsklage. Auch hier hat der Rechtsverkehr ein Interesse daran über die Bestandskraft eines Beschlusses möglichst bald Gewißheit zu haben. Auf die Beschlußfeststellungsklage sind daher die Vorschriften über das kassatorische Verfahren entsprechend anzuwenden.[921] Es gilt also auch für diese Klage die Anfechtungsfrist des § 246 AktG. Im GmbH-Recht ist demgegenüber zwar nur eine angemessene Frist einzuhalten, die sich allerdings an der Frist des § 246 AktG orientiert.[922]

Hinsichtlich der Parteien des Verfahrens gelten für die positive Beschlußfeststellungsklage ebenfalls die Anfechtungsregeln entsprechend. Kläger kann so-

---

[916] Krohenke S. 92.
[917] Schmidt AG 1980, 170; Zöllner, in: KK § 248 Rz 29.
[918] Schmidt NJW 1986, 2020.
[919] Schmidt AG 1980, 170; Zöllner ZGR 1982, 628.
[920] Schmidt NJW 1986, 2020.
[921] Hachenburg-Raiser Anh. § 47 Rz 246.
[922] Nonn S. 116.

mit jeder zur Anfechtung Berechtigte sein.[923] Richtiger Beklagter ist die Gesellschaft. Dies ergibt sich für die AG aus § 246 AktG und entspricht für die GmbH der ganz überwiegenden Meinung.[924] Keinerlei Unterschiede zwischen der positiven Beschlußfeststellungsklage und der Anfechtungsklage bestehen schließlich im Hinblick auf die Rechtskraft eines Beschlußfeststellungsurteils. Mit der erfolgreichen Beschlußfeststellungsklage wird der ursprüngliche Beschluß aufgehoben und ein neuer Beschluß festgestellt. Die für die Rechtskraft des Anfechtungsurteils maßgebenden Rechtssicherheitserwägungen gelten für die positive Beschlußfeststellungsklage in gleicher Weise. Hinsichtlich der Rechtskraft kommt daher ebenfalls § 246 AktG analog zur Anwendung. Daher wirkt auch die positive Beschlußfeststellungsklage inter omnes.[925]

Probleme bereitet bei der positiven Beschlußfeststellungsklage allerdings der verfahrensrechtliche Drittschutz. Nach der Rechtsprechung des BVerfG verletzt die Erhebung einer Gestaltungsklage den in Art. 103 Abs. 1 GG verankerten Anspruch auf rechtliches Gehör, wenn über die Klage entschieden wird, ohne daß die Mitgesellschafter von ihr Kenntnis und damit Gelegenheit erhalten haben, dem Rechtsstreit beizutreten.[926] Auch bei der positiven Beschlußfeststellungsklage handelt es sich um eine Gestaltungsklage, die wegen der inter omnes-Wirkung ihres Urteils alle Gesellschafter betrifft. Ihnen muß daher mit Rücksicht auf Art. 103 Abs. 1 GG ebenfalls die Möglichkeit eingeräumt werden, ihre dissentierenden Meinungen geltend zu machen.

Hierzu ist es wenigstens erforderlich, daß die Gesellschafter über den Prozeß in Kenntnis gesetzt werden und ihnen hierdurch die Möglichkeit eröffnet wird, dem Prozeß als streitgenössischer Nebenintervenient beizutreten.[927] Eine solche Kenntnisnahmemöglichkeit kann bei der AG dadurch erfolgen, daß die Anfechtung und damit auch die Erhebung einer Beschlußfeststellungsklage analog § 246 Abs. 4 AktG in den Gesellschaftsblättern bekannt zu machen ist.[928] Bei der GmbH besteht keine dem § 246 Abs. 4 AktG vergleichbare gesetzliche Bekanntmachungspflicht. Gleichwohl sind auch hier die Geschäftsführer ver-

[923] § 246 AktG und Hachenburg-Raiser Anh. § 47 Rz 246.
[924] BGH NJW 1981, 1041; OLG Hamm GmbHR 1985, 119; Baumbach/Hueck-Zöllner Anh. § 47 Rz 81; Hachenburg-Raiser Anh. § 47 Rz 196; Rowedder-Koppensteiner § 47 Rz 149; Scholz-Schmidt § 45 Rz 148.
[925] Schmidt NJW 1986, 2020.
[926] BVerfGE 60, 7 (14f).
[927] BGHZ 97, 28 (31); OLG Hamburg GmbHR 1992, 43 (47); Baumbach/Hueck-Zöllner Anh. § 47 Rz 93; Hüffer, in: MüKo z. AktG § 246 Rz 80.
[928] Hüffer, in: MüKo z. AktG § 246 Rz 80; Zöllner ZGR 1982, 630f.

pflichtet, unverzüglich alle Gesellschafter über die Erhebung einer Beschlußfeststellungsklage zu unterrichten.[929]

C. Schadensersatzpflichten bei Verstoß gegen eine positive Stimmpflicht

Mitunter wird ein Gesellschafter nicht die Möglichkeit haben, rechtzeitig gegen einen Beschluß, der unter Verstoß gegen positive Stimmpflichten gefaßt wurde, im Wege einer positiven Beschlußfeststellungsklage vorzugehen. Wenn etwa der günstigste Zeitpunkt, eine Gesellschaft zu sanieren, verstrichen ist, weil sich die Gesellschafter nicht zur Annahme eines bestimmten Sanierungskonzeptes durchringen konnten und die Gesellschaft deshalb insolvent wurde, ist es müßig, später mittels der Beschlußfeststellungsklage die Rechtswidrigkeit der Beschlußablehnung feststellen zu lassen. In diesem Fall bleibt der Gesellschaft oder einem Gesellschafter, der einen Stimmpflichtverstoß rügen will, nur noch die Möglichkeit, Schadensatz von denjenigen Gesellschaftern zu fordern, die entgegen einer bestehenden Stimmpflicht einen Beschluß abgelehnt haben. Damit ist die Frage aufgeworfen, ob Verstöße gegen Stimmpflichten zu Schadensersatzverpflichtungen führen können.

I. Schadensersatzpflichten des Aktionärs

Anerkannt ist mittlerweile, daß ein treuwidriges Verhalten grundsätzlich zu Schadensersatzpflichten führen kann.[930] Ein Verstoß gegen eine positive Stimmpflicht, die sich aus der Treuepflicht zur Gesellschaft ergibt, ist zugleich ein treuwidriges Verhalten. Dementsprechend müßte eigentlich auch ein Verstoß gegen eine positive Stimmpflicht zu einer Schadensersatzhaftung des stimmpflichtigen Aktionärs führen.

Bereits oben[931] wurde allerdings ausführlich dargestellt, daß die Aktionäre wegen der Vorschrift des § 117 Abs. 7 Nr. 1 AktG keine Schadensersatzhaftung für eine treuwidrige Stimmrechtsausübung trifft. Dies ergibt sich aus dem mit der Haftungsprivilegierung verfolgten Zweck der Vorschrift. Ziel des § 117 Abs. 7 Nr. 1 AktG ist es, eine möglichst breite Streuung von Aktien in allen Schichten des Volkes zu ermöglichen, was zum einen die Aufnahme von Kapital auf seiten der Wirtschaft begünstigt und zum anderen eine allgemeine

---

929 BGHZ 97, 28 (31) Baumbach/Hueck-Zöllner Anh. § 47 Rz 86; Lutter/Hommelhoff Anh. § 47 Rz 43.

930 Lutter JZ 1995, 1055; Timm WM 1991, 486; Häsemeyer ZHR 160, 117; Winter S. 83f.

931 siehe oben 3. Teil B. I. 1.

Vermögensbildung fördert.[932] Dabei soll der Aktionär nicht nur die Möglichkeit haben, sein Kapital in die Gesellschaft zu investieren, sondern zugleich an ihrer Willensbildung durch Ausübung seines Stimmrechts teilzunehmen. Eine Schadensersatzpflicht bei treuwidrigem Stimmverhalten würde für den Aktionär dagegen zu einem diffusen, konturenlosen und unkalkulierbaren Risiko führen, das ihn von der Wahrnehmung seiner Mitgliedschaftsrechte abhalten würde.[933] Die Folge wäre eine weitere Verödung der Hauptversammlungen, da sich auf ihnen allenfalls noch Bankenvertreter zur aktiven Wahrnehmung der gesellschaftsrechtlichen Stimmrechte motivieren ließen.[934] Begegnen kann man ihr nur, wenn man den Aktionär von einer Haftung für sein Stimmrechtsverhalten freistellt, weshalb der Gesetzgeber die Vorschrift des § 117 Abs. 7 Nr. 1 AktG geschaffen hat.

Führt damit die treuwidrige Stimmrechtsausübung nicht zu einer Schadensersatzpflicht des Aktionärs, so bedeutet dies zugleich, daß auch ein Verstoß gegen positive Stimmpflichten nicht zu Schadensersatzpflichten des Aktionärs führt, da es sich hierbei lediglich um einen Anwendungsfall einer treuwidrigen Stimmrechtsausübung handelt. Ein diesbezüglicher Beschluß unterliegt zwar der Anfechtbarkeit. Vermögenswerte Folgen in Form von Schadensersatzpflichten hat ein Verstoß gegen eine auf der Treuepflicht beruhende Stimmpflicht für den Aktionär indes nicht. § 117 AktG bestimmt somit eine umfassende Haftungsfreistellung des Aktionärs für sein Abstimmungsverhalten.[935]

II. Schadensersatzpflichten des GmbH-Gesellschafters

Zweifelhaft ist allerdings, ob die Rechtslage bei der GmbH entsprechend ist. Im GmbHG fehlt eine § 117 AktG vergleichbare Vorschrift.[936] Die Norm selber ist eine Vorschrift des Aktienrechts. Eine direkte Anwendung dieser Vorschrift auf das GmbH-Recht scheidet daher offenkundig aus. Denkbar wäre aber eine analoge Anwendung.

Eine Analogie setzt voraus, daß eine gesetzliche Vorschrift eine planwidrige Regelungslücke enthält. Ob eine derartige Lücke vorliegt, ist zu beurteilen vom Standpunkt des Gesetzes selbst, der ihm zugrundeliegenden Regelungsabsicht,

---

[932] LG Düsseldorf WM 1993, 153 (162).
[933] LG Düsseldorf WM 1993, 153 (163).
[934] Henssler DZWiR 1995, 432.
[935] Henssler DZWiR 1995, 432.
[936] LG Düsseldorf WM 1993, 153 (162).

der mit ihr verfolgten Zwecke des gesetzgeberischen „Plans".[937] Hat der Gesetzgeber bewußt einen bestimmten Lebenssachverhalt nicht in den Regelungsbereich einer Norm aufgenommen, so fehlt eine Planwidrigkeit. Ein Lückenschluß durch Analogie kommt dann nicht in Betracht. Vielmehr ist der Wille des Gesetzgebers, den Lebenssachverhalt gerade nicht einer bestimmten Regelung unterfallen zu lassen, zu respektieren.

Aus dem Gesamtzusammenhang der Regelungen des GmbHG läßt sich entnehmen, daß der Gesetzgeber sich im Falle der GmbH nicht wie bei der AG die anonyme Massengesellschaft mit in ihren geschäftlichen Kenntnissen und Fähigkeiten sehr heterogener Gesellschafterstruktur zum Leitbild erkoren hat. Beispielsweise geht das GmbHG grundsätzlich von einem kleinen Gesellschafterkreis aus, wie sich aus der erleichterten Beschlußfassungsmöglichkeit des § 48 Abs. 2 GmbHG entnehmen läßt. Auch gibt es bei der GmbH keine Kleinaktionäre, die von der Teilnahme an der Gesellschafterversammlung wegen drohender Schadensersatzklagen abgehalten werden.[938] Insgesamt stellt der Gesetzgeber an die Geschäftserfahrenheit eines GmbH-Gesellschafters und an dessen Fähigkeit, die Tragweite einer unternehmerischen Entscheidung zu überblicken, höhere Maßstäbe, als an einen Aktionär. Dies zeigt sich deutlich daran, daß in der GmbH die gesamte Geschäftsführung zur Disposition der Gesellschafter steht. Theoretisch könnten sich die Gesellschafter die Entscheidungen über alle Geschäftsführungsmaßnahmen vorbehalten.[939] Demgegenüber entscheiden die Aktionäre einer AG gem. § 119 Abs. 2 AktG nur ausnahmsweise über Fragen der Geschäftsführung. Dieser Unterschied läßt sich nur so erklären, daß der Gesetzgeber bei der Schaffung des GmbHG von einem Typus eines geschäftsgewandteren Gesellschafters ausging als bei der AG.

Wenn aber das GmbHG von einem Gesellschaftertypus ausgeht, der die unternehmerischen Gefahren und Risiken besser zu bewältigen in der Lage ist als der Aktionär, dann muß man davon ausgehen, daß der Gesetzgeber gerade keine dem § 117 Abs. 7 Nr. 1 AktG entsprechende Haftungsfreistellung für die GmbH-Gesellschafter gewollt hat, da Grund für die Privilegierung des § 117 Abs. 7 Nr. 1 AktG gerade die Geschäftsunerfahrenheit des Kleinaktionärs ist.[940] Es mangelt somit an einer planwidrigen Regelungslücke, so daß die Vorschrift des § 117 Abs. 7 Nr. 1 AktG nicht, auch nicht analog, für das GmbH-

[937] Larenz S. 373.
[938] Immenga, Kapitalgesellschaft S. 281.
[939] Meyer-Landrut/Miller/Niehus §§ 35-38 Rz 72.
[940] im Ergebnis ebenso: Immenga, Kapitalgesellschaft S. 281; Winter S. 84.

Recht Anwendung findet. Der Gesellschafter der GmbH kann mithin unter Umständen für eine treuwidrige Stimmrechtsausübung in Form eines Verstoßes gegen positive Stimmpflichten nach den allgemeinen Grundsätzen über Schadensersatzpflichten bei Treuepflichtverletzungen haften. Bezüglich der näheren Einzelheiten dieser Haftung kann hier auf die umfangreiche, zur Schadensersatzhaftung bei Treuepflichtverletzungen bereits erschienene Literatur[941] verwiesen werden, da es sich bei einem Verstoß gegen eine positive Stimmpflicht im hier untersuchten Sinne lediglich um einen Anwendungsfall einer solchen Treuepflichtverletzung handelt.

---

[941] vgl. etwa die Darstellungen bei Beckerhoff S. 89ff; Jilg S. 92 ff und Baumbach/Hueck-Hueck/Fastrich § 13 Rz 31 je mit weiteren Nachweisen.

6. Teil: Zusammenfassung der Ergebnisse in Thesen

- Unter dem Begriff der positiven Stimmpflicht ist die Pflicht zur Stimmabgabe in einer bestimmten Weise zu verstehen, d. h., die Pflicht, in einer bestimmten Situation entweder nur mit „Ja", nur mit „Nein" oder nur mit „Enthaltung" zu stimmen. Nicht unter den Begriff der Stimmpflicht im hier verstandenen Sinne fällt demgegenüber - abgesehen von den Fällen, in denen die Satzung ein Mindesterfordernis für die Beschlußfähigkeit vorsieht - die Pflicht überhaupt an einer Abstimmung teilzunehmen.

- Positive Stimmpflichten sind theoretisch für jeden Beschluß denkbar. Sie können - wenn es das Gesellschaftsinteresse erfordert - sowohl die Mehrheit als auch die Minderheit treffen. Praktisch relevant werden sie jedoch gewöhnlich nur bei solchen Beschlüssen, die für den Bestand oder die Zukunft der Gesellschaft erheblich sind und bei denen es für die Beschlußfassung auf die Stimmen eines Teils der Gesellschafter (gewöhnlich der Minderheit) maßgeblich ankommt. Dies ist vor allem bei Satzungsänderungsbeschlüssen und hierbei insbesondere bei Beschlüssen über Kapitalmaßnahmen der Fall.

- Sowohl im GmbH- wie im Aktienrecht ist die Treuepflicht mittlerweile anerkannt. Dabei kann der Geltungsgrund der Treuepflicht im Kapitalgesellschaftsrecht nicht wie im Personengesellschaftsrecht in einem besonderen Vertrauensverhältnis unter den Gesellschaftern gesehen werden. Vielmehr ist im Kapitalgesellschaftsrecht Geltungsgrund der Treuepflicht die Korrelation von Rechtsmacht und Verantwortung. Hiernach entspricht dem Maß, in dem ein Gesellschafter auf die Interessen der Gesellschaft oder der anderen Gesellschafter bzw. der Aktionäre Einfluß nehmen kann, eine gleich große Pflicht zur Rücksichtnahme auf diese Interessen. Diese Pflicht zur Rücksichtnahme ist die Treuepflicht. Sie findet ihre Rechtsgrundlage nicht in § 242 oder § 705 BGB, sondern in einer rechtlichen Sonderverbindung des Gesellschafters zur Gesellschaft bzw. zu den anderen Gesellschaftern. Im Verhältnis zwischen Gesellschaft und Gesellschafter begründet die Mitgliedschaft als Rechtsverhältnis diese Sonderrechtsbeziehung. Unter den GmbH-Gesellschaftern ergibt sich demgegenüber diese Sonderrechtsbeziehung aus dem gemeinsamen Willen, den Zweck der Gesellschaft zu verfolgen. Bei der Aktiengesellschaft entsteht eine solche Sonderrechtsbeziehung unter den Aktionären im Bereich der Stimmrechtsausübung aus der für eine effektive Stimmrechtsausübung notwendigen gemeinsamen Verbundenheit der Gesellschafter.

- Es bestehen keine grundsätzlichen Bedenken gegen die Annahme positiver Stimmpflichten im Kapitalgesellschaftsrecht. Weder steht das Mehrheitsprinzip der Annahme positiver Stimmpflichten entgegen noch liegt in einer Pflicht zur Stimmenthaltung ein im Vergleich zu einer positiven Stimmpflicht milderes aber ebenso geeignetes Mittel. Stimmpflichten lassen sich vielmehr aus der gesellschaftsrechtlichen Treuepflicht herleiten und konkretisieren hierdurch die Treuepflicht. Uneinigkeit besteht allerdings, wie die Voraussetzungen positiver Stimmpflichten als Ausfluß der Treuepflicht zu definieren sind. Während Rechtsprechung und Teile der Literatur in Anlehnung zu den Grundsätzen über Stimmpflichten im Personengesellschaftsrecht positive Stimmpflichten im Kapitalgesellschaftsrecht dann annehmen, wenn ein Beschluß im Interesse der Gesellschaft dringend geboten und die Zustimmung den Gesellschaftern zumutbar ist, versuchen andere Autoren die Voraussetzungen an den Grundsätzen zur öffentlich-rechtlichen Ermessenslehre zu orientieren. Im Ergebnis unterliegen allerdings alle bisherigen Definitionsversuche aufgrund ihrer fehlenden methodischen Ausfüllung Bedenken.

- Die Voraussetzungen positiver Stimmpflichten sind statt dessen im Wege einer rechtlich geleiteten Interessenabwägung zu bestimmen. Hierzu ist zu prüfen, ob ein Beschluß, für den eine positive Stimmpflicht in Frage kommt, im dringenden Interesse der Gesellschaft erforderlich ist. Sodann ist zu erforschen, ob durch den Beschluß schutzwürdige Interessen der Gesellschafter berührt werden oder ob die Gesellschafter wenigstens schutzwürdige Gründe gegen den Beschluß geltend machen können. Bestehen solche Interessen und Gründe der Gesellschafter nicht, unterliegen die Gesellschafter aufgrund ihrer aus der Treuepflicht folgenden Pflicht, das Gesellschaftsinteresse zu fördern, einer positiven Stimmpflicht. Liegt der Beschluß zwar im dringenden Interesse der Gesellschaft, können aber die Gesellschafter schutzwürdige Gründe oder Interessen gegen den Beschluß geltend machen, so ist im Wege einer Abwägung zu ermitteln, welches Interesse überwiegt. Überwiegen die Interessen und Gründe der Gesellschafter, ist eine positive Stimmpflicht zu verneinen, überwiegt das Gesellschaftsinteresse ist eine positive Stimmpflicht zu bejahen. Dabei kommen positive Stimmpflichten nur für Beschlüsse in Frage, die im dringenden Interesse der Gesellschaft liegen. Keine Stimmpflicht besteht demgegenüber für Beschlüsse, die ausschließlich im Interesse einiger Gesellschafter liegen, da die Gesellschafter untereinander zwar zur Rücksichtnahme nicht aber zur Förderung der Interessen ihrer Mitgesellschafter verpflichtet sind.

- Um dem Charakter der Stimmrechtsausübung als Teil einer unternehmerischen Entscheidung des Gesellschafters Rechnung zu tragen, ist der Gesellschafter nur dort zur Beachtung einer positiven Stimmpflicht verpflichtet, wo das Vorliegen dieser Stimmpflicht für ihn evident ist. Dabei ist auf die Sichtweise eines durchschnittlichen Gesellschafters, dessen Sorgfaltsmaßstab sich an § 276 Abs. 1 BGB orientiert, abzustellen.

- Ein Verstoß gegen eine positive Stimmpflicht führt nicht zur Nichtigkeit der einen Beschluß treuwidrig ablehnenden Einzelstimme. Solche Stimmen sind vielmehr wirksam. Sie können weder bei der Feststellung des Beschlußergebnisses unberücksichtigt bleiben, noch können treuwidrige Stimmen als in Wahrheit treugemäß abgegeben unterstellt werden. Statt dessen ist ein Ablehnungsbeschluß, der auf einer treuwidrigen Abstimmung beruht, anfechtbar.

- Gerichtlicher Rechtsbehelf zur Durchsetzung positiver Stimmpflichten ist die positive Beschlußfeststellungsklage. Hierbei richten sich die Voraussetzungen der Klage im wesentlichen nach den Vorschriften über die Anfechtungsklage. Dies gilt insbesondere für die Klagefrist, die an der Klage Beteiligten sowie die Rechtskraft des Urteils, das inter omnes wirkt. Demgegenüber lassen sich positive Stimmpflichten nicht mittels isolierter Anfechtungs- oder Leistungsklage durchsetzen. Der Leistungsklage fehlt die den ursprünglichen Beschluß aufhebende Wirkung, während die Anfechtungsklage nicht zu der vom Kläger gewünschten Feststellung eines Beschlusses führt.

- Der Verstoß gegen eine positive Stimmpflicht stellt eine Treuepflichtverletzung dar. Er kann daher grundsätzlich wie jede Treuepflichtverletzung unter Umständen zu Schadensersatzpflichten des treuwidrig handelnden Gesellschafters führen. Allerdings stellt § 117 Abs. 7 Nr. 1 AktG den Aktionär von jeglicher Schadensersatzhaftung für seine Stimmrechtsausübung frei. Entsprechend haftet der Aktionär auch nicht für einen treuwidrigen Verstoß gegen eine positive Stimmpflicht. Demgegenüber fehlt für den Gesellschafter einer GmbH eine § 117 Abs. 7 Nr. 1 AktG entsprechende Haftungsfreistellung. Ihn kann daher bei einem Verstoß gegen eine positive Stimmpflicht die volle Schadensersatzpflicht treffen.

LITERATURVERZEICHNIS

Ballerstedt, Kurt: Kapital, Gewinn und Ausschüttung bei Kapitalgesellschaften, Tübingen 1949

ders.: Der gemeinsame Zweck als Grundbegriff des Rechts der Personengegellschaften, in: Jus 1963, 253

Baumbach, Adolf/Hopt, Klaus: Handelsgesetzbuch, 30. Auflage, München 2000

Baumbach, Adolf/Hueck, Alfred: GmbH-Gesetz, 17. Aufl., München 2000 (zit.: Baumbach/Hueck-Bearbeiter)

Baumbach, Adolf/Hueck, Alfred/Hueck, Götz: Aktiengesetz, 13. Aufl., München 1968 (zit.: Baumbach/Hueck AktG)

Becker, Michael: Der Ausschluß aus der Aktiengesellschaft, in: ZGR 1986, 383

Beckerhoff, Tom: Treupflichten bei der Stimmrechtsausübung und Eigenhaftung des Stimmrechtsvertreters, Frankfurt 1996

Behrens, Peter: Stimmrecht und Stimmrechtsbindung, in: Festschrift 100 Jahre GmbH-Gesetz; Marcus Lutter, Peter Ulmer, Wolfgang Zöllner (Hrsg.); Köln 1992, S. 539

Bergmann: Über den Mißbrauch gesellschaftlicher Machtstellungen (§§ 101, 197, Abs. 2 AktG), in: ZHR 105 (1938), 1

Beusch, Karl: Die Aktiengesellschaft - eine Kommanditgesellschaft in der Gestalt einer juristischen Person?, in: Festschrift für Winfried Werner; Walter Hadding, Ulrich Immenga, Hans Joachim Mertens, Klemens Pleyer, Uwe H. Schneider (Hrsg.), Berlin u. a. 1984, S. 1

Bungert, Hartwin: Die Treuepflicht des Minderheitsaktionärs, in: DB 1995, 1749

Claussen, Carsten Peter: 25 Jahre deutsches Aktiengesetz von 1965, Teil 2, in: AG 1991, 10

Degenhart, Christoph: Staatsrecht I, 14. Aufl., Heidelberg 1998

Dorpalen, Andreas: Die Treupflicht des Aktionärs, in: ZHR 102 (1938), 1

Dreher, Meinrad: Treuepflichten zwischen Aktionären und Verhaltenspflichten bei der Stimmrechtsbündelung, in: ZHR 157 (1993), 150

ders.: Das Ermessen des Aufsichtsrats, in: ZHR 158 (1994), 614

ders.: Die Schadensersatzhaftung bei Verletzung der aktienrechtlichen Treuepflicht durch Stimmrechtsausübung, in: ZIP 1993, 332

Ebenroth, Carsten Thomas/Boujong, Karlheinz/Joost, Detlev: Handelsgesetzbuch, Band 1, §§ 1-342a, München 2001

Ebenroth, Carsten Thomas/Müller, Andreas: Kündigung, Heilung und Mitwirkungspflichten bei fehlerhaften Organschaftsverhältnissen im GmbH-Konzernrecht, in: BB 1991, 358

Ehlke, Michael: Stammkapitalerhöhung bis zum 31.12.1985 oder Auflösung, in: GmbHR 1985, 284

Eickhoff, Andreas: Die Gesellschafterklage im GmbH-Recht, Köln u. a. 1986

Eisenhardt, Ulrich: Gesellschaftsrecht, 10. Aufl., München 2002

Emde, Raimond: Der Angriff eines Mitgesellschafters gegen die Beschlußfeststellungsklage, in: ZIP 1998, 1475

Emmerich, Volker: Supermarkt und die Folgen BGHZ 105, 324, in: Jus 1992, 102

Ensch, Jürgen: Institutionelle Mitbestimmung und Arbeitnehmereinfluß, Köln u. a. 1989

Erman, Walter: Handkommentar zum Bürgerlichen Gesetzbuch, Band 1, (§§1-853), 10. Aufl., Münster 2000

Fechner, Erich: Die Treubindungen des Aktionärs, Weimar 1942

Fehrensen, Hans: Treuepflicht des Großaktionärs, Göttingen 1965

Fillmann, Andreas: Treuepflichten der Aktionäre, Frankfurt 1991

Fischer, Robert: Die Grenzen bei der Ausübung gesellschaftlicher Mitgliedschaftsrechte, in: NJW 1954, 770

Friedewald, Rolf: Die personalistische Aktiengesellschaft, Köln u. a. 1991

Flume, Werner: Allgemeiner Teil des Bürgerlichen Rechts, Band 1, Zweiter Teil, Heidelberg u. a. 1983; (zit.: Flume, Juristische Person)

ders.: Allgemeiner Teil des Bürgerlichen Rechts, Band 2, 3. Auflage, Berlin u. a. 1979; (zit.: Flume, Allgemeiner Teil)

ders.: Die Rechtsprechung des II. Zivilsenats des BGH zur Treuepflicht des GmbH-Gesellschafters und des Aktionärs, in: ZIP 1996, 161

Gadow, Wilhelm/Heinichen, Eduard: Großkommentar zum Aktiengesetz,
§§ 1-14, 4. Aufl., 2. Lfg.; Klaus Hopt, Herbert Wiedemann (Hrsg.), Berlin 1996;
§§ 241-255, 4. Aufl., 6. Lfg., Berlin 1996;
(zit.: Bearbeiter, in: GK-AktG)

dies.: Großkommentar zum Aktiengesetz, 3. Aufl., Band 1, 1. Halbband §§ 1-75, Berlin u. a. 1973; (zit.: Bearbeiter, in: GK-AktG (3. Aufl.))

Ganssmüller, Helmut: Die Tätigkeitsvergütungen und andere besondere Vergütungen an Gesellschafter von Personengesellschaften und ihre Abänderung, in: DB 1965, 1893 *ders.*: Weitere Fragen zur Anpassung des Geschäftsführergehaltes bei Personengesellschaften, in: DB 1966, 1505

Geßler, Ernst/Hefermehl, Wolfgang/Eckardt, Ulrich/Kropff, Bruno: Aktiengesetz, Band 1, §§ 1-75, München 1984;
Band 2, §§ 76-147, München 1974;
Band 4, §§ 179-240, München 1994;
(zit.: Bearbeiter, in: Geßler/Hefermehl/Eckardt/Kropff)

von Gierke, Otto: Das Wesen der menschlichen Verbände, Leipzig 1902

Godin, Reinhard/Wilhelmi, Hans: Aktiengesetz vom 06. September 1965, Band 1 §§ 1-178; 4. Auflage, Berlin u. a. 1971

Grauer, Wolfram: Konzernbildungskontrolle im GmbH-Recht, Konstanz 1991

Grunewald, Barbara: Gesellschaftsrecht, 5. Auflage, Tübingen 2002

Hachenburg, Max: Gesetz betreffend die Gesellschaften mit beschränkter Haftung (GmbHG), Band 1, §§ 1-34, 8. Aufl., Berlin u. a. 1992;
Band 2, §§ 35-52, Berlin u. a. 1997;
Band 3, §§ 53-85, Berlin u. a. 1997;
(zit.: Hachenburg-Bearbeiter)

ders.: Gesetz betreffend die Gesellschaften mit beschränkter Haftung (GmbHG), Band 2, §§ 13-52, 7. Aufl., Berlin u. a. 1979

Häsemeyer, Ludwig: Obstruktion gegen Sanierungen und gesellschaftsrechtliche Treupflichten, in: ZHR 160 (1996), 109

Häuser, Franz: Unbestimmte „Maßstäbe" als Begründungselement richterlicher Entscheidungen, Berlin 1981

Hauschildt, Jürgen: Entscheidungen der Geschäftsführung, Tübingen 1983

Heckschen, Heribert: Gelöste und ungelöste zivilrechtliche Fragen des GmbH-Konzernrechts, in: DB 1989, 29

Hedemann, Justus Wilhelm: Die Flucht in die Generalklauseln, Tübingen 1933

Heidelberger Kommentar zum Handelsgesetzbuch: Peter Glanegger, Georg Güroff, Christian Kirnberger, Stefan Kusterer, Monika Peuker, Werner Ruß, Johannes Selder, Ulrich Stuhlfelner (Hrsg.), 6. Aufl., Heidelberg 2002; (zit.: Bearbeiter, in: Heidelberger Kommentar)

Henn, Günther: Die Rechte des Aktionärs: Rechte und Pflichten auf der Hauptversammlung, Köln 1984

ders.: Handbuch des Aktienrechts, 7. Aufl., Heidelberg 2002; (zit.: Henn, Aktienrecht)

Hennrichs, Joachim: Treupflichten im Aktienrecht, in: AcP 195 (1995), 221

Henssler, Martin: Die Haftung des Stimmrechtsvertreters, in: DZWiR 1995, 430

Henze, Hartwig: Treuepflichten der Gesellschafter im Kapitalgesellschaftsrecht, in: ZHR 162 (1998), 186
ders.: Die Treuepflicht im Aktienrecht, in: BB 1996, 489
ders.: Zur Treuepflicht des Aktionärs, in: Festschrift für Alfred Kellermann; Richard Goerdeler, Peter Hommelhoff, Marcus Lutter, Walter Odersky, Herbert Wiedemann (Hrsg.), Berlin u. a. 1991, S. 141
Hesse, Friedrich Wilhelm: Die Treupflicht des Aktionärs, Köln 1938
Heymann, Ernst: Handelsgesetzbuch, Band 2, §§ 105-237, 2. Aufl., Berlin u. a. 1996; (zit.: Heymann-Bearbeiter)
Hofmann, Paul: Zur Auflösung einer GmbH, in: GmbHR 1975, 217
Hoffmann, Thomas: Die Klagebefugnis des GmbH-Gesellschafters (actio pro socio), in: GmbHR 1963, 61
Hommelhoff, Peter: Die Konzernleitungspflicht, Köln u. a. 1982
Horrwitz, Walter: Über die Freiheit der Abstimmung im Aktienrecht, in: JW 1930, 2637
Huber, Ulrich: Vermögensanteil, Kapitalanteil und Gesellschaftsanteil an Personengesellschaften des Handelsrechts, Heidelberg 1970
ders.: Freie Rücklagen in Kommanditgesellschaften, in: Gedächtnisschrift für Brigitte Knobbe-Keuk; Wolfgang Schön (Hrsg.), Köln 1997, S. 203
ders.: Die Schuldenhaftung beim Unternehmenserwerb und das Prinzip der Privatautonomie, in: Festschrift für Peter Raisch; Karsten Schmidt, Eberhard Schwark (Hrsg.), Köln u. a. 1995, S. 85
ders.: Entstehungsgeschichte und aktuelle Auslegungsprobleme des § 241 Nr. 3 AktG, in: Festschrift für Helmut Coing; Band 2; Norbert Horn, Klaus Luig, Alfred Söllner (Hrsg.), München 1982, S. 165
ders.: Betriebsführungsverträge zwischen selbständigen Unternehmen, in: ZHR 152 (1988), 1
ders.: Der Ausschluß des Personengesellschafters ohne wichtigen Grund, in: ZGR 1980, 177
Hubmann, Heinrich: Grundsätze der Interessenabwägung, in: AcP 155, 98
Hueck, Alfred: Das Recht der offenen Handelsgesellschaft, 4. Aufl., Berlin 1971; (zit.: Hueck, OHG)
ders.: Der Treuegedanke im modernen Privatrecht, München 1946; (zit.: Hueck, Treuegedanke)
ders.: Der Treuegedanke im Recht der offenen Handelsgesellschaft, in: Festschrift für Rudolf Hübner, Jena 1935, S. 72

ders.: Inwieweit besteht eine gesellschaftliche Pflicht des Gesellschafters einer Handelsgesellschaft zur Zustimmung zu Gesellschafterbeschlüssen? in: ZGR 1972, 237

Hueck, Götz: Gesellschaftsrecht, 19. Aufl., München 1991

Hüffer, Uwe: Aktiengesetz, 5. Aufl., München 2002; (zit.: Hüffer AktG)

ders.: Zur gesellschaftsrechtlichen Treuepflicht als richterrechtlicher Generalklausel, in: Festschrift für Steindorff zum 70. Geburtstag; Jürgen F. Baur, Klaus J. Hopt, K. Peter Mailänder (Hrsg.), Berlin New York 1990, S. 59ff

Immenga, Ulrich: Bindung von Rechtsmacht durch Treuepflichten, in: Festschrift 100 Jahre GmbHG; Marcus Lutter, Peter Ulmer, Wolfgang Zöllner (Hrsg.), Köln 1992, S. 189

Ivens, Michael: Das Fördergebot des GmbH-Gesellschafters, in: GmbHR 1988, 249

Jauernig, Othmar: Bürgerliches Gesetzbuch, 10. Aufl., München 2003

Jilg, Thomas: Die Treuepflicht des Aktionärs, Frankfurt 1996

Jürgenmeyer, Michael: Das Unternehmensinteresse, Heidelberg 1984

Kallmeyer, Harald: Umwandlungsgesetz, 2. Aufl., Köln 2001; (zit.: Bearbeiter, in: Kallmeyer)

Kleindiek, Detlef: Fehlerhafte Unternehmensverträge im GmbH-Recht, in: ZIP 1988, 613

Kölner Kommentar zum Aktiengesetz:
Band 2, §§ 76-117, 2. Aufl., Wolfgang Zöllner (Hrsg.) Köln u. a. 1996;
Band 2, §§ 148-290, 1. Aufl., Köln u. a.1985;
Band 5/1 §§ 179-240, 2. Aufl., Köln u. a. 1994;
(zit.: Bearbeiter, in: KK)

Kollhosser, Helmut: Zustimmungspflicht zur Abänderung von Gesellschaftsverträgen bei Personenhandelsgesellschaften?; in: Festschrift für Harry Westermann; Wolfgang Hefermehl, Rudolf Gmür, Hans Brox (Hrsg.), Karlsruhe 1974, S. 75

Koppensteiner, Hans-Georg: Treuwidrige Stimmabgaben bei Kapitalgesellschaften, in: ZIP 1994, 1325

Kort, Michael: Zur Treuepflicht des Aktionärs, in: ZIP 1990, 294

ders.: Der Abschluß von Beherrschungs- und Gewinnabführungsverträgen im GmbH-Recht, Köln u. a. 1986

Kraft, Alfons: Interessenabwägung und gute Sitten im Wettbewerbsrecht, München und Berlin 1963

Krohenke, Stefan: Treuwidrige Stimmen im Personengesellschafts- und GmbH-Recht, Baden-Baden 1997

Kropff, Bruno: Aktiengesetz, Textausgabe des Aktiengesetzes vom 06.09.1965 und des Einführungsgesetzes zum Aktiengesetz vom 06.09.1965 mit Begründung des Regierungsentwurfs, Bericht des Rechtsausschusses des Deutschen Bundestages, Verweisungen und Sachverzeichnis, Düsseldorf 1965

Kübler, Friedrich: Gesellschaftsrecht, 5. Aufl., Heidelberg 1998

Landgrebe, Detlev: Der Rechtsgedanke der actio pro socio im Recht der GmbH, in: GmbHR 1967, 227

Larenz, Karl: Methodenlehre der Rechtswissenschaft, 6. Aufl., Berlin u. a. 1991

Lehmann, Heirich: Die Generalklausel des neuen Aktiengesetz, in: Festschrift für Justus Wilhelm Hedemann; Georg Anton Löning, Hans Carl Nipperdey (Hrsg.), Jena 1938, S. 399

Leßmann, H.: Vinkulierte Übertragung von GmbH-Geschäftsanteilen, in: GmbHR 1985, 179

Lifschütz, Alexander: Der Bericht der Aktienrechtskommission, in: JW 1929, 609

Lindacher, Walter F.: Fragen der Beschlußfassung und -feststellung nach § 46 Nr. 8 GmbHG, in: ZGR 1987, 120

Lutter, Marcus: Theorie der Mitgliedschaft, in: AcP 180 (1980), 84

ders.: Die Treuepflicht des Aktionärs, in: ZHR 153 (1989), 446

ders.: Treupflichten und aktuelle Anwendungsprobleme, in: ZHR 162 (1998), 164

ders.: Zur inhaltlichen Begründung von Mehrheitsentscheidungen, in: ZGR 1981, 171

ders.: Das System des deutschen GmbH-Konzernrechts, in: ZGR Sonderheft 6, S. 192

ders.: Das Girmes-Urteil, in: JZ 1995, 1053

ders.: Die Haftung des herrschenden Unternehmens im GmbH-Konzern, in: ZIP 1985, 1425

Lutter, Marcus/Hommelhoff, Peter: GmbH-Gesetz, 15. Aufl., Köln 2000

Maatz, Kurt-Rüdiger: Geltendmachung von Gesellschaftsansprüchen durch Mitgesellschafter einer GmbH im eigenen Namen, in: GmbHR 1974,124

Maier-Reimer, Georg: Negative „Beschlüsse“ von Gesellschafterversammlungen, in: Festschrift für Oppenhoff; Walter Jagenburg, Georg Maier-Reimer, Thomas Verhoeven (Hrsg.); München 1985, S. 192

Marsch-Barner, Reinhard: Treuepflichten zwischen Aktionären und Verhaltenspflichten bei der Stimmrechtsbündelung, in: ZHR 157 (1993), 172

Martens, Klaus-Peter: Die Entscheidungsautonomie des Vorstandes und die „Basisdemokratie" in der Aktiengesellschaft, in: ZHR 147 (1983), 377

ders.: Die Treupflicht des Aktionärs, in: Rechtsdogmatik und Rechtspolitik; Karsten Schmidt (Hrsg.), Berlin 1990, S. 251

Maurer, Hartmut: Allgemeines Verwaltungsrecht, 14. Aufl., München 2002

Medicus, Dieter: Bürgerliches Recht, 19. Aufl., Köln 2002

Mertens, Hans-Joachim: Deliktsrecht und Sonderprivatrecht - Zur Rechtsfortbildung des deliktischen Schutzes von Vermögensinterssen, in: AcP 178 (1978), 225

ders.: Die Geschäftsführerhaftung in der GmbH und das ITT-Urteil, in: Festschrift für Robert Fischer; Marcus Lutter, Walter Stimpel, Herbert Wiedemann (Hrsg.), Berlin u. a. 1979, S. 461

Meyer-Landrut, Joachim: Der „Mißbrauch" aktienrechtlicher Minderheits- oder Individualrechte, insbesondere des Auskunftsrechts, in: Festschrift für Wolfgang Schilling; Robert Fischer, Wolfgang Hefermehl (Hrsg.), Berlin 1973, S. 235

Meyer-Landrut, Joachim/Miller, Georg/Niehus, Rudolf: Gesetz betreffend die Gesellschaften mit beschränkter Haftung (GmbHG), Berlin u. a. 1987

Münchener Handbuch des Gesellschaftsrechts:

Band 1, BGB-Gesellschaft, OHG, PartG, EWIV; Bodo Riegger, Lutz Weipert (Hrsg.), München 1995;
(zit.: Bearbeiter, in Hdb des GesR, Bd. 1)

Band 4, Aktiengesellschaft, 2. Aufl., Michael Hoffmann-Becking (Hrsg.), München 1999;
(zit.: Bearbeiter, in: Hdb des GesR, Bd. 4)

Münchener Kommentar zum Aktiengesetz: Band 7, §§ 222-277; Bruno Kropff, Johannes Semler (Hrsg.), München 2001; (zit.: Bearbeiter, in: MüKo z. AktG)

Münchener Kommentar zum Bürgerlichen Gesetzbuch:

Band 1, Allgemeiner Teil, §§ 1-240; Kurt Rebmann, Franz-Jürgen Säcker (Hrsg.), 4. Aufl., München 2001

Band 2a, Schuldrecht, Allgemeiner Teil, §§ 241-432, 4. Aufl., München 2003

Band 5, Schuldrecht, Besonderer Teil III, §§ 705-853, 3. Aufl., München 1997
(zit.: MüKo-Bearbeiter)

Mutter, Stefan: Unternehmerische Entscheidungen und Haftung des Aufsichtsrats der Aktiengesellschaft, Köln 1994

Mutze, Otto: Recht und Pflicht zur Teilnahme an der Gesellschafterversammlung der GmbH, in: GmbHR 1970, 33

Nehls, Albrecht: Die gesellschaftsrechtliche Treuepflicht im Aktienrecht, Hamburg 1993

Neye, Hans-Werner/Limmer, Peter/Frenz, Norbert/Harnacke, Ulrich M.: Handbuch der Unternehmensumwandlung, 2. Aufl., Herne/Berlin 2002 (zit. als: Bearbeiter, in: Neye/Limmer/Frenz/Harnacke)

Nirk, Rudolf/Reuter, Hans-Peter/Bächle, Hans-Ulrich: Handbuch der Aktiengesellschaft, Band I, 3. Aufl., 37. Lieferung, Stand: April 2003

Nodoushani, Andreas: Die Treuepflichten der Aktionäre und ihrer Stimmrechtsvertreter, Baden-Baden 1997

Nonn, Thomas: Zustimmungspflichten des Kapitalgesellschafters, Berlin 1995

Oelrichs, Carsten: Muß der Versammlungsleiter bei der Feststellung von Haupt- oder Gesellschafterversammlungsbeschlüssen treuwidrig abgegebene Stimmen mitzählen?, in: GmbHR 1995, 863

Ossenbühl, Fritz: Gesetz und Recht, in: Handbuch des Staatsrechts III; Josef Isensee, Paul Kirchhoff (Hrsg.), Heidelberg 1988

Overrath, Hans-Peter: Die Stimmrechtsbindung, Köln u. a. 1973

Palandt, Otto: Bürgerliches Gesetzbuch, 62. Aufl., München 2003

Paschke, Marian: Treuepflichten im Recht der juristischen Personen, in: Festschrift für Rolf Serick; Ulrich Huber, Erik Jayme (Hrsg.), Heidelberg 1992, S. 313

Priester, Hans-Joachim: Die eigene GmbH als fremder Dritter, Eigensphäre der Gesellschaft und Verhaltenspfichten ihrer Gesellschafter, in: ZGR 1993, 512

Prütting, Hanns/Weth, Stefan: Der Fall Girmes als ein Problem des Rechtsberatungsgesetzes, in: ZIP 1994, 424

Raisch, Peter: Zum Begriff und zur Bedeutung des Unternehmensinteresses als Verhaltensmaxime von Vorstands- und Aufsichtsratsmitgliedern, in: Festschrift für Wolfgang Hefermehl; Robert Fischer, Ernst Gessler, Wolfgang Schilling, Rolf Serick, Peter Ulmer (Hrsg.), München 1976, S. 347

Raiser, Thomas: 100 Bände BGHZ: GmbH-Recht, Die Treuepflichten im GmbH-Recht als Beispiel der Rechtsfortbildung, in: ZHR 151 (1987), 422 *ders.*: Das Unternehmensinteresse, in: Festschrift für Reimer Schmidt; Fritz Reichert-Facilides, Fritz Rittner, Jürgen Sasse (Hrsg.), Karlsruhe 1976, S. 101

ders.: Recht der Kapitalgesellschaften; 3. Aufl., München 2000; (zit.: Raiser, Kapitalgesellschaften)

Rehbinder, Eckard: Zum konzernrechtlichen Schutz der Aktionäre einer Obergesellschaft, in: ZGR 1983, 92

Reichert, Jochem: Das Zustimmungserfordernis zur Abtretung von Geschäftsanteilen in der GmbH, Heidelberg 1984

Reuter, Dieter: Stimmrechtsvereinbarungen bei treuhänderischer Abtretung eines GmbH-Anteils, in: ZGR 1978, 633

ders.: Die Verfassung des Vereins gem. § 25 BGB, in: ZHR 148 (1984), 523

Ritter, C.: Gleichmäßige Behandlung der Aktionäre, in: JW 1934, 3025

Roitzsch, Frank: Der Minderheitenschutz im Verbandsrecht, Berlin 1981

Roschmann, Christian/Frey Johannes: Treuepflicht des Gesellschafters-Teil 1: Rechtsgrundlagen, Schutzrichtung und Umfang; in: WiB 1996, 881

Ross, Leon: Materielle Kontrolle des Verschmelzungsbeschlusses bei der Verschmelzung von Aktiengesellschaften, Frankfurt u. a. 1997

Roth, Günter H./Altmeppen, Holger: Gesetz betreffend die Gesellschaften mit beschränkter Haftung (GmbHG), 4. Aufl., München 2003

Rowedder, Heinz/Schmidt-Leithoff, Christian: Gesetz betreffend die Gesellschaften mit beschränkter Haftung (GmbHG), 4. Aufl., München 2002

Sacker, Franz Jurgen: Unternehmensgegenstand und Unternehmensinteresse, in: Festschrift für Lukes; Herbert Lehman, Bernhard Großfeld, Lothar Vollmer (Hrsg.), Köln u. a. 1989, S. 549

Schaudwet, Manfred/Paul, Günther: Die gegenseitigen Treuebindungen der GmbH-Gesellschafter, in: GmbHR 1970, 5

Schilling, Wolfgang: Grundlagen eines GmbH-Konzernrechts, in: Festschrift für Wolfgang Hefermehl; Robert Fischer, Ernst Gessler, Wolfgang Schilling, Rolf Serick, Peter Ulmer (Hrsg.), München 1976, S. 381

ders.: Entwicklungstendenzen im Konzernrecht, in: ZHR 140 (1976), 528

Schlegelberger, Franz: Handelsgesetzbuch, Band 3, 1. Halbband, §§ 105-160, 5. Aufl., München 1992; (zit.: Schlegelberger-Bearbeiter)

Schmidt, Karsten: Gesellschaftsrecht, 3. Aufl., Köln u. a. 1997: (zit.: Schmidt GesR)

ders.: Die sanierende Kapitalerhöhung im Recht der AG, GmbH und Personengesellschaften, in: ZGR 1982, 519 *ders.*: Organverantwortlichkeit und Sanierung im Insolvenzrecht der Unternehmen, in: ZIP 1980, 328

ders.: Geklärte und offene Probleme der „positiven Beschlußfeststellungsklage“, in: AG 1980, 169

ders.: Rechtsschutz des Minderheitsgesellschafters gegen rechtswidrige ablehnende Beschlüsse, in: NJW 1986, 2018

ders.: Die Behandlung treuwidriger Stimmen in der Gesellschafterversammlung und im Prozeß, in: GmbHR 1992, 9

Schmidt-Bleibtreu, Bruno/Klein, Franz: Kommentar zum Grundgesetz, 9. Auflage, Neuwied 1999

Schmidt-Leithoff, Christian: Die Verantwortung der Unternehmensleitung, Tübingen 1989

Schmiedel, Burkhard: Rezension zu: Herbert Wohlmann, Die Treuepflicht des Aktionärs, in: ZHR 134 (1970), 173

Schnorbus, York: Treuepflichten im Aktienrecht und Haftung des Stimmrechtsvertreters - BGHZ 129, 136 und OLG Düsseldorf, in: Jus 1998, 879

Schöne, Torsten: Haftung des Aktionärs-Vertreters für pflichtwidrige Stimmrechtsausübung, in: WM 1992, 209

Scholz, Franz: GmbH-Gesetz, Band 1, §§ 1-44, 9. Aufl., Köln 2000
Band 2, §§ 45-85, 9. Aufl., Köln 2002
(zit: Scholz-Bearbeiter)

ders.: GmbH-Gesetz, Band 2, §§ 45-85, 6. Aufl., Köln 1978/83
(zit. als: Scholz-Bearbeiter, (6. Aufl.))

Schröder, Jan: Stimmrechtskonsortien unter Aktionären: Gesellschafts- und erbrechtliche Probleme, in: ZGR 1978, 578

Slabschi, Peter: Die sogenannte rechtsmißbräuchliche Anfechtungsklage, Berlin 1997

Soergel, Theodor: Kommentar zum Bürgerlichen Gesetzbuch, Band 1, Allgemeiner Teil 1, §§ 1- 103, 13. Aufl., Stuttgart Frühjahr 2000
Band 2, Allgemeiner Teil 2, §§ 104-240, 13. Auflage, Stuttgart März 1999
Band 2, Schuldrecht I §§ 241-432, 12. Aufl., Stuttgart u. a. Juli 1990
(zit.: Soergel-Bearbeiter)

ders.: Kommentar zum Bürgerlichen Gesetzbuch, Band 4, Schuldrecht III, §§ 705-853, 11. Aufl., Stuttgart Frühjahr 1985
(zit.: Soergel-Bearbeiter, 11. Aufl.)

Staub, Hermann: Großkommentar zum Handelsgesetzbuch, 12. Lieferung: §§ 105-113, Claus-Wilhelm Canaris, Wolfgang Schilling, Peter Ulmer (Hrsg.), Berlin New York 1989; (zit.: Bearbeiter, in: GK-HGB)

ders.: Großkommentar zum Handelsgesetzbuch, 2. Band, 1. Halbband §§ 105-144, 3. Auflage, Berlin 1973; (zit.: Bearbeiter, in: GK-HGB (3. Aufl.))

v. Staudinger, Julius: Kommentar zum Bürgerlichen Gesetzbuch,
Zweites Buch, Recht der Schuldverhältnisse §§ 328-361b, 13. Aufl., Berlin 2001
Zweites Buch, Recht der Schuldverhältnisse §§ 652-740, 12. Aufl., Berlin 1991
(zit.: Staudinger-Bearbeiter)

Stimpel, Walter: Aus der Rechtsprechung des II. Zivilsenats, in: 25 Jahre Bundesgerichtshof; Gerda Krüger-Nieland (Hrsg.), München 1975 S. 13

Stimpel, Walter/Rudolf Pehle: Richterliche Rechtsfortbildung unter besonderer Berücksichtigung des gewerblichen Rechtsschutzes und des Personalgesellschaftsrechts, Karlsruhe 1969

Stützle, Rudolf/Walgenbach, Joachim: Leitung der Hauptversammlung und Mitspracherechte der Aktionäre in Fragen der Versammlungsleitung, in: ZHR 155 (1991), 516

Sudhoff, Heinrich/Sudhoff, Martin: Der Gesellschaftsvertrag der GmbH, 8. Aufl., München 1992

Theis, Alfred: Grundfragen der Rechtsstellung des Aktionärs im Gemeinschaftsrecht, Marburg 1940

Timm, Wolfram: Treuepflichten im Aktienrecht, in: WM 1991, 481

ders.: Das neue GmbH-Recht in der Diskussion, in: GmbHR 1980, 286

ders.: Unternehmensverträge im GmbH-Recht, in: GmbHR 1989, 11

v. Tuhr, Andreas: Der Allgemeine Teil des Deutschen Bürgerlichen Rechts, Band 1, Leipzig 1910

Ulmer, Peter: Begründung von Rechten für Dritte in der Satzung einer GmbH, in: Festschrift für Werner; Walter Hadding, Ulrich Immenga, Hans-Joachim Mertens, Klemens Pleyer, Uwe H. Schneider (Hrsg.) Berlin 1991, S. 911

ders.: Der Gläubigerschutz im faktischen GmbH-Konzern beim Fehlen von Minderheitsgesellschaftern, in: ZHR 148 (1984), 389

Verhoeven, Thomas: GmbH-Konzern-Innenrecht, Bonn 1978

Vogel, Wolfgang: Gesellschafterbeschlüsse und Gesellschafterversammlung, 2. Aufl., Köln 1986

Wenger, Ekkehard: Der Fall Girmes - ein Stück aus dem Tollhaus, in: ZIP 1993, 321

Werner, Winfried: Zuständigkeitsverlagerung in der Aktienrechtsgesellschaft durch Richterrecht?, in: ZHR 147 (1983), 429

Werner, Winfried/Kindermann, Elmar: Umwandlung mittelständischer Unternehmen in eine Aktiengesellschaft: Gesellschaftsrechtliche Vor- und Nachteile und Verfahren, in: ZGR 1984, 17

Westermann, Harm Peter: Die Anpassung von Gesellschaftsverträgen an veränderte Umstände, in: Festschrift für Wolfgang Hefermehl; Robert Fischer, Ernst Gessler, Wolfgang Schilling, Rolf Serick, Peter Ulmer (Hrsg.), München 1976, S. 225

ders.: Organzuständigkeiten bei Bildung, Erweiterung und Umorganisation des Konzerns, in: ZGR 1984, 352

ders. Individualrechte und unternehmerische Handlungsfreiheit im Aktienrecht, in: ZHR 156 (1992), 201

Westermann, Harry: Personengesellschaftsrecht, 4. Aufl., Köln u. a. 1979

Widmann, Siegfried/Mayer, Dieter: Umwandlungsrecht, Band 2, §§ 1-78, 60. Lfg., Bonn Oktober 2001

Wiedemann, Herbert: Gesellschaftsrecht, Band 1, München 1980 (zit.: Wiedemann GesR)

ders.: Unternehmerische Verantwortlichkeit und formale Unternehmensziele in einer zukünftigen Unternehmensverfassung, in: Festschrift für Barz; Robert Fischer, Phillipp Möhring, Harry Westermann (Hrsg.), Berlin u. a. 1974, S. 561

ders.: Zu den Treuepflichten im Gesellschaftsrecht, in: Festschrift für Heinsius; Friedrich Kübler, Hans-Joachim Mertens, Winfried Werner (Hrsg.), Berlin u. a. 1991, S. 949

ders.: Der Kapitalanlegerschutz im deutschen Gesellschaftsrecht, in: BB 1975, 1591

ders.: Rechtsethische Maßstäbe im Unternehmens- und Gesellschaftsrecht, in: ZGR 1980, 147

ders.: Die Bedeutung der ITT-Entscheidung, in: JZ 1976, 392

Wilhelm, Jan: Rechtsform und Haftung bei der juristischen Person, Köln 1981

Winter, Martin: Mitgliedschaftliche Treuebindungen im GmbH-Recht, München 1988

ders.: Verdeckte Gewinnausschüttungen im GmbH-Recht, in: ZHR 148 (1984), 579 *ders.*: Gesellschafterkonflikte in der GmbH, in: Gesellschaftsrecht 1999; Karsten Schmidt, Bodo Riegger (Hrsg.), Köln 2000

Wolff, Hans J./Bachof, Otto/Stober, Rolf: Verwaltungsrecht I, 11. Aufl., München 1999

Würdinger, Hans: Aktienrecht und das Recht der verbundenen Unternehmen, 4. Aufl., Heidelberg u. a. 1981

Zöller, Richard: Zivilprozeßordnung, 23. Aufl., Köln 2002; (zit.: Zöller-Bearbeiter)

Zöllner, Wolfgang: Die Schranken mitgliedschaftlicher Stimmrechtsmacht bei den privatrechtlichen Personenverbänden, München und Berlin 1963; (zit.: Zöllner, Schranken)

ders.: Die Anpassung von Personengesellschaftsverträgen an veränderte Umstände, Heidelberg 1979; (zit.: Zöllner, Anpassung)

ders.: Inhalt und Wirkungen von Beherrschungsverträgen bei der GmbH, in: ZGR 1992, 173

ders.: Zur positiven Beschlußfeststellungsklage im Aktienrecht (und anderen Fragen des Beschlußrechts), in: ZGR 1982, 623

ders.: Zu Schranken und Wirkung von Stimmbindungsverträgen, insbesondere bei der GmbH, in: ZHR 155 (1991), 168

Zutt, Jürgen: Einstweiliger Rechtsschutz bei Stimmbindungen, in: ZHR 155 (1991), 190

Kolibri 360 GmbH
Ferdinand-Jühlke-Straße 7
99095 Erfurt, Deutschland
produktsicherheit@kolibri360.de

Druck:
CPI Druckdienstleistungen GmbH
im Auftrag der
Kolibri 360 GmbH
Ferdinand-Jühlke-Str. 7
99095 Erfurt